U0907461

生活·观念与多维的社会文化史

——梁景和学术论文集

梁景和　著

人民出版社

目　录

上　卷

中　卷

下　卷

我与社会文化史
（代序）

一

学术的发展进步与社会的发展紧密相连，并随着社会的变革而演变。[①]历史学也是如此，中国近现代历史更是如此。改革开放之前，以阶级斗争为纲的中国社会反映在中国近现代史学上，几乎是革命史范式一枝独秀，改革开放后，社会发生变化，以经济建设为中心的理念反映在中国近代史学上，就是开始注重对中国经济史的研讨。改革继续发展，一个重要的阻力就是人们思想文化观念的不合时宜，所以改变文化观念是排除改革阻力的一项重要任务。80 年代中国学术界出现的文化热就是在这样的背景下出现的，文化热的本质是文化史的复兴热和文化观念的开放热。历史学界也是在这样的环境之下，出现了研究文化史的热潮。中国文化史的复兴热是以 1982 年 12 月 16 日至 19 日在复旦大学召开的“中国文化史研究学者座谈会”为标志。座谈会广泛讨论了文化与文明、文化史研究的对象与范围、文化形态、中外文化交流、研究方

① 本文只限于国内大陆的史学。

法等问题。[1] 中国近代文化史的复兴是以 1983 年 5 月在长沙召开的全国历史学科规划会为标志，会议认为要开展中国近代文化史的研究，会议提出了整理、翻译有关方面的中外文资料、编辑出版“中国近代文化史丛书”、招收中国近代文化史研究生、开设课程、举办座谈会和讲座等具体事项。[2] 以上述两个会议为标志，代表着 80 年代初期中国文化史研究的复兴。改革开放继续发展，不断暴露和产生更多的社会问题，这些问题促使学术界的深刻反思，为了更好地解决社会上的诸多问题，社会学迎来了重要的历史机遇，这使社会学得到了长足的发展，同时社会史学科在这样的社会历史条件下，也出现了复兴的态势。以 1986 年召开的首届中国社会史国际学术研讨会为标志，代表着 80 年代中期中国社会史研究的复兴。

在 80 年代初期文化史研究的复兴和中期社会史研究的复兴的时代感召下，一部分研究文化史的学者在研究文化史的过程中，必然要对社会史研究有所关注，并发现研究文化史的一个重要视角就是要关注千姿百态的社会生活的变迁，而在关注社会生活嬗变的过程中不能不思考其背后的文化观念的变化及其影响作用，这就引出了一个新的研究视阈，即社会文化史的研究视角与研究领域。以刘志琴先生的《复兴社会史三议》[3] 和《社会史的复兴与史学变革——兼论社会史与文化史的共生共荣》[4] 为标志，代表着80年代后期中国本土社会文化史研究的兴起。

---

① 参见《中国文化史研究学者座谈会纪要》，《中国文化研究集刊》第一辑，复旦大学出版社 1984 年版，第 1—23 页。

② 参见《中国近代文化史通讯》（第一辑），第 8 页，未刊稿。

③ 《天津社会科学》1988 年第 1 期。

④ 《史学理论》1988 年第 3 期。

二

从80年代后期兴起的社会文化史，[①] 至今经历了三个阶段。

第一阶段为萌生阶段。始于1988年，其标志就是上文所说的《复兴社会史三议》和《社会史的复兴与史学变革——兼论社会史与文化史的共生共荣》两篇论文的发表。这一阶段前后大约经历了十年。在这十年中，李长莉发表了《社会文化史：历史研究的新角度》[②] 一文，提出了“社会文化史”的学科概念。梁景和开始在学术评述领域运用“社会文化史”[③] 的概念，并在自己博士论文的提要中说明该学位论文的“社会文化史”的属性，认为自己的博士论文《近代中国陋俗文化嬗变研究》是“社会文化史研究范畴的一个具体领域”。[④] 其间在北京召开了“社会文化史研讨会”，[⑤] 会议集中探讨了社会文化史的理论方法问题。这期间，中国社科院近代史研究所文化史研究室把中国近代社会文化史作为该室集体研究的主攻方向，同时国内也有学者开始默默地从事社会文化史研究，并积极推动社会文化史研究步入新的阶段。

第二阶段为发展阶段。始于1998年，其标志是刘志琴先生主编的三卷本《近代中国社会文化变迁录》[⑥] 和梁景和的《近代中国陋俗文化

① 指国内大陆本土兴起的狭义的社会文化史，而非国内大陆广义的社会文化史。

② 参见赵清主编：《社会问题的历史考察》，成都出版社1992年版。

③ 梁景和：《辛亥革命80周年全国青年学术研讨会关于社会文化史问题的讨论述评》，《辽宁师范大学学报》1992年第2期。

④ 《〈近代中国陋俗文化嬗变研究〉提要》，1994年5月，未刊稿。

⑤ 参见李长莉《社会文化史：一门新生学科——“社会文化史研讨会”纪要》，《社会学研究》1993年第1期。

⑥ 三卷本分别由李长莉、闵杰、罗检秋撰写，浙江人民出版社1998年版。

嬗变研究》[1] 两部书的出版。在萌生阶段的基础上，社会文化史进入了发展阶段，这一新的阶段前后大约经历了十二年。这一阶段社会文化史在较广的范围内得到了发展。其一，有关学术会议。2001 年在北京召开“近代中国社会生活与观念变迁学术研讨会”；[2]2005 年、2007 年和 2009 年分别在青岛、乌鲁木齐和贵阳召开了三次中国近代社会史国际学术研讨会，会议提交了有关社会文化史的学术论文；[3]2009 年 6 月和 10 月，在北京召开了两次“中国现当代社会文化学术研讨会”，[4] 这也是首次以社会文化命名的学术会议。其二，有关理论探索。这期间有深入探索社会文化史理论方法的文章，主要包括刘志琴的《青史有待垦天荒》（《近代中国社会文化变迁录》总序），梁景和的《关于社会文化史的几个问题》（《首都师范大学史学研究》第二辑，北京燕山出版社 2005 年版）和《社会生活：社会文化史研究中的一个重要概念》（《河北学刊》2009 年第 3 期）等。其三，有关研究成果。除上文提到的 1998 年出版的两部著作外，还有李长莉的《晚清上海社会的变迁——生活与伦理的近代化》（天津人民出版社 2002 年版），严昌洪的《20 世纪中国社会生活变迁史》（人民出版社 2007 年版），李长莉的《中国人的生活方式：从传统到现代》（四川人民出版社 2008 年版），忻平的《从上海发现历史——现代化进程中的上海人及其社会生活 1927—1937》（上海人民出版社 1996 年版），孙燕京的《晚清社会风尚研究》（中国人民大学出版社 2002 年版），王笛的《街头文化：成都公共空间、下层民众与地方政治（1870—1930）》（中国人民大学出版社 2006 年版）；余华林的

① 首都师范大学出版社 1998 年版。

② 左日非：《“近代中国社会生活与观念变迁”学术研讨会综述》，《近代史研究》2002 年第 2 期。

③ 参见吕文浩《“近代中国的城市·乡村·民间文化”学术研讨会综述》，《近代史研究》2006 年第 3 期；朱浒《晚清以降的经济与社会》，《近代史研究》2008 年第 1 期；毕苑《第三届中国近代社会史国际学术研讨会综述》，《近代史研究》2010 年第 2 期。

④ 参见《中国女性文化》第 12 期，社会科学文献出版社 2010 年版。

《女性的重塑——民国城市妇女婚姻问题研究》（商务印书馆 2009 年版）等专著的出版。其四，有关基地建设。除上文提到的中国社科院近代史所文化史研究室把中国近代社会文化史研究作为该研究室集体研究的主攻方向外，湖北大学历史文化学院中国思想文化史研究所也把研究视阈扩展到社会文化史的领域，特别是 2007 年首都师范大学历史学院成立了国内第一个以社会文化史命名的“中国近现代社会文化史研究中心”，该中心不但把社会文化史的研究时段延伸至现当代，而且渐次形成该中心的一系列研究特色。

第三阶段为繁荣阶段。始于 2010 年，其标志有四，一是《中国社会文化史的理论与实践》（社会科学文献出版社 2010 年 5 月版）一书出版；二是首届“中国社会文化史研究的回顾与走向座谈会”（2010 年 4 月 28 日）召开；三是“首届中国近现代社会文化史国际学术研讨会”（2010 年 9 月 25 日）召开；四是光明日报邀请专家座谈，并于 8 月 17 日整版发表《社会文化史：史学研究的又一新路径》一文。《中国社会文化史的理论与实践》一书是对中国社会文化史萌生阶段和发展阶段重要理论研究成果和学术活动评述的汇集；“中国社会文化史研究的回顾与走向座谈会”是对中国社会文化史萌生阶段和发展阶段研究历程和学术事象的反思以及对未来中国社会文化史走向的期待和展望；“首届中国近现代社会文化史国际学术研讨会”标志着专门的中国社会文化史的国际性学术会议正式在国内举办；《社会文化史：史学研究的又一新路径》一文的发表标志着把社会文化史这一新的史学路径开始向学界推广与宣传。目前这一新的繁荣阶段还在持续当中。这一阶段在学术的各个方面都比之以往有了空前的进展，具体表现在如下几个方面：其一，有关学术会议。2013 年 8 月在湖北襄阳举办“第五届中国近代社会史国际学术研讨会”，这个会议的主题就是“社会文化与中国社会转型”问题[①]；

① 参见李俊领《第五届中国近代社会史国际学术研讨会隆重开幕》，《社会史研究通讯》2014 年第 17 期，第 71 页。

2010年9月、2012年9月、2014年9月、2016年9月在北京召开了首届、第二届、第三届、第四届“中国近现代社会文化史国际学术研讨会”；2011年9月与2015年9月在北京召开了首届和第二届“‘西方新文化史与中国社会文化史的理论与实践’学术研讨会”；2013年9月与2017年9月在北京召开了首届和第二届“全国青年学者社会文化史理论与方法学术研讨会”；2010年4月与2015年6月在北京召开了首届和第二届“中国社会文化史研究的回顾与走向座谈会”。这一系列会议明显地反映出国内学者对西方新文化史、对以往国内社会文化史研究的成效与未来走向、对国际学者之间的交往、对国内青年学者队伍的建设等诸多问题的特别关注，这对中国近现代社会文化史研究的长久发展无疑起到了重要的推动作用。其二，有关理论探索。这一阶段很多学者对社会文化史继续进行理论方面的探索，其中重要的理论文章有刘志琴的《从本土资源建树社会文化史理论》(《近代史研究》2014年第4期）以及《走上人文科学前沿的社会文化史》(《晋阳学刊》2012年第3期）等；梁景和的《生活质量：社会文化史研究的新维度》(《近代史研究》2014年第4期）和《关于社会文化史的几对概念》(《晋阳学刊》2012年第3期）以及《社会质量：社会文化史研究的新领域》(《史学理论研究》2016年第2期）和《社会文化史行进的四重维度》(《河北学刊》2017年第2期）等；左玉河的《寻求意义：深度解释与社会文化史研究的深化》(《河北学刊》2017年第2期）和《着力揭示社会现象背后的文化内涵》(《晋阳学刊》2012年第3期）等；常建华的《日常生活与社会文化史》(《史学理论研究》2012年第1期）和《中国社会生活史上生活的意义》(《历史教学》2012年第2期）等；罗检秋的《从“新史学”到社会文化史》(《史学史研究》2011年第4期）等。李长莉的两篇文章《交叉视角与史学范式》(《学术月刊》2010年第4期）和《中国社会文化史研究：25年反省与进路》(《安徽史学》2015年第1期）等对社会文化史的理论问题亦有思考和探索。此外青年学者刘永华、吕文浩、张立程、张俊峰、李志毓、黄东、李慧波、韩晓莉、唐仕春、董怀良、王栋亮、余华林、李俊领、秦方、张弛等对社会文化史的理论方法都有一定程度的论述或思考。其三，有关研究成果。梁景和主编的大型丛书“中国近现代社会文化史论丛”第一辑共十册已经出版（社会科学文献出版社 2011 年至 2017 年版），梁景和著《五四时期社会文化嬗变研究》（人民出版社 2010 年 9 月版），李长莉等著《中国近代社会生活史》（中国社会科学出版社 2015 年 7 月版），李长莉等著《当代中国近代社会史研究》（中国社会科学出版社 2017 年 10 月版），郭莹、唐仕春主编《社会文化与近代中国社会转型》（中国社会科学出版社 2016 年 7 月版），李长莉、唐仕春主编《社会文化史 30 年》（中国社会科学出版社 2017 年 6 月版），刘永华主编《社会文化史读本》（北京大学出版社 2011 年 4 月版）、王迪著《茶馆——成都的公共生活和微观世界，1900—1950》（社会科学文献出版社 2010 年版），罗检秋著《文化新潮中的人伦礼俗（1895—1923）》（中国社会科学出版社 2013 年版），韩晓莉著《被改造的民间戏曲——以 20 世纪山西秧歌小戏为中心的社会史考察》（北京大学出版社 2012 年 5 月版），姜进等著《娱悦大众——民国上海女性文化解读》（上海辞书出版社 2010 年版）等一系列著作的出版。这一阶段还有其他专著出版，此不赘述。另外论文的发表，数量更大，可参考李长莉等《2009—2011 年的中国近代社会与文化史研究》（《河北学刊》2012 年第 4 期）和《2011—2012 年中国近代社会与文化史研究》（《河北学刊》2013 年第 2 期）等综述的详细介绍，此不赘述。其四，有关基地建设。除第二阶段的近代史所、首都师大、湖北大学外，这一时期南开大学和辽宁大学等都对社会文化史开展了别具特色的研究工作，形成了各自的研究基地。其五，有关人才培养。诸多研究基地积极培养本基地的青年学者以及培养了一批博士后、博士生和硕士生，培养出来的年轻一代已经在社会文化史学界崭露头角，成为国内社会文化史研究的一支生力军。

三

一直以来，我的学术志趣主要是从事社会文化史的理论和实证研究。

我是1984年暑期毕业于北京师范大学历史系，并同时考入本系中国近现代史专业，有幸成为国内第一批中国近代文化史方向的研究生。80年代初期一股“史学危机”的思潮笼罩在史学界，我们这批青年学生也参加到思索如何摆脱史学危机问题的队伍之中。通过思考我在80年代发表了三篇有关论文，即《史学家不可忽视今天》（《光明日报》1986年9月24日）、《史学工作者不可忽视今天与明天》（《史学月刊》1986年第5期）、《历史学三系统说》（《辽宁师范大学学报》1989年第5期），这三篇文章的基本观点对我后来的学业生涯影响很大。①

80年代中期前后文化史与社会史的复兴，使我们这些从事文化史研究的工作者自觉不自觉地就会思索人们的社会生活与人们的生活观念之间的相互关系问题，社会生活一般被视为社会史的研究领域，生活观念一般被视为文化史的研究领域。我的硕士学位论文是《20世纪初年中国社会习俗的变化》，作为文化史研究生所作的这个题目显然与社会史有着紧密的联系，可见当年文化史与社会史复兴的本身就反映了两者的密切关系，以致在某些题目上人们很难区分是文化史还是社会史。我研究文化史的领域主要是中国近代习俗的演变问题，所以在80年代后期，我隐隐约约地感到自己所从事的研究领域似乎是社会文化史。1991年在长沙举办第二届全国“辛亥革命80周年青年学术研讨会”，关于

① 我一直关注史学与当今社会的关系问题，以致我后来能够做些交叉学科的建设工作，并让自己的学生以史学的立场和方法研究当今的社会文化问题。我也关注史学与未来社会的关系问题，希望史学能够为未来社会的建设提供一些具体的参考模型。

这次会议我写了两篇会议综述，其中一篇就是《辛亥革命 80 周年全国青年学术研讨会关于社会文化史问题的讨论述评》，发表于《辽宁师范大学学报》1992 年 3 月出版的第 2 期上，在这里我贸然地使用了“社会文化史”一词。另一篇是《辛亥革命 80 周年全国青年学术讨论会综述》，发表于《史学月刊》1992 年的第 1 期。这一年我遇到了同音，1992 年 12 月 16 日严昌洪先生送我一本书《社会问题的历史考察》（赵清主编，成都出版社 1992 年 4 月版）。当我看到目录中李长莉《社会文化史：历史研究的新角度》的题目时，感到非常地惊喜和欣慰，同仁中已经有学者开始阐述“社会文化史”的概念问题了。1994 年当我认定自己的博士论文《近代中国陋俗文化嬗变研究》探讨的是“社会文化史研究范畴的一个具体领域”[①] 时，便坚定地走上从事社会文化史研究的学术之路。

四

近三十年来，我所从事的社会文化史研究，除了撰写了几本专著和几十篇学术论文外，用了很大的精力进行学科和基地建设。1999 年我开始以社会文化史作为研究方向招收研究生，2007 年组织成立首都师范大学历史学院中国近现代社会文化史研究中心，2016 年中心更名为首都师范大学社会文化史研究中心。中心聘请中国社科院学部委员耿云志先生、中国社科院研究员刘志琴先生等五人作为学术顾问，聘请国内三十二位学者作为学术委员，中心由首都师范大学十余名教师组成。十余年来我们主要从四项学术系列方面从事学科和基地建设工作。所谓四项学术系列即学术会议系列、学术出版系列、学术选题系列、学术讲

① 《〈近代中国陋俗文化嬗变研究〉提要》，1994 年 5 月，未刊稿。

座系列。

学术会议系列是指七种学术会议。其一是从 2010 年开始的每两年召开一次，现已召开四届的“中国近现代社会文化史国际学术研讨会”；其二是从 2011 年开始的每一、两年召开一次，现已召开六届的“中国二十世纪婚姻·家庭·性别·性伦文化学术研讨会”；其三是从 2011 年开始的每四年召开一次，现已召开两届的“西方新文化史与中国社会文化史的理论与实践学术研讨会”；其四是从 2013 年开始的每四年召开一次，现已召开两届的“全国青年学者社会文化史理论与方法学术研讨会”；其五是从 2010 年开始的每五年召开一次，现已召开两届的“中国社会文化史研究的回顾与走向座谈会”；其六是从 2009 年开始的不定期召开一次，现已召开三届的“中国现当代社会文化学术研讨会”；其七是从 2010 年开始的不定期召开一次，现已召开三届的“文革史学术研讨会”。

学术出版系列是指七种学术出版物。其一是从 2011 年开始出版的，现已出版十册的《中国近现代社会文化史论丛》；其二是从 2009 年开始出版的，现已出版七辑的《社会生活探索》；其三是从 2012 年开始出版的，现已出版五辑的《婚姻·家庭·性别研究》；其四是从 2010 年开始出版的，现已出版五辑的《中国现当代社会文化访谈录》；其五是从 2010 年开始出版的，现已出版两辑的《中国社会文化史的理论与实践》；其六是从 2011 年开始出版的，现已出版三辑的《社会·文化与历史的思想交汇》；其七是从 2012 年开始出版的，现已出版七本的《学术研讨会论文集》。

学术选题系列是指博士后研究报告和博士、硕士学位论文主要集中在七个方面进行研究选题。包括婚姻文化、家庭文化、女性文化、性伦文化、娱乐文化、身体文化、礼仪文化等七个方面，并已经完成了四篇博士后研究报告、十六篇博士学位论文、四十篇硕士学位论文。其中一篇博士后研究报告获社会科学文献出版社 2015 年度优秀原创图书奖，一篇获北京市优秀博士论文奖，三篇获首都师大优秀博士论文奖，两篇获中国妇女研究会第五届妇女性别优秀博士学位论文二等奖和三等奖，三篇获中国妇女研究会第四届和第五届妇女性别优秀硕士学位论文一等奖、二等奖和三等奖。

学术讲座系列是指自 2008 年 6 月以来面对本专业研究生平均每月组织的一次学术讲座活动，主要邀请国内外历史学、文学、哲学、经济学、法学、教育学、伦理学、社会学、政治学、艺术学、管理学等专业的学者们主讲，用以开拓研究生们多学科的学术视野，至今已经进行了 97 场。

近二十年来，我们通过持续不断地开展以上四项学术系列活动，逐渐形成了本中心的六项中国社会文化史的研究特色：一为以婚姻、家庭、性别、性伦、娱乐、身体、礼仪作为重点研究内容；二为注重北京地区社会文化史研究；三为注重“文革”时期社会文化史研究；四为注重探索社会文化史的理论和方法；五为注重当今的社会文化史研究；六为关注多学科之间的交叉和互动。在以上六个方面我们做了一些学术工作并完成了一些科研任务。

从 2015 年开始，研究中心每年召开一次工作座谈会，现已召开了三次。会议主要就中心的具体工作和未来的发展进行座谈讨论，座谈会更为重要的一个目的就是让本中心的青年学者深刻认识自己身上所担负的重任，绝不辜负中心对他们这批年轻学者的殷切希望。

五

在社会文化史研究方面我出版了三本专著。其一是《近代中国陋俗文化嬗变研究》（首都师范大学出版社 1998 年版），这本书是我 1994 年毕业时的博士论文，是通过对婚姻、家庭、妇女、性伦文化的演变探索近代陋俗文化的变革。本书界定了文化、文化精华、文化糟粕、陋俗文化、婚姻文化、性伦文化等概念，提出“人的精神进化”的学术理念，并把陋俗文化的变化放在人的精神进化的长河中进行考察，形成本书独特的社会文化史研究特色。其二是《现代中国社会文化嬗变研究（1919—1949）》（合著，社会科学文献出版社2013年版），本书与第一本书是姊妹篇，是以婚姻、家庭、妇女、性伦、娱乐为中心探索民国时期社会文化的演变历程。本书以人人平等、个性解放为视点，初步探索民众追求生活幸福这一新的史学问题。其三是《五四时期社会文化嬗变研究》（人民出版社2010年版），也是通过探索五四时期的婚姻、家庭、女性、性伦文化的变革来审视这一特定时期社会文化变化的历史意义和历史局限。

在社会文化史方面我前后发表了几十篇学术论文，并开始摸索如何将历史学与未来学结合起来进行学术探索的问题，此不赘述。并发表了有关社会文化史的若干篇理论文章，其中主要有《关于社会文化史的几个问题》（《首都师范大学史学研究》第二辑，北京燕山出版社2005年版）、《社会生活：社会文化史研究中的一个重要概念》（《河北学刊》2009年第3期）、《生活质量：社会文化史研究的新维度》（《近代史研究》2014年第4期）、《关于社会文化史的几对概念》（《晋阳学刊》2012年第3期）、《生活质量：社会文化史研究的新领域》（《史学理论研究》2016年第2期）、《社会文化史行进的四重维度》（《河北学刊》2017年第2期）等。这些论文重点探索了社会文化史的理论与方法问题，对什么是社会文化史、社会文化史研究的内容、社会文化史研究的方法、广义与狭义的社会生活、在社会文化史领域如何研究生活质量史等问题进行了探索。

在研究社会文化史的过程当中，我获批了几项与社会文化史相关的研究课题，主要包括国家社会科学基金重大项目《20世纪中国婚姻史研究》（15ZDB050）、国家社会科学基金一般项目《现代中国陋俗文化嬗变研究（1919—1949）》（00BZS019）、教育部人文社会科学研究规划基金项目《礼仪制度与近代中国》（09YJA770043）、北京市社会科学基金重点项目《共和国十七年北京市民家庭生活研究（1949—1966）》（14LSA006）等等。

还有两部获奖著作，一是专著《近代中国陋俗文化嬗变研究》2000 年获北京市第六届哲学社会科学优秀成果二等奖；二是专著《五四时期社会文化嬗变研究》2012 年获北京市第十二届哲学社会科学优秀成果二等奖。

我在这本论文集中主要搜集的是自己有关社会文化史方面的论文。共分为上、中、下三卷。上卷是关于社会文化史理论与方法的探讨，中卷是关于社会文化史的实证研究，下卷是关于社会文化史事象的有关学术述评。

是为序。

梁景和

2018 年 1 月 18 日

上　卷

关于社会文化史的几个问题

新时期以来的中国历史学，发生变化的突出特征主要表现在研究方法的更新和研究领域的扩大。80 年代以后，文化史与社会史再度复兴而成为显学，显示出强劲的发展势头。80 年代末 90 年代初，社会文化史作为相对独立的学科，引起部分学者的兴趣。① 但是社会文化史作为人们新的关注点，还需要史学界同仁共同努力，力求在理论方法与史料方面有所突破。本文是对社会文化史几个问题的一个思考，希望学界对此展开进一步的讨论。

一、社会文化史的概念及研究对象

美国史学家林恩·亨特（Lynn Hunt）于 1989 年主编的《新文化史》一书，首次举起“新文化史”的大旗，标志着新文化史的崛起。亨特曾经指出，新文化史“探讨方向的焦点是人类的心智，把它看作是社

① 参见刘志琴（署名史薇）《复兴社会史三议》，《天津社会科学》1988 年第 1 期；刘志琴《社会史的复兴与史学变革——兼论社会史和文化史的共生共荣》，《史学理论》1988 年第 3 期；李长莉《社会文化史：历史研究的新角度》，赵清主编《社会问题的历史考察》，成都出版社 1992 年版。

会传统的贮藏地，是认同形成的地方，是以语言处理事实的地方。文化就驻在心智之中，而文化被定义为解释机制与价值系统的社会贮藏地。文化史研究者的任务就是往法律、文学、科学、艺术的底下挖掘，以寻找人们借以传达自己的价值和真理的密码、线索、暗示、手势、姿态。最重要的是，研究者开始明白，文化会使意义具体化，因为文化象征始终不断地在日常的社会接触中被重新塑造”。① 新文化史又被称作“社会文化史”，它是当代西方史学理论和历史编纂中一个最主要的史学流派。

社会文化史是研究社会生活与其内在观念形态之间相互关系的历史。② 一个社会的人们为什么要这样生活，是什么样的思想观念决定的；一个社会人们的生活变化引起了哪些思想观念的变化；由于新思想观念的影响使一个社会人们的生活发生了哪些变化——这一切都是社会文化史要研究的问题。

研究社会文化史涉及精英文化与大众文化的关系问题。大众本身的内涵是通过经济地位、受教育程度和法权的地位来确定的，而且随着社会的变迁，这些因素也不断地发生变化。西方学术界认为，大众文化就是大众所创造并欣赏的一种普及文化，它是为大众服务的。而精英文化却是代表正统的、由主导一个国家或民族的那一部分精英所创造并欣赏的文化，也有人称之为“高级文化”。大众文化和精英文化虽性质各异，然它们的不同因素又被整合成为一个复杂的文化系统，因而简单的划分的确难以包容复杂的文化内涵。研究者容易忽视的是，由于时间和空间的差异，“大众”和“精英”的含义也随之变化。在19世纪和20世纪初的中国，报纸杂志和其他大众传播工具是精英文化，然而在今天

① 乔伊斯·阿普尔比、林恩·亨特、玛格利特·雅各布：《历史的真相》，中央编译出版社1999年版，第198页。

② 笔者在《我为什么要研究近代陋俗文化》（《首都师范大学学报》2000年第6期）一文曾表述“社会文化史是通过民众外在的社会生活来研究其内在的价值取向及其思想观念”。

却是大众文化；意大利歌剧在如今美国和中国都是精英文化，然而在意大利却是大众文化。大众文化的创造者也不断改变其角色，并大有“下里巴人”与“阳春白雪”相互结合之势。以至于今天一些研究美国大众文化的学者认为，现代大众文化的创造者是知识分子，因此大众文化的历史便有着“必然亦是知识分子的历史”的趋向。① 精英文化源于大众文化，是从大众生活和文化中产生、是对大众文化和意识的提炼和总结。精英在社会文化形成过程中起着重要的作用。精英文化同时又是对大众生活和大众文化的体认、关注和指导。所以研究社会文化史既不能脱离大众文化亦不能忽视精英文化。

研究社会文化史要注意社会文化与国家意志的关系问题。这种关系包括两方面的内容。其一，两者的相互影响和可容性。如新中国成立以来，国家政治生活对社会生活影响很大，使得社会生活带有明显的政治特色。这种政治特色又被相当数量的民众所认同和接受，形成了两者的互动和相容。其二，两者的对立性。如近现代社会的现代化精英把社会陋俗及国民劣根性视为社会进步的主要障碍，因此大众文化领域同时成为现代化机器的打击目标。现代化的推动者——包括精英和国家——都不同程度提出了反封建陋俗和改造国民性的主张。两者之间的互动和张力引起了社会文化的变革。这反映了社会文化与国家意志之间的对立性。

注重研究社会运动的社会文化意义。社会运动所揭示的文化内涵和社会形态是社会文化史关注和研究的对象。农民起义、农民战争和宗教信仰的关系；近代社会的反洋教运动；五四运动；新中国成立以后的“大跃进”运动；红卫兵运动；四五运动；新时期的学潮等等，这些都可以从社会的文化与政治的视角进行探索，从社会文化史的角度进行研究。

---

① 王迪：《大众文化研究与近代中国社会》，《历史研究》1999 年第 5 期。

社会文化史研究要注重层面和角度，而层面和角度又是多维的。要考虑不同阶层的社会生活和思想观念的变化；也要考虑不同地域的不同阶层的社会生活和思想观念的变化；还要考虑不同民族在相同时期内的社会生活和思想观念的变化，并探讨这些变化的缘由所在。

社会文化史要特别注意研究已经发生变化的部分及其变化的程度。社会文化一般存在两种状态，一是恒常状态，一是变化状态。绝对的恒常状态是不存在的，恒常状态是相对的，但即便如此，恒常状态还是社会文化的底色。然而变化状态在改变着这一底色，改变的程度与变化的程度成正比。我们要注重研究社会文化的变化状态，对变化状态的研究有益于对当时社会特点的认识和理解，即有助于对某一历史时期特征的认识和理解，这正是我们历史学的根本任务，所以研究社会文化的变化状态是社会文化史的重要任务之一。

二、社会文化史的理论与方法

社会文化史的理论与方法主要包括三个方面：一为传统的史学理论与方法；二为借鉴其他学科的理论与方法；三为创新的理论与方法。本文重点阐述以田野调查法为重点的对文化人类学理论与方法的借鉴。

文化人类学在理论上颇具特色。西方人类学自形成以来，先后创立过多种不同的理论，影响较大的有进化理论（分为古典进化论和新进化论两种）、传播理论、历史特殊论、功能理论、文化模式论、结构理论、象征理论等。古典进化理论形成于 19 世纪中后期，是探求人类文化起源、发展和演化的一般规律的理论，以解释当时世界各民族社会文化发展水平差异悬殊的原因。传播理论形成于 19 世纪末，主要由德国、奥地利和英国学者创立。它与进化论唱反调，强调文化传播在文化发展史上的重要意义，以文化传播原理解释世界各地区、各民族文化的相似性。历史特殊论形成于19世纪末至20世纪初，由美国学者创立。认为各种文化是各个社会独特的产物，相似的文化现象实际上都有其各自发展的历史线索；各民族的文化都有其独特的历史发展过程，主张要了解人类一般文化的成长法则，首先要研究各种文化单独的演变过程；强调对每一个民族文化的历史材料进行实证研究，根据每一个民族或部落的具体资料重新构造其特有的文化历史。功能理论形成于20世纪20年代，由英国学者创立。它强调从整体上研究一个民族的社会和文化，并重视对现实存在的社会制度的实地调查研究；认为每一种文化都是一个功能的、有机的统一体，各种文化要素正像一个机体的各种器官，各有其功能，共同维持一个整体的存在。有的学者认为“功能”主要是指人的需求的满足，即人的基本需要（生物性需要）和派生需要（心理性需要）的满足；有的则认为功能是构成社会结构的各种要素相互调和，使其整体持续保持稳定和一致的状态。文化模式论或文化与人格理论形成于20世纪30年代，由美国学者创立。它主要解释各民族的性格为什么存在明显的差异，解释男女两性为什么在气质和性格等方面存在差异。结构理论或结构主义形成于20世纪50年代，由法国学者创立。该理论认为，人类学的主要任务，就是通过分析纷繁复杂的社会制度、风俗习惯等表层结构，探索存在于不同时空的深藏于人类心灵中的普遍性结构，以认识、解释全人类社会文化现象的总原则。象征理论形成于20世纪60年代，主要由英国和美国学者创立。该理论认为人类学研究的主要任务不是文化功能或结构的分析，而是解决各种文化现象和行为所表达的信息或意义；主张把象征及其意义作为文化的核心进行研究，寻求象征的多层次理解。[①] 文化人类学在研究方法上也具有自己的特色。

田野调查法即实地调查法，是文化人类学最有特色的方法之一，也是收集资料的基本方法。这一方法是人类学最明显的特征。当然也

① 参见何星亮《人类学的研究和发展》，《光明日报》2001年10月23日。

是相关学科如考古学、社会学和语言学重要的研究方法。田野工作的主要步骤：1. 田野工作的准备。首先要回答两个问题：干什么去？去何处？从事田野工作是要阐述某些理论问题或假说，这比为了描述更为重要。要到典型的地方或找有代表性的人。要考虑的因素有：可进入性、健康状况、政治可行性、生命安全等等。还要备好考察的装备，包括衣食住行和全套的野营器具以及药品和补给品。2. 开始田野工作。要根据不同的背景采取不同的策略，不能一概而论。首先遇到的是长途跋涉的艰苦。没有地图，远离电、冷饮、抽水厕所、舒适的床。面临着不同文化的令人痛苦的“文化冲击”，孤独无援，深感压抑，第一个冲动就是逃离。吃饭也是大问题，能买到东西吗？能用所带的物品换食物吗？当地人是否会用“暴力”欢迎来者，也是令人忧虑的。要向当地人说明自己的身份和来此的目的，不能对提供资料者摆出屈尊俯就的样子。3. 语言学习。世界共有一千多种语言。学习当地语言，通常既无词典又无语法。通过聆听和询问来学习语言，要 6 个月或一年时间才能应付详尽的采访或参加群体交谈。4. 参与性观察。生活于要研究的人之中，参加他们的社会生活，观察正在发生的事情，不懂就问。5. 采访。实际的采访技巧视研究者与所需资料的种类而定。有些按严格的提纲提问，同一问题可以去问许多人，而有些则可让提供资料者随心所欲地叙说。还有一些或许从某个主题开始，然后由着对象去说，在他离题太远时，再不时将他引回到原先的主题上。6. 解释。田野工作的最后解释受研究者的人格、养育他们的亚文化、他们的政治观点、培养他们的理论学派等深刻的影响。① 从以上内容我们可以了解作为文化人类学的田野调查法的几个重要步骤，我们可以从中得到启发或为我们所用。

前辈学者和当代学者的实践经验我们也应当有所继承。阅读费孝

---

① 参见［美］罗伯特·F. 墨菲《文化与社会人类学引论》，王卓君、吕乃基译，商务印书馆 1991 年版，第 264—281 页。

通的《社会调查自白》，就可从中受益。费孝通 1984 年 7 月 23 日到 8 月 4 日的两个星期里，在中国民主同盟中央组织的暑期“多学科学术讲座”里作了有关社会调查的讲座，后来以《社会调查自白》为书名出版。在本书的“引子”里他介绍了自己的学术历程和多学科的基础知识。在本书的“社会调查概述”中大致介绍了社会调查的四个阶段：1. 定题。即要确定一个调查的主题。定题并不简单。题目从哪里来，又如何去选择。就相当我们的论文选题一样，不是一件容易的事情。2. 制定计划和方案。这与我们传统史学所制定的方案有所不同。需要进行探索性调查。要搜集与课题有关的资料，分析前人的研究成果，拟出调查提纲，明确调查指标，确定调查方式。3. 实施阶段。相当于我们的查阅资料。采用观察与访问的方法。观察包括“间接观察”、“直接观察”和“参与观察”。访问是指收集被调查口述资料的调查方法。4. 总结阶段。通过整理资料、分析资料而得出结论。相当于我们的撰写论文。是围绕着“点与面”、“质与量”、“因与果”这三个关系展开的。在本书中，费孝通重点介绍了如何进行民族调查、农村调查、家庭调查、小城镇调查、知识分子和智力资源的调查。① 费孝通的研究方法显然值得重视和借鉴。另外，30 年代陈翰笙教授对华南农村的研究，陈达教授对南洋华侨与闽粤社会的研究，陈序经教授等对疍民的研究，都是以小社区的田野调查为基础的，也是值得我们关注的。

当代中国学者也有将人类学的方法积极运用于社会史研究，把文献资料和田野调查紧密结合起来的有益尝试。另外，《新时期中国史学思潮》一书是利用访谈方法进行研究的一个范例。该书的前言指出：“当代史学思潮的研究有赖于当代史学工作者广泛的参与。传统的史学史研究，可以由某位史学家通过搜寻史学史的文献来进行独立的研究。而进行史学思潮的研究，仅仅靠坐在图书馆中搜集资料是远远不够

① 费孝通：《社会调查自白》，知识出版社 1985 年版。

的，只有真正深入到广大史学工作者之中，了解他们自己走过来的道路，倾听他们对史学研究的种种感觉、体会、意见、呼声。在他们的业绩之中，寻找他们的成功之路；在他们的困惑之中，探求解脱困境的出路。广大史学工作者自己的现身说法，才是研究当代史学思潮最宝贵的资料。因此，这项研究非有广大史学工作者的积极支持和广泛参与不可。”① 该书的后记也指出：“我们很清楚地认识到一点，那就是史学研究是广大史学工作者的辛勤工作的结果，史学思潮的形成，必然与广大史学工作者的思想、感情和情绪有着密切的关系，离开了对这些史学工作者本身的研究，就谈不到史学思潮研究。所以，我们的课题研究，并不是在开始研究前就确定了明确的研究路径，而是我们在逐步深入到史学工作者当中之后，才逐步明确的。也可以说，这项当代中国史学思潮的研究，不止是我们三个人的工作成果，而是我们与数十名老中青不同年龄层次的学者共同劳动的结果。”② 作者通过访谈，感受到了当代史学思潮跳动的脉搏，也体察到了当代史学工作者的辛勤劳作和敬业精神。作者若能把访谈的资料整理出版，将是一部有价值的当代中国的口述史学。

三、社会文化史的史料问题

上文谈到的田野调查法实际也是从事社会文化史研究搜集资料的方法之一。当然研究社会文化史还要有更为开阔的史料视野。除我们以往关注的一般史料诸如正史、档案、报刊、方志、访谈资料等等外，社会文化史还要关注更为宽广的史料范围，诸如被目为野史稗乘的笔记、

① 邹兆晨等：《新时期中国史学思潮》，当代中国出版社 2001 年版，第 7 页。

② 邹兆晨等：《新时期中国史学思潮》，当代中国出版社 2001 年版，第 330 页。

小说，戏曲、诗歌等。有学者指出，“浩瀚的史书和数不尽的文物遗址，提供了取之不竭的史料，……中国人有浓厚的历史意识，看问题注重追根溯源，述先道故，使得人们重视历史经验的吸取，留下大量的野史、笔记。这些留存在正史以外的资料，最为丰富、生动，有待人们去整理、发掘”。[①] 其实，很多前辈学者在挖掘和运用史料方面，做出了很多有意义的尝试。

著名学者梁启超、王国维、鲁迅等都非常重视对戏曲小说的研究，有的写出戏曲和小说的专史，有的则侧重于发掘戏曲小说中的史料。解放前后，郭沫若、翦伯赞、尚钺、胡绳、邓拓、吴晗、傅衣凌等马克思主义史学家，在这一方面做了不少的工作。翦伯赞在解放前写的《杨家将故事与杨业父子》、《元曲新论》、《桃花扇底看南朝》和解放后写的《论十八世纪上半期中国社会经济的性质——兼论红楼梦中所反映的社会经济情况》、《释儒林外史中提到的科举活动和官职名称》、《琵琶记的历史背景》等文是对戏曲小说的研究成就，主要是形成了一套搜集和分析史料的治学方法。注意文学资料的使用，并把视角深入到戏曲内容之中，借以观察这些史料中包含的社会文化价值。染指过去文学史和戏曲史的领域，延伸了历史学家的触角。当然引用文学资料研究历史必须抱十分审慎的态度，要充分认识到作者的写作不是对当时社会的直接反映，而是经过了再创造的过程，因而不可避免地包含了大量“臆造”的成分。因此，当没有其他有力的资料作旁证时，在论述问题的时候必须时刻注意到自己的立足点，并充分警觉自己所使用的语言。如采用文学作品分析晚清大众文化时，必须分清所讨论的就“是”晚清大众文化，还是作者笔下所“反映”的晚清大众文化。比如利用晚清谴责小说（李宝嘉的《官场现形记》；吴趼人的《二十年目睹之怪现状》；刘鹗的《老

① 刘志琴：《青史有待垦天荒》，《近代中国社会文化变迁录》第一卷，浙江人民出版社1998年版，第13—14页。

残游记》）来研究晚清的社会文化，要考虑小说内容是如何折射社会现实的，这种折射和直接反映是不等同的。清末小说杂志《绣像小说》、《小说林》、《月月小说》（其实清末小说杂志有很多种）等也都从不同的角度反映了民众的社会生活和民众的民俗信仰生活。另外，文艺作品对民众的价值观念的转变和素质的提高产生了怎样的影响，从作品的内容去梳理探究，未尝不是可尝试的分析方法。20 世纪的女性文学以及当代文学作品也都有相当高的史料价值。我们还要注意搜集和使用民谣。如《中国近世谣谚》和《现代流行民谣》等都是重要的社会文化史史料。

诗文同样可用作史料。陈寅恪成熟运用于学术研究中的就是我国传统的文史互证方法。这种方法被现代学者所继承，并在研究中取得了很大成就。当代学者卞孝萱的《冬青书屋笔记》，揭示了传统文史互证方法在当代学术研究中的地位和意义。[①] 当代美国学者高彦颐（Dorothy Ko）的《闺阁师：十七世纪中国的妇女与文化》（1995），主要用 17 世纪江南地区上层妇女创造的诗文来分析她们的生活状况和当时的社会风貌。曼素恩（Susan L. Mann）的《宝卷：在漫长的十八世纪的中国妇女》（1997），将妇女自己写作的诗词作为立论的材料。对于西方学者来说，能够解读中国诗词已属不易，这种做法也确实使读者耳目一新并颇具说服力，但是，中国古典诗词的特点，讲究情感表达的含蓄蕴藉与复杂委婉，女性诗人尤其如此，用来作为史料，即使特别小心，也很难保证不会出错。[②]

史料是丰富多彩的，如何阅读史料是重要的。正如有的学者所说，“这个‘读’不仅是讲对资料字面上的理解，更重要的是从什么角度对资料进行诠释和利用。一条史料不仅反映了某个历史事实本身，而且可

① 郝润华：《文史互证方法的当代学术意义》，《烟台师范学院学报》2000 年第 4 期。

② 定宜庄：《对美国学者近年来研究中国社会史的回顾》，《中国史研究动态》2000 年第 9 期。

能折射出深刻的社会和政治内涵。正是对资料怎么‘读’，常常体现了一个历史学家的理论和方法以及所持的历史观。”① 我们在扩大史料视野的同时，更要学会阅读、分析和理解史料。

四、重视研究20世纪的社会文化史

当代史学界在展望21世纪史学时，认为在21世纪的史学研究中，近现代史、特别是20世纪的历史将会受到特别的重视。戴逸在1996年就指出：“在下一个世纪的历史研究中，近现代史将更加被重视。尽管尘埃尚未落定，盖棺犹难论定，但人们惯常要回顾刚刚走过的那段路程，迫切地希望从刚刚逝去的历史中寻找经验，获取教益，增长智慧。21世纪的历史学亦将以研究20世纪的中国社会及其事件、人物、思想、典制为重要内容。20世纪，中国贫困、屈辱，进而抗争、奋起，富有慷慨悲壮、可歌可泣、催人前进的内涵。人的苦难、人的价值、人的力量，表现得淋漓尽致。21世纪的历史学将透视、描摹、再现这个伟大的时代，给后代以强烈的震撼和深刻的教育。生活在20世纪的人们尽管亲历了种种事变，有着切肤的感受，但历史的表面尘雾把他们笼罩其中，反而看不清眼前事变的整体和意蕴。而21世纪的历史学则会将他们完整地、准确地揭示出来，像悬挂在天空中的大幅画卷，显示其磅礴的气势、雄伟的场面和丰富的意蕴。”② 的确，学界越来越多的人已经开始进一步关注和研究20世纪的中国历史了。

20世纪是社会文化变化剧烈的时代，值得重视和研究。已经有人从社会文化史的角度来研究民国时期的历史。也有人开始关注新中国成

① 王迪：《大众文化研究与近代中国社会》，《历史研究》1999年第5期。

② 戴逸：《中国历史学如何走向二十一世纪》，《光明日报》1996年12月31日。

立后的社会文化史。例如“统购统销”与票证的历史就非常典型。① 再如，50年代大办“公社”的理想状态是取消家庭；“文革”中的“五七干校”部分取消了家庭；与此同时，意识形态在全社会范围内对日常生活的渗透几乎达到无孔不入的地步；“文革”结束不久轰动一时的相声《如此照相》，就是这种情况的真实写照。②

首都师范大学历史系开始重视新中国三十年的社会文化史研究。这是从婚姻家庭妇女性伦的文化层面对新中国三十年的社会文化进行探索，不仅为了揭示新中国三十年社会文化的演变大势，更有助于通过对新中国政治、经济和文化等多项历史因素互动的研究，来深刻认识和理解新中国三十年的社会历史。

新中国三十年婚姻文化变化的基本态势和特点在于：1950年新中国第一部婚姻法颁布后，加速废除包办强迫、漠视男女情感的封建婚姻陋俗。追求自由婚恋方式逐渐成为一种趋新的价值观念，并得到更多人的理解认同。其时的谈婚论嫁同政治立场、家庭出身相结合，同特定水准的物质追求相联系，同嫁给劳模、党员、干部、军人和城里人相对应，同“革命化”与“战斗化”相伴随，形成特定时代的独特风貌。“文革”时期政治态度和派系笼罩下的婚姻状态以及上山下乡插队知青的婚姻状况，更具特异时代政治观念和阶级观念的印痕。

新中国三十年家庭文化变化的基本态势和特点在于：家庭文化变革是以父子之间、夫妻之间及兄弟姊妹之间的平等与不平等为特征。传统封建家庭不平等的关系在某种程度上有些转变，带有现代意识的民主气氛逐渐进入家庭，冲击着以往占支配地位的封建伦理的家庭文化。极左路线造成不同出身家庭之间的新的张力与隔阂。“文革”时期出现了为政治左右的家庭异化现象，反映了家庭内部不同政治倾向者之间以及

① 王春瑜：《穷证》，《票证旧事》，百花文艺出版社1999年版，第5—6页。

② 雷颐：《“日常生活”与历史研究》，《史学理论研究》2000年第3期。

“红色家庭”与“黑五类家庭”之间的矛盾与冲突。

新中国三十年妇女文化变化的基本态势和特点在于：妇女参政开始向政治解放的目标迈进，并在政坛上竞显风流。妇女大规模地参与经济生活和公众生活，城市妇女积极投身社会主义建设当中，农村妇女通过土地改革作了土地的主人，提高了自身的经济地位。妇女的社会教育促其摆脱文盲状态，学校教育促其提高文化素养。女性形象与性别角色形成新的特点。各种法律法规的制定为提高妇女社会地位和身心健康提供了保障。妇女解放的局限仍然突出，特别是职业与家务的双重负担使妇女陷入两难之中。“文革”时期女性“不爱红装爱武装”，与男性一样冲杀在“文化大革命”的战场。

新中国三十年性伦文化变化的基本态势和特点在于：性伦文化缺乏凸显的变革，传统的男女授受不亲和封建贞操观未能彻底打破，缺乏积极正面的性教育，导致普遍的性无知。在把主要精力放在抵制资产阶级性爱观的同时，封建主义性爱观无形中却被更多地肯定和认同，进而导致封建主义性伦文化长期束缚人们的精神世界，成为人们心灵的枷锁，很多两性之间不能进行正常的社会交往。“文革”时期更是“谈性色变”，“性”成为人们不敢问津的禁区。

这一研究的主要观点是：在特定的充满激情和渴望的年代，婚姻家庭妇女性伦文化的演变与新政权建立的关系密切，党和政府的能动干预和引导以及国家政策法律的制定是新中国婚姻家庭妇女性伦文化演变的决定因素；新中国婚姻家庭妇女性伦文化的演变既有给人留下明显印象的进化，又有缺乏反响力的逆向转化，反映社会文化变革需要创造多项条件予以支撑及其变革的复杂性，并昭示社会文化的变化是一个长期的动态运演流变；新中国婚姻家庭妇女性伦文化演变的本质应是追求人的个性解放和自由平等，由于缺乏对个性解放与自由平等的深切感悟和关怀，所以改造社会文化的理性自觉显得不足，从而留下了深刻的教训。

这一研究在运用唯物史观和传统史学方法外，还要借鉴如下研究方法：在依靠文献资料的基础上，借鉴和运用社会学的访谈法、抽样调查法来搜集资料，以此扩充弥补文献资料。通过纵向和横向比较来突出研究内容的特点。1840—1949年婚姻家庭妇女性伦文化的研究，已有一定成果，这一研究通过与上述成果进行纵向比较，探索其发展演化的程度与速度；同时通过横向比较，探究其发展变化的不平衡性及其局限性，这既包括不同地域间的不平衡，也包括不同内容之间发展变化的不平衡。运用社会心理学和心态史学的研究法来分析普通民众的心态、意识和思想变迁。要注意"众从"和"从众"心理现象的客观影响，要注重普通民众对社会的认识理解以及他们独特的思考方式。作为社会文化史的研究，这一研究更加关注民众社会生活与民众观念形态之间的相互关系，即注意显形的社会生活，又注意隐形的精神生活，最终是要通过社会生活的表层去揭示社会精神面貌的潜层结构的。

这一研究的理论创新及学术价值在于：通过探讨特定的历史领域，揭示新中国三十年婚姻家庭妇女性伦文化的演变规律，这是社会文化史研究的一个有益尝试，并为社会文化史研究提供一项学术成果；通过研究新中国三十年婚姻家庭妇女性伦文化的变革，初步探索社会文化史研究的理论与方法，为这一学科的建设提供理论方法上的某些借鉴；研究社会文化并非忽视社会的政治经济，从社会文化的视角切入并具体研究，进而宏观思考特定时代政治经济和文化之间的互动与变迁，这种总体研究易于理解和认识新中国三十年社会变革的全貌。

社会文化史还是一个新生的学术领域，它还很薄弱和幼稚，存在的问题还很多，需要精心地呵护和培育。正像有的学者所指出的那样："中国近代史研究的各个领域中，有的学科是后起的，如近代社会史、近代社会文化史，开辟未久，前景广阔。像每一个新兴领域都存在着广阔的发展空间一样，近代社会史、社会文化史学科，正在引起国内学术界的广泛注意，特别是引起中青年研究者的浓厚兴趣。但这样的学科，从整体上说还处于兴起阶段，研究者各自为政，还是一种无组织状态，也未形成公认的比较成熟的研究理论和方法。”“社会史和社会文化史研究有着广阔的发展空间，可能是史学新观念和新方法的一个生长点。”① 社会文化史有着广阔的发展前景，有志研究者应悉心努力，共获建业之功。

原载《首都师范大学史学研究》第三辑，
北京燕山出版社 2005 年版

① 张海鹏：《1999 年中国近代史学术动态概述》，《近代史研究》2001 年第 1 期，第 256—257 页。

社会生活：社会文化史研究的一个重要概念

社会生活是人类使用频率极高、是人类极为熟悉的一个概念。学人们也从学术和学理上去认识理解和研究这个概念，但深入探索却是不多见的，历史学科对其也是如此。随着学术处女地的不断开拓，很多日常概念不断引起我们更多的关注，而社会生活就是其中的一个。社会文化史是研究社会生活与其内在观念形态之间相互关系的历史，社会生活作为社会文化史研究的一个视角和领域成为社会文化史研究的一个重要概念。

一、社会生活释义

所谓社会生活是指人们在以生产为前提而形成的各种人际关系的基础上，为了维系生命和不断改善提高生存质量而进行的一切活动的总和。社会生活是活动的总和，因此它首先体现的是一种活动，而这个活动是在一定基础之上的有目的的活动。这个基础是指在一定的前提下所形成的人际关系，而这个目的是指维系生命和改善提高生存质量。人们生活的目的就是这样简单明确，就是为了维系生命，为了活着，但不是一般的活着，要尽量活得好些，还要不断地改善和提高，以达到和满足人们生活的这个目的。若此，简单的生活目的就不会再是那么简单。上面在表述前提的时候，我们把生产确定为前提。这里的生产是广义的生产，是指通过劳动创造物质财富和精神财富的一个过程，直接或间接为创造物质和精神财富的过程都可视为广义的生产。我们看到，只有有了生产，只有有了生产这样一个过程，才能言其人际关系，言其维系生命，言其改善提高生存质量。而缺失了生产和生产这个过程，其他一切将无从谈起。可以设想，若没有生产，没有生产这个过程，是否还存在人际关系，是否还能谈维系生命，是否还能谈改善提高生存质量，当然不能。所以我们就把生产视为形成各种人际关系的前提。只是有了生产，在生产这个过程中，才能形成各式各样的人际关系，诸如领导与被领导的关系，师傅与徒弟的关系，共同生产的同行关系，相同组织内的同事关系，互帮互助的友善关系，直接或间接的服务关系，贫富差距的等级关系，优胜劣败的竞争关系，弱肉强食的敌对关系，等等。在形成了这诸多不同的人际关系的基础上，为了维系生命和不断改善提高生存质量就产生了诸多复杂的各类活动，包括政治的、经济的、文化的、社会的活动等等，即作为人类社会生活的一切活动的总和，这种种的活动又主要体现在人们的具体行动上。这种活动的维系生命和不断改善提高生存质量的目的是容易理解的，而其在生产的前提下所形成的各种人际关系作为一种基础似乎还是显得有些费解，而这正是我们理解社会生活的关键所在，即离开生产和人际关系就难以理解和认识社会生活。那么生产本身是社会生活吗，单纯的生产本身还不构成社会生活，但因为它而形成了人际关系，在这个人际关系的基础上，为生存而进行的任何活动就构成了社会生活。所以我们还是回过头来进一步强调，所谓社会生活就是指人们在以生产为前提而形成的各种人际关系的基础上，为了维系生命和不断改善提高生存质量而进行的一切活动的总和。

二、社会生活的理论范畴

社会生活的理论范畴是指在宏观层面上的几个重要概念和问题，它是我们关注社会生活和研究社会生活的思考域和切入点。

社会生活的概念有广义与狭义的区分，广义的社会生活是指人类整体的生活状态，它包括政治生活状态、经济（物质）生活状态、文化（精神）生活状态、社会生活状态。而狭义的社会生活专指社会生活状态。社会文化史首先要研究狭义的社会生活状态，从狭义的社会生活入手，再渐次向广义的社会生活探究。从广义的视角所见到的四种生活状态彼此不是孤立的，不是截然分开的，它们是彼此联系的，相互影响相互渗透相互制约甚至是相互转化的。政治生活状态主要指各层次权力的把握控制和运行，谁掌控权力，如何掌控权力，通过怎样的体制和机制进行权力运行，进而产生怎样的后果，这些就反映着政治生活的状态。经济生活状态主要指物质财富的生产方式、分配方式和管理方式，物质财富怎样去生产，又如何进行分配，在何种体制制度下进行管束，这些反映着经济生活的状态，而这种状态在很多时候，在具体的情状下，又与政治生活状态紧紧地结合在一起。无论物质财富的生产方式、分配方式和管理方式可能很多被政治生活状态制约着，但反过来，经济生活状态又可能影响着权力的掌控与运行，两者是相互渗透和影响的。文化生活状态主要指精神财富的生产方式、管理方式和价值观念的培植或变革、选择和确立等，同样，它与政治生活状态和经济生活状态是互为影响和制约的。物质财富与精神财富没有极端的本质区别，它们最基本的共同特征是客观存在并为人类的需要服务。物质财富在满足物质身体的需求时，某种层面也满足了精神身体的需求，精神财富在满足精神身体的需求时，某种层面也满足了物质身体的需求，两者是在各自的区域内，同时也在共同的区域内发挥着自己的功能。社会生活状态主要指人们日常的基本生活，诸如衣食住行、婚丧嫁娶、闲暇娱乐等生活。这种社会生活是人们生活状态最直接的体现，最实在的反映。实际上它与政治生活状态、经济生活状态、文化生活状态又有着千丝万缕的联系，相互之间互动着、影响着。

狭义的社会生活有着极其丰富的内容。它在不同的时代所反映的具体内容是不同的，它也随着时代的进化而不断地发展和变化，有的消失，有的生长，但总的趋势是因社会科学技术的进步和生活的多元趋向化而使社会生活的内容不断地丰富和发展，生活内容的领域不断地扩大。就当今时代而言，我们所谓狭义的社会生活，大而言之也能够举出一些重要的内容，诸如衣食住行、婚丧嫁娶、两性伦理、休闲娱乐、流行时尚、网络信息、装饰美容、强身健体、休养生息、医疗救治、心理卫生、求职就业、福利保障、旅游观光、民俗风情、宗教信仰、迷信祭祀、友善交往、日常消费、生老病死等等。显然它比以往任何时代的社会生活都丰富得多。现实的人们如何面对这样丰富多彩的社会生活，如何选择这样丰富多彩的社会生活，历史和现实都有值得借鉴的经验和教训。社会生活一个时代比一个时代丰富，相信未来的社会生活一定还要比今天更加丰富，更加精彩，更加绚烂。

广义的社会生活里面包含着人类整体的社会生活，也包含群体的社会生活，还包含个体的社会生活。同理，狭义的社会生活也包含人类整体的社会生活，还包含群体的社会生活和个体的社会生活。人类整体的概念和个体的概念容易理解和把握，而群体的概念却复杂得多。群体的概念还可以进一步划分，划分存在着两个趋向，一种是平行的趋向，即群体之间的关系是平衡的，诸如不同国家的群体，不同区域的群体，不同种族的群体，不同民族的群体，不同肤色的群体，不同文化背景的群体，不同信仰的群体，不同阶层的群体，不同职业的群体，不同专业的群体，不同教育程度的群体，不同价值趋向的群体，不同政党的群体，不同社团的群体，不同志趣爱好的群体，不同年龄的群体，不同健康程度的群体，不同性别的群体，等等；另一种是扩展的趋向，即群体之间是量的增大或缩小，是大群体包含着小群体，是小群体组合成大群体，诸如从家庭到家族、到同姓、到民族；从具体工作单位到同类单位的小系统、到同类单位的大系统；从小区到社区、到城市、到省区；从民族到国家、到洲际，等等。从长时段来看，同一群体在不同的时代有其持续的特征，也有其变化的特征。具有持续特征的群体有广泛的范围，上文我们提到的群体，无论是具有平行趋向还是具有扩展趋向的群体，绝大部分是具有持续特征的群体。而具有变化特征的群体，是指同一群体在不同时代的自身内涵发生了变化，比如古代的农民、军人、商人和领袖与今天的农民、军人、商人和领袖的自身内涵是不同的，古代教书先生与今天教师的自身内涵也是不同的，其知识结构、教学技能、人生价值、历史责任均不能同日而语。

无论是人类整体的社会生活，还是群体和个体的社会生活，既体现着一种共性，又体现着一种个性，所以这种社会生活是共性和个性的统一体。对于人类整体，体现着一种共性的社会生活，比如人类整体都需要衣食住行，都要面对着生老病死，也都需要消遣娱乐的活动，这就是共性社会生活的体现。但是人类整体怎样进行衣食住行，怎样对待生老病死，怎样开展消遣娱乐的活动，人类整体在不同的时代或同一时代各部分之间会有差异，这就反映出个性的特征来。对于若干群体之间的社会生活也是如此，若干群体之间的社会生活可能存在着共性，同时也存在着个性。比如工人的群体、农民的群体和知识分子的群体，这些群体都在创造社会财富，这是他们社会生活共性方面的体现。工农是以创造物质财富为个性特征，而知识分子却以创造精神财富为个性特征。工农创造的物质财富又以创造工业品或农产品而不同，仍能反映出不同的个性特征来。对于个体的社会生活也是这样，个体之间的社会生活既有共性，又有个性。比如人人都需要维持个体的生命和发展，人人都要面临与自然和社会的接触，都要处理与亲朋好友、周围同事的关系等等，这是每个个体在社会生活中的最基本的共性。然而每个个体如何去设计自己的生活、追求什么样的生活目标、采取怎样的生活方式，对人生感悟的程度和人生的境界如何，又会显示出不同个体之间的诸多不同的个性来。不同群体和个体有着自己特殊的生活环境，这不仅形成不同群体和个体社会生活的个性特征，同时也反映着不同群体和个体社会生活的局限，群体和个体的社会生活都有个性，也都有局限性。

群体是社会文化史研究的重要对象，我们要善于发现和关注群体。群体划分得越细越具体，研究起来越方便越容易把握。群体是变化的，这种变化不但体现在上文所说的群体自身内涵的变化，也特指群体的量在不同时代的某些改变，即量有增减。所谓量有增减是指随着时代的变迁会有新的群体不断涌现，也会有某些群体不断削减以至消亡，这些群体的涌现和削减恰恰可以反映一个时代的某种变迁，也可以把握一个时代的某些特点。比如中国新时代以来的企业家族、公务员族、白领族、蓝领族、民工族、下岗族、待业族、海归族、私企族、炒股族、有车族、明星族、追星族、网吧族、独生子女族都是中国改革开放以后出现的新群体，从这些群体身上我们能够寻找很多社会文化史研究的视角和问题，探索新时代社会文化发展变化的一般轨迹，管窥历史的变迁和社会文化的演进。时代政治、经济、文化和社会的种种变化都能够从这些新的群体身上求寻聚焦和答案。群体的变化也使历史上的诸多群体渐渐削减或消失，诸如老北京沿街叫卖的群体和街头杂耍的群体随着时代的进化，他们都渐渐退出了历史的舞台，中国传统社会的女性缠足群、男性留辫群于清末民初以后就渐渐削减，至今已经消失殆尽了。当今国内的文盲群也在不断地削减着，从这些群体演化的现象中不也能看到历史的沧桑巨变吗。

贯穿于人类社会的社会生活，存在着一些最基本的贯穿于人类社会的恒常内容。随着人类社会的不断进化，人类社会生活的内容会不断地增加，新的社会生活内容会不断地涌现，也有些社会生活的内容会渐次消失，这在上文我们已经做了阐述。但是在人类社会发展的过程中，无论社会怎么变化，无论社会生活如何变迁，却都存在着一些最基本的贯穿于人类社会的恒常内容，这些恒常内容在任何时代都要围绕着人类的生活，都要伴随着人类的生活，实际上就是它们呈现着人类社会不同时代的最基本的生活样式，因而它们成为人类社会生活最基本的内容，诸如衣食住行、婚丧嫁娶、两性伦理、休闲娱乐、生老病死等，就是人类社会生活最基本的内容。这个问题的提出，有着一种特殊的意义，回答着人生一些最基本的问题，即人怎么才能够生，生存的最基本的条件是什么，怎么才能生活得更好，生活的目的是什么，如何对待短暂的人生。我们发现，正是这些最基本的社会生活的恒常内容反映着人类社会生活这些最基本的问题，两者是统一的。我们还发现，其他社会生活的内容，基本上是由上述最基本的恒常内容派生出来的。任何时代，人类社会生活都存在着上述的基本内容，而每个时代上述基本内容的表现形式又是具有时代特色的，这种时代特色是时代发展的痕迹，是人类不断追求的痕迹。当我们发现每个时代社会生活基本内容不同特色的时候，我们就了解了那个时代的社会生活，进而认识、了解和理解了那个时代。

不同时代人们的生活观念是不同的。不同时代人们生活观念不同，并不否认有着普适的贯穿于其中始终不变的生活观念，这种始终不变的生活观念一般是处于宏观层面上的。比如，人们都希望吃好、穿好、住好、行好。一般说来，这种宏观层面上的基本生活观念不会有什么变化，任何时代的人们都会希望能够生活在吃好、穿好、住好、行好的社会生活环境中。但微观层面上的生活观念在不同时代就会发生不同的变化。比如怎么才是吃好、穿好、住好、行好，不同时代的人们的看法会是不同的。为什么不同时代人们的生活观念会发生变化？其实人们平时常讲这个道理，就是不同时代的经济发展、科技进步、政治环境改变了人们的物质生活，所以随着物质生活的改变，人们的生活观念也就随之发生了变化。生活观念的变化必将导致行为方式的变化。在微观层面上很难有始终不变的生活观念。一般言之，能否适应时代变迁而及时调整人们的生活观念是传统与现代、保守与进步的分水岭。近代以后，有人穿上了西装，民国时期有人穿上了中山装。解放初期，妇女们热衷于离开家庭，到社会上寻求一份工作。“文革”时期，人们看中革命的家庭出身。改革开放，人们更青睐于高收入，高消费，过着丰富多彩的社会生活。这一切反映着人们生活观念的变化，当然也反映着观念变化背后的变化。

在同一时代，不同人群的微观生活观念是有差异的。人群的划分是多种多样的，用不同的标准可以划分不同的人群。比如用职业、地域、收入、年龄、民族、信仰、党派、性别、志趣等等不同的标准就可以划分出很多不同的人群来。不同人群的微观生活观念是有差异的，这是人们生活在不同的具体生活环境决定的。以当今的人群为例，比如职业不同的人群：工人阶层希望自己所在企业的效益好；农民阶层愿意到外面闯世界，到城里去打工；企业家阶层希望自己的企业越来越火，效益越来越高；知识分子阶层在追求高收入高生活水平的同时，更希望追求一种宁静的生活，一种精神的寄托。比如性别不同的人群：大多数年轻女性希望自己能同男性一样有公平的就业机会，愿意自己有一个美丽的容颜，匀称的身材，能够博得他人的喜欢；大多数年轻男性希望自己能有一个体面的工作和收入，在同类人中能够表现得出类拔萃。比如年龄不同的人群，大多数的老年人希望自己有一个健康的身体，有一个幸福的晚年；大多数年轻人希望通过自己的积极努力，能够顺利地求学、就业和进步，建立一个幸福的小家庭；而大多数中年人，则希望自己的事业发达，上能侍奉好父母，下能照顾培养好孩子。不同的人群，由于各自特殊的生活环境，造成他们微观生活观念的差异。

同一个个体，在不同的年龄段，个体的生活观念是有变化的。中国古语道：三十而立、四十不惑、五十而知天命、六十而耳顺，七十从心所欲不逾矩。这就是讲个体在不同年龄段上不同的生活观念和生活状态。中国民谚讲，三十不豪，四十不富，五十将相寻死路；少壮不努力，老大徒伤悲，都是讲的这个道理。这是由年龄变化引起生理变化和阅历变化，再与客观条件的结合决定的。年龄的变化引起身体变化，造成心理变化，年龄增长，阅历增多，自然会产生新的人生感悟。由不同年龄段引起的观念变化，一般有几个类型：一是客观型，经世的积累，对世事的认识和理解更为全面，观念形态随年龄增长渐次成熟，不断接近客观性和真理性；二是保守型，年事的增高，跟不上时代前进的步伐，观念形态的进取意识渐次减弱，观念陈旧，逐渐显出保守性；三是回归型，随着年龄的增加和阅历的增长，观念不断地变化，而到了一定年龄后，又重新回到先前时代的观念形态，观念随人生旅途画了一个圈，显现出轮回的特征。同一个个体在不同的年龄段观念尚且不同，那么不同的个体在不同的年龄段观念的差距就可想而知了，所以代沟是一个重要的问题域，是研究社会文化和比较研究的一个重要切入点。

社会生活的目标是要不断地提高人们的生活质量。生活质量的高低既是绝对的，又是相对的。所谓绝对是指在不同的特定时期内，不同的生产水平，给人提供不同的物质条件，人们会感到不同的物质享受，每一次新增的物质享受都能体现着生活质量的提升。所谓相对是指个体的感受是不同的，心境的不同是影响生活质量的重要指标。个体的身心愉悦，特别是心境的愉悦，不完全与物质生活的高低成正比。人们社会生活的质量是要追求物质享受和精神享受的统一。那么不同的时代，不同的人群，不同的个体，其生活状态如何，其生活质量如何，社会文化史的学者要给予关注。是什么原因使人们的社会生活如此如彼？人们如何追求高水平的生活质量？在同等物质条件下如何提高人们的生活质量？在不同的物质条件下，如何提高人们的生活质量？幸福感是生活质量的一个重要指标，幸福感是一种个体主观的心灵感受，它既与物质条件相关，但又不完全依赖于物质条件。所谓与物质条件相关，是指一个时代物质文明发展的程度是衡量人们生活质量的一个基础，忽视这个基础是不行的。所谓又不完全依赖于物质条件，是指心境直接影响幸福感。影响心境愉悦的因子很多，政治的、经济的（物质的）、文化的（精神的）等等。对于个体来说，人们不要忽视文化价值观念对个人感受的影响。所谓平和的心态就是指一种价值观念，价值观念的树立和改进需要不断地扬弃和创新，因此，人们需要的是文化价值观念破与立的统一。

三、社会生活与社会文化史

以往和未来的历史研究都是在一定的范式框架内进行。无论是兰克的政治史学，法国的年鉴学派，西方的新文化史和后现代史学都可视为历史研究的范式框架，在中国，无论是中国传统史学，马克思主义史学，新时期的社会史也都可视为历史研究的范式框架。只有在范式框架内的历史研究才能透视历史的整体，否则历史只能是无数的碎片，人们在历史面前只会感到茫然和无所适从。运用任何范式框架来研究历史，都会在历史的某个层面和角度揭示历史的实在和特征。中国传统史学把中国帝王将相的家谱展现出来，马克思主义史学把社会发展形态的轨迹揭示出来，中国革命史探索了反帝反封建斗争的历史真实。可见在任何的范式框架内，都可能一定程度地为史学发展作出贡献。在任何的范式框架内，历史研究都可以以小见大或以大见小，所以研究的问题是灵活的，主要看它是在哪个层面为历史研究作出了贡献，我们不计较层面，我们看重的是对历史研究的真正贡献。历史研究范式框架的不同，不在于研究范围的大小不同，而在于研究问题的角度、层面和侧重点不同，我们不计较历史研究范式框架的角度、层面和侧重点不同，我们看重的还是对历史研究的真正贡献。

若用范式框架的概念去审视社会文化史，社会文化史也可视为一种范式框架。这个范式框架的特点是重在研究社会生活与其内在观念形态之间相互关系的历史。我们的这种表述，读者似乎感到把社会文化史的范式框架限制得很窄，其实不然。这其中的社会生活一词就是一个非常广泛的概念，前文提及广义的社会生活是指人类整体的生活状态，它包括政治生活状态、经济生活状态、文化生活状态、社会生活状态，可见其囊括内容的广阔性。从而我们感受到社会文化史研究的视野和问题都是相当广泛的，关键是我们要通过社会生活与其内在观念形态之间互动的角度来观察和研究宽广宏阔的人类历史。

人类存在并活动于社会生活之中，社会生活是人类独有的存在方式，所以从某种意义上说，人类历史就是一部社会生活史。我们以往对社会生活的认识和理解以及重视的程度还是相当有限的，这种局限或多或少影响了历史研究的一个最显著的现实意义，即史学也是直接为提高和改善我们的社会生活质量服务的。因此我们有必要强调社会生活作为历史研究的一个独特的和不可替代的价值和意义，也要强调社会生活作为学术研究的一个独特的和不可替代的价值和意义。

既然社会文化史是研究社会生活与其内在观念形态之间相互关系的历史，那么社会生活作为社会文化史研究的一个视角和领域就成为社会文化史研究的一个重要概念。我们就要特别关注社会生活与社会文化史的关系问题。第一，社会文化史首先要研究狭义的社会生活状态，从狭义的社会生活入手，再渐次向广义的社会生活探究，这是社会文化史研究从开始到发展的一个基本路径。第二，社会生活的理论范畴均是社会文化史研究的视角和切入点。诸如具体的社会生活内容，不同的群体，社会生活的恒常内容，个体的个性，人们的生活质量，等等，这一切都是社会文化史要给予关注和重视的。第三，任何历史都有常态和动态两种状态。所谓常态是指在一定的时间内某种历史现象基本处于不变的状态，所谓动态是指相对不同的时段内某种历史现象发生变化的状态。相对不同的时段既可是较长的时段，又可是较短的时段。而社会文化史主要是研究动态的历史，而不是研究常态的历史，即研究社会生活与其内在观念形态之间相互作用而引起的发展和变化的历史。所以社会文化史研究的视角是特定的，不是漫无边际的，它主要研究动态的社会生活，通过对社会生活动态的研究，来认识历史、理解历史和把握历史。第四，注重叙事与分析在社会文化史撰述中的双重运用。叙事与分析是历史撰述中的基本方法和基本要求，虽然对此还存在着不少异议。但是在社会文化史撰述中，我们尤其强调两者的不可偏废。叙事是要求并强调掌握大量的历史资料，并在梳理和提炼资料的基础上，完整和准确地叙述历史，还原历史和再现历史。叙事是在表象的层面上叙述历史，而渗透历史的本质和内在联系也是历史撰述的应有之义，完成这一任务的基本方法就是分析。运用分析和议论以达到对历史的一种理性的认识，是历史学的价值所在。社会文化史尤其注重叙事与分析的双重运用，旨在揭示社会生活的表象并渗透其诸多的内在联系。第五，社会生活与生活方式是社会文化史研究的一对重要范畴。社会生活与生活方式是研究社会文化史的两个重要切入点，也是社会文化史研究的两个重要内容。抓住了这样两个问题，社会文化史研究将会深入地开展下去。关于社会生活，我们作过界定，对于生活方式，简要地说，它是社会生活的一种外在形式（主要是以物质形式体现出来）。生活方式既是社会生活创造的，也同时反映着社会生活的发展水平和程度，生活方式被社会生活裹在中间，可见两者是息息相关、紧密相联的，构成社会文化史研究的一对重要范畴。研究生活方式是从一个视阈研究社会生活，通过对生活方式的研究，可以洞察人们社会生活本身。同时研究社会生活也可以探究生活方式，以了解社会生活发展的程度和水平。从研究社会文化史的角度来说，研究社会生活与生活方式就如车之两轮、鸟之双翼，缺一不可。

原载《河北学刊》2009年第3期

关于社会文化史的几对概念

中国社会文化史的研究已经迈进了一个新阶段，在进一步发展的时期内，深入思考和探索有关社会文化史的理论方法问题更显得十分重要，也是学术发展的内在要求。根据以往的学习体会，我觉得对下面的几对概念作一些研讨，有助于开展社会文化史的深入研究和探索。

常态与动态

这里所谓的常态与动态是指历史发展一定的长时段内，历史事象的不变部分和变化部分的总和。不变部分即为常态，变化部分即为动态。这里的长时段是个相对概念，它可能是几年、十几年，也可能是几十年上百年或更长的时间，这要根据研究的具体事象和研究的特定问题意识而定。常态的历史事象指在一定的长时段内基本处于不变的历史事象，比如一直到清末中国有着两千多年的王朝统治；比如清代很多男人穿长袍马褂，很多女人穿旗袍；比如新中国三十年我国基本上是“以阶级斗争为纲”作为国人政治生活的指导方针；比如在20世纪90年代，很多人以“大哥大”作为通信工具，等等。可见在几千年里、几百年里、几十年里、几年里都存在着相对常态的历史事象。动态的历史事象指在某个历史时期新出现的历史事象，比如春秋战国时代出现的诸子百家；比如辛亥革命后出现的共和制度；比如20世纪60年代爆发的“无产阶级文化大革命”；比如新世纪以来的“闪婚”、“裸婚”、“滚婚”现象，等等。有些常态的历史事象和动态的历史事象是相对而言的，是属于常态还是动态，这要看我们的问题意识而定。比如若以新中国后为何会产生“文革”为问题意识，“文革”就是个动态的历史事象；若以“文革”时期中国人有着怎样的政治生活、文化生活为问题意识，“文革”就是个常态的历史事象。

还有，一个具体的历史事象在一定的时期内，也会有常态和动态等不同的存在方式，这是历史发展变化错综复杂的原因决定的。比如20世纪90年代的餐饮生活，从动态上看，一些人吃起了麦当劳和肯德基，但从常态上看，很多人并不吃这些食品；比如改革开放后，一部分人炒起股票、买了汽车、住上楼房，但也有人不炒股票、未买汽车、未住楼房，等等。历史是错综复杂的，由于不同的问题意识，所以历史研究的侧重点是不同的。由于我们的问题意识需要研究有车族的时候，就不应当以相当一部分人没有私家车而否定前者的研究；由于我们的问题意识需要研究国民劣根性的时候，也不应当以相当一部分人的优良品格而否定前者的研究，如此等等。

相比之下，社会文化史更要注重动态历史事象的研究。历史总是在发展变化的，所以注重动态历史事象的研究本来就是历史研究中的应有之义。历史研究就是让人们去了解和认识历史，去了解和认识不同历史时期的不同历史特点。而研究动态历史事象是我们了解和认识不同历史时期特征的基本路径。当然动态历史事象和常态历史事象的分类是相对的，只要我们的问题意识明确，我们的研究就具有针对性和目的性，进而消解作者和读者的模糊性或曰含糊性。

碎片与整合

前些年有人对社会史研究有些微词，认为社会史研究存在碎片化倾向，研究的历史现象似乎是些鸡零狗碎、残羹剩饭般的一些微不足道的东西，所以进行这样的研究意义不大。这样的说法可能有其一定的道理。

问题在于，什么是碎片？以往的研究似乎没有给出明确的界定和回答，这就让人有些丈二和尚摸不到头脑之感。琢磨一下，所谓“碎片”，其一好像就是些摆不到历史台面上的无足轻重的“小玩意儿”，诸如洪秀全有没有胡子，张家媳妇多高，李家媳妇多胖之类。其二好像是那些按照以往历史研究的观念，有些猎奇或看不出有什么所谓的重大意义的历史现象，诸如研究妓女、乞丐之类。

如果说“碎片”研究是相对于“宏大”研究的话，那么“碎片”研究和“宏大”研究孰有意义呢，其实这是不能回答的伪问题。“宏大”研究可能有意义，也可能没意义；“碎片”研究可能有意义，也可能没意义。这要看你研究什么，怎么研究。比如就一般地讲中国改革开放以来，国家富强了，人民富裕了，并用一些数字说明之，这样的“宏大”研究其实意义不大。如果深入下去，国家在哪些具体的领域富强了，又有哪些充分的表现，是哪些重要的原因促成富强的，在发展过程中，遇到过哪些问题和阻力，是通过什么独特的路径克服和解决这些问题的，留下了哪些发人深省的历史经验和教训，这样的“宏大”研究就显得有意义了。再比如“文革”期间，谁谁被揪斗了，某个文物被砸毁了，某个“走资派”自杀了，如果只是孤立地研究这些“碎片”问题就意义不大，如果把这样的“碎片”研究与更深层的政党政治、法律制度、社会矛盾、领袖崇拜等结合起来，也可能会揭示出更为深刻的历史面目，这样研究的意义就显得大些。

社会文化史要研究社会生活，而社会生活千姿百态，巨细相应，所以社会文化史并不回避“碎片”研究，但“碎片”研究正如上文所说，关键是你研究什么和如何研究。除此之外，社会文化史的研究还要处理好“碎片”与“整合”的关系，即多种“碎片”研究之后可联缀成一体，这是社会文化史尤其看重的一点，也是社会文化史研究的价值所在。这有些像孩童们的拼图游戏，好多的拼图材料犹如“碎片”，把这些“碎片”材料拼合起来，让人豁然开朗，展现出来的是一幅崭新的并具有实际意义的图面，这是拼图的意义。而社会文化史把社会生活的“碎片”整合之后就有了历史研究的真正意义。比如近三十年服饰的“碎片”研究，喇叭裤、西装、夹克衫、牛仔服、色彩斑斓款式多样的女装等等，如果把这些“碎片”研究整合起来，就会发现人们服装生活的变迁，物质生活的改善，中外文化的交流，审美情趣的改变，精神自由的提升等等，这不正是社会文化史研究的旨趣所在吗。

生活与观念

在中国大陆，有部分学者认为社会文化史是研究社会生活与观念形态之间互动关系的历史，我到目前为止也主张这样的看法。这里的基本含义就是指社会文化史主要研究的是社会生活和观念形态，而且重在研究两者的互动关系。也就是说，人们的现实社会生活怎样影响了人们的观念形态，使人们的观念形态发生了变化，这种变化反过来又对社会生活产生了哪些影响，使社会生活发生了什么变化，这就是两者的互动。比如改革开放以来地方人大代表是通过普选而产生的，这种政治生活对民众的民主意识的提高和推进发生了积极的作用，促使了民众民主政治观念的变化。反过来，民众提高了的民主意识又会对民主政治有更新的要求，也必然会促使民主政治生活的进一步改善和变革。再如计划生育国策改变了当代中国的家庭结构，这种家庭结构变化同时改变了家庭的教育观，在这种教育观念的影响下，中国当代的独生子女教育出现了中国历史上前所未有的一种新状态。

但是问题还不这么简单。社会生活不是简单地就促使了观念形态的变化，观念形态也不是简单地就改变了人们的社会生活，这里的错综复杂是需要多层面和多角度去不断深入地探讨的。我们之所以倡导社会文化史是研究社会生活与观念形态之间互动关系的历史，其实就是要给研究社会文化史找一个切入点和突破口，目的是使社会文化史的研究能够有一个起点，好让研究者首先迈开步子，使研究能够开展起来，以促进历史研究的丰富和发展，让一些社会文化史的研究者也为史学研究做点贡献。

当然，我们还是要特别关注和强调生活与观念两者的关系和研究它们的重要意义。人都要生活，人都有观念意识。不同时代的人在怎样生活，有怎样的生活观念，自然需要进行研究。人应当怎样生活，应当有怎样的生活观念，也需要有历史的鉴镜。这是人生命存在的意义所在，那么社会文化史对生活和观念进行研究和探讨，也就有了实际意义。

一元与多元

社会文化史研究社会生活要有一元与多元的辩证眼光。一元与多元都是社会文化史研究探讨的范围，从这个维度讲，社会文化史研究所面向的领域是宏阔和博大的。

首先，社会生活有广义和狭义之分。广义的社会生活包括政治生活、经济生活、文化生活、日常生活。而狭义的社会生活是指一般性的日常生活。这里看得很清楚，广义的社会生活是多元，狭义的社会生活是一元。社会文化史可以从一元的社会生活入手对日常生活进行探索，再渐次扩展，向广义的社会生活推进，逐步扩大社会文化史的研究领地。

其次，狭义的社会生活即我们所谓的日常生活也有广义和狭义之分。狭义的日常生活是指人们最基本的日常生活，主要包括衣食住行、婚丧嫁娶、两性伦理、生老病死等等。广义的日常生活指在最基本的日常生活的基础上扩展开来的日常生活，比如当代社会的旅游观光、流行时尚、网络信息、心理卫生、消费娱乐、装饰美容、求职就业等等。狭义的日常生活是一元，广义的日常生活是多元。社会文化史研究要注意一元与多元的关系，首先关注具体问题，然后逐步探索具体问题与其他问题的诸多联系。

再次，就狭义的日常生活而言，也存在一元与多元的关系问题。最基本的日常生活中仍然存在若干事象，其中任何一个事象与其他事象之间都属于一元与多元的关系问题。看来，我们这样的划分可以无限地进行下去，这样做的意义就在于，可以使我们的社会文化史研究出现繁博丰厚的景象。虽然层次可以无限地划分，每个层次也都可以寻求一元和多元的多重关系，但是历史事象的中心层次和重要层次以及重要的一元与多元的关系，我们还是可以判定的，这样的判定有助于我们遴选历史的重要问题，对历史重要问题的把握也有助于我们从事具有实际意义的社会文化史研究工作。

最后，我们要强调的是，若具有一元和多元的辩证眼光，有益于我们对社会文化史的研究领域进行多层面和多维度的分类；有益于我们识别社会文化史研究的重要问题和研究价值；有益于我们循序渐进地开展社会文化史的研究工作。

真实与建构

研究历史是要求真，要还历史的本来面貌，真实是历史研究的本质，这是无可争议的。同时，历史研究还需要建构。所谓建构是历史工作者通过对史料的把握，站在特定的立场，运用相关的理论方法，对历史实象（包括历史呈现的形式及其本质规律）进行阐释的一般性模式（或曰模型）。建构需要最基本的条件，这就是上文所谓的一定要掌握大量的第一手素材，这是我们建构的基本材料，是最原始的资料依靠。研究者要站在特定的立场上，不同的立场研究问题的视角是不同的，所以得出的历史结论会有差异。研究历史问题要运用理论方法的指导和规范，理论和方法可以是研究者自己的创建和发现。历史的呈现形式是指历史的外象，是可见的。本质规律是指历史的内在感知，是看不见的，是可以认识和理解的。而一般性模式是指通过文本、图像和声音等多种形式表现出的历史实象。

历史的建构需要关注几个问题：其一，语言、概念与结构。语言要质朴、准确、流畅、精练、优美，不主张语言的佶屈聱牙，读起来费解。要根据研究，提炼出必要的新概念，新概念要界定明确。结构不要八股化，根据研究的需要和研究的意义进行合理设置。其二，想象求真。历史是研究过去，建构历史的一个重要方法就是通过想象以求历史的真实。这种想象是有条件的，是在多种证据基础上的想象推理和逻辑论证，想象是形象的推理和论证过程，史学研究的想象力是还原历史真实的重要途径。其三，建构包括理论方法的建树，历史研究有不同的领域、不同的层面、不同的目的和不同的价值，其中对理论方法的创建就是其中的一种意义。理论的建构有助于我们分析历史，有助于我们认识历史的本质与规律。而方法的创建同样有益于我们研究历史和建构历史。其四，历史学是艺术。历史学是科学，历史学是人文科学，同时历史学也是艺术。说它是艺术不仅仅是说它可以通过艺术形式来展现历史，为艺术形式提供素材，更在于研究者提供的历史研究成果能给接受者以艺术的感染和享受。这对历史研究的艺术性要求是高层次的，也是很难的，也就需要去建构。当然这要求研究者和接受者两者的统一。我们不要求所有的历史研究都要呈现艺术的魅力，这既不现实也不可能，但对历史研究应当有这样的认识并要试着践行。

社会文化史繁盛庞杂，研究的困难很大，凭借“建构”的思维方式有益于社会文化史研究路径的拓展。

原载《晋阳学刊》2012年第3期

生活质量：社会文化史研究的新维度 *

社会文化史发展至今，希冀把生活质量作为其研究的一个新维度，这是社会文化史研究的新理念之一。为什么要从史学角度来研究生活质量，主要研究哪些内容和问题，怎样进行研究，这是本文拟探索的主旨。

一、概念与价值

欧美国家在 20 世纪 50 年代末开始把生活质量作为多学科的研究领域与研究视角。①20 世纪 80 年代以后，中国的社会学、心理学、经济学、医学等学科也开始探讨生活质量问题，但至今为止历史学对此却鲜有研究。如果从史学角度来研究生活质量，可以开辟社会文化史研究的新维度。所谓生活质量是指人们客观生活的实际状况以及对生活的满意程度和幸福感受程度。② 这里既包含客观生活质量，即社会生活条件的实际

---

* 本文发表在《近代史研究》2014 年第 4 期时有删减，兹按原稿补充。

① 美国经济学家加尔布雷斯于 1958 年在其所著《富裕社会》一书中首次提出“生活质量”这一学术概念。

② 这个概念界定虽然与其他人文社会科学的界定没有本质的差异，但史学的研究方法和问题意识与其他人文社会科学比较则有自己的独到之处。

状况，也包含主观生活质量，即生活满意度和主观幸福感。

研究生活质量有其重要的意义和价值。肯定和确立提高生活质量是人类社会的目的和欲求，是人类整体生活和人类个体生活的目的和欲求。生活质量既反映在社会生活条件方面，也反映在人们的主观幸福感上，幸福感是人类生活永恒美好的追求，正如休谟所说："一切人类努力的伟大目标在于获得幸福"。①"对幸福生活之向往和追求，可以说是不同时代、不同经济和文化背景下人们的共同欲求。从这一意义上说，幸福似乎可以成为一种普遍主义的价值理想。"②研究生活质量的意义和价值还在于要探寻生活质量在不同历史阶段的基本概念或界定；设计并确定生活质量这一崭新学术研究领域在不同时代的基本框架体系；探讨不同时代不同需求层次的人③对生活质量认识、理解和判断的合理性、差异性和谬误性及其造成此种现象的历史、文化和社会等的基本缘由；研讨客观生活质量与主观生活质量的联系与相互作用所产生各种功能的基本根据；探求不同时期人类个体主观生活质量复杂性形成的基本原因；探索不同时代生活质量的主观满意度和幸福感表现出的层次相同以及"处于相同物质生活水平的人们，对其自身生活的评价和满意度可以大相径庭；反之，生活满意度相同的人，其实际物质生活水平可以相距甚远"④的基本因由；研究实现人的全面自由发展目标与提高人们生活质量要求的两者间内在的基本逻辑等等。对上述问题的探究均具有重要的意义和价值。

当我们了解了生活质量的研究概念和研究价值之后，还可以进一步认识和理解它的学术承续。从宏观史学发展脉络看，历史学早期从关

① 杨适等译《人性的高贵与卑劣——休谟散文集》，上海三联书店 1988 年版，第 81 页。

② 王露璐：《幸福是什么——从亚里士多德与密尔的幸福观谈起》，《光明日报》2007 年 11 月 13 日。

③ 按马斯洛的理论，人的需求有 5 个层次，即生理需求、安全需求、友爱与归属需求、自尊需求和自我实现需求。

④ 冯立天主编：《中国人口生活质量研究》，北京经济学院出版社 1992 年版，第 107 页。

注“事件的历史”出发，主要是探讨政治的历史，研究政治军事和政权更迭的所谓大的历史事件；次之开始进一步关注社会的历史，主要探讨社会经济和社会生活的历史状态；渐次又进一步关注历史主体的内在观念和心理的历史，去研讨人的内心世界和情感感受。从西方兰克以前的政治史，到年鉴学派的经济社会史，再到后来的观念心态史、新文化史以及从中国的王朝史、清末的新史学，再到后来的社会史、社会文化史，大致基本反映了这样的一个学术历程。历史科学发展的这种脉络的客观性，是历史发展到某一阶段的客观需要决定的，就如中国的王朝史主要是在王朝时代为王朝的统治需要服务的；西方的新社会史也是为有益于民众群体和个体的生活改观服务的；中国社会史的复兴同样是为改造中国社会的实际问题服务的。而今天从社会文化史的角度研究生活质量是中国刻下社会注重群体与个体的生存状态，改善生活条件，提高生活满意度和增强主观幸福感的客观需要决定的。学术发展脉络承续的客观性是历史发展的客观需要决定的。

二、内容与问题

生活质量是社会文化史研究的新维度，它的研究内容，有初期起步与未来发展这一过程的前后变化，所以应当遵循先窄后宽、先易后难、先分解后综合的几个原则来进行。

首先，我们应当关注人类日常生活的第一主题。刚刚开始从生活质量的领域来研究社会文化史时，先要考虑的问题就是从庞博的社会生活中先选择什么样的具体内容来着手研究，社会生活的内容太广太繁，而且随着时代的发展，又会不断地添加新的内容。然而社会生活无论怎样庞杂多样，其中贯穿人类社会过往时代的基本范畴却是几种相对恒常的具体内容，那就是衣食住行、婚姻家庭、两性伦理、休闲娱乐、生老病死等等，这些基本的内容和范畴就是人类生活的第一主题。① 这些最为基本的生活内容贯穿于长时段的历史阶段中，它们的现状以及发展变化恰恰与人们的生活质量息息相关，所以研究生活质量首先可以从人类日常生活的第一主题做起，即从这些社会生活的基本内容和基本范畴做起。虽然日常生活的第一主题，我们仅用上面的几句话就囊括了，但它的具体内容还是相当地广博，所以我们研究的内容就不可能是单一狭隘的。比如衣食住行中的“食”就可以涵括着极其丰富的内容，包括食品原料、食品生产、饮食器具、饮食风尚、菜系品种、饮食思想、美食养生、食疗保健、茶酒饮料，等等；再如家庭一项就可涵盖着家庭形式、家庭规模、家庭结构、家庭文化、家庭关系、家庭功能、家庭类别、个体家庭，等等；再比如生老病死中的“生”也涵括着极其宽广的内容，包括人生仪礼、教育成长、强身健体、求职就业、养家糊口、日常消费、友情社交、理想追求，等等。以上所举，说明仅是日常生活的第一主题就有着无限丰富的研究内容，从中选取任何一项，都可以把它作为生活质量研究的一个起点。日常生活的第一主题以往有着丰厚的研究，如果转换一下视角，运用生活质量的维度再去思考这一主题，可能会发现很多有学术价值的新问题。

其次，我们研究的内容再向前伸展，可能会显得更为开阔和宏观，即我们也可以从政治、经济、文化、社会、环境等宏大的范畴去探索生活质量问题。诸如各个层次的政治管理、中央和地方的机构组织、军队、法律、监狱，这些政治因素的实施和运行对于不同阶层、不同类型的群体和个体的生活质量会有直接或间接的影响；诸如不同的经济制度、政策和经济措施、手段，不同的经济行政权力，生产力水平，中外贸易的发展，各类企业的发展壮大无疑对于不同阶层、不同类型的群体

① 参见梁景和、王峥《中国近代早期国人眼中的欧美生活・结语》，《首都师范大学学报》2012 年第 1 期。

和个体的生活质量会有直接或间接的影响；诸如文化教育政策的发展变迁，社会信仰和社会思潮的变革，民族国家所宣扬的价值观、世界观和人生观对于不同阶层、不同类型的群体和个体的生活质量会有直接或间接的影响；诸如社会城乡的管理和调控，社会的保障和疏导，市政设施的建设和完善无疑对于不同阶层、不同类型的群体和个体的生活质量会有直接或间接的影响；诸如环境的污染和恶化及其美化和治理，对于不同阶层、不同类型的群体和个体的生活质量会有直接或间接的影响。综上所述，即便我们从宏观的政治、经济、文化、社会、环境作为视角同样可以研究人们的生活质量问题。诸如历代国家统治集团面对天灾、人祸、瘟疫、疾病所采取的一系列社会救济的荒政保障，与民众的生活现实与生活质量紧密相连；明清以来苏州的碑刻①中有关于赋役管理、商业管理、宗族管理、寺观管理、环境管理、市政管理的碑文，这些社会管理的功效，与民众的生活现实与生活质量紧密相连；革命家王稼祥曾给他的堂弟王柳华写信说："可怜我们受环境的压迫，婚姻不得自由，求学不得自由，择业不得自由，而且一盼前途，就觉茫茫毫无把握，不知自己的生活怎样才可解决。唉！这样的环境，难道不能或不应当把他打碎吗？不过这不是局部问题，乃是政治问题，政治改良，环境自不求自善。柳华，'人是政治的动物'，我们应当负改革中国政治的责"②，从这样一份家书中，我们可以看到参加革命，改革政治，同样也与民众的日常生活与生活质量紧密相连。当然，这样研究的范畴与上述第一点不同，它更显开阔性和宏观性。

最后，我们对生活质量涉及的诸多内容可以进行一种综合全面地研究，这是一种复杂研究，即便如此，这样的研究同样可以对于不同阶层、不同类型的群体和个体生活质量的优劣高低作出基本的梳理、判断

① 参见王国平、唐力行主编《明清以来苏州社会史碑刻集》，苏州大学出版社1998年版。

② 中共中央文献研究室编：《老一代革命家家书选》，中央文献出版社、生活·读书·新知三联书店1990年版，第10—11页。

和评价，这就是进行这种复杂研究的价值所在。

上面研究内容所设置的三个梯度，只不过是研究生活质量初始阶段的一个一般性原则，按照这样的一个梯度，有助于我们研究的起步，但这并非绝对呆板硬性的研究秩序，根据研究队伍的状况以及研究者的兴趣、积累和能力，完全可以打破这样的原则秩序，提倡研究内容的宽窄、难易、分解综合的交叉、互动和提升。

那么，我们对生活质量研究的内容有了一个基本的理解和把握之后，我们再进一步思考研究生活质量的问题意识，能否作出这样的判断，研究生活质量的主要问题意识在于：探讨特定历史时期人们对生活质量的认识和理解；研究特定历史阶段的生活方式、物质发展以及特定时代生活质量的标准认同；探究特定历史阶段特定人群具体生活的实际状况以及客观生活质量和主观生活质量的实际状态；研讨为什么在特定的历史阶段，特定的人群会追求那样的生活质量，会去那样地生活，会有那样的生活态度和生活向往，是什么样的“社会存在、文化传统、历史经验等因素”①决定的，只要对上述的问题意识有了诠释和回答，我们的研究才能彰显出它的应有价值。

三、研究的方法

研究生活质量所采用的方法随其研究具体内容的不同以及问题意识的不同而有所不同，且随着研究的展开和不断发展以及研究成果和研究经验的积累，还会不断创造新的研究方法。目前，我们首先可以关注如下一些研究方法。

① 王露璐：《幸福是什么——从亚里士多德与密尔的幸福观谈起》，《光明日报》2007 年 11 月 13 日。

宏观微观的研究方法。关于生活质量，既可以宏观研究，又可以微观研究[①]。宏观研究和微观研究主要关涉时间、空间、人群等相关概念。诸如既可以研究一个长时段的生活质量，也可以研究短时期的生活质量；既可以研究大区域的生活质量，也可以研究小区域的生活质量；既可以研究多群体的生活质量，也可以研究单一群体或个体的生活质量。关注不同时段，不同地域，不同人群，不同个体，不同问题的研究，有助于进行宏观与微观的研究，有助于研究的理论化以及细化和具体化。这种研究有着丰富的史料能够开启我们的思考，比如在地方志中有记载浙江人订婚习俗的，反映了浙江人富贵与平常之家的不同生活："订婚之始，谓之缠红。富厚之家，聘物恒用金饰，如手镯如意耳环戒指之类，加以绒线制成五色盆景，光艳夺目。满盛盘中，谓之花果缠红。平常人家，则无如是之财力，或用小纹银一锭，鎏金如意一事，取一定如意之意，或用鎏金八吉一对，镀金手镯一副，取有吉局之意。"[②]民国时期河南安阳的衣着习俗，可见不同阶级之间的差异："境内习尚，认俭朴为美德，以装饰为浮夸。除资产阶级、官僚家庭以洋布为衣料，间或着绫罗锦缎外，余则均以自织之棉布加以颜色裁为服裳，一袭成就，间季浣濯，直至破烂而后已。"[③]民国时期河北元氏县士商与农民使用着不同的交通工具，"凡出行，近时无论士商，必脚踏自行车，故自行车之销路，有一日千里之势。惟农民出门，多步行。"[④]20世纪20年代的上海"以乘汽车为豪，每至礼拜日，必有许多少年男女，同乘一

① 宏观和微观都是相对概念，宏观是相对微观而言，微观是相对宏观而言，所以这里舍弃了中观的概念。

② 胡朴安：《中华全国风俗志》下篇卷四，《浙江·海宁风俗记》，中州古籍出版社1990年版，第27页。

③ 丁士良、赵放主编：《中国地方志民俗资料汇编》（中南卷·上），北京图书馆出版社1991年版，第102页。

④ 丁士良、赵放主编：《中国地方志民俗资料汇编》（华北卷），北京图书馆出版社1991年版，第127页。

车，疾驰于南京路、静安寺路、福州路”[①]。这些地方志资料从宏观视角反映了具体领域的不同人群的社会生活和生活质量。我们再看民间歌谣中的史料，如反映明末农民苦难生活的歌谣：“官府征粮纵虎差，豪家索债如狼豺，草根木叶权充腹，儿女呱呱相向哭，壮者抗，弱者死，朝廷加派犹不止。”[②] 民国时期有反映农民怨苛税的歌谣：“种庄田，真是难，大人小孩真可怜！慌慌忙忙一整年，这种税，那样捐，不管旱，不管淹，辛苦度日好心酸，两眼不住泪涟涟。告青天，少要钱，让俺老少活几年。”[③] 如反映官僚权贵享乐富贵的生活：“三年清知府，十万雪花银”[④]、“出外做官，回家享福”、“千里做官，为的吃穿”，[⑤] 这些也从宏观视角反映了具体领域的不同人群的社会生活和生活质量。清末竹枝词也是如此，带有宏观普遍性的风土民情和社会生活的记载，如富家女子从南京去上海的情景：“火车当日达吴淞，女伴遨游兴致浓。今日司空都见惯，沪宁来去也从容。”[⑥] 市民流行穿西装的情景：“西装旧服广搜罗，如帽如衣各式多。工厂匠人争选买，为他装束便摩挲。”[⑦] 此外，丰富的文艺作品，无论是小说、戏曲、诗词等也能为我们提供从宏观视角研究生活质量的珍贵资料，以小说为例，陈寅恪认为，小说可以证史，小说虽“个性不真实，而通性真实”。[⑧] 这通性之真实就是宏观之真

① 胡朴安：《中华全国风俗志》下篇卷三，《江苏·上海风俗琐记》，中州古籍出版社 1990 年版，第 139 页。

② 张守常辑：《中国近世谣谚》，北京出版社 1998 年版，第 74 页。

③ 张守常辑：《中国近世谣谚》，北京出版社 1998 年版，第 844 页。

④ 张守常辑：《中国近世谣谚》，北京出版社 1998 年版，第 855 页。

⑤ 张守常辑：《中国近世谣谚》，北京出版社 1998 年版，第 859 页。

⑥ 朱文炳：《海上竹枝词》，顾炳权编著：《上海洋场竹枝词》，上海书店出版社 1996 年版，第 203 页。

⑦ 颐安主人：《沪江商业市景词》，顾炳权编著：《上海洋场竹枝词》，上海书店出版社 1996 年版，第 167 页。

⑧ 石泉：《先师寅恪先生治学思路与方法之追忆（补充二则）》，《陈寅恪与二十世纪中国学术》，浙江人民出版社 2000 年版，第 157 页。

实。[①] 如傅桂禄编辑的三卷本小说《中国蛮婚陋俗名作选粹》就是很好的例证，三卷本《商人妇》、《活鬼》和《节妇》所收集的作品反映了中国社会典妻当妻、童养婚、人鬼恋、冥婚、老夫少妻等一幕幕的人间悲剧，是“旧中国蛮陋婚俗的缩影与概括”，[②] 反映了一部分人群的婚姻生活质量。通过多方史料的相互印证，小说是可以反映社会生活的“通性之真实”的。综上所述，说明运用大量的史料是能够帮助我们从宏观的视角来研究生活质量问题的。那么从微观的角度同样如此。这在日记、书信、传记、回忆录等文献中就蕴藏着大量丰富的材料，例如《历代日记丛钞》是对国家图书馆所藏五百多种宋、元、明、清以及民国年间的日记进行的影印出版，这其中不乏对生活质量进行微观研究的珍贵资料。诸如王闿运的《湘绮楼日记》对“家常琐事，柴米油盐，无不一一记载”[③]，反映了一个家庭的物质生活水平。丰子恺在《法味》一文中提及他的老师李叔同曾经说过：“我从二十岁至二十六岁之间的五六年，是平生最幸福的时候。此后就是不断的悲哀与忧愁，直到出家。”[④] 李叔同的这段话，为我们研究他个人一生的生活质量和主观幸福感提供了一个大致的线索。共和国成立初期，毛泽东成为国家的领袖，他的一些亲朋故友要来京见他，并希望解决工作或生活上的问题。处理这类亲情方面的事情，有诸多难处。毛泽东在给亲属的信中，做了多方面的解释和抚慰工作，并要求亲友“不要来京”，或寄钱暂时解决一下亲友的生活困难，[⑤] 从这些书信里能够感觉到毛泽东当年的心理感受。

---

① 齐世荣先生有专文论述小说的史料价值，《谈小说的史料价值》，《首都师范大学学报》2010 年第 5 期。

② 参见傅桂禄编《商人妇》、《活鬼》、《节妇》的内容简介，群众出版社 1994 年版。

③ 王钟翰：《〈历代日记丛钞〉序》，俞冰编《历代日记丛钞提要》，学苑出版社 2006 年版。

④ 丰子恺：《法味》，杨耀文选编：《文化名家谈佛录——一日佛门》，京华出版社 2005 年版，第 49 页。

⑤ 参见毛泽东给杨开智、文南松、毛泽连、毛远悌、毛宇居的信，中共中央文献研究室编《老一代革命家家书选》，中央文献出版社、生活·读书·新知三联书店 1990 年版。

综合分解的研究方法。研究生活质量，既可以把客观生活质量与主观生活质量两者结合起来进行综合研究，也可以把客观生活质量与主观生活质量两者分开进行分解研究。综合研究既关注客观生活质量与主观生活质量两者的互动和影响，也关注影响生活质量的诸多因素如物质生活、精神生活、政治生活、社会生活、环境生活、劳动生活、公民素质等多方面的相互制约、共同作用的综合结果，比如当代社会“居民收入增加、消费水平提高，但环境污染严重，社会保障程度很低，社会秩序恶化，则不能说生活质量好。所以，生活质量不仅表现在生活的某个或某几个方面，更重要的是物质、精神生活等各方面的综合”。①比如清代具体的饮食生活，宫廷、贵族、民间的饮食生活中的风尚、饮食品种、品种质量、饮食器具以及饮食的养生思想是不同的，这种具体的饮食物质生活与饮食观念和饮食诉求的多方面综合才反映了不同人群的总体性的饮食生活质量。②再如民国时期的居住生活，官僚权贵们居住的高级官邸、富商们居住的豪华别墅、中产阶级居住的单元公寓、穷苦贫民居住的棚户区和茅草屋，这些物质的居住条件与居住者的宗教信仰、日常生活观念与生活目标要求的结合，构成各类人等的综合性居住生活质量。譬如中国末代的皇后和皇妃们，她们衣食住行的物质生活条件优越，但是她们悲惨的精神生活和婚姻生活，能说她们人生的生活质量高吗，显然不能。溥仪说，“长时期受着冷淡的婉容，她的经历也许是现代新中国的青年最不能理解的。……我后来时常想到，她如果在天津时能象文秀那样和我离了婚，很可能不会有那样的结局。”③这段话道出了婉容一生的悲惨生活。可见优裕的物质生活未必一定就会生活幸福。而

① 王海敏、陈钰芬：《我国各地区城镇居民生活质量的综合评估》，《商业经济与管理》2004年第8期。

② 参阅徐海荣主编《中国饮食史》卷五，华夏出版社1999年版。

③ 长春市政协文史资料研究委员会编：《末代皇后和皇妃》，吉林人民出版社1984年版，第2页。

分解研究既包括对客观生活质量的研究，也包括对主观生活质量的研究，两种研究是分别进行的。其中客观生活质量的研究，主要是研究社会条件发展的程度和水平，社会的政治、经济、文化、社会、环境等社会的大范畴和大背景在具体的衣着、饮食、居住、交通、教育、就业、娱乐、医疗、健康、保险、养老等诸多方面为人们的物质生活和精神生活提供了什么，它反映了社会整体的发展状态和发展水平，诸如近代国人的娱乐生活，各类人等如何看戏剧电影，如何听书阅报，如何游乐购物，如何去酒馆茶馆，如何琴棋书画，如何跳舞打牌，如何进行体育活动，如何交往游历，这都能对人们的客观生活质量做出探索和评价。再比如近代以来交通工具的变迁，从传统的轿子到人力车、畜力车、西洋马车、自行车、机动车、火车、轮船、飞机等，近代交通工具的不断变化，同样也可以观察到各类群体客观生活质量的改善或提高。从餐饮地点也可看出不同人等的饮食生活质量，近代上海，“在饭摊、露天食堂、饭店楼下就餐的多是工人、黄包车夫、苦力等”，① 而“只有穿长衫的人才上楼吃”。② 的确，在哪儿吃，“吃的是什么菜，我就可以说出你是什么人”。③ 晚清民国上海闸北棚户区居民的住宿是茅草棚，“以污泥为墙，稻草为顶。而一行一行排列的距离，又极狭窄，普通不满两公尺，所以常常有一经着火，瞬息延烧千百余户的！在他们每一家的住宅里，都只有一进门就是外房也是工房的食喝于斯生死于斯的一大间，父母子媳六七口住在一个处所，煨水烧饭也在这一个地方，有时还得划出一小块地方来养猪，而他们的大小便也就在这喂猪的悃里了。” ④ 这类人群悲惨的居住生活，一目了然。相反，梁实秋在上海和青岛做教授时的

① 唐艳香、褚晓琦：《近代上海饭店与菜场》，上海辞书出版社 2008 年版，第 200 页。

② 陈存仁：《银元时代生活史》，上海人民出版社 2000 年版，第 79 页。

③ [法] 图珊·萨玛著，管筱明译：《布尔乔亚饮食史》，花城出版社 2007 年版，第 15 页。

④ 陈问路：《大上海的劳工生活状况之透视》，中华全国总工会中国工人运动史研究室编《中国工运史料》（第二十七期），工人出版社 1985 年版，第 130 页。

物质生活质量是很好的，“那时当教授收入较高，实秋兼职又多，所以家庭经济情况逐渐好转，俨然成为上海滩上的中产阶级了。”[①]1928年梁实秋在上海从“爱文义路的一楼一底中迁出，移居赫德路安庆坊，是二楼二底，宽绰了一倍”。1929年“又搬到爱多亚路1014弄，是一栋三层楼的房子，有了阳台、壁炉、浴室、卫生设备等等，而且处于弄堂深处，非常清静”。梁实秋很喜欢青岛，1930年又到青岛大学任教授，他在“鱼山路4号租到一栋房子，楼上四间楼下四间。那里距离汇泉海滩很近，约十几分钟就可以走到”。[②]可见梁实秋那些年优裕的居住生活条件。而主观生活质量则注重生活满意度和主观幸福感的研究，这种心灵的感受更显至关重要，无论客观生活条件如何，内心的生活价值观左右着个体的主观生活感受，诸如有人崇尚“金钱未为贵、安乐值钱多”，“贫穷自在、富贵多忧”，“生死有命、富贵在天”，“命里有时终须有、命里无时莫强求”的人生理念，那么不管客观生活条件如何，因为他有着知足常乐的心态，所以他的主观感受或曰他的生活满意度和主观幸福感就不与他的客观生活条件成正比了。钱钟书说：“‘永远快乐’这句话，不但渺茫得不能实现，并且荒谬得不能成立”，[③]这与民间的“人无千日好，花无百日红”有相似的意蕴，是对主观生活感受的辩证态度。快乐幸福完全是精神层面的东西，所以它有相对的独立性。甚至面对病魔和灾难，人们都可以调整心态，坦然面对，所以钱钟书又说：“于是，烧了房子，有庆贺的人；一箪食，一瓢饮，有不改其乐的人；千灾百毒，有谈笑自若的人。所以我们前面说，人生虽不快乐，而仍能乐观。”[④]而主观幸福感尤其与婚姻恋爱关系密切，由于与有真爱的恋人结婚而感到

---

① 鲁西奇：《梁实秋传》，中央民族大学出版社1996年版，第107页。

② 鲁西奇：《梁实秋传》，中央民族大学出版社1996年版，第107—109页。

③ 钱钟书：《论快乐》，《钱钟书集·写在人生边上》，生活·读书·新知三联书店2002年版，第20页。

④ 钱钟书：《论快乐》，《钱钟书集·写在人生边上》，生活·读书·新知三联书店2002年版，第21—22页。

幸福，而与没有真爱的人结婚或与有真爱的恋人不能结婚就都会给人带来内心极度的痛苦。林语堂曾经热恋一位至交的妹妹C，C生得其美无比，因C的父亲在一个名望之家为C物色了一名金龟婿，故林语堂与C俩人的婚事无望，林语堂自述，“我知道不能娶C小姐时，真是痛苦万分。我回家时，面带凄苦状，姐姐们都明白。夜静更深，母亲手提灯笼到我屋里，问我心里有什么事如此难过。我立刻哭得瘫软下来，哭得好可怜。”① 人世间这样的婚姻悲剧数不胜数。

理论命题的研究方法。这种方法主要包括两个方面，其一是理论预设方法。所谓理论预设是指已经被社会和人们基本认可的理论，它是在社会发展过程中，人们对生活实践有了切身的感受，进而对社会生活有了切实的认识和理解，并形成被人们普遍接受的理论观点。比如客观物质生活相同的人们，其中主观幸福感却有截然不同的；相反，主观幸福感相同的人，其客观物质生活条件却有截然不同的。这些理论观点都是人们在社会生活实践中观察和感受到的生活真实，进而被总结、被概括、被提升，最终被人们所认同。而理论预设的研究方法是指，我们要依据这样的一些被公认的理论观点进行历史现象的研究，用历史的事实来印证这些理论观点的客观实在性，故而用这种理论预设的方法也可以研究人们的生活质量问题。清末民初剪辫子，客观事实相同，但给一些人带来了心情的兴奋和愉悦，也给一些人带来了极大的失落和痛苦；晚清以来，婚姻自由逐渐流行于社会，同是一个婚姻自由，给多少开放的年轻人带来了情感的愉悦和幸福，也给多少传统守旧的父母们带来了精神的创痛和苦楚；民国时期丧礼的改革，多少家庭因繁文缛节的革除而感到生活压力的减轻，也有多少人因不能接受新式丧礼观而痛楚不堪。如对上述问题进行研究，就可以回答客观物质生活条件相同的人们，而主观幸福感却是不同的这样的理论预设。相反，清末留美幼童，出国时

① 《林语堂自传》，河北人民出版社1991年版，第70页。

穿一身华丽的长袍马褂，头戴一顶瓜皮帽，幼童们会感到那样喜悦和快乐，而到了美国不久，他们改穿一身休闲服、又穿上运动鞋，他们仍然感到那样洒脱和心怡，虽然内心的感受相同，但客观的装束已完全中西两异了。革命烈士陈铁军和周文雍在刑场婚礼上的感受与很多夫妻在婚礼上的感受，应当说是有着某种共同之处的，虽然他们的境遇完全不同，陈周面临的是死亡，而很多夫妻面临的是新的生活。类似的研究同样可以证明主观幸福感相同的人，其客观物质条件和生活境遇却是截然不同的这样的理论预设。其二是命题预设方法。所谓命题预设是指古往今来人们在社会实践生活的基础上总结出来的具有一定真理性并让人耳熟能详的一些概念，这些概念真实地反映了社会生活的实际和本质，甚或成为人们能够深刻认识社会生活的路径和方法，这些概念还朗朗上口，便于传诵。我们可以根据这样的命题去研究历史上的社会生活，去研究人们的生活质量，即运用真实的历史材料再去验证既往的命题，一方面给命题以历史的解释，同时也是对特定历史时期、历史地域和历史人群生活质量的研究。“朱门酒肉臭，路有冻死骨”① 这一命题叙述了富贵人家门前飘出酒肉的味道，穷人们却在街头因冻饿而死，说明了一个社会财富不均，贫穷差距大，穷人缺少保障的社会历史现象，也是典型的研究社会生活质量的命题。还有“富家一席酒，贫家半年粮”②、“欲求生富贵，需下死功夫”等类似的命题，也能够进行社会生活和生活质量的研究。还有些命题，如“三年讨饭，不愿做官”③、“有子万事足，无官一身轻”④ 以及民间的“老婆孩子热炕头”这样的命题反映了一部分人的生活观念和追求的生活样式，并以此为生活乐事。曾国藩就希望自己的后代以耕读为要，不谋大官，他说“凡人都望子孙为大官，

① 杜甫：《自京赴奉先县咏怀五百字》。

② 张守常辑：《中国近世谣谚》，北京出版社 1998 年版，第 703 页。

③ 张守常辑：《中国近世谣谚》，北京出版社 1998 年版，第 852 页。

④ 张守常辑：《中国近世谣谚》，北京出版社 1998 年版，第 657 页。

余不愿为大官，但愿为读书明理之君子”①。由于曾国藩追求这种以读书为要的生活理念，他的后人大多从事科学技术和文化教育工作而少谋官位。梁启超也认为做官不如做学问，他本人晚年也弃官从学，对其后代亦如此要求。1916年他给女儿梁思顺的信中谈及女婿周希哲做官一事，认为“作官实易损人格，易习于懒惰于巧滑，终非安身立命之所”②。1921年7月22日他给梁思顺的信中又说：“希哲具有实业上之才能，若再做数年官，恐将经商机会耽搁，深为可惜。”③正是由于梁启超这样的人生理念和家风，他教育的子女有一代建筑宗师梁思成、有考古学家梁思永、有图书馆专家梁思庄、有经济学家梁思达、有火箭专家梁思礼。④但也有与之相反的生活理念和命题，以传统的“学而优则仕”为代表，百姓中有“升官发财”、“穷不跟富斗，富不跟官斗”、“有权话真语，无权语不真”这样的生活民谚，以反映人们对“官”优越性的认同。以上所谈的理论命题的研究方法在一定程度上带有演绎法的特征。

史料提炼的研究方法。这是与上述的理论命题相对应的研究方法，它没有事先的理论命题的概念预设，完全是通过对原始史料的阅读和诠释，进而研究生活质量问题。清代徐珂的《清稗类钞》，是从近人文集、笔记、札记、报章中广搜博采的关于清代掌故逸闻的汇编。全书分服饰、饮食、舟车、婚姻、疾病、廉俭、赌博、奴婢、盗贼、娼妓、丧祭等近百个种类，该书内容广博，特别是关于下层社会、民情风俗、日常生活的资料非常丰富，其书自身就具有史料提炼的特点，可谓是研究生活质量的重要史料。晚清出版的《点石斋画报》以图文并茂的形式反

① 曾国藩：《字谕纪鸿儿》，张海雷等编译《曾国藩家书》，中国华侨出版社1994年版，上册第332页。

② 丁文江、赵丰田编：《梁启超年谱长编》，上海人民出版社1983年版，第796页。

③ 丁文江、赵丰田编：《梁启超年谱长编》，上海人民出版社1983年版，第931页。

④ 参见丁宇、刘景云编《梁启超教子满门俊秀》，中华工商联合出版社2002年版。

映了晚清社会诸多的社会生活和民俗事象，是当时各阶层人群思想观念和日常生活的表述，与此相应，清末与民国时期大量的画报和摄影作品也都在一定程度上显示了各阶层民众的生活状态，为我们的研究提供了可资选择的大量史料。史料提炼是最为基本的研究方法，只要我们爬梳原始资料就能进行研究。比如我们通过对不同时代家训家规的研究，可以发现一个时代的家训家规反映了那个时代人们带有普遍性的家庭观念和生活观念，也可以对某个家庭的家训家规进行研究，把握具有这个家庭特点的家庭观念和生活观念，这一切都有助于我们研究一般家庭和特定家庭的生活理念、生活感受和生活质量。清末民初出版的《香艳丛书》，内容以"涉及女性活动的篇目为选取标准，广泛搜集汉、唐、宋、元、明、清各代的野史笔记、小说辞赋、传记谱录、民俗方志和鉴赏游戏等方面的著述三百二十余种，几乎反映了社会生活的各个层次"，"该丛书对于我国历史、文化、人物和风土民情的研究，提供了丰富的资料"，[①] 这套丛书可以为我们研究中国女性的社会生活和生活质量提取有关的历史资料。胡文楷编著的《历代妇女箸作考》是一部对历代妇女史著、诗词、文集的比较全面的辑录和介绍，"凡见于正史艺文志者，各省通志府州县志者，藏书目录题跋者，诗文词总集及诗话笔记者，一一采录"，[②]"自汉魏六朝，以迄近代，凡得四千余人"。[③] 以该书作为线索，爬梳相关的史料，特别是对一些诗词的解读，可从女性的视角探索相关社会生活及其生活质量的问题。20 世纪 30 年代编纂成书的《清代燕都梨园史料》，是张次溪以毕生之力，广搜博采，"对当时的戏曲演出活动、班子沿革、名优传略，以致梨园的轶闻掌故，搜罗备细"[④] 的一部清代有关戏曲的著述，书中记述了处于卑微社会地位的优伶们的身世际

---

① 《〈香艳丛书〉影印说明》，《香艳丛书》，上海书店出版社 1991 年版。

② 胡文楷编：《历代妇女箸作考　自序》，上海古籍出版社 1985 年版。

③ 胡文楷编：《历代妇女箸作考　凡例》，上海古籍出版社 1985 年版。

④ 张次溪编纂：《清代燕都梨园史料　出版前言》，中国戏剧出版社 1988 年版。

遇，这部书对于探讨和研究清代戏曲演员的社会生活及生活质量有重要的启示作用，并为搜寻新资料有指引的作用。中国电影家协会和电影史研究部编纂的多卷本《中国电影家列传》在20世纪80年代由中国电影出版社出版。《列传》全面介绍了“在中国电影发展史上作出贡献的编、导、演、摄、录、美、技术、音乐、评论家、事业家等约七百人（包括港台的著名电影艺术家）”[①]。本书“对电影家的生活经历、成长道路、艺术风格、创作特色、成就经验、失败教训等诸方面进行简略叙述和分析评价”，“我们可以看到他们在逆境中怎样磨炼意志，向困难搏斗，苦学技艺的顽强倔劲，最后在艺术创作中迸发出耀眼的火花。”[②] 这套书既是史料又是线索，可以帮助我们在此基础上或再开辟新的史料资源，来进一步探讨电影家们的社会生活、生活经验、生活感悟和生活质量。此外，我们还可以通过大量移民和人口迁徙的史料探寻这类人群的生活现状。以上阐述的史料提炼的研究方法就是通过对诸多史料的爬梳、查阅和提炼，去研究各个时代各类人等的日常生活及其生活质量，这种方法在一定程度上类似于归纳法。

相互比较的研究方法。所谓相互比较的研究方法就是在两项或多项具有相同主题的事象中，选择在某个相同的领域进行比较，进而凸显参与比较事象的各自特征，以反映某一事象的日常生活的实际状况。就一般情况而言，这种比较有不同阶层之间的比较，有相似人群之间的比较，有不同地域之间的比较，有自身纵向发展变化的不同比较，有不同问题意识之间的比较，有不同生活观念之间的比较，可谓能够多重地划分。就具体的生活观念和生活领域就可以进行比较研究，如在为人处世的观念上，有人认同人而无信不需礼之，有人认同宽宏大量与人为善；有人认同酒大伤身，有人却认同一醉方休；有人认同财大气粗，有人却

① 《中国电影家列传》第一集“内容说明”，中国电影出版社1982年版。

② 《中国电影家列传》第一集“前言”，中国电影出版社1982年版。

认同贫穷自在；有人认同助人为乐，有人却认同闲事不管；有人认同忠言逆耳利于行，有人却认同话不投机半句多，这些观念影响日常生活，也影响日常生活的生活质量，通过比较可以探讨人们的不同心态以及制约这种心态的多重因子。相似的人群与相似的生活也可以比较，如妻子与小妾的生活比较；奴隶与婢女的生活比较；优伶与娼妓的生活比较；乞丐与盗贼的生活比较；流氓与土匪的生活比较；缠足与留辫的生活比较；赌博与吸毒的生活比较；风水与迷信的生活比较；典当与租赁的生活比较等等，不一而足。这样的比较，能够把不同人群的社会生活和生活质量反映出来。甚至可以进行个体生活细节的比较，诸如胡适为了母亲的感受与旧式包办的妻子终生为伴，胡适在给胡近仁的信中说："吾之就此婚事，全为吾母起见，故从不曾挑剔为难（若不为此，吾决不就此婚。此意但可为足下道，不足为外人言也）。今既婚矣，吾力求迁就，以博吾母欢心。吾之所以极力表示闺房之爱者，亦正欲吾母欢喜耳，岂意反以此令堂上介意乎！"① 而顾维钧对父母包办的旧式婚姻采取协议离婚的方式，"协议规定，我们两人各执一份，另两份送双方父母。我们以一种十分友好的方式脱离了关系。"② 我们对两者的婚姻选择还不能做出褒贬是非的评判，需要比较研究，这是非常有价值的比较研究课题，它涉及个体的生活感受和婚姻生活质量。说到婚姻，能够比较的太多太多，仅就重要的历史人物而言，就能随即举出一些，如康有为与梁启超的婚姻、孙中山与蒋介石的婚姻、李大钊与陈独秀的婚姻、鲁迅与郭沫若的婚姻、徐志摩与郁达夫的婚姻，等等，都可以进行比较。而且通过对官绅政要、名流贤达、文人墨客、商贾军阀、市井平民的婚姻比较，还能够对不同类型的婚姻以及婚姻生活做出深入的分析，从中引发更加深刻的思考。可见，比较的范围和内容

① 耿云志、宋广波编：《胡适书信选》，外语教学与研究出版社 2012 年版，第 56 页。

② 天津编译中心编：《顾维钧回忆录缩编》上册，中华书局 1997 年版，第 9 页。

非常之广。资产阶级革命家陈天华和杨毓麟都选择了蹈海自尽，两人均留有绝命书，那么通过对两人绝命书的比较，可以感受到两人投海前的内心世界。杨毓麟在绝命书中说自己“脑炎大发，因前患脑弱，贫服磷硫药液太多，此时狂乱炽勃，不可自耐。欲趁便船归国，昨晚离厄北淀来利物浦。今晨到车站，然脑迸乱不可制，愤而求死，将以海波为葬地”①。可见杨毓麟投海亡命是因为他无法忍受病魔的折磨，“愤不乐生，恨而死之。”② 临终前的痛苦可想而知。而陈天华是在日本颁布“取缔规则”，引起留日学生总罢课并欲全体回国，而被日本媒体诋为“乌合之众”、“放纵卑劣”的情景下，陈天华对此一污蔑极为愤慨，欲以一死来唤醒留日学生忧国忧民之情怀，他在绝命书中说：“鄙人心痛此言，欲我同胞时时勿忘此语，力除此四字，而做此四字之反面：‘坚忍奉公，力学爱国’。恐同胞之不见听而或忘之，故以身投东海，为诸君之纪念”。③ 陈天华蹈海前与杨毓麟的内心感受不同，陈天华是怀着爱国救国之渴望而投海自戕的，《绝命辞》通篇政治理念的阐述都能够反映这一点。相互比较的研究方法，要有明确的比较主旨，即问题意识要显明清晰，比较的内容要具体明了，对比较的双方或多方，要依靠史料分别进行全面细致的探索，从而找出异同，并对此进行深入的原因分析。

感受想象的研究方法。这是关注被研究者的主观感受并敢于大胆假设和想象的一种方法。研究生活质量问题，在关注社会生活与思想观念的基础上，进一步关注和研究群体或者个体的主观感受是至关重要的，主观感受的问题应当引起我们高度的重视。我们知道，感受与观念有不同之处，观念的主要特点是指人们对主客观事物的一种认识、判断、理解和评价，而感受则是客观事物作用于人的心灵之后，受其影响

① 《致怀中叔祖书》，饶怀民编《杨毓麟集》，岳麓书社 2001 年版，第 390 页。

② 《致某某二君书》，饶怀民编《杨毓麟集》，岳麓书社 2001 年版，第 390 页。

③ 《绝命辞》，《陈天华集》，湖南人民出版社 2008 年版，第 231 页。

而产生的一种身心的反应和感觉，本文谈的感受还不是指那种一时的短暂的心灵波动，而是一种比较稳定、比较深刻的主观体验或体会，“比如，责任感、幸福感、荣誉感、骄傲感、廉耻感等，都较深刻地反映出个人意识或群体意识。”① 那么，这种感受为什么会是长时段的，为什么会是稳定和深刻的，它无可避免地要影响到人们的主观生活质量，从这个意义上讲，我们所谓的感受由于与生活质量有着紧密的联系，所以它是可以成为社会文化史的研究对象的。从主观感受的视角去研究生活质量，就是从生活满意度和主观幸福感去进行研究。生活满意度和主观幸福感与客观生活质量有关，同时也与个体的世界观、人生观、价值观的趋向有关，与个体经济收入和生活状态的历史、现状和理想有关，与个体的期望值有关②，与个体的社会关系诸如婚姻关系、家庭关系、朋友关系是否和谐等有关，与个体视野的宽隘及与他人生存状态的比对有关，正如“自己优于别人，就感到幸福；低于他人，就感到不幸。许多研究发现，向上比较会降低主观幸福感，向下比较会提高主观幸福感”③，就是这个道理。可见通过研究主观感受来研究主观生活质量是有意义的。研究主观感受要敢于大胆假设和想象，这种假设和想象不是无根据的胡思乱想，是根据掌握的现有材料，根据研究者的知识结构、学识、经验和历史感悟，根据被广泛认同的理论和方法，去分析推理，去探寻被研究者内心感觉的奥秘，进而比较准确地把握被研究者的内心感受，再对其主观生活质量有一个基本的判断。有根据的假设和想象作为一种史学方法是被认同的。胡适说：“治史者可以作大胆的假设，然而决不可作无证据的概论也”。④ 彼得·伯克说：“无论历史学的未来如何，

① 沙莲香：《社会心理学》，中国人民大学出版社 1987 年版，第 185 页。

② 期望值理论认为，期望值与实际成就之间的差异与 SWB（主观幸福感）相关，高期望值与个人实际差距过大会使人丧失信心和勇气，期望值过低则会使人厌烦。参见吴明霞：《30 年来西方关于主观幸福感的理论发展》，《心理学动态》2000 年第 4 期。

③ 苗元江、余嘉元：《幸福感：生活质量研究的新视角》，《新视野》2003 年第 4 期。

④ 耿云志、宋广波编：《胡适书信选》，外语教学与研究出版社 2012 年版，第 269 页。

都不应该回到想象力的贫乏中去”。①20世纪20年代《申报》老报人雷瑾回忆报馆的住宿条件：“当时申报房屋本甚敝旧。……若吾辈起居办事之室，方广不逾寻丈，光线甚暗。而寝处饮食便溺，悉在其中。冬则寒风砭骨，夏则炽热如炉。最难堪者臭虫生殖之繁，到处蠕蠕，大堪惊异，往往终夜被扰，不能睡眠。”②在这样恶劣的住宿条件下生活，我们可以想象得到这些报人当时内心的屈辱感受。20世纪40年代，文学家朱自清在生活困难的情况下，还拒绝领取“美援”面粉，他在1948年6月18日的日记中写道：“我在《拒绝“美援”和“美援”面粉的宣言》上签了名，这意味着每月使家中损失六百万法币，对全家生活影响颇大；但下午认真思索的结果，坚信我的签名之举是正确的。因为我们既然反对美国扶植日本的政策，就应采取直接的行动，就不应逃避个人的责任。”③我们按照逻辑想象一下，当时朱自清一家的生活是困难的，他的签名行动无疑对家庭生活是雪上加霜，但为了国家和民族的利益和尊严，虽然加重了自家生活的艰难，但作为一名敢于承担责任的中国学者，相信他内心的感受是欣慰和坦然的，这符合一位爱国知识分子的良知。

四、余　论

生活质量作为社会文化史研究的一个新维度，是新提出来的一种研究理念和设想，还需要通过研究的实践去验证。所以上述几种研究方

① ［英］彼得·伯克：《什么是文化史》，蔡玉辉译，杨豫校，北京大学出版社2009年版，第149页。

② 雷瑾：《申报馆之过去状况》，申报五十周年纪念《最近之五十年》，转引自王敏著《上海报人社会生活》，上海辞书出版社2008年版，第238页。

③ 《朱自清全集》（第10卷），江苏教育出版社1997年版，第511页。

法也只是一个最初的探索，也需要在研究实践中不断地修正、补充和发展。上述几种研究方法之间存在着内在的辩证联系，是你中有我、我中有你的关系，在运用上可能是多维交叉同步进行的。这种辩证关系不但是我们研究生活质量的一种思维方式，同样也是我们研究生活质量的一种研究方法。因为如何看待和评价生活质量的本身并不是一个平面的简单问题，它本身具有错综的复杂性，生活质量的优劣高低是会发展变化或是彼此相互生发的。比如眼下的逆境和困苦而经过人们的奋力打拼，也许会给未来带来希望和光明，这叫做苦尽甘来；相反，贪图享乐到了忘乎所以，其中必然潜藏着极大的祸患，这叫做乐极生悲。生于忧患、死于安乐的民间谚语，以及把病魔称赞为“教人学会休息的女教师”，①这些都反映着人们对生活质量的辩证思考。我们对生活质量的理解和认识要具有这样的辩证分析态度，因为历史与现实生活的事实本身就是如此。拙文只想表达一个粗浅的想法：希望把生活质量作为社会文化史研究的一个新维度。望能抛砖引玉，期待有同好者深入探索。

原载《近代史研究》2014 年第 4 期

① 钱钟书：《论快乐》，《钱钟书集 · 写在人生边上》，生活 · 读书 · 新知三联书店 2002 年版，第 22 页。

关于口述史的思考

近年来，口述史越来越被大陆史学界所重视。作为现代意义上的口述史学，实际上是通过有计划的访谈和录音技术，对某一个特定的问题获取第一手的口述资料，然后再经过筛选和比照，分析和辨伪，进行历史研究的方法及其成果。口述史学对史学的发展无疑意义重大。本文是对口述史的一个初步的思考和实践体验。

一、关于口述史的回望

如果仅仅作为一种方法，口述史的方法应当具备两方面的含义：其一，史学家搜集史料的方法；其二，史学家利用口述史料撰写历史的方法。人类历史上，在撰写史书之前，就有从事过运用访谈和调查进行搜集史料的工作，在中国三千多年前，周朝就设有专门为史官搜集人们言谈内容的书记，所谓“动则左使书之，言则右使书之”。这些书记主要是记载君王的言行举止，而不是普通社会的历史，但到汉代，确实已运用访谈、口述的方法来搜集史料。如司马迁的《史记》就是依据大量的实地考察得到的口述访谈资料与丰富的文献记载相互印证而撰写的。在西方，如早期的历史学家希罗多德和修昔底德的著作中，也可以看到他们是如何使用口述证据的。在古代希腊，“历史”一词的含义就是“根据事件的目击者所做的证词去推究事实的真相”[①]。这里的证词在很大程度上指的是口述证据。实际上，历史学家所使用的史料归根结底都是来源于口述。例如：社会史广泛使用的官方调查委员会的社会调查资料主要是来源于口述，其中有很多证据都是经过对目击者的访问而获得的。但作为一种独立的史学方法，具有现代意义的口述史学大约在20世纪40年代的美国产生，六七十年代在欧洲和其他许多国家得到广泛利用。

美国自1948年哥伦比亚大学口述历史研究室创立以来，1953年加州大学伯克力分校成立了地方口述历史办公室；1958年加州大学洛杉矶分校建立了口述历史项目。1966年9月在加利福尼亚州的阿罗黑德湖举办了美国口述史学第一次大会；1967年11月，在纽约召开的第二次大会上，正式成立美国口述历史协会，会员遍布全美与海外各地。至1967年，全美相继建立了九十余个研究口述史学的专门机构。对美国口述史学未来的发展影响最大的是美国总统口述历史项目，对每任总统卸任后进行访谈的资料整理完毕后，相应地设立总统图书馆。这一项目扩大了口述史学在美国的影响。20世纪60年代后期，美国口述史学出现了“人民性”或“民主性”的倾向，长期以来没有受到重视的黑人史、移民史、劳工史、妇女史的研究活动活跃起来。到1978年，口述史研究机构增加至500个。20世纪80年代以来，美国口述史学研究的范围更为普及，几乎涉及社会生活的各个领域——社会史、政治史、企业史、部落史、文化史、科学史、妇女史、体育史、艺术史、儿童生活史、军事史和建筑史等。1994年夏天，哥伦比亚大学口述历史研究室召开口述史学国际大会，吸引了来自四十多个国家的四百多名学者。这个学会每年都有二千五百多名学者从事口述历史研究[②]。

---

① 里特尔编：《历史学概念辞典》（W. Ritter，Dictionary of Concepts in History），纽约1986年版，第193页。

② 参见杨祥银《当代美国的口述史学》，《口述历史》，中国社会科学出版社2003年版。

新中国成立以来，在50—60年代就有对太平天国、义和团和辛亥革命的实地调研，并撰写了一些调研报告①。80年代以来，国内学术界开始注重口述的研究方法，在历史学界也有体现。北京大学出版社出版的《口述自传丛书》，颇受学界好评，这套丛书有《风雨人生：萧乾口述自传》、《跋涉者：何满子口述自传》、《小书生大时代：朱正口述自传》、《带翅膀的摄影机：侯波、徐肖兵口述回忆录》等等。北京大学历史系杨立文在1996年已开设"口述史学研究"课程。复旦大学历史系在20世纪90年代曾做过"日伪时期的跑单帮"、"日伪时期的上海文化界"等访谈工作。上海社会科学院历史研究所做过"上海移民史"的访谈工作。吉林大学历史系的杨祥银在互联网上开设了口述史的网站。此外，近年来还有几本出版的口述史专著值得一提，如：定宜庄著的《最后的记忆——十六位旗人妇女的口述历史》（中国广播电视出版社1999年版）；王俊义、丁东主编的《口述历史》（中国社会科学出版社2003年9月第1版）；李小江主编的《让女人自己说话》（三联书店2003年版）等等。中国的口述史学开始逐渐受到重视②。

近些年来，中国口述史学越来越被关注和重视，大概是受几个因素影响的：其一，受文学和社会学利用口述方法取得成就的影响；其二，扩大史料范围的需要，档案文献不再是唯一的史料；其三，历史研究范围扩大的需要，历史学家对普通人生活兴趣的增长，把普通民众作为历史著作中的主角；其四，现代音响技术尤其是大量的廉价录音机的上市，是以现代电信技术的发展作为基础，犹如计量史学方法的广泛运用必须借助电子计算机并以它的推广作为其发展一样。

口述史对历史学产生的积极作用是明显的。其一，口述史往往能够提供非常生动的描述，这是只使用文字史料作为常规历史研究手段无

① 参见杨祥银《当代中国口述史透视》，《当代中国史研究》2000年第3期。

② 中国口述史的基本状况和特点还研究得不够，需要认真地总结。

法做到的。其二，口述史能够纠正文字史料中的偏见，这显然比单一的文字史料要全面得多。其三，推进史料的收集，从某种意义上讲，这是最重要的工作，为未来史学的发展做好铺垫工作。

二、作为方法或学科的口述史

口述史首先是一种研究方法，口述史学能否作为历史学的一个分支学科需要实践和研究。

如果从中国司马迁撰写《史记》的时代和西欧希罗多德与修昔底德撰写历史的时代算起，“口述”最初是作为历史研究的一种方法来运用的。一直到今天，可以说，“口述”作为学术研究的方法一直在人文和社会科学中被广泛地运用。既在历史学领域（包括社会史、政治史、婚姻史、企业史、部落史、文化史、科学史、家庭史、妇女史、体育史、艺术史、性史、娱乐史、儿童生活史、军事史和建筑史领域），也在社会学、政治学、民族学、法学、经济学、文学、教育学、灾难学、人类学、新闻学、种族学、艺术学和医学领域被运用。它基本上是用来进行资料和数据采集的方法，并以此作为分析和研究的基础。从这个意义上说，“口述”作为方法是最容易被理解和认同的，这种认同是多学科之间的共识。但是问题并不如此简单。从40年代的美国开始，到中国改革开放以后，历史学界所从事的口述史研究开始力图打破方法的界限，并要从学科的角度来认识和建设“口述史学”，这样就出现了与传统史学不同的“口述史”。这种口述史的最大特点是“拿来主义”，基本上是原汁原味地把口述内容用文字反映出来，并把它冠名以口述史，这样做似乎也是有道理的。上述我们提到的北京大学出版社出版的《口述自传丛书》、定宜庄著的《最后的记忆——十六位旗人妇女的口述历史》、王俊义、丁东主编的《口述历史》、李小江主编的《让女人自己说话》等等，都有这类口述史学的特点。

问题进一步展开，就是有学者直接提出口述史是历史学的一个分支学科。这种提法是大胆的，对传统史学将产生很大的冲击力。我个人认为：口述史学能否作为历史学的一个分支学科需要认真地实践和研究。

把口述史作为一个分支学科，首先要明确这个分支学科的界定和科学含义。它是否要与国务院学位委员会1997年6月颁布的《授予博士、硕士学位和培养研究生的学科、专业目录》以及教育部高等教育司1998年颁布的《普通高等学校本科专业目录和专业介绍》相吻合。一般来说，相吻合比较合适，遵守了国家的规定，具有规范性。按照《授予博士、硕士学位和培养研究生的学科、专业目录》，我国现有学科门类12个，一级学科88个，二级学科381个。历史学作为一级学科下含8个二级学科，即：史学理论及史学史；考古学及博物馆学；历史地理学；历史文献学；专门史；中国古代史；中国近现代史；世界史。按照《普通高等学校本科专业目录和专业介绍》，我国现有学科门类11个，下设71个二级类，249种专业。作为历史学下设5个专业，即历史学、世界历史、考古学、博物馆学、民族学。如果口述史是作为研究生专业二级学科的一个分支学科，就要研究它与其他8个二级学科的关系，阐述它自身的学科内容和学科特点。一旦这样做，会产生一系列的矛盾和其他问题。因为口述史学很难有独特的只有自己研究而其他二级学科不去研究的内容，就是说口述史学研究的历史内容已经被很多二级学科涵盖了。如果口述史作为二级学科有难以克服的困难，是否考虑把它作为一个三级学科来看。而作为三级学科也面临着一定的困境，首先所谓三级学科只是一些学人的说法，在严格的学科分类上，并不存在什么三级学科，学人往往把自己的研究领域、研究方向、研究课题愿意说成三级学科，这样的三级学科显然带有太大的随意性和不确定性，也就是不科学性。如果把口述史硬性说成是三级学科，还要阐述三级学科的科学界定和三级学科的范畴或种类，这就更加困难，不是我们研究口述史的学人轻易就能完成的。如果口述史是作为历史学本科专业的一个分支学科，就要研究它与其他 5 个专业的关系，阐述它自身的学科内容和学科特点。这样做同样面临着上述的困难。这样看来，如果我们不转换视角，不冲破固有的框架，硬要在原有的学科定位内挤出一块空间，确立一个新的学科，无论如何，难成大功。

学科分类是人为的，是对以往知识范畴和内容的总结和分析；学科分类是人们进一步深入探索新知识的平台和基础，需要一定的稳定性。也正是因为学科分类是人为的，所以学科分类也是有局限的，它需要在探索新知识的过程中不断地得到修正和调整。当然，这种修正和调整不是随意的，而是在探索知识的实践中，在有了相当的积累和丰厚之后，方能水到渠成。知识领域的不断扩大，交叉学科的不断形成，新的学科体系的诞生是符合学科发展的规律的。从这个意义上说，口述史目前紧迫的任务是实践、实践、再实践。在实践的过程中，逐步深入认识口述史的自身特点和规律，并在理论上得到总结和提升，这就可以为史学发展做出自身的重要贡献。从全国的角度看，目前我们应当以“中华口述历史研究会”的名义向国家社会科学基金申请一个“十一五”的重点科研项目，或向教育部社科司申请一个“十一五”的重点科研项目。然后组织全国的力量来共同从事并完成这一项目。项目的名称可定为“口述史学的理论与实践”，此项目可以撰写 3 部专著，分别为《美国口述史学的理论与实践》、《欧亚口述史学的理论与实践》、《中国口述史学的理论与实践》，每部著作 20 万—30 万字。或只撰写一部专著，书名为《口述史学的理论与实践》，本专著分为 3 编，上编为《美国口述史学的理论与实践》，中编为《欧亚口述史学的理论与实践》，下编为《中国口述史学的理论与实践》，全书共 40 万—50 万字。通过这项课题认真梳理 20 世纪 40 年代以来美国、欧亚和中国口述历史各自的发展脉络、主要成就、重要特征、代表人物和著作、经验及问题等等。有了这样一个研究成果，它既可以成为我们下一步研究的基础，更重要的是它可以成为高校口述历史的教科书，为高校开设口述史学提供方便，并为下一步的学科建设打下一个坚实的基础。

三、着重讨论的几个问题

为了规范口述史的方法，严肃口述史的研究，在此还要着重讨论如下几个问题。

1. 严格区分访谈录和口述史。访谈录和口述史不是一个概念，不能把两者混为一谈，要严格区分两者的异同。访谈录是对被访者的一个记录，它可以是围绕一个主题进行采访，也可以围绕几个主题进行采访，它可以是围绕被访者的经历进行采访，也可以围绕现实问题对被访者进行采访。可见访谈录不同于口述史。因为口述史是在对相当数量的访谈录进行研究的基础上，对一定的历史问题给予实事求是的阐述，并给予本质上的解释和对其规律的揭示。这不是访谈录所能解决的，而要靠史学工作者的研究来完成。口述历史是历史研究过程后的成果，一般的采访而形成的采访录是采访后的记录，它只是口述历史研究的资料而已。采访录的确是生动的，口语特点突出，容易理解，形象感强，给人留下的印象鲜明。而口述历史虽说也可以在一定程度上具备上述特点，但并不要求必须如此，甚至相反，有时由于思辨和论证的需要和对深层问题的探究，可能会显得抽象和深长。

2. 研究口述史应当有自己的专业领域。史学工作者一般都有自己的专业领域，都是学有所长。这不仅要求史学工作者有自己专长的二级学科专业，而且要求有自己的专门的研究领域和研究方向。这不是反对一个学者要有广博的学识，而是要求一个学者在科研工作中能真正做出自己的应有贡献。个人的生命经历决定他必须专攻一定的领域，这是显而易见的道理。在进行口述史的研究时，也不能漫无边际，不要自己的特定领域。要在自己原有的专业领域内划出进行口述史的范围，这样做出来的口述史会有学术的品质，否则我们进行的所谓口述史，大概就是一般的访谈而已，绝不能冠以口述史的名义。因为口述史是史学研究，不通过研究就谈不上史学，自然也谈不上口述史学。所以一定要结合自己的专业和研究特长划定自己研究口述史的领地，口述史学不是儿戏，也不是轻而易举的工作，更不是人人能为的。只有那些有历史专业训练，在某一领域有研究素养的学人，才可能胜任从事口述史学的工作，并做出自己的成绩来。

3. 口述史并不具有普遍的适用性。不是任何历史领域都能运用口述史方法的。进行口述史需要很多条件，首先要有一定量的口述者存在，提供口述的基本人群；口述的内容基本上可以公之于世，可以作为历史研究的材料，起码可以与来访者进行沟通交流。从这些条件看，在国内，中国近现代史进行口述史研究优于世界史和中国古代史，中国现当代史优于中国近代史。当然，如果从更广的含义来理解“口述”，那么民间传说等也可以视为一种广义的“口述”，用它可以研究远时段的历史。但无论如何它比起近现代和现当代来说是不占优势的。若没有民间传说流传下来，也就只好运用其他的方法来研究历史了，从这一点看，口述史并不具有普遍的适用性。另外，不同的领域对口述史来说，适用度也不同。如社会文化史或“人民史”更适合运用口述历史的方法。比如英国的口述史就是主要应用于社会史领域，特别是农村史、城市史、妇女史、家庭史、儿童史等，都是采用口述史学方法从日常生活史的角度研究一个地区、一个社会群体、一个阶层的人们的社会生活状况。正因为如此，史学工作者不能盲目轻易地转向口述史的研究中去。

4. 抓紧对新中国 50 年的社会文化史进行口述史研究。中华人民共和国已经成立 58 年了，从历史学的角度研究中华人民共和国应当说是非常必要和有意义的。但是由于诸多条件的限制，目前国史研究的成果不可能是丰厚的；也由于诸多条件的限制，国史研究的领域也不能平衡地发展。在国史中的政治、经济、外交、军事、社会文化等领域中，研究社会文化史的条件可能更成熟些，所以应当着力并抓紧对中华人民共和国社会文化史的研究。这一研究领域的内容极为广泛，包括婚姻家庭、性别性伦、娱乐消费、文艺体育、劳动就业、医疗卫生、宗教信仰、衣食住行、生态环保等等方面。这些社会文化史又特别适合运用口述史的方法进行研究，而且进行口述史研究的条件也比较充分。很多口述者对这一时期的社会文化记忆犹新，可以弥补新中国50多年的社会学资料遗留很少以及“文化大革命”时期一些报刊由停刊所造成的历史研究的困难。所以运用口述史的方法对新中国50多年的社会文化史进行研究很有必要，史学工作者要投入更多的精力。

四、我们的初步体验

首都师范大学中国近现代史专业社会文化史方向，目前特别关注20世纪的社会文化史领域，尤其是新中国建立以后的社会文化史，是我们的研究重点之一。在培养研究生方面，也是以中国现当代社会文化史为主。这样一个研究领域，很有必要运用口述考察的方法进行历史研究。目前已有六名硕士生完成了《现代中国婚姻文化嬗变研究》、《现代中国家庭文化嬗变研究》、《延安时期妇女文化的变革》、《新中国初期女性文化嬗变研究》、《新中国初期家庭文化嬗变研究》、《新中国30年性伦文化嬗变研究》等课题；还有三名博士生完成了《塑造“顺民”——华北日伪对民众历史意识的文化建构》、《“作新民”、“唤起民众”——民国社会教育研究》、《“文革”时期家庭政治化问题研究》。此外，目前两名硕士生正在撰写《新中国初期婚姻文化嬗变研究》、《新中国初期娱乐文化嬗变研究》；还有一名博士生拟从当代中国社会文化方面选题撰写博士论文。在已经进行的新中国社会文化史的课题研究过程中，我们在搜集文献资料的基础上运用了访谈口述的方法，已经对60多人进行了采访，通过采访，我们有了自己初步的体验。

1. 访谈前做好充分的组织和物质、思想准备。组织准备最重要的一点是选择被访者，要注意被访者应有代表性，根据采访的内容确定被访者的年龄段、出身和所从事的职业，被访者对访问的内容要有真正的了解，他们能够善于准确地表达自己的感受和体验，从而尽可能反映历史的真实一面。访谈者能够通过适当的方式与被访者进行联系，被访者有参与访谈的情感冲动。同时还要了解被访者的性格特征。物质准备主要是录音录像设备等，对要使用的工具，事先要认真检查和试验，使其能进行正常的工作，以免出现故障而影响采访的正常进行。思想准备尤其不能忽视，要考虑到访谈过程中的各个环节和细节，设想在什么地方容易出现问题或漏洞，在出现问题的时候，要沉着冷静，妥善处置。思想要放得开，处理好最初与被访者的情感沟通，造成一个和谐融洽的交流环境。根据我们研究的是新中国成立后30年的社会文化史的课题，所以我们访谈的对象一般选择50—70岁的人群，他们亲历了50—70年代的生活，对那一段历史有切身感受和记忆。被访者阶层的范围也要尽量广泛，诸如知识分子、工人、教师、医生以及当时在农村生活过的人群等等。

2. 设计好访谈提纲，讲求访谈方法。要根据研究的课题设计详细的访谈提纲。设计访谈的提纲，要注意的问题也很多。首先要考虑访谈的次数，根据次数来设计每次访谈的提纲；还要考虑被访者的人数，要根据不同人的职业及性格特征来确定不同的对话方式；如何进入主题；进入主题后提出不同问题的先后次序；要考虑什么样的问题比较好回答，什么样的问题不太容易回答，对不太容易回答的问题如何引导，采取怎样的沟通方式，化“为难”为坦然。这实际是讲求访谈的方法。比如：就“新中国30年性伦文化嬗变研究”这一论题而言，就要特别讲求访谈方法。有些被访者不太愿意公开谈论此事，访谈时不应只拘泥于被访者自己的事情，还要关心被访者的所见所闻，要照顾被访者的心理感受。所以我们将访谈的内容细化为便于言说的话题。注意访谈中应由浅入深，访谈中要注意引导，有些被访者对一些话题感兴趣，就滔滔不绝，对另一些话题不感兴趣，就一语带过。这样就需要我们耐心妥当地提问和引导。口述是一个重新审视历史和深化历史的过程，应该坚持社会史的观察立场，在访谈过程中，应本着客观的态度，不要急于判定被访者回答的史实是否重要，是否真实可靠或者对自己的研究是否有价值，这些工作是在后期的整理中进行的，而不是在访谈过程中去做的，我们只需要恰当地提问和耐心地倾听，充分调动被访者的积极性。

3. 在研究过程中，访谈资料仅仅是史料的一部分。如何把文本资料和访谈资料结合起来，怎样表现访谈资料，如何在访谈后加以分析总结，这是一个难点。我们要注意访谈资料与文献资料相结合，只有两者充分地结合，互为补充，互为说明，才能真正理解人们过去的经历，才能实现兰克所说的“按照事情的本来面目再现过去”的理想。

关于口述史学，目前还存在着一定的迷惑和问题。首先是对口述史的认同问题。口述史的合法地位至今还没有得到西方职业历史学家的公认。迟至1981年，英国著名的史学理论家阿瑟·马威克在《历史学的性质》中说道：“不以文字史料为依据的历史虽然也是历史，但不是严谨的和令人满意的历史。”① 在他罗列的史料类型中也没有提及口述史料。在目前的情况下，收集口述证据的必要性以及进行口述历史研究的基本原理和方法及其优缺点的讨论，尚未引起史学界更为普遍的关注。但是我们必须认识到，人类的交流方式包括文字交流和口述交流两种形式，其中“口述”资料是历史研究中的重要史料之一。其次是回忆的可

① 马威克：《历史学的性质》(Arther Marwich，The Nature of History)，伦敦1981年版，第141页。

信度问题。被访者回忆过去的经历，以及如何理解和认识其经历，会受到很多因素的影响，任何人对历史的认识和理解都是有局限性的。访谈的场所和气氛，访谈者的身份以及他的引导和感染，被访者记忆的误差以及在表达过程中刻意的修饰、夸张和自我拔高，以及回避、掩饰和难言之隐，都在所难免。受后来经历的影响，也可能造成“过去的声音”成了“现在的声音”等等。最后，采访者理解上的误差。采访者学识的深厚程度、理论水平和判断能力，对采访内容的熟知程度，这些都影响采访者认识和理解历史的误差程度。我们在面对这些困难的时候，要通过我们的实践和努力逐步克服这些困难。我们坚信，中国的口述史学在21世纪的中国历史学领域一定会占有一席之地。

原载《首都师范大学学报》2007年第5期

生活质量：社会文化史研究的新领域*

本文把生活质量作为社会文化史研究的一个新概念进行讨论，重点探索生活质量的概念与研究价值、生活质量的研究方法、从社会文化史的视角研究生活质量以及生活质量研究的可行性等几个重要问题。

一、概念、价值与一般方法

美国经济学家加尔布雷斯于1958年在其所著《富裕社会》一书中首次提出“生活质量”这一学术概念，此后生活质量在欧美国家作为学术用语成为多学科的研究领域与研究视角，20世纪80年代以后，中国的医学、社会学、心理学等学科也开始探讨生活质量问题，但至今为止历史学对此却鲜见研究。人们对生活质量的理解主要有两大视角，其一是从客观生活条件发展程度来理解生活质量①，认为生活质量是指

* 本文可与《生活质量：社会文化史研究的新维度》（《近代史研究》2014年第4期）参照阅读，两文的关键词基本相同，但两文的视角和侧重点还有差异。本文发表在《史学理论研究》2016年第2期时有删减，兹按原稿补充。

① 它反映了社会物质发展、经济发展、科学发展的某种程度。

“一定经济发展阶段上人口生活条件的综合状况。换言之，生活质量就是生活条件的综合反映”[①]。这里强调生活条件，是偏向客观性的一个维度，实质是指客观生活质量。其二是从主观的感受和评价来理解生活质量[②]，认为生活质量是“对于生活及其各个方面的评价和总结”[③]。这里强调感受和评价，是偏向主观性的一个维度，实质是指主观生活质量。如果从史学角度来研究生活质量，史学既可以研究客观生活质量，也可以研究主观生活质量，还可以把两者结合起来，研究两者的互动以及综合关系。所以站在历史学角度，所谓生活质量就是指人们客观生活[④]的实际状况以及对其满意程度和幸福感受程度。[⑤]这里既包含客观生活质量，即社会生活条件的实际状况，也包含主观生活质量，即生活满意度和主观幸福感。生活满意度是指“人们对生活各方面的‘理想状态’与‘现实状态’之间差距的主观认知和评价，它是人们对于‘生活应该如何’与他们所看到的‘生活实际如何’之间差距的一种主观反映”；而主观幸福感是指“人们的一种满足的、满意的、愉悦的、快乐的心理和情绪的感受、体验或感觉”。[⑥]

研究生活质量有其重要的理论意义和现实意义。

理论意义在于：肯定和确立提高生活质量是人类社会的目的和欲求，是人类整体生活和人类个体生活的目的和欲求。生活质量既反映在社会生活条件方面，也反映在人们的幸福感上，幸福感是人类生活永恒美好的追求，正如休谟所说：“一切人类努力的伟大目标在于获得幸

① 冯立天主编：《中国人口生活质量研究》，北京经济学院出版社 1992 年版，第 4 页。

② 这种主观感受和评价既与客观生活条件有联系，但又不完全成正比。

③ 林南等：《生活质量的结构与指标》，《社会学研究》1987 年第 6 期。

④ 客观生活主要包括经济生活、文化生活、劳动生活、政治生活、社会生活、环境生活等多方面的生活条件。

⑤ 这个概念界定虽然与其他人文社会科学的界定没有本质的差异，但史学的研究方法和问题意识与其他人文社会科学比较则有自己的独到之处。

⑥ 风笑天：《生活质量研究：近三十年回顾及相关问题探讨》，《社会学研究》2007 年第6期。

福”。[①]“对幸福生活之向往和追求，可以说是不同时代、不同经济和文化背景下人们的共同欲求。从这一意义上说，幸福似乎可以成为一种普遍主义的价值理想。”[②]“幸福的内涵是开放的，幸福的理解是历史性的。”[③]“人们对幸福的理解，是伴随着时代变迁与文化价值的转移而不断发生变化的。不同的幸福观，使人们对‘什么是好的生活’或‘什么是人们应该追求的生活’作出不同的回答，并进而影响其获得幸福的方式。”[④]研究生活质量的理论意义还在于要探寻生活质量在不同历史阶段的基本概念或界定；设计并确定生活质量这一崭新学术研究领域在不同时代的基本框架体系；探讨不同时代不同需求层次的人[⑤]对生活质量认识、理解和判断的合理性、差异性和谬误性及其造成此种现象的历史、文化和社会等的基本缘由；研讨客观生活质量与主观生活质量的联系与相互作用所产生各种功能的基本根据；探求不同时期人类个体主观生活质量复杂性形成的基本原因；探索不同时代生活质量的主观满意度和幸福感表现出的层次相同以及“处于相同物质生活水平的人们，对其自身生活的评价和满意度可以大相径庭；反之，生活满意度相同的人，其实际物质生活水平可以相距甚远”[⑥]的基本因由；研究实现人的全面自由发展目标与提高人们生活质量要求的两者间内在的基本逻辑等等。对上述问题的探究均具有重要的理论意义。

现实意义在于：以史为鉴，了解和认识以往社会人们生活质量的实

---

① 《休谟散文集》，上海三联书店 1988 年版，第 81 页。

② 王露璐：《幸福是什么——从亚里士多德与密尔的幸福观谈起》，《光明日报》2007 年 11 月 13 日。

③ 苗元江：《从幸福感到幸福指数——发展中的幸福感研究》，《南京社会科学》2009 年第 11 期。

④ 王露璐：《幸福是什么——从亚里士多德与密尔的幸福观谈起》，《光明日报》2007 年 11 月 13 日。

⑤ 按马斯洛的理论，人的需求有 5 个层次，即生理需求、安全需求、友爱与归属需求、自尊需求和自我实现需求。

⑥ 冯立天主编：《中国人口生活质量研究》，北京经济学院出版社 1992 年版，第 107 页。

际状况，使今人可以从中获取经验教训，获取人生和生命的智慧，启迪人们去感悟人生，去选取适当的生活方式，去提高个体人生的生活质量和生活品位，进而树立科学、平和、适时、适度的生活价值观。史学不但有鉴古知今的效能，还有参与建构社会新模型的未来学功能，从这个意义上讲，从历史学的角度研究生活质量等社会文化问题可以直接服务于当今与未来社会的发展和建设，这种发展和建设不能忽视和脱离提高人的生活质量这样一个处于核心地位的价值问题，只有这样，史学的现实应用性效能才可以得到更多体现，并拓展和增强历史学多功能的学科价值。

研究生活质量的一般方法主要包括两个方面：其一，宏观与微观的研究方法。关于生活质量，既可以宏观研究，又可以微观研究①。宏观研究和微观研究主要关涉时间、空间、人群等相关概念。诸如既可以研究一个长时段的生活质量问题，也可以研究短时期的生活质量问题；既可以研究大区域的生活质量问题，也可以研究小区域的生活质量问题；既可以研究多群体的生活质量问题，也可以研究单一群体的生活质量问题。关注不同时段，不同地域，不同人群，不同问题的研究，有助于宏观与微观的相对研究，有助于研究的理论化以及细化和具体化。

其二，综合与分解的研究方法。研究生活质量，既可以把客观生活质量与主观生活质量两者结合起来进行综合研究，也可以把客观生活质量与主观生活质量两者分开进行分解研究②。综合研究既关注客观生活质量与主观生活质量两者的互动，即相互之间的影响，也关注影响生活质量的诸多因素如物质生活、精神生活、政治生活、社会生活、环境

① 宏观和微观都是相对概念，宏观是相对微观而言，微观是相对宏观而言，所以这里舍弃了中观的概念。

② 主观生活质量主要指国内的“主观生活质量”，而客观生活质量已经演变为“社会指标”，越来越淡出社会质量研究的领域，成为人类发展研究领域的一种指标了。参见风笑天《生活质量研究：近三十年回顾及相关问题探讨》，《社会学研究》2007 年第 6 期。

生活、劳动生活、公民素质等多方面的相互制约、共同作用的综合结果，比如“居民收入增加、消费水平提高，但环境污染严重，社会保障程度很低，社会秩序恶化，则不能说生活质量好。所以，生活质量不仅表现在生活的某个或某几个方面，更重要的是物质、精神生活等各方面的综合”。① 分解研究既包括对客观生活质量的研究，也包括对主观生活质量的研究，两种研究是分别进行的。其中客观生活质量的研究，主要是研究社会条件发展的程度和水平，社会的政治、经济、文化、社会、环境等社会的大范畴和大背景在具体的教育、医疗、居住、就业、养老、保险、娱乐、健康等诸多方面为人们的物质生活和精神生活提供了什么，它反映了社会整体的发展状态和发展水平。而主观生活质量研究则注重生活满意度和主观幸福感的研究，这种心灵的感受更显至关重要，它主要是通过问卷、心理测量和研究者的逻辑分析判断来完成的。

以往对生活质量的研究主要反映在社会学等领域，研究成果较为丰富，在研究方法上主要是设置一些指标体系，通过具体指标来对生活质量进行分析和评价，并得出相应的结论。② 另外在医学、经济学、心理学、政治学、人口学、性别学、休闲学等领域研究成果亦很丰厚，此不赘述。但在历史学领域至今还未看到相关的研究成果。

---

① 王海敏、陈钰芬：《我国各地区城镇居民生活质量的综合评估》，《商业经济与管理》2004 年第 8 期。

② 如冯立天主编《中国人口生活质量研究》，北京经济学院出版社 1992 年版；风笑天《生活质量研究：近三十年回顾及相关问题探讨》，《社会学研究》2007 年第 6 期；王海敏、陈钰芬《我国各地区城镇居民生活质量的综合评估》，《商业经济与管理》2004 年第 8 期；李莹《天津市青年主观生活质量的调查分析》，《青年研究》2003 年第 3 期；卢淑华《中国城市婚姻与家庭生活质量分析》，《社会学研究》1992 年第 4 期；王培刚、衣华亮《中国城市居民主观生活质量满意度评价分析》，《社会科学研究》2007 年第 6 期；张鸿武、王亚雄《恩格尔系数的适用性与居民生活水平评价》，《统计与信息论坛》2005 年第 1 期等。

二、从社会文化史的视角研究生活质量

从社会文化史的视角研究生活质量问题，这在以往做得很少，面临的困难和问题自然很多，研究路径和研究方法需要学人们不断地开辟和创新，在此笔者仅谈三点意见，抛砖引玉，作为参考。

1. 在关注人们的社会生活和思想观念的同时，更要关注人们的主观感受。生活质量作为一个研究概念与传统史学的研究概念在感觉上似有不同。传统史学的研究概念更多体现在它的显现性上，研究的概念似乎看得见、摸得着，感觉它确确实实地存在着，一般而言，传统的史学是一种“事件的历史”，给人以存在和清晰的感觉。相比之下，希望运用于史学领域的生活质量的概念还需要人们逐渐地认同和理解。生活质量在感觉上似乎不易看得见、摸得着，所以作为这样的史学概念怎么能研究或如何去研究呢？提出这样的问题很有必要，也很有价值和意义，要引起关注，而且需要认真地对待并加以解决。以往我们理解的社会文化史是指“研究社会生活与其内在观念形态之间相互关系的历史”。[①] 相对而言，这里的社会生活更直观、更外显、更实在，更容易理解和把握，而观念形态则相对显得虚幻一些。但观念也是一种事实存在，也是一种客观现象，只是由于它肉眼看不见，身体触不着，所以需要用人的思维去感知它。观念形态就是思想意识。思想意识从最为宏观的群体划分，一般可以分为两大类，一类是指精英思想，一类是指民众意识。精英思想是系统化和抽象化甚或理论化了的观念形态，而民众意识是粗浅的和庞杂的观念形态。正如有学者认为，一般民众的意识是“零散的、

① 梁景和：《关于社会文化史的几个问题》，李长莉、左玉河主编《近代中国社会与民间文化》，社会科学文献出版社 2007 年版，第 4 页。

不自觉的、缺乏理论色彩的观念和信仰”，而精英思想则是“思想史、哲学史聚焦于思想家、哲学家具有理论色彩、成系统的思想和观念”，精英思想“追求更严肃、准确的分析和论证”。① 精英思想一般有思想史专门研究，而民众意识一般则由社会文化史去探讨，当然社会文化史不排除对精英思想的观照，就如思想史也需要观照民众意识一样，只是两者的侧重点不同罢了。

研究社会文化史中的生活质量问题，在关注社会生活与思想观念的基础上，关注和研究群体或者个体的主观感受是至关重要的，这里可以展开讨论。我们知道，感受与观念有不同之处，观念主要的特点是指人们对主客观事物的一种认识、判断、理解和评价，而感受则是客观事物作用于人的心灵之后，受其影响而产生的一种身心的反应和感觉，这种感受不是指那种一时的短暂的心灵波动，而是一种比较稳定、比较深刻的主观体验或体会，“比如，责任感、幸福感、荣誉感、骄傲感、廉耻感等，都较深刻地反映出个人意识或群体意识。”② 那么，这种感受为什么会是长时段的，为什么会是稳定和深刻的，它无可避免地要影响到人们的主观生活质量，从这个意义上讲，我们所谓的感受由于与生活质量有着紧密的联系，所以它是可以成为社会文化史的研究对象的。从主观感受的视角去研究生活质量，就是从生活满意度和主观幸福感去研究生活质量。生活满意度和主观幸福感与客观生活质量有关，同时也与个体的世界观、人生观、价值观的趋向有关，与个体经济收入和生活状态的历史、现状和理想有关，与个体的期望值有关③，与个体的社会关系诸如婚姻关系、家庭关系、朋友关系是否和谐等有关，与个体视野的宽

① 罗检秋：《从“新史学”到社会文化史》，《史学史研究》2011 年第 4 期。

② 沙莲香：《社会心理学》，中国人民大学出版社 1987 年版，第 185 页。

③ 期望值理论认为，期望值与实际成就之间的差异与 SWB（主观幸福感）相关，高期望值与个人实际差距过大会使人丧失信心和勇气，期望值过低则会使人厌烦。参见吴明霞《30 年来西方关于主观幸福感的理论发展》，《心理学动态》2000 年第 4 期。

隘及与他人生存状态的比对有关①，正如“自己优于别人，就感到幸福；低于他人，就感到不幸。许多研究发现，向上比较会降低主观幸福感，向下比较会提高主观幸福感”②，就是这个道理。可见，关注人们的主观感受是研究社会文化史的一个重要视点和方法。

2. 具体的研究方法。上文我们曾简略讨论过研究生活质量的一般方法，这里再谈几种具体的研究方法。

其一，传统的史学文献研究法。我们认为不是物质生活越丰富，生活质量就越高，正如上文所言，物质生活的丰厚与个体的幸福感未必成正比。历史学研究主观生活质量的一个关键任务就是要找到群体或者个体的真实感受，包括幸福的感受和痛苦的感受。而要真实地了解到这样的实际情况，一个重要的方法就是我们传统的史学文献研究法，通过对文献的分析和解读，深入剖析和阐释历史上的群体或个体的身心感受。比如台湾学者蒋竹山运用传统的文献研究法，通过阅读《有泰驻藏日记》对赴藏办事大臣有泰日常生活的研究，就是一例。③ 蒋竹山认为，“这部日记可视为是晚清拉萨城市生活史的缩影，内容包含：拉萨的环境与气候、宗教仪式、藏人饮食、礼物文化、古物收藏、皮毛买卖、民俗活动、城市景观、河川变化、物价与货币、休闲娱乐、官员日常作息、洋务局的政事、花卉癖好、园艺、市场买卖、马市、拉萨的气味、服饰穿着、城隍庙会、官方宗教等等”，④ 这些内容是可以用来探索

① “与他人生存状态的比较”的观点在“社会比较理论”中也持此种观点，认为“个人与周围人比较，如果自己优于别人则感到幸福”。参见吴明霞《30 年来西方关于主观幸福感的理论发展》，《心理学动态》2000 年第 4 期。

② 苗元江、余嘉元：《幸福感：生活质量研究的新视角》，《新视野》2003 年第 4 期。

③ 蒋竹山《当代史学研究的趋势、方法与实践：从新文化史到全球史》一书中第五章“从日记看日常生活史研究——以《有泰驻藏日记》为例”，台湾五南图书出版股份有限公司 2012 年版。

④ 蒋竹山：《当代史学研究的趋势、方法与实践：从新文化史到全球史》，台湾五南图书出版股份有限公司 2012 年版，第 138 页。

某些人群的生活质量和身心感受的。比如日记中谈到高原上的物质纵乐：上好的各式各样的毛皮洋布、舶来品颇多、相机、留声机、足球、望远镜、寒暑表、西洋镜、洋表、洋药、瑞士刀等应有尽有；日记中记述了有泰自己的花卉消费，谈到他如何搜集拉萨的奇花异草，他周遭的官员及部属知道他的喜好，常会帮他到处张罗花花草草，有的是商家当作礼送，有的是部属的孝敬，也有许多是有泰命令部属到各地找寻的；日记还有对通过礼物文化关系建构人际网络的记述；日记中还经常谈论拉萨天气的燥热、大风、尘土、阴晴雪雨电的无常变化，空气中弥漫的臭味、蚊子之多、老鼠窜行，令人难耐等事象。① 通过这些日记的内容是能够反映有泰本人以及周围人群的某种程度的生活感受，或曰其生活质量及其生活幸福感等等。正如蒋竹山所说："我们觉得'感觉的历史'是个可切入的角度，如何透过有泰在拉萨的嗅觉、味觉、听觉、视觉等个人性的感官，转化成晚清的社会群体的身体经验，是日后要处理的当务课题。"② 蒋竹山所要表述的一个核心理念就是：群体和个人的主观感受和身心体验是可以成为史学的研究对象的，而我们再引申一层，即把主观感受和身心体验放到生活质量的框架内进行研究，把它视为社会文化史研究的一个新视角和新领域。根据蒋竹山的研究，我们可以拓而广之，就是运用传统的史学文献研究法，诸如利用日记、回忆录、传记、游记、书信、文集、图录等文献资料，是可以在特定范围内研究和探讨生活质量问题的。

其二，指标体系与幸福指数的研究方法。在研究生活质量时，可以把指标体系与幸福指数作为具体研究时的一个问题阈。无论是宏观研

① 蒋竹山《当代史学研究的趋势、方法与实践：从新文化史到全球史》一书中第五章"从日记看日常生活史研究——以《有泰驻藏日记》为例"，台湾五南图书出版股份有限公司2012年版，第137—169页。

② 蒋竹山：《当代史学研究的趋势、方法与实践：从新文化史到全球史》，台湾五南图书出版股份有限公司2012年版，第168页。

究还是微观研究，无论是长时段研究还是短时期研究，无论是大区域研究还是小区域研究，无论是多群体研究还是单一人群研究，都要有各自关注的指标体系。比如对世纪之交大区域内不同区域生活质量的比较研究，大致要关注的主要指标体系有：人均国内生产总值，人均可支配收入，人均消费支出，人均居住面积，自来水普及率，液化气普及率，每万人拥有公共汽车数，人均公共绿地面积，工业废水处理率，文化教育娱乐消费占总消费支出比重，城市就业率，每万人拥有医生数等。① 再比如对世纪之交城市青年主观生活质量研究，大致要关注的主要指标体系有：身体健康状况，个人精神状况，日常饮食与衣着，个人婚恋，个人娱乐消遣，受教育程度和再学习，目前从事的职业，工作条件，目前个人收入，个人社会交往状况等。② 各类指标体系很多，诸如国家统计局的全国小康生活质量指标体系、人民生活质量指标体系、全国农村全面小康社会监测指标体系、生活质量综合评价指标体系等，③ 这些指标体系均可以用来作为观察和研究生活质量问题的一个参考。与此同时，我们还可以通过幸福指数来研究生活质量问题。新世纪以后，特别是2006年以来，国内很多城市在关注国内生产总值（GDP）的同时，开始关注社会发展的另一个维度，即老百姓的幸福感（SWB），把“国民幸福指数”作为社会发展的一个重要目标，并纳入社会发展的计划和考核内容。那么幸福指数也可以作为观察和研究生活质量问题的一个参考。幸福感可以通过幸福指数来反映，所谓幸福指数是把人们对幸福的感受，通过一套测量体系进行数字化的比较和分析而得出的数据和结果。幸福指数的方法就是通过对人们知足充裕、心理健康、社会信心、成长进步、目标价值、自我接受、身体健康、心态平衡、人际适应、家

① 王海敏、陈钰芬：《我国各地区城镇居民生活质量的综合评估》，《商业经济与管理》2004年第8期。

② 李莹：《天津市青年主观生活质量的调查分析》，《青年研究》2003年第3期。

③ 刘延年、陈正：《生活质量评价方法研究》，《统计教育》2006年第9期。

庭氛围等诸多方面的数字化考察，使人们的幸福感被数字展现出来，更加直观和具体，进而反映社会经济的发展和人们生活状态等民生问题。[①] 比如深圳市把幸福感概括为由生活和事业的满足感、心态和情绪的愉悦感、人际与社会的和谐感构成。[②] 而北京的国民幸福指数在问卷设计上的主要指标体系是以人们的公平感、成就感、归属感、安全感、愉悦感、和融感、满足感等为架构，以日常生活中影响人们主观幸福感受的主要因素的现实表象为内容，涵盖了家庭、事业、健康、人际关系、社会环境等各方面的情况。[③] 以上以深圳和北京为例，旨在说明把城市对幸福指数设计的内容作为研究生活质量的具体问题，显得实际而有说服力，的确不失为研究生活质量的一个重要方法。所以，研究生活质量就特别要关注社会的各类指标体系。不同时期设置的指标体系是不同的，不同历史阶段设计指标的具体内容不同所反映的是社会历史发展程度的不同以及人们关注的具体问题不同，这恰恰反映了时代的变迁，以及不同时代与生活质量相关的不同要素是什么。比如新世纪初，人们注重追求饮食质量、住房条件、教育水平、交通状况、文化娱乐等生活要素，而十年后的今天，人们在关注以往生活要素的基础上又开始注重追求绿色环境、绿色食品、信息条件、医疗保障、空气质量、生态旅游等生活要素。追求的指标不同，反映着人们的主观感受不同，也就体现了具体时代人们生活质量的高低优劣。

其三，多学科理论方法互鉴的研究方法。生活质量及其幸福感是哲学、心理学、经济学、文学、医学、社会学、历史学等诸多学科关注的重要问题。“人类的发展史就是一部对幸福的追求史，就是一部通过对幸福追求而不懈深入探究人的存在意义、存在方式、存在内容的反

① 方舟等：《对幸福指数研究的哲学思考》，《西安社会科学》2010 年第 1 期。

② 乐正：《幸福指数的构成和影响因素》，《南方日报》2006 年 6 月 22 日。

③ 马士龙：《北京先行试算国民幸福指数》，《数据》2006 年第 8 期。

思史。”[1] 哲学与伦理学有“快乐主义幸福观”和“完善论的幸福观”等理论，“快乐主义幸福观”将快乐的最大化作为生活的目标和幸福的源泉，而“完善论的幸福观”认为，一个人在生活中“善”的程度是评价幸福的关键因素。[2] 心理学主要有“主观幸福感、心理幸福感和社会幸福感三种研究取向，它们从不同视角丰富着人们对幸福的理解，这些视角的互补、交融、统合而成的有机体构成了幸福的总体框架”[3]。经济学则是运用多种统计方法来评价人们的物质生活条件和生活水平，进而透视人们的幸福感受。文学是对现实生活的观察反思，再通过文学艺术的形象塑造反映人类对幸福的认识理解和价值追求。医学是通过人的身体健康与寿命长短作为观察的视点，进而同人生的生活质量和幸福联系起来。而社会学则注重具体问题的探索，关注具体地域、具体时段、具体阶层等方面的具体问题，例如要研究婚姻家庭问题，有学者就注重挑选某个地域并对不同年龄段、不同的婚姻状况、不同的文化程度都要有一个切实的调研，[4] 进而研讨生活质量和幸福感问题。历史学探索生活质量和幸福感问题时则更为关注一种宏观景象的底色，一个发展变化的脉络，追问发展变化背后的原因以及给予人们的经验教训等等。以上各学科的理论与方法显然不同，比如历史学与社会学相比，社会学注重运用某些具体的具有统计精确意义的研究方法，并注重数据的采集，对问题进行量化的分析，给人以清晰实体的具体图像。[5] 相对而言，历史学的方法则更具归纳性和提炼性，注重一般特征的描述，而研究社会文化史

---

① 苗元江：《从幸福感到幸福指数——发展中的幸福感研究》，《南京社会科学》2009年第11期。

② 苗元江：《从幸福感到幸福指数——发展中的幸福感研究》，《南京社会科学》2009年第11期。

③ 苗元江：《从幸福感到幸福指数——发展中的幸福感研究》，《南京社会科学》2009年第11期。

④ 卢淑华：《中国城市婚姻与家庭生活质量分析》，《社会学研究》1992年第4期。

⑤ 卢淑华《中国城市婚姻与家庭生活质量分析》一文所采用的方法就是如此。

则还要关注社会生活与观念形态之间的互动关系。观念形态是一个广义的概念，它不但包括理性的认知成分，还包括感性的情感成分。理性的认知成分与客观条件的发展变化有关，感性的情感成分与身体、性格遗传的关系较大。综上所述，以上多学科的理论方法无疑有助于启发人们对生活质量和幸福本质的深入认识和理解。各学科的理论方法不同，各学科在以本学科理论方法为本位和立场的同时，还可以关注其他学科的理论方法，或受启发，或可借鉴。历史学同样在以史学的理论方法为本位和立场的同时，也可关注其他学科的理论方法，或受启发，或可借鉴。

具体而言，历史学运用其他学科的研究方法有助于生活质量的研究探索。比如大陆青年历史学者李慧波运用社会学的方法，通过访谈对民众婚姻生活质量问题进行采访就能够说明这一点。在她的大量访谈中，我们发现其中涉及幸福的婚姻生活：如因为夫妻有稳定的收入，子女孝敬，尤其是儿媳孝敬，而感到婚姻家庭幸福；① 因为恋爱阶段女方对男方的关照，婚后男方与女方家人相处很好，而感到婚姻幸福；② 因为生活和睦，有满足感，而感到婚姻幸福。③ 在她的访谈中也涉及不幸福的婚姻：如因为老伴不爱清洁，不爱干家务，不会处理邻里关系而感到婚姻不幸福；④ 因为觉得妻子文化水平低，生活中没有共同的语言和爱好，而感到婚姻不幸福等等。⑤ 这些访谈的资料，无疑是我们研究生

① 李慧波访谈：《有钱就有权，没钱就没权》，梁景和主编《中国现当代社会文化访谈录》第三辑，首都师范大学出版社 2013 年版，第 9—17 页。

② 李慧波访谈：《我完全按照回民的生活习惯生活》，梁景和主编《中国现当代社会文化访谈录》第三辑，首都师范大学出版社 2013 年版，第 339—343 页。

③ 李慧波访谈：《现在说离婚就离婚，那会儿没有》，梁景和主编《中国现当代社会文化访谈录》第三辑，首都师范大学出版社 2013 年版，第 65—69 页。

④ 李慧波访谈：《我们两个人是“抓阄”夫妻》，梁景和主编《中国现当代社会文化访谈录》第三辑，首都师范大学出版社 2013 年版，第 83—86 页。

⑤ 李慧波访谈：《文化层次差异太大，在生活中就没有共同的语言》，梁景和主编《中国现当代社会文化访谈录》第三辑，首都师范大学出版社 2013 年版，第 273—275 页。

活质量可供参考的史料。历史学可以运用社会学的访谈方法来进行生活质量的研究。此外，我们还可以通过运用现代社会心理学、伦理学等的方法和手段，通过心理测量①、实验研究、调查研究、档案研究，②来深入思考和挖掘人们的心理状态和感受，依然可以从事生活质量的研究。也可以运用心理学的理论方法从事生活质量的研究，诸如“中国式”的“亚健康状态”就是一个关乎人们生活质量的重要概念。通过“身心亚健康状况的量化标准”，可以对中国劳动力人口的健康状况进行监控和筛查。而“造成亚健康状态的一个非常关键的因素就是心理因素。人们内心的不稳定、不平衡会造成个人的身体负荷及其社会适应不良，多数人的心理失衡会引发社会的不稳定”③，这恰是运用心理学的方法从事生活质量研究的一个很好的视角和例证。

其四，多维史料运用的研究方法。研究生活质量，需要把多学科的研究成果作为史学研究的多维史料。社会学、经济学、人口学、心理学、统计学、管理学等众多学科的研究课题和成果是史学研究的重要史料。每年此类相关课题和研究成果的数量很大，诸如“七五”期间中国社科院社会学所“社会发展和社会指标”的课题和成果④；国家社会科学基金项目“生活质量测度和评价的理论与方法研究”（04BTJ017）的课题和成果⑤；国家社会科学基金项目“马克思自由观视阈中的人类发展指数扩展研究”（08BKS003）的课题和成果⑥；教育部哲学社会科学重大课题攻关项目“中国居民的生活质量评价”（03JZD0012）的课题

---

① 关于心理测量是心理学的重要方法，随着交叉学科的繁荣，青年学者知识结构的扩充，未来历史研究者是可以掌握这种方法并把它运用到史学研究领域的。

② 时蓉华主编：《现代社会心理学》，华东师范大学出版社 1989 年版，第 28—34 页。

③ 小白：《迈向心理学研究的中国化》，《社会科学报》2013 年 9 月 19 日第 4 版。

④ 潘祖光：《“生活质量”研究的进展和趋势》，《浙江社会科学》1994 年第 6 期。

⑤ 刘延年、陈正：《生活质量评价方法研究》，《统计教育》2006 年第 9 期。

⑥ 朱成全、汪毅霖：《自由发展视野下幸福指数体系的构建》，《北京社会科学》2009 年第 11 期。

和成果①；全国教育科学“十一五”规划课题“教育与幸福的理论与实证研究”（DAA080081）的课题和成果②；国家统计局统计科研重点项目“恩格尔系数改进与国民生活水平统计评价方法研究”（编号：2002-3）的课题和成果③；教育部人文社会科学重大项目“全面小康与生活质量：生活质量主观指标的构建及其评价”的课题和成果④ 等等，类似的课题与成果较多，以上只是举例而已，1999 年就有学者估计“全国至少有 50 个以上的生活质量课题组曾经或正在从事这一问题的研究”。⑤ 新世纪以来类似研究的数量就更多了。改革开放后，80 年代初期以来，国内社会学、经济学、人口学、统计学、心理学、教育学、管理学、医学等学科都在关注和探索生活质量问题，他们的研究成果是历史学重要的研究资料。另外相关国家机关、高等院校和研究机构的科研成果也是历史学重要的研究资料。比如：国务院发展研究中心、国家统计局统计科学研究所、北京大学社会学系、武汉大学生活质量研究与评价中心、山东大学生活质量与公共政策研究中心、中国社会科学院社会学研究所、上海社会科学院社会学研究所社会生活研究室、中国科学院心理研究所以及众多高等院校和社会科学院的人口研究所等单位⑥ 多年来发布相关的统计数字⑦ 和科研成果均是历史学的多维研究史料。同时，我们还要把相关的诸如以生活方式或生活质量为主题的众多学术研讨会的学术论

① 王培刚、衣华亮：《中国城市居民主观生活质量满意度评价分析》，《社会科学研究》2007 年第 6 期。

② 苗元江、朱晓红、陈浩彬：《从理论到测量——幸福感心理结构研究发展》，《徐州师范大学学报》2009 年第 2 期。

③ 张鸿武、王亚雄：《恩格尔系数的适用性与居民生活水平评价》，《统计与信息论坛》2005 年第 1 期。

④ 王凯、周长城：《生活质量研究的新发展：主观指标的构建与运用》，《国外社会科学》2004 年第 4 期。

⑤ 陈义平：《关于生活质量评估的再思考》，《社会科学研究》1999 年第 1 期。

⑥ 类似这样的单位是很多的。

⑦ 如《中国统计年鉴》等类似的年鉴。

文，也可用来作为历史学研究生活质量的可资参考的研究史料。此外，包括运用文学的方法，通过阅读和观看小说、戏剧、电影、电视剧等使史料多元化，把这些文艺作品视为与其他史料融为一体的研究生活质量和身心感受的史料之一。

3. 研究生活质量的基本内容。西方的新社会史、新文化史、后社会史，中国的历史人类学、区域社会史、新社会史、新史学、社会文化史、医疗社会史、日常生活史等研究的内容，无论宏观研究还是微观研究，均可谓蔚为大观，极为丰富多彩。研究内容概括起来主要包括十大类别，一为人群研究：包括人口、老人、妇女、儿童、个人、群体、阶级、阶层、等级、流民、移民、仕宦、劳工、妓女、秘密团体、族群、种族、民族等；二为家庭婚姻研究：包括宗族、家族、家庭、姓氏、亲属、谱牒、婚姻、夫妻、情爱、抚养、隐私等；三为衣食住行研究：包括居宅、家具、衣冠、服饰、时装、内衣、鞋、装饰、头发、美发、肌肤、纹身、饮食、菜场、人参、营养、农作物、烟草、宠物、消费、咖啡馆、茶馆、饭店、酒店、宴会、旅店、旅游、交通、街道、建筑等；四为休闲娱乐研究，包括收藏、礼物、文物、书籍、书写、书场、阅读、出版、语言、聊天、叙述、声音、视觉、色彩、幽默、搞笑、游乐场、跑马场、跑狗场、剧场、赌场、公园、艺术、戏曲、舞蹈、体育、时尚、节日、庆典等；五为日常用品研究，包括商品、洋货、货币、花卉、镜子、螺丝等；六为表象情感研究，包括图片、图像、表象、形象、想象、感官、感觉、感知、记忆、心态、心性、情绪、情感、情调、色情、调情、友谊、接吻、恐惧、喜怒哀乐、哭泣、眼泪、失眠等；七为卫生医疗身体研究，包括疼痛、排气、气味、厕所、垃圾、沐浴、清洁、卫生、疾病、麻风病、瘟疫、辐射、医学、医疗、保健、医药、迷药、毒品、肉体、性、性别、性伦、怀孕、乳房、男根、阳痿、自慰、成长、健康、身体、生命等；八为信仰习俗研究，包括自杀、死亡、丧葬、迷信、魔鬼、巫术、祭祀、神幻、宗教、信仰、民谣、民谚、礼仪、廉耻、礼俗、习俗、仪式、行为、伦理、节日、庆典、岁时风俗等；九为时空物质研究，包括历法、时间、空间、广场、环境、污染、气候、景观、建筑、城市、村落、学校、校园、冶金、能源、煤、石头、地震、灾荒等；十为文明野蛮研究，包括考试、教育、教士、权力、刑法、组织、国族、实践、科学、技术、网络、骚动、暴力、枪炮、凶杀、贪婪、欲望、罪犯、犯罪、流浪、慈善、救济等等。以上所举，是已经有了研究成果的相关内容，还有更广泛的领域等待开发，可见文化史以及社会史研究的内容是多么丰富和广博。社会文化史在研究生活质量时，以上内容可作参考，因为上述很多内容是可以用来探讨生活质量问题的。

如果仅就中国社会文化史的主要知识架构体系而言，研究生活质量问题也可以从“衣食住行、婚丧嫁娶、两性伦理、休闲娱乐、流行时尚、装饰美容、强身健体、休养生息、医疗救治、心理卫生、生老病死、福利保障、民俗风情、节日旅游、日常消费、宗教信仰、迷信祭祀、求职就业”① 等诸多内容中进行探索。而刚刚开始从生活质量的角度来研究社会文化史，首先要考虑的问题就是从庞博的社会生活中先选择什么样的具体内容来着手研究，社会生活的内容太多太广，而且随着时代的发展，又会不断地增大。然而社会生活无论怎样庞杂多样，其中贯穿人类社会过往时代的基本范畴却是几种相对恒常的具体内容，那就是衣食住行、婚姻家庭、两性伦理、休闲娱乐、生老病死等等。这些最为基本的生活内容贯穿于长时段的历史阶段中，它们的现状以及发展变化恰恰与人们的生活质量息息相关，所以研究生活质量首先可以从这些社会生活的基本范畴做起，既实际又可行。

研究上述最为恒常的基本范畴的具体生活内容，从学术的角度而言，其目的在于，探讨特定历史时期人们对生活质量的认识和理解；研

① 梁景和主编：《社会生活探索·序》第一辑，首都师范大学出版社2009年版，第3页。

究特定历史阶段的生活方式、物质发展以及特定时代生活质量的标准认同；探究特定历史阶段特定人群具体生活的实际状况以及客观生活质量和主观生活质量的实际状态；研讨为什么在特定的历史阶段，特定的人群会追求那样的生活质量，会去那样地生活，会有那样的生活态度和生活向往，是什么样的“社会存在、文化传统、历史经验等因素”①决定的，只有如此，我们的研究才有价值。

三、生活质量研究的可行性问题

按照罗斯托经济增长阶段理论②，他认为经济增长的最后一个阶段是“追求生活质量的阶段”③。受这种理论的启发，可以认为追求生活质量是相当长历史阶段人们的生活目的和所要追求的一种生活目标，那么也就自然凸显了研究生活质量的重要性。

在界定了生活质量的概念和探讨了生活质量的研究价值、研究方法、研究内容等问题之后，我们可以进一步思考历史学研究生活质量的可行性问题了。研究历史有两个常识性的前提问题，一个是研究什么，一个是能否研究。研究什么一般而言是由时代决定的，即时代的政治、经济、文化、社会的实际需要而决定我们去研究什么，回顾以往历史以及共和国成立60多年以来中国史学研究内容的变迁就可以理解和说明这一点，研究什么即史学研究的内容一般是由时代的客观需要决定的。而能否研究是由时代的具体条件是否成熟决定的，其中最基本的条件就

① 王露璐：《幸福是什么——从亚里士多德与密尔的幸福观谈起》，《光明日报》2007年11月13日。

② 罗斯托把经济增长阶段最终划为六个阶段，即“传统社会阶段”、“为起飞准备前提的阶段”、“起飞阶段”、“成熟阶段”、“高额群众消费阶段”、“追求生活质量阶段”。

③ 冯立天主编：《中国人口生活质量研究》，北京经济学院出版社1992年版，第10—14页。

是有没有为从事研究提供的基本资料，资料是我们能否从事史学研究最基本的条件。从社会文化史的角度来研究生活质量特别是研究主观生活质量问题，从今天的实际看，距今较近时期的历史资料相对会多一些。如果仅从这个意义讲，历史时期离我们较近，对生活质量的研究或许能方便些，这不但与资料的丰缺多寡有关，也与是否能够近距离体察人们的切身感受有关。历史上的生活质量问题，要通过爬梳大量的史学典籍和各种文献资料包括日记、书信、笔记、文集、墓志铭、宗谱、文书、契据、民间传说、小说、诗歌、歌曲、绘画、戏曲、竹枝词等资料而后才能进行研究，以此探讨不同时代的物质生活条件、经济发展水平、衣食住行现状、娱乐休闲生活的特征等，进而探索历史上人们的客观生活质量。并通过类似问题的研究，研究者可以深入思索、冥思、想象和判断历史上人们的主观生活感受，从而探讨历史上人们的主观生活质量。

而研究共和国成立 60 年以来（20 世纪下半叶至今，包括改革开放 30 余年）的生活质量，条件似乎好一些。这 60 余年是中国近现代史专业所要研究的一个时段。改革开放前 30 年虽然文献资料相对有限，但可以借助社会学与心理学的口述、测量、个别访谈、集体座谈以及问卷等方法来获取更多的资料，能为我们的研究提供诸多便利。当然比较起来研究改革开放以后的生活质量问题，条件就显得更为充分。然而，人们往往会质疑，认为从事历史研究要与今天有一段距离，要相隔一段时间，等到尘埃落定之后进行研究评述才会更加客观而贴近事实和接近真实，而研究改革开放 30 余年的生活质量因时间距今太近是否有些不妥，这话当然有些道理，但不绝对。历史研究的可能性是时代和条件决定的，不是某个时间点决定的，不能说距今天五年、十年、二十年之前的历史才能研究，而之后的就不能研究。条件不具备，几千年前的历史也无法研究，条件具备了，昨天的历史也可以研究。关键在是否具备了研究的条件和可能性。其实研究当下时期的严谨史学著作并不少见，如魏源在咸丰年间就撰写了《道光洋艘征抚记》，这是一部研究当代史的杰出史著，记述鸦片战争的经过，揭露英国走私鸦片、发动战争、侵略中国的事实，是记述鸦片战争史事的学术名著。这本书是鸦片战争刚刚过去十几年后就撰写成的。李剑农的《最近三十年中国政治史》从戊戌维新写到南京国民政府成立和东北易帜，这部书1930年就已经出版，距离东北易帜仅仅两年。蒋廷黻的名著《中国近代史》写到1926年国民革命军誓师北伐，而这部书是1938年写成的，距离誓师北伐也不过相隔12年的时间，也是一部当代史名著。李新等主编的《中国新民主主义革命时期通史》（四卷本），从1919年五四运动写到1949年中华人民共和国成立，这套书1962年就正式出版了，距离中华人民共和国成立仅13年，而初稿完成是在1959年，距离中华人民共和国成立只有10年。金冲及撰写的《二十世纪中国史纲》2009年出版发行，距离新世纪的钟声仅有9年。可见，条件具备了，任何时段包括近时段的历史都可能进行研究。戴逸在1996年指出："在下一个世纪的历史研究中，近现代史将更加被重视。尽管尘埃尚未落定，盖棺犹难论定，但人们惯常要回顾刚刚走过的那段路程，迫切地希望从刚刚逝去的历史中寻找经验，获取教益，增长智慧。"① 如此，我们现在不但要研究20世纪上半叶的历史，也可以思考并着手研究20世纪下半叶的历史，包括思考并着手研究改革开放时代以来的历史。当然我们仍然强调要在条件许可的状态下进行研究。研究近期历史，可能会有这样那样的不便和困难，但可以把这种研究视为一个初步的探索，是研究的起步，是为未来再研究和更为深入的研究作一个铺垫或奠定一个基础。

研究改革开放以来的生活质量有其独到的便捷之处。如上文所说，我国许多学科诸如社会学、心理学、人口学、经济学、文学、伦理学、医学等从20世纪80年代就开始了这一问题的研究和探索，② 这些学科

① 戴逸：《中国历史学如何走向二十一世纪》，《光明日报》1996年12月31日。

② 参见风笑天《生活质量研究：近三十年回顾及相关问题探讨》，《社会学研究》2007年第6期。

对于生活质量的研究直接为史学研究提供了基本史料，同时，史学研究者仍然可以通过口述访谈以及问卷的方式来获取更为丰富的历史资料，有了资料就为我们历史研究提供了基本条件。生活质量是时代发展到今天社会文化史研究的一个重要问题，它是历史学科发展的需要，是民生文明前行的需要，是社会不断进化的需要。以改革开放为界，研究历史上的生活质量问题和研究改革开放以来的生活质量问题，前后分为两个阶段，两个阶段的研究条件不同，资料来源不同，研究方法亦会有所差异。但两个阶段都已经具备了相应的研究条件，可以着手进行尝试性探索。

四、结　语

本文把生活质量作为社会文化史研究的一个新领域进行了讨论，不但探索了生活质量的基本概念，同时对它的研究价值、研究方法也进行了讨论，尤其是对从社会文化史的视角研究生活质量以及研究它的可行性问题做了进一步的阐释。文章强调历史学研究生活质量问题，不但要靠传统的史学方法即文献的方法，而且也要借助多学科的研究方法，多学科的交叉互动能发挥其积极的催化作用。若从现在做起，再过十几年、几十年或更长的时间，生活质量的研究成果、研究价值、研究功效将会不断地显现出来。我们相信，以生活质量为切入点研究史学问题将成为当代社会文化史研究的一个新方法、新角度、新视阈和新亮点，这是时代赋予史学研究的新任务。

原载《史学理论研究》2016 年第 2 期

社会文化史行进的四重维度

西方新文化史与中国社会文化史有相似之处，有一定的交叉性，也有明显的差异。国内大陆对西方新文化史也有一定程度的了解、认识和研讨。① 但进一步探讨西方新文化史以及西方新文化史对中国史学的影响以及两者的关系等问题是史学的一项重要研究工作，需要专门细致的研讨。国内大陆的社会文化史有广义和狭义之分，广义的社会文化史即与西方新文化史有一定关联的史学研究领域，② 而狭义的社会文化史是国内大陆本土萌生的并以社会文化史为旗号的史学研究领域。本文讨论的问题以狭义的社会文化史为主，但很多时候还是要涉及广义的社会文化史。社会文化史在行进的主题，既要回首社会文化史研究的历程，同时也或多或少要窥测一下它的未来走向，而重点关注的问题主要是团队重镇、理论方法、领域维度、史料文风等。

---

① 参见周兵《新文化史：历史学的“文化转向”》，复旦大学出版社 2012 年版；李宏图《当代西方新社会文化史述论》，《世界历史》2004 年第 1 期；周兵《西方新文化史的兴起与走向》，《河北学刊》2004 年第 6 期；周兵《精彩纷呈的新文化史》，《历史教学问题》2007 年第 1 期；周兵《林·亨特与新文化史》，《史林》2007 年第 4 期；江文君《西方新文化史简析》，《国外社会科学》2008 年第 4 期；周兵《新文化史的回顾与反思》，《历史教学问题》2013 年第 6 期等。

② 主要指研究理论、方法、领域、视角、问题意识、叙述风格有某些相似之处。

一、关于团队重镇

团队是指具有共同研究取向的集体，而重镇是指具有一定学术影响的具体单位或机构。团体与重镇往往又是重合的。从国内广义的社会文化史视阈看，中国大陆社会文化史的主要团队和重镇大致有如下研究单位或机构。①

南开大学中国社会史研究中心，以社会通史为特色，编辑学术年刊《中国社会历史评论》，不但探索社会文化史的理论问题，而且在宗族史、医疗史、性别史等领域多有建树。南京大学历史系专注于历史与记忆、概念史、城市空间、性别研究等诸多领域。复旦大学历史系重点探索西方新文化史、社会性别史、知识史及其卫生身体史等。华东师范大学历史系主要研究性别史、戏剧史、城市文化史、知识分子史等诸多方面。上海师范大学中国近代社会研究中心在社会文化史的某些具体研究领域如评弹史、慰安妇史、妓女史、会党等民间社会史方面均有建树。上海社会科学院历史研究所主持的大型“上海城市社会生活丛书”，对上海社会文化史进行了多领域的研究和探索。厦门大学历史系在社会文化史的理论方法以及华南与闽台社会文化史方面都有积极地探索。中山大学历史人类学研究中心，编辑学术集刊《历史人类学学刊》，在历史人类学和社会文化史方面多有建树。华中师范大学中国近代史研究所多年来积极从事社会文化的商会史与社会风俗史的探索。湖北大学历史文化学院近些年也在致力于社会文化史的理论与微观研究。山西大学中国社会史研究中心的部分研究者一直关注并探讨国内新文化史和社会文化史的发展现状与趋向。北京大学历史系在研讨西方新文化史和明清以

① 这里是一般性的举例，不是精准的学术史探索。

来的民间文化史与民俗学史的基础上，也对社会文化史有独特的探索。中国人民大学清史所倡导新史学，并刊行《新史学》学刊，追求西方新文化史与中国社会文化史研究的一种融合和扩展。首都师范大学历史学院中国近现代社会文化史研究中心多年来致力于社会文化史的理论与实证研究，在组织系列学术会议、出版系列研究成果、选择系列学术课题、开展系列学术讲座等方面做了积极的探索。中国社会科学院近代史研究所是中国本土社会文化史研究的发祥地，多年来在理论和实证研究方面多有建树，成为国内大陆社会文化史研究的排头兵。

社会科学，包括史学在内，有个体作业和团队作业两种方式，从司马迁撰《史记》到各朝各代一直到今天都有很多历史学家独自撰写过传世的史学巨著，这种个体作业的方式还会持续下去。团队作业成为近世以来完成重大学术项目的一种工作方式，从《清史稿》到当今的《大清史》均为大团队作业的一种学术生产方式。从当今学术发展的要求看，几个人和十几人甚或更多人员的团队作业将会越来越适合学术发展的新趋势，社会文化史研究领域也要适应这种新形势。以上谈到的社会文化史的研究重镇，有些就在进行团队作业，这是形成自己学术特色的一种手段。一个团队重点围绕着某个或某几个领域，进行长时间的探索研究，有了这样的研究基础，再进行综合研究，就可以完成系统性的学术成果，真正为学科的理论框架和知识体系做出贡献，这是我们学术研究的重要目的。社会文化史不比政治史、制度史、经济史、外交史、军事史、思想史等诸多研究领域所具有的学术影响力和优势地位，它需要在各个重镇通过团队作业，在某个或某几个领域进行长期集中的探索和攻坚，才能渐次产生被学界逐渐认同的学术价值和学术成果。

二、关于理论方法

理论一般指对某类知识或问题的有系统的结论，而方法是指研究问题的方式、门路和程序等。理论和方法是不同的概念，但也有交叉部分，本文将理论方法综合为一个问题从特定的层面上进行讨论，主要是为了叙述的方便。

学界有一个基本共识，认为中国大陆本土社会文化史的萌生可以确定为刘志琴发表的《复兴社会史三议》[①]一文，此后至今有学者一直努力探索社会文化史的理论方法问题，也有学者对这些理论方法的探索进行过学术史的综述。[②]刘志琴、李长莉、梁景和、左玉河、罗检秋、常建华以及青年学者吕文浩、黄东、余华林、张俊峰、韩晓莉、董怀良、王栋亮、李慧波、李志毓等都论述过社会文化史的理论和方法问题。[③]刘志琴强调社会文化史要研究大众文化、生活方式和社会风尚，诠释世俗理性的概念，[④]特别主张要从本土资源进行社会文化史理论的建树，认为礼俗互动是中国社会文化史的特色，并把它提升到一个理论

---

① 署名史薇，《天津社会科学》1988年第1期。

② 如李长莉《社会文化史：一门新生学科——“社会文化史研讨会”纪要》，《社会学研究》1993年第1期；左日非《“近代中国社会生活与观念变迁”学术研讨会综述》，《近代史研究》2002年第2期；梁景和等《中国社会文化史理论与实践述论》，《首都师范大学学报》2011年第4期；吕文浩《社会文化史：一个有活力的研究领域》，《团结报》2014年10月9日第7版等。

③ 参见梁景和主编《中国社会文化史的理论与实践》，社会科学文献出版社2010年版；梁景和主编《中国社会文化史的理论与实践续编》，社会科学文献出版社2015年版；梁景和主编《社会文化史的理论与方法——首届全国青年学者学术研讨会论文集》，社会科学文献出版社2014年版。

④ 刘志琴：《青史有待垦天荒——试论社会文化史研究的崛起》，《史学理论研究》1999年第1期。

的高度。[①] 余华林在此基础上提出“礼、俗、法”互动是中国社会文化史的特色问题。[②] 李长莉借助文化学的理论提出了社会文化史的概念问题，[③] 展望了未来社会文化史研究将会出现的三个趋势，[④] 她还认为未来将会引起关注的“关键论题”有：民间社会、社会治理、生活方式、价值系统等，指出这几个“关键论题”，可能会成为社会文化史学者为中国社会发展理论创新作出贡献的生长点。[⑤] 梁景和提出社会文化史的概念以及精英文化与大众文化、社会文化与国家意志的关系问题，[⑥] 探讨了社会生活的理论范畴，[⑦] 对“常态与动态”、“碎片与整合”、“生活与观念”、“一元与多元”、“真实与建构”等五对概念进行了辨析，[⑧] 从理论方法方面特别提出要把“生活质量”作为社会文化史研究的一个新维度。[⑨] 左玉河强调要探讨和揭示社会文化背后的文化内涵。[⑩] 罗检秋认为社会文化史论题不限于大众文化一隅，可从多方面进行拓展和深化。[⑪] 常建华则明确指出，要自觉地把日常生活作为社会文化史研究的基本内容。[⑫] 国内青年学者也逐渐展开对社会文化史理论方法的探讨。黄东认为重视现代性问题是社会文化史研究的价值立场，是当下社会文化史研

---

① 刘志琴：《从本土资源建树社会文化史理论》，《近代史研究》2014 年第 4 期。

② 在“第二届中国社会文化史研究的回顾与走向座谈会”上的发言，2015 年 6 月 6 日。

③ 李长莉：《社会文化史：历史研究的新角度》，赵清主编《社会问题的历史考察》，成都出版社 1992 年版。

④ 李长莉：《交叉视角与史学范式——中国“社会文化史”的反思与展望》，《学术月刊》2010 年第 4 期。

⑤ 李长莉：《中国社会文化史研究：25 年反省与进路》，《安徽史学》2015 年第 1 期。

⑥ 梁景和：《关于社会文化史的几个问题》，《山西师大学报》2010 年第 1 期。

⑦ 梁景和：《社会生活：社会文化史研究的一个重要概念》，《河北学刊》2009 年第 3 期。

⑧ 梁景和：《关于社会文化史的几对概念》，《晋阳学刊》2012 年第 3 期。

⑨ 梁景和：《生活质量：社会文化史研究的新维度》，《近代史研究》2014 年第 4 期。

⑩ 左玉河：《着力揭示社会现象背后的文化内涵》，《晋阳学刊》2012 年第 3 期。

⑪ 罗检秋：《从“新史学”到社会文化史》，《史学史研究》2011 年第 4 期。

⑫ 常建华：《日常生活与社会文化史——“新文化史”观照下的中国社会文化史研究》，《史学理论研究》2012 年第 1 期。

究的大本和大源。① 韩晓莉认为，在研究理论和方法上，同样关注文化的文化人类学与社会文化史有着更多共通之处，为社会文化史研究提供了方法论意义上的借鉴。② 董怀良提出，“社会文化史的研究视角的‘下移’，不仅在于丰富和增加历史知识的内容，弥补传统史学的‘饥饿’，而且在于对传统价值认同、思想倾向的改造，促进一种人本的、整体的研究思维的养成。”③ 王栋亮认为，社会文化史是作为传统社会史与思想文化史的反思而兴起，使社会史与文化史有机融合为一体，构成了史学研究发展的新思路、新方法和新视角。④ 李慧波则指出，社会文化是社会生活的一个体现，是影响社会生活的一个重要因素，而社会生活又是研究社会文化的一个切入点。⑤ 李志毓认为社会文化史给史学带来了研究视角和方法论意义上的革新，为历史学参与反思中国历史、社会和文化中的重大问题，提供了必要的帮助。⑥ 张俊峰认为，中国的社会文化史、新文化史是“社会史大旗下的一个分支而非与社会史分庭抗礼的所谓‘新史学’”。⑦ 吕文浩认为“本土社会文化史学者吸收新文化史的理论和方法，用于完善自己的研究实践和理论表述，促进了社会文化史在中国的进一步发展”。⑧ 以上大致反映了国内大陆学者关于社会文化史

① 黄东：《社会文化史研究须重视转型时代的现代性问题》，转自梁景和主编《社会文化史理论与方法——首届全国青年学者学术研讨会论文集》，社会科学文献出版社 2014 年版，第 40—45 页。

② 韩晓莉：《从文化史到社会文化史——兼论文化人类学对社会文化史研究的影响》，《华东师范大学学报》2009 年第 1 期。

③ 董怀良：《关于社会文化史研究视角“下移”的思考》，转自梁景和主编《社会文化史理论与方法——首届全国青年学者学术研讨会论文集》，社会科学文献出版社 2014 年版，第 79 页。

④ 王栋亮：《中国近现代社会文化史的再认识》，《新西部》2014 年第 4 期。

⑤ 李慧波：《关于社会生活与社会文化概念的思考》，《晋阳学刊》2010 年第 2 期。

⑥ 李志毓：《关于社会文化史理论的几点思考》，《河北大学学报》2011 年第 1 期。

⑦ 张俊峰：《也论社会史与新文化史的关系——新文化史及其在中国的发展》，《史林》2013 年第 2 期。

⑧ 吕文浩：《本土崛起与借镜域外——社会文化史在中国的若干发展》，《南京社会科学》2015 年第 5 期。

理论方法探讨的基本状况。这些探索具有本土性特征，某些方面与西方新文化史有交叉之处。

以上理论探索的主要贡献在于：其一，确定了社会文化史是一个明确的学术、学科概念，学者从多视角和多层面论述了这一概念，并被学界逐渐理解和认同；其二，从本土资源的角度提出“礼俗互动是中国社会文化史特色”的理论；其三，提倡把生活质量作为社会文化史研究的新维度。当今社会文化史研究的成果有了明显的新进展，取得了令人瞩目的新成就。但在上述理论指导下的高水平研究成果却成为人们的一种期待，希望看到相关研究成果的不断涌现。需要反省的是，以往有一部分理论探索具有概括性、宏观性，同时也显现出一种虚空模糊性，这是时代条件和研究所处的初起阶段决定的，进一步的探索应当在以往坚实的基础上转向理论方法研究的具体性、微观性和真切明确性的方向上。

在这样的一种理念下，未来社会文化史在理论方法的探索方面，有很多发展的趋向，而笔者的建议是：要注重一个关键词、一组概念、一种理论。一个关键词是“感受”；一组概念是“封闭”与“开放”；一种理论是“人的精神进化”理论。

“感受”是指外界刺激使人受到的一种影响。大致说来主要包括两种影响，一种是身体的影响，一种是心灵的影响。身体的影响主要指冷热、痛痒、轻松、舒适、疲劳、乏力等很多很多。心灵的影响主要指悲欢离合、酸甜苦辣、灰心丧气、心悦诚服、忐忑不安、喜出望外、心惊胆战、心花怒放等很多很多。身体与心灵之间有时又是紧密相联的。为何会有这样那样无限复杂丰富的身体感受和心灵感受，这又是无限的因素决定的，这就可以引发出无限的问题供社会文化史进行研究。若对“感受史”进行深入的理论探究，有望成为未来社会文化史研究的重要组成部分。

“封闭”与“开放”，这是契合中国社会历史特征的一对重要概念，更是中国近现代以来尤其是改革开放时期以来的契合中国社会历史特征的一对重要概念。对于这一组概念进行理论上的探索，所形成的理论体系对于打开社会文化史研究的宽广视阈将会产生重大的指导意义。

“人的精神进化”理论是笔者20世纪90年代初所关注的，后来在出版的专著中有这样的阐述：“纵观人类历史的进程，人的自身觉悟，即精神进化或精神解放反映在三个层次上。第一，人类相对摆脱自然（神）的束缚，看重和强调人类本身的价值，确立人类的优越和中心地位，而获得人类整体的相对自由；第二，个人相对摆脱传统人伦文化的束缚，看重和强调个体价值，确立个体的人身地位，从而获得个体间的相对平等和自由；第三，个人相对摆脱自身束缚，注重个体异化，在不断否定自己的过程中，使自身的灵与肉相对分离，个体获得精神异化的相对自由。”① 中国传统社会历史主要处于人类精神进化的第一个层次上，而第二个层次是中国近代社会以来才开始了它的发展进化过程，这个过程至今还在进行当中，未来还有相当长的路程要走。中国近现代社会文化史与第二层次上的人类精神进化有着千丝万缕的本质关联，运用这个理论视角是社会文化史研究的重要路径之一。

三、关于领域维度

领域是指历史研究的范围、种类和内容，而维度是指不同的视角和层面，以及时间空间的多种向度。两者有分离之处也有交叉和重合。要厘清两者的概念，需要专门的研究。

半个世纪以来，西方的新社会史、新文化史，中国的社会史和社会文化史等研究的领域，无论宏观研究还是微观研究，均可谓蔚为大观，极为丰富多彩。研究内容概括起来主要包括十大类别，包括人群研

① 梁景和：《近代中国陋俗文化嬗变研究》，首都师范大学出版社1998年版，第320页。

究、家庭婚姻研究、衣食住行研究、休闲娱乐研究、日常用品研究、表象情感研究、卫生医疗身体研究、信仰习俗研究、时空物质研究、文明野蛮研究等等。以上所举，是已经有了研究成果的相关内容，还有更广泛的领域等待开发，可见文化史以及社会史研究的领域和内容是多么丰富和广博。如果仅就中国近现代社会文化史的主要知识架构体系而言，研究领域也可以从"衣食住行、婚丧嫁娶、两性伦理、休闲娱乐、流行时尚、装饰美容、强身健体、休养生息、医疗救治、心理卫生、生老病死、福利保障、民俗风情、节日旅游、日常消费、宗教信仰、迷信祭祀、求职就业"① 等诸多领域中进行探索。关于中国近现代社会文化史领域的研究成果有很多学术综述文章可作参考②，近年中国近代社会文化史研究成果涉及的领域更为广泛，可参见李长莉等人的几篇研究综述论文。③

从时间的维度看，中国历史可以分为古代史、近代史、现代史和当代史。④ 中国历史从鸦片战争进入近代史，从中华人民共和国成立进入现代史，从改革开放进入当代史。⑤ 古代史和近代史已属于尘埃落定的历史，对于这两个阶段历史的研究，可以在具体领域研究的基础上去

① 梁景和主编：《社会生活探索·序》第一辑，首都师范大学出版社 2009 年版，第 3 页。

② 诸如左玉河、李文平《近年来中国近代社会文化史研究述评》，《教学与研究》2005 年第 3 期；黄延敏《当代中国社会文化史研究的新进展》，参见梁景和主编《中国社会文化史的理论与实践》，社会科学文献出版社 2010 年版；苏全有《近十五年来的中国近代风俗史研究综述》，参见梁景和主编《中国社会文化史的理论与实践》，社会科学文献出版社 2010 年版；杨卫民《新时期社会生活史研究述略》，《焦作师范高等专科学校学报》2012 年第 1 期等，还有很多值得参考的综述文章，此不赘述。

③ 李长莉、毕苑、李俊领：《2009—2011 年的中国近代社会与文化史研究》，《河北学刊》2012 年第 4 期；李长莉、唐仕春、李俊领：《2011—2012 年中国近代社会与文化史研究》，《河北学刊》2013 年第 2 期；李长莉、唐仕春、李俊领：《中国近代社会史研究扫描 2013》，《河北学刊》2014 年第 3 期等。

④ 历史时段的划分具有时间性，随着历史进程的发展，历史时段的划分会发生变化。

⑤ 参见梁景和《幽乔书屋杂记》第一卷（1985—2015），光明日报出版社 2015 年版，第 77 页。

进一步深入思考历史发展的脉络、变迁、特征、走向等有关历史的宏观问题和本质问题，对于社会文化史的研究同样具有这样思考和研究的空间和条件。而对于现当代社会文化史的研究，虽然历史还处于发展变化的过程，对其脉络和特征的把握还有一定的难度，但对这一阶段的历史研究也有其优势所在，即研究者正亲临其境于历史发展过程之中，对历史本身有切身的感受，这是历史研究难得的一面。研究历史的目的是要还原历史的本来面貌，而时间越久远还原历史原貌的难度就越大，对历史的敏感性就越差。但对于现当代史而言，切身的直接感受，有益于还原历史的真实和原貌，正如有的学者所言，“当代史的研究，比较容易达到求真的目标”。[①] 同时，对现当代史具体细微的研究，也可为未来宏观探讨历史的发展脉络和线索提供可资参照的研究基础。

从学科的维度看，社会文化史与当代学的融合以及与未来学融合，能体现社会文化史的另外一种特殊功能。历史学的基本功能是要揭示历史原本和真实的面貌，这一功能作为历史学的基本立场是坚定而不可动摇的。社会文化史与当代学融合，是指与社会学、伦理学、法学、经济学、政治学、教育学等当代学的交融，这种交融主要指两个问题，一是利用这些学科的研究方法为我所用，为社会文化史所借镜；二是这些学科的研究成果在某种程度上可以看作是社会文化史某些方面的珍贵史料。所以社会文化史与这些当代学的融合有益于本学科的建设和发展，也有益于当代史学科的建设和发展。当代社会文化史与政治史、外交史、军事史不同，社会文化史从事研究的条件显然要充分得多，就资料而言，就要比政治史、外交史、军事史等宽泛丰富得多，不像政治史、外交史、军事史强调如何解密档案的问题。社会文化史同时也可以与未来学融合。从历史学的角度看未来，“要求史学工作者不仅能给社会提

① 王晴佳：《新史学讲演录》，中国人民大学出版社 2010 年版，第 42 页。

供历史的经验教训，而只充当一个参谋；史学家还应同未来学家合作，给未来学输入史学的根据；史学家应当成为高水平的园艺工程师，通过嫁接发明新品种，通过对历史现象的取舍和综合，为人类提供未来社会具体领域的参考模型。这同未来学家不同，未来学家可从全社会的总体进行预测，史学家则在具体领域提供参考模型。”① 社会文化史也可为未来人们的社会生活和日常生活提供参考模型。有的学者也表示了类似的愿望，“史家写作历史，还有一个目的，那就是希望通过回顾过去，以便更好地了解现在和展望未来。”② 表明历史学对人类未来社会能够产生一种功效，包括预测的功效和设计的功效。

学界有一种风气，愿意跟从权威的思路、方法、视域研究问题，这有它积极的、有价值和有意义的一面。不过开辟新的研究领域，凭借个体的主见和经验去发掘问题也很重要。根据上文的论述，社会文化史要关注的领域极其丰富，我们可以关注更为广泛的诸如历史上悲欢离合的生活实况、开放意识下的开放生活以及具体到当今民众的旅游生活、养生生活、性伦生活、礼仪生活、居住生活、饮食生活、诚信生活等等，这无疑都是社会文化史研究的重要领地，它对普通民众的日常生活会给予多方面的正向启迪。

四、关于史料文风

史料是研究历史的基本材料，而文风是指撰写历史文章的文字风格。

社会文化史的史料极为丰富，不但有传统意义上的史料，如古籍、

① 梁景和：《史学工作者不可忽视今天与明天》，《史学月刊》1986 年第 5 期。

② 王晴佳：《新史学讲演录》，中国人民大学出版社 2010 年版，第 87 页。

档案、官书、法规、报纸、杂志、方志、年鉴、文集、笔记、日记、书信、年谱、游记、回忆录、传记、族谱、口述、著作、论文、调查报告等；而且还有反映另一种真实的新史料，如小说、诗歌、电影、戏剧、美术、音乐、图片、影像、小品、图表、网络信息等；甚至包括反映历史百态的民谣、笑话、顺口溜等。总之，无论是文字的、音像的、网络的、图片的资料都是社会文化史研究的重要史料。甚至虚假文字也是社会文化史研究的史料之一。史学研究是需要辨伪的，这是史学研究的一种重要的方法。为了求真，需要剔除虚假的史料，我们才能还原历史的真相。然而还有一种存在的历史也需要研究，比如，虚假的史料是怎么来的，为什么会出现这样的虚假史料，这样的虚假史料产生过什么作用，造成过什么影响，这本身也是历史的存在，也可以去研究探索某些问题，从这个意义上说，在另一个问题上的虚假史料，在这里又成了真实的有价值的史料了。比如“大跃进”时代，作为党报的《人民日报》竟能报道亩产几千斤、上万斤、几万斤、十几万斤的虚假新闻。这种虚假史料其实也反映了一种真历史，需要社会文化史去研究。这种“皇帝的新衣”式的问题怎么就能上党报，反映当时各级干部怎样的心理状态，“人有多大胆，地有多大产”的口号为什么在中国就有传播的渠道和市场，反映了当时什么样的中国特色的政治环境，对今天在某些领域仍然存在的讨好上级、好大喜功、不敢实事求是讲科学、假话大话满天飞的工作作风又有什么值得警惕和需要吸取的经验教训，这些都需要史学去认真地探讨。

社会文化史同样注重文风问题。其一讲求叙述的逻辑性，先有铺垫，进而展开，再下结论。文章的叙述是一环扣一环，层层深入，紧抓读者的思维思路，最后把问题叙述完整。其二讲求叙述的通俗性，文章使用的语言要朴实明畅，不要晦涩呆板，让读者易于理解和通达，学术研究和史学求证一定要远离含糊其辞的模糊表达。其三讲求叙述的形象性，有些叙述甚至还要注重其故事性，娓娓道来，引人入胜。但无论是讲逻辑性，还是讲通俗性和形象性，我们都是在作史学文章，目的是要讲明历史，它不是文学，它不是写小说，它不是演小品。所以我们唯一的凭借是历史资料，而不能空穴来风、凭空设想。虽然研究历史可以运用一种想象的方法，但这种想象是有根据的推测和设想。千万不能任其性情，否则就会背离史学，走入歧途。尤其是在注重微观研究和主张社会文化史要讲故事的今天，更要注意史料与故事性的紧密结合，要用丰富的多重史料，通过科学的编排和逻辑的想象把它连接成真实的故事，这是我们追求的一种新的史学叙述的路径。美国著名史学家史景迁的《王氏之死》在国内外影响很大，该书是以研究下层民众以及运用“讲故事”的叙述手法来讲解历史的，受到了学界的好评和赞誉。该书所以达到了这样的效果，与他采用的史料与故事性的紧密结合有关。即便如此，该书仍然有些值得质疑之处，即对大量引用的蒲松龄小说的原文的真实性还缺乏必要的说明和论证。伊格尔斯指出：“历史学家研究的是一个真实的而非想象的过去，而这个真实的过去虽则只有通过历史学家心灵的媒介才能接触到，但它却要求遵循学术研究的逻辑的方法和思路。”① 历史学注重的是真实，而真实是被发现和感知的，所以历史学遵循的是实证原则，绝不能悖逆传统史学多重史料求证的基本立场，而模糊随意地进入文学的虚构和想象，这是史学与文学的根本区别。而文学作品之所以可以作为史料，是因为它在某个层面、视角和维度上有其真实性，这是它具备作为史料资格的基本条件，但文学本身却不能与史学同日而语。

① 伊格尔斯：《二十世纪的历史学——从科学的客观性到后现代的挑战》，何兆武译，辽宁教育出版社 2003 年版，第 17 页。

五、结 语

研究中国社会文化史，特别是研究中国现当代社会文化史，要与政治史紧密结合，这是中国社会的特征，也是中国社会生活的特色。而脱离政治视角研讨中国社会、中国社会生活、中国社会文化史，既是简单片面，也是单纯幼稚的。

研究社会文化史有多种要义，最终应归于探索生活与观念的互动；研究社会文化史有诸多方法，万法归宗，即凭借真实的史料去研究客观的历史。

原载《河北学刊》2017 年第 2 期

中　　卷

近代中国陋俗文化嬗变论纲

一

陋俗文化是特定时期内体现于生活惯制上的并为传统人伦文化所认同的文化糟粕。陋俗文化是由陋俗所映衬的传统人伦文化中的负面价值和传统人伦文化所铸成的陋俗这不可分割的本质与现象所构成的统一体。陋俗文化与传统人伦文化不同，传统人伦文化不必非得具备陋俗事象不可，但陋俗文化必须具备陋俗事象；陋俗文化又与陋俗不同，陋俗不必非得被传统人伦文化认同，但陋俗文化必须得到某些传统人伦文化的认同。陋俗文化中的本质与现象绝不能分割，两者缺一不可。

近代中国陋俗文化是指在中国近代社会发挥着文化糟粕功能的，体现于生活惯制上的并为传统人伦文化所认同的习俗文化。近代中国陋俗文化的嬗变是近代社会特定历史条件决定的。对这些历史条件进行考察，主要包括如下方面，即落后受侮的基本国情；进化论学说的传播与吸收；开通民智的文化氛围；新文化价值观念的形成和影响等。这些因素并非彼此孤立，而是有着紧密的内在联系：其中落后受侮的基本国情是其根本原因；要拯救这落后受侮的祖国，人们就要运用一种思想理论去寻找救国救民的出路，时人选择了进化论，而这种理论的传播和吸收则成为变革陋俗文化的思想武器；在进化论指导下，人们打出“开通民智”的大旗，以“开通民智”为宗旨的广泛宣传则构成近代陋俗文化变革的文化环境；而“开通民智”的直接后果是观念形态发生了变化，这些新的文化价值观正是陋俗文化嬗变的至关重要的思想基础。近代中国陋俗文化变化的实质是围绕着救国这个既定目标展开的。在一个民族、一个国家衰败之时，人们不安于现状，为拯救那垂危的祖国而奋起。各种历史因素的相互作用，使这个社会呈现出大动荡的面貌。在这个大动荡时期，国家的政治、经济、思想文化发生了不同程度的变化。那么作为一个比较具体的社会文化领域——陋俗文化也将随着这样的时代而发生自身的变化，这是历史的必然。近代中国陋俗文化的变化主要体现在婚姻文化、家庭文化、妇女文化及其“性伦”文化上。

（一）关于婚姻文化。在几千年的中国传统婚姻生活中，中华民族形成了适合于自己生活状况的婚姻俗制，它包含着富有自己民族特色的婚姻观念、婚姻行为、婚姻礼仪等诸多的范畴和模式。站在近代时空的定位上对中国传统婚姻俗制进行考察，其陋俗特征表现在传统婚姻的无自主性、买卖性、抑女性、承嗣性、繁缛性上，近代婚姻文化的变革自然体现于对传统婚姻陋俗特征的否定上。

太平天国作为一种特殊的社会形态，为了军事生活和夺取国家政权的特殊需要，以及因中国传统文化及基督教文化影响的无序掺和，使其内部形成一套显为抵牾和不规则的婚姻状态，诸如拆散夫妻与恢复夫妻生活；多妻与一夫一妇；官媒婚与自由婚；与传统中国社会习俗相悖的婚姻礼仪形式等。太平天国婚姻状态表现出鲜明的前后迥异和上下迥异的特征。太平天国婚姻制度有创新但少批判，既合理又不合理。太平天国这种异于传统并具一定进步意义，又未对封建婚姻陋俗作过系统的理性批判和改造的婚姻状况并不代表近代中国封建婚姻陋俗的真正变革。

站在资产阶级的文化高度对中国传统婚姻陋俗进行自觉文化批判

是从维新派开始的。其时中国的经济、政治变革是促使维新派产生新式婚姻观的根本原因；而赴欧美的国人对异域婚姻风情的直接见闻，外国传教士在中国介绍西方的婚姻观，西方婚姻文化的理论形态对国人价值观的影响均构成维新派婚姻观形成的一个值得探究的文化渊源。维新派批判了封建婚姻的无自主性以及夫妻不平等、守寡、早婚、童养媳等现象。维新派主张婚姻自主，离异自由，婚礼从简，聘礼简省等。维新时期极少数的先觉女性控诉了封建礼教对妇女的摧残，勇敢提出了婚姻自主的主张。维新派领袖康有为还设计了一套未来社会的婚姻法则。维新派以自主为原则，以情志为媒介，追求个人人生幸福的婚姻观达到了19世纪中国进步婚姻观的最高水平。

清末民初，婚俗变革与国家社会的变革紧密相联。如果说维新时期，对封建婚姻陋俗批判主要集中于维新变法的几位领袖这些“前识者”身上，那么到了清末民初，这支批判的队伍已经扩展到一大批知识分子的群体身上。如果说维新时期的“前识者”还不是改造婚姻陋俗的躬行者，那么清末民初，一些先进的仁人志士已经成为提倡婚俗改革并能以身作则的典范。如果说从整体的角度看，维新时期的“前识者”对传统婚姻陋俗文化还不能做到系统、全面和深刻地理性批判，那么清末民初的有识之士可谓做到了这一点。清末民初进步知识分子提出了与之批判内容完全对立的婚姻主张，诸如婚姻自由、晚婚、废除买卖婚、主张商定婚等。清末民初婚姻习俗发生了变化，出现了自由婚与同意婚；出现了离婚与再醮现象；开始注重婚姻法规和婚姻契约；婚姻礼仪和服饰发生了变化；婚俗删繁就简以求节俭；婚姻媒介方式有了增新。清末民初婚俗变化是不平衡的，它包括地域上、人的不同层次上以及婚俗新旧掺和的不平衡。清末民初为近代中国婚姻陋俗发生变化的开端。

五四时期迎来了婚姻变革的新时代。造成这个新时代的因素有：近代以来婚俗变革的延续与深入；新文化运动的深刻影响；一些进步知识分子和先进青年的表率作用等。五四时期婚俗变革的特征为：婚姻观念变革的广泛性与深刻性；婚姻观念变革的冲突性；婚姻观念变革的偏激性等。婚俗变革具体表现为：废除封建婚俗的形式与解约；离家出走与以智抗争；自由结婚与自由离婚等。五四时期婚姻习俗虽然发生了明显的变化，但其中仍发生了一些重蹈残害女性覆辙的问题，反映了婚俗变革过程中的曲折、复杂和历史的局限。

（二）关于家庭文化。研究家庭文化离不开探讨传统家族文化。家族文化是相对于家族制度而言的，是家族制度的深层状态，并呈现表象与本质两方面的特征。表象特征体现于结构特征、族权特征、经济特征、教育特征、宗法特征等。这些表象特征之间并非彼此孤立，而是相互制约、互为条件、互为依存的。家族文化的本质特征又有优质与劣质之分。优质特征表现于端正风气、互助精神、敬老养老、和平共处上；而劣质特征则表现于依赖懒惰、封建保守、专制野蛮、亲疏有别、狭隘自私、等级严格、无独立自由上。

清末先进的中国人在投身政治革命的同时，喊出了“家庭革命”的口号，所谓家庭革命就是要摆脱旧家庭的束缚、禁锢、限制和奴役，从而走上政治革命的道路，获得作为人的自由、幸福、才智和权利。为了开展家庭革命，清末思想界作了大量的舆论鼓动，并集中力量对传统家庭的弊害进行了深刻的揭露和批判，认为中国由于家庭思想发达反倒缺乏国家思想，认为传统家族制度造成了国人愚蒙麻木畏服顺从和无自由。与此同时，清末思想界对如何进行家庭革命提出了“祖宗革命”和“纲常革命”的主张，并注重从思想观念上对国人加以引导，以获开启民智之功。清末极少数知识分子还公然提出“毁家”主张，虽失之偏颇，但其“冒天下之大不韪”的提法，确已震惊舆坛，令人不能等闲视之。

民初，知识界继承清末“家庭革命”的思想，继续主张改革传统的家族制度。到了五四时期，中国知识分子又开始对中国传统家庭制度进行再批判，欲把改造中国社会与改造家族制度联系起来，通过改造家族制度最终达到推翻专制主义的目的，显然这具备了文化革命的深刻意义。这一时期的家庭改制观可归纳为：改变传统家庭的生活方式；建立小家庭制；废除婚姻，毁灭家庭；在改造社会的过程中改造家庭等。除以上具有代表性的主张外，各类主张还有很多，如脱离家庭、组织新村、建立家庭俱乐部、组织家庭公共团体、夫妻分居等。这一时期的家庭改制除了是对清末“家庭革命”说的继承外，也是这一时期进步知识分子在西方文明的感召下，为了从旧家庭的桎梏中挣脱出来，结束那非人的生活，获得做人的资格，决意通过改造封建家庭制度去追求新的生活与新的人生。

在家庭生活上，近代国人曾提出“节制生育”思想。最早主张“节制生育”者为19世纪中叶的汪士铎。清末民初直至五四时期，“节制生育”思想再次为人们所提倡。近代“节制生育”思潮的高峰期是1922年英国桑格夫人来华引发的，并形成舆论上的一个热点，当时报刊发表文章所涉及的内容包括：生育节制的理论；西方节育运动的历史与现状；中国实行节育的必要性和可能性；节育与政治、经济、道德、生理的关系等。其中最令人关心的是“为什么要节育”和“怎样节育”的问题。“节制生育”思想在社会上引起了较大的反响，震撼了社会各界人士，一方面受到有识之士的赞誉；一方面也引起了一部分人的恐惧，上海、北京的报刊上出现了怀疑和诬蔑的言辞。双方的冲突直接引出了一场关于伦理文化的大论战。论战之后，“节制生育”观为更多的人所接受，并渐次从理论宣传走向了实践。“节制生育”思想作为改造近代社会生育陋俗文化的一个手段对消除社会上的某些丑陋习俗、对优生善种意义重大。然而在近代中国，把生育节制视为改造中国社会的重要方式，让它承担社会改造运动“主帅”、“先锋”的重任，却欠妥当。

近代家庭生活的变化还表现在丧葬礼俗的变化上。中国传统的丧葬习俗实质上是民间俗情与儒家士文化结合的产物，是两者长期交融的结果，丧葬礼俗有其表达情感的合理因素，但亦存在虚荣、伪饰和劳民伤财的舛错。太平天国时期就出现了具有社会进步意义的否定以往烦琐靡费的新式葬礼观。对丧葬习俗真正进行文化的批判是在新文化运动时期。批判内容包括守三年丧，土葬和风水，丧礼的靡费虚伪及繁杂等。新式葬礼观的内容包括丧葬务求节俭，不信风水，实行短丧，革去葬礼中的旧形式等。丧葬礼俗本身亦发生了变化，如摒弃传统的迷信活动，变革丧服，实行火葬，变革丧葬礼仪等。

（三）关于妇女文化。近代陋俗文化的变化亦带动了妇女生活的深层结构——妇女陋俗文化的变化。近代中国产生了包括形体观、自立观、女学观、参政观、社交观、自重观、自主观、道德平等观等在内的新式女性文化观。近代女性文化观变革的实质是要把中国妇女通过形体解放到教育解放，最后达到伦理解放这一由低级到高级的发展过程，使中国女性最终获得从形体直至心灵的最后解放。

缠足是中国妇女独有的生活陋俗，已有上千年的历史。其兴起的根本原因是中国封建社会的男权文化被普遍认同，直接原因是统治者荒淫无耻的生活恶习及民间“上行下效”的心态使然。其流传的原因又是多面的，主要有审美心理与传统相通；小脚成为诱发“性意识”的重要因素；小脚成为择偶的重要条件；小脚成为身份和福祉的象征；小脚成为独占女性贞操的一种手段。缠足陋俗虽曾遭到某些有识之士的反对和抨击，但作为不缠足运动却是中国步入近代社会后才出现的。近代禁缠足始于太平天国。不缠足运动的萌生期是在洋务运动时期，这与西方传教士在中国的宣传和主张关系甚密；其发展期是从戊戌变法时代开始的；随着辛亥革命的兴起，迎来了不缠足运动的扩展期。这一时期从20世纪初年始，经历了民初，才慢慢接近了尾声。经新文化运动的冲击，缠足陋俗基本消除。虽然三四十年代还有缠足的残渣遗留，但新中国诞生后，最终根除了这一陋俗。

在“女子无才便是德”这种妇德观的束缚下，中国女子不曾有过专门的学校教育。近代中国最早出现的女子学校是外国人在中国兴办的女子教会学校。中国人自办女学在近代的发展脉络为："戊戌"年间为发端期；20世纪初为发展期；1907年至民初为制度上的确立时期；新文化运动期间是通过新旧伦理观念的论战而使女学得到深入发展的新时期。

由于"内言不出，外言不入"的长久影响，中国社会从不鼓励妇女参与政事，中国妇女只能被关在闺门之内而熬尽人生。近代以后，在"自由平等"、"天赋人权"学说的启迪下，才有"前识者"为之鸣不平。从此女子参政的呼声日高，渐次形成近代中国妇女的参政运动，并于辛亥时期与"五四"时期出现了令人振聋发聩的两次高潮。近代女子参政运动最终失败了，但它启示人们，若不改造传统的人伦文化观，不树立新式妇女道德观，不让女子获得与男子同等的教育权，不养成社会上男女平等之心态，女子就不可能获得真正的参政权，取得了也要再度失去。这种饱尝中国女子参政运动失败的痛楚而产生的切身体验给后人留下了一个深刻的教训。

近代女性陋俗文化变化的特征突出体现于两个方面：其一，近代女性陋俗文化变革是整体运动与个体运动相互依存、相互映衬的过程；其二，在近代女性陋俗文化变革过程中，先进男子在理论阐述、认识深度及变革陋俗实践上往往站在时代前列，成为改造女性陋俗的主动倡导者和积极宣传者。女性中也有对陋俗文化无所畏惧的叛逆者，也有开启民智的鼓动家，甚至有敢于以死抗争的女斗士。

（四）关于"性伦"文化。近代中国"性伦"文化的变化主要体现于主张男女社交公开，批判封建的贞操观，主张进行必要的学校和家庭的"性教育"。

五四时期，在思想文化界出现了"男女社交公开"的思潮，这种思潮的辩争又与"性"意识的论辩紧密相连，构成传统伦理道德价值观深刻变化过程的一大特色。传统中国为了阻绝男女之间的交往，必须用适合于它的伦理道德观去契合。中国的封建礼教便成为人们行为举止的道德标准，并在民间得以弘扬。由于封建礼教的长期束缚，中国女子的社交权利被彻底剥夺。她们的生活方式及心灵被严重扭曲。“戊戌”至五四时期，女性陋俗文化逐渐发生了变化，已有女子开始走出家门，进入学校，走进工厂，参加政治和军事斗争以及其他社会工作，出现了男女社交公开的端倪。新文化运动以后，“男女有别”的礼教观受到有史以来最强烈的冲击，有人公开喊出“男女社交公开”的口号，随之引发思想文化界对这一问题展开的思想交锋。这次思想交锋主要体现在是维护还是背叛封建礼教的斗争上，而论战双方都以维护“性道德”作为攻击和谋求战胜对方的有力武器。五四时期的进步青年不仅在思想上认同男女公开社交，而且在行动上敢于背逆陈规陋习，勇敢迈出社交自由的第一步。

贞操观念是社会要求女子单方面实行性禁锢的一种道德观。贞操观念是伴随着一夫一妻制的确立而渐次产生的。近代社会对贞操观的批判是从“维新”开始的；“五四”时期，思想文化界展开了对封建贞操观最尖锐、最无情、最有力的批判。其批判内容包括：其一，男女道德评判上的不公允；其二，置女子于“苦”或“死”的境地；其三，扼杀人性；其四，男性的丑恶和卑劣；其五，女性沽名钓誉。而主张：其一，“节烈”绝不道德；其二，守节与否决定于个人的自由意志；其三，夫妻要持相待平等的态度；其四，提倡新式贞操观；其五，摒除封建“节烈”观。“戊戌”至五四时期，主要在知识分子阶层，传统的贞操观念日趋淡漠，并在生活习俗上有所反映，这就是寡妇再嫁和离婚改嫁风尚的出现。然而一般民众阶层还生活在贞操观念束缚下的陋俗中。从“戊戌”到“五四”，终究有人开始打破这“贞操”的迷信，成为中国社会贞操陋俗发生变化的起点。

性教育是不可缺少的人生教育。新文化运动时期，国内文化界开始积极地介绍欧美有关性教育的状况和性教育书籍，借以提高国人的认识和推动性教育的宣传与实施，进而出现中国历史上第一次令人瞩目的

“性教育”思潮。这一思潮的显著特征是：其一，对传统性禁忌心态习俗的批判，肯定了“性”本能的圣洁；其二，探究性教育的方法；其三，宣传性教育的内容，包括性欲与情感的关系，性生活与优生的关系，性欲与民族进化的关系等。五四时期的性教育思想具有全盘否定传统性禁忌和人的自身认识以及人的自身解放的深刻意义。

近代中国陋俗文化正是在上述方面发生变化的。

二

近代陋俗文化发生了空前的令人瞩目的变化。如果我们仅仅把这一社会文化现象置于近代社会的框架之内加以考察，那就很难揭示其深刻而又真实的文化意义。若把这一社会文化现象置于人类精神进化的长河中加以考察，我们就会发现其真谛所在，即国人正欲摆脱传统人伦文化的束缚，进而达到人的新一层次的自身觉醒。

（一）人类精神的第一次解放。纵观人类历史的进程，人的自身觉悟，即人的精神进化或精神解放反映在三个层次上。第一，人类相对摆脱了自然（神）的束缚，开始看重和强调人类本身，确立了人类的优越和中心地位，人获得了整体的自由；第二，个人相对摆脱了传统人伦文化的束缚，开始看重和强调个体的价值，确立了个体的人身地位，从而获得了个体的相对平等和自由；第三，个人相对摆脱了本身的束缚，开始注重个体的异化，在不断否定自己的过程中，使自身的肉体和精神相对分离，个体获得了精神异化的相对自由。在茫茫大地上，自从有了人，便开始了人类精神的进化过程。人类最初的精神世界是极为自卑的。当人类刚刚脱离了动物界，刚刚睁开人类自身的眼睛，他所面对的是一个迷惑、朦胧、模糊而又难以理解的大自然，就如一个初生的婴儿面对一个大千世界。人类最初，由于智能的卑微，思维的低下，语言的贫乏，以及人类的社会实践活动缺乏深厚积累，他们无法抗拒大自然的神威，他们的内心深处，更多的是对自然的恐惧和畏怯，进而对这“伟大”而又“崇高”的自然（神）产生一种真诚的崇拜和敬畏。人类在自然（神）面前显得微不足道和渺小。在这种自卑心态下，人类心悦诚服地顺从着自然（神），任它去摆布。东西方的各类神话故事，自然崇拜及其对早期帝王的神化都表现了最初人类精神对自然（神）的服从。所以人类要觉悟，人类精神要进化，首先就要打破这种上下尊卑的人神关系，摒除自卑，确立人类的优越心态。当人类经过了漫长的社会实践活动，到了历史进化的“轴心时代”，终于迎来了人类自身的第一次觉醒，人类开拓了摆脱自然（神）的精神统治，重新确立了人类的优先地位，从而获得人类群体的相对自由的历史过程。

所谓“轴心时代”是指公元前800年到公元前200年间人类精神领域发生了无与伦比的成就并产生了深远影响的这一段历史时期。德国存在主义哲学大师卡尔·雅斯贝尔斯对这一问题作了精当的分析，他说：“发生于公元前800至公元前200年间的这种精神的历程似乎成了这样一个轴心。正是在那个时代，才形成今天我们与之共同生活的这个‘人’。我们就把这个时期称作‘轴心时代’吧。非凡的事件都集中发生在这个时期。中国出现了孔夫子和老子，中国哲学中的全部流派都产生于此。接着是墨子、庄子以及诸子百家。在印度，是优婆沙德（Upanishad）和佛陀（Buddha）的时代……希腊产生了荷马，还有巴门尼德、赫拉克利特、柏拉图等哲学家，悲剧诗人，修昔底德以及阿基米德……”① 人类在“轴心时代”为人类社会本身作出了两方面的突出贡献。

首先，确立了人类整体的自我中心地位。人类的这一觉悟是人类整体以几十万年的实际经验为基础的，这并非今人所想的那么简单，它

① ［德］卡尔·雅斯贝尔斯：《智慧之路》，中国国际广播出版社1988年版，第69—70页。

是人类自身觉悟的一个难以名状的伟大创举。从世界历史的角度观察，自从几十万年前人类出现之后，其经历了旧石器和新石器时期，并创造了母系氏族社会的精神文化，随着原始社会向奴隶社会的转变，人类征服自然的能力日益强大，在世界范围内出现了埃及、巴比伦、印度、中国和爱琴海地区等世界文明的摇篮。埃及创造了文字、宗教、文学、建筑、雕刻、绘画、科学等古代文化；巴比伦也创造了文字、宗教、文学、科学等辉煌的古代文化成就，并直接影响了后来的希腊和罗马；爱琴海地区创造了克里特文化；印度创造了哈拉帕文化；中国则出现了古老的黄河文明，创造了灿烂的东方文化。人类在求生存和发展的社会实践中逐渐认识自然和人类本身，逐渐增强改造自然的能力，并把人类的视线从自然界扩展到人类社会，开始了改造人类社会的实践活动。而这实践活动的突出成果，就是造就了国家。国家的产生是人类历史过程的巨大转变，是原始社会向奴隶社会的飞跃。国家的产生是人类能够治理、驾驭和摆布人类自身的突出标志，是人类社会“秩序”的保证，这是人类自身非凡智能的体现，它反映了人类自身的突出标志，是人类社会“秩序”的保证，这是人类自身非凡智能的体现，这反映了人类自身的一种自信。埃及和巴比伦地区大约在公元前40世纪末出现了最初的奴隶制国家，印度的最古国家出现于公元前30世纪中期，中国的奴隶制国家大约出现于公元前21世纪。人类经过几十万年的努力，到了“轴心时代”，人类以往昔漫长的社会实践经验为基础，面对自身创造的辉煌灿烂的古代文化，开始认识了自身的价值和智能，人并非一无所能而要完全听命于神灵摆布的被动物，人是可以借助自身的能力而掌握自己一部分命运的。人有着高于其他生物的天赋和能力，《荀子·王制》对此作了深刻的揭示：“水火有气而无生，草木有生而无知，禽兽有知而无义；人有气、有生、有知亦有义，故最为天下贵也。”人类作为有气、有生、有知、有义的生灵，乃天下最宝贵之生灵也，从此人类获得了高于一切动物、植物的优越感和自豪感，不仅如此，由于人类的文化创建以及对自身命运的主宰，人类在一定程度上开始摆脱自然神灵的束缚，从而多少动摇了神灵主宰宇宙万物的地位，人从依赖尊崇和敬慕神灵的虚幻中渐次走出，开始寻求人类优于神灵的一种精神自由。中国春秋时代，就有人对此有了深刻的领悟，子产说“天道远，人道迩”，[①] 孔子说“敬鬼神而远之”。[②] 这些先哲们的深切体悟是人类精神进化的集中反映，是自有人类社会以来人的自身觉悟的第一次飞跃，是人类精神的一次自我解放，是人类中心地位的自我确立。自此，人类开始从敬畏神灵转向注重人类自身，开始注重人群的内部关系、人际关系、人伦关系。这正是“轴心时代”人类作出的另一个突出贡献。

既然人类是高于其他动植物并能摆脱神灵而且能够主宰自身命运的生灵，那么就应当充分发挥人类整体的作用。而要发挥人类整体的作用，那么关心人类自身、关心人类自身生活、关心人类内部的人与人之间的相互关系就成为人类思考的最基本和最重要的问题。人可以摆脱神灵，人已经无可否认地优胜于其他生物，世界已经到了重新规定人的本质、重新规范人伦关系的时代。正确规定人的本质和调节好人伦关系有保障人类更好地生存和发展的重要意义。为其意义的实现，调节人类内部的人伦关系就成了要求解决的首要问题，人伦文化因此诞生了。人伦文化的诞生是人类文化史上的一座丰碑。它使人类从此沿着自己创建的人伦文化的范式向前迈进。这种人伦文化的突出特征是强调人与人之间的行为要遵循基本的规范和原则，即要注重人际关系的和谐、融洽，从而发挥个人的社会义务，达到社会的稳定，并在稳定的基础上求得发展和进化，最终达到人类更好地生存和向高层次发展的终极目的。这种人伦文化在“轴心时代”的中国发展得尤为典型。这一时期诸子百家的出现、文化典籍的编纂是中国人伦文化诞生的标志。它既是对以往社会存

---

① 《左传·昭公十八年》。

② 《论语·雍也》。

在的某些总结，又是对未来人类社会行为的某种规范、寄托与希望。在《易》、《诗》、《书》、《春秋》、《论语》、《墨子》、《孟子》、《老子》、《庄子》、《仪礼》、《周礼》、《礼记》等古籍中确定和规范了人伦文化的基本内容，其内容的核心——人伦之大道体现为“亲亲、尊尊、长长、男女之有别，人道之大者也”,[①]“贵贱有等，长幼有差，贫富轻重皆有称”[②]等。这种人伦文化的规定体现了人群整体的一种独立性，并排列了个体在整体人群中的各自位置，从而根据个人在整体人群中的位置去发挥各自的义务和自身的潜能，服务并贡献于社会。而要达到这样的目的，人伦文化又非常强调对于人的本质的规定以及个人自身的价值取向。在中国人伦文化中对于人的本质的规定尤强调：“仁”和“礼”。认为“仁者也，人也”,[③]“凡人之所以为人者，礼义也”,[④]“人之所以为人者，非特以其二足而无毛也，以其有辨也。夫禽兽有父子而无父子之亲，有牝牡而无男女之别。故人道莫不有辨，辨莫大于分，分莫大于礼”。[⑤]这就把人的本质特征揭示出来。但与其说是揭示，毋宁说是对人的本质的一种规定，是人自觉地用人伦文化去规范人，去塑造人，从而通过外力的强化使“仁”与“礼”变为人的一种内在的属性，进而成为人的本质。文化是人创造的，反过来文化又可以创造人，创造具有一定文化性格的人。在中国人伦文化中尤为注重自我实现的价值取向，那就是典型的为一般人所认同的“格物、致知、诚意、正心、修身、齐家、治国、平天下”。要求个人在既定的伦理框架内，虽不僭越本分，但却要做到“明明德”、“亲民”、“止于至善”，从而达到“为天地立志，为生民立道，为往圣继绝学，为万世开太平”[⑥]的目的。即便不能如此，一般人也要

① 《礼记·丧服小记》。
② 《荀子·礼论》。
③ 《孟子·尽心下》。
④ 《礼记·冠义》。
⑤ 《荀子·非相》。
⑥ 章锡琛点校：《张载集·张子语录中》，中华书局 1978 年版，第 320 页。

做到臣“道”、子“道”和妻“道”，即做臣的要忠于君，做子的要孝于父，做妻的要贞于夫，“臣事君，子事父，妻事夫，三者顺则天下治，三者逆是天下乱”，视此三项人伦关系为“天下之常道”，① 并以“仁义礼智信”作为个人行为总的伦理范式。让全社会的人都能做到“父慈、子孝、兄良、弟悌、夫义、妇听、长惠、幼顺、君仁、臣忠”。② 无疑在人类摆脱神灵束缚而首次觉醒的“轴心时代”，按照伦理定位去发挥个人在人群整体中的各自作用，这是人类文化的一次进化，其历史意义是巨大的，是丝毫不能抹杀的。当然，以人伦文化诞生为标志的人类精神的第一次自我解放，是以整体人群和社会为本位的，它忽视了个体的独立性，不能充分和全面地正视个体的价值，这种人伦文化在解放整体人类的同时却开始了对“独立自由”的个体人的束缚。

（二）传统人伦文化的衰替。从人类诞生始，经过漫长的岁月而于“轴心时代”迎来了人类精神的第一次自我觉醒。这次觉醒产生的人伦文化经过了漫长的历史过程，最终无可奈何地衰落了，而导致人类精神的再次觉醒。这种以摆脱神灵而注重人类本身，并把个体作为整体的一分子，而以注重发挥人类整体潜能为特征的人伦文化为何经过了漫长的历史长河后又无可挽回地衰败了，这其中的奥秘是值得探究的。

首先，作为个体的人发生了从接受这种人伦文化到排斥这种人伦文化的转变。作为感性生命的人，本能地有着多方面的需求，这些需求并非都是先天既定的生理遗传和自然需要，其中包含因后天社会条件的转化而相应出现的社会需求。当人类刚刚摆脱神灵束缚，当社会刚刚注意人类自身的时候，当把个体的人放到人群的适当位置让其尽个人的义务的时候，这刚刚感受到人的优越和尊严的个体将会以怎样兴奋和激动的心情去接受和认同这最初的人伦文化呢？这是可以想见的。然而随着

① 《韩非子》。

② 《礼记·礼运》。

历史的变迁，随着社会的进化，新的社会条件和环境又使曾经满足了的个体重新产生新的欲求，他们不会再甘心于跟他人不平等的地位，他们不会再甘心忍耐因人伦文化而使他们失去的多种人身自由。这种感觉，这种新欲望的感觉随历史的进化而与日俱增，终究到达了极致，到达了视人伦文化为枷锁而不得不去砸碎这束缚自身的枷锁的程度，那么，“轴心时代”产生的人伦文化的衰败也就指日可待了。

其次，文化存在着相悖的功能和特性。当一种文化所发挥的特性和功能恰能与社会相协调，可产生多方面的积极功效，并被人们所接受时，文化功效和特性自然为人们所肯定。然而就在对其肯定的同时，自觉不自觉地夸大了这种文化的特性和功效，或者人为地利用它，使其不知不觉地转换了方向，那么文化内部本质的特性和功效也就随其外力的作用而发生转移，这种转移的直接表现就是文化背律现象的出现，即产生了与当初完全相反、相背的文化效能。人伦文化正是由于适应了这种文化特征而发生了历史性的变换。人伦文化产生之初，由于它以社会的本位，注重整体人群的和谐以及相互间的礼让，从而达到社会的稳定。这种文化的正面价值符合当时社会的需求，所以被广泛地认同。但随着时代的变革，这种人伦文化的正面价值为外力所利用，从而发生了背律性转变。当人类社会摆脱神灵并开始强调人际关系的时候，由于社会条件的变革使人与人之间的矛盾渐次突出与尖锐，产生了统治和被统治两大社会集团的矛盾，而统治集团为了自身的利益及统治的稳定和巩固，它们的手段之一，就是利用人伦文化的效能来为自己的统治服务。从此，人伦文化变成了一种统治术，变成了巩固统治的文化手段。后来由于外力的作用，即通过“罢黜百家，独尊儒术”以及宋代理学的弘扬，人伦文化发生了逆转，成为束缚个体性灵的绳索。从此，人伦文化开始发挥相反方向的功效，湮没了个体人的自由，剥夺了发展个人才智的机会。顺从一切“礼”的规范是人伦文化的一种潜机制，是人的一种基本行为模式。而“礼”主要表现为一种人际关系的不平等，它要求的是较低阶层的人对其高一层人的恭敬，“下所以事上”，[①] 而不是人际交往和人际互动中的相互尊重。“天有十日，人有十等”，即“王臣大夫，大夫臣士，士臣皁，皁臣舆，舆臣隶，隶臣僚，僚臣仆，仆臣台”。[②] 正如三纲所表现出来的等级差异的畸形心理，这无疑对个体的个性发展造成极大的限制和压抑。而被压抑的个体要挣脱束缚，获得个体的自由和平等，那么从当初接受人伦文化到反叛和诅咒它，也就成了历史的必然，这就为人的第二次自身觉悟培植了个体内在的心理素质。

在中国，反叛和诅咒传统人伦文化早在近代以前就已初见端倪。这是人伦文化在背律性转换过程中，个别先识者的最初醒悟，晚明李贽就阐发过与等级制说教相对立的观点。他认为人是天然平等的，“侯王不知致一之道与庶人同等，故不免以贵自高……人见其有贵有贱，有高有下，而不知其致之一也，曷尝有所谓高下贵贱者哉?”[③] 他非常强调一般人都具有所谓“圣人”的“德性”，“圣人”所能的，普通男女也能；普通男女所不能的，“圣人”亦必不能。他反对“高视”所谓“圣人”而“下视”人民大众，主张凡人即“圣人”，本无凡圣之分，彻底否定了人伦文化中圣凡之分的等级观。清初启蒙思想家黄宗羲在阐发其政治学说时，曾对人伦中的“君臣”之伦进行了尖锐的批判，认为臣不应当是君之臣，不能“私其一人一姓”。“臣”的出仕，不是为皇帝一姓而是为“万民”。“君臣”是共同担负万民利害的人员。“夫治天下犹曳大木然，前者唱邪，后者唱许。君与臣，共曳木之人也”。[④] 这里倡导的显然是反对“君为臣纲”这一人伦文化中的等级观念。清初陈确深刻批判了“灭人欲”的理学思想，把被分割开的“天理”、“人欲”命而为一，认为“人欲即天理”，“富贵富泽之欲”乃“人之所欲”，庸人、圣人均

---

① 《左传·昭公七年》。

② 《左传·昭公七年》。

③ 《李氏丛书·老子解》下篇。

④ 黄宗羲：《明夷待访录·原臣》。

不能例外。可见“天理”和“人欲”不能绝对地分割为纯洁和肮脏。陈确还提出小人与君子“渐变”的思想，张扬和肯定了人与人之间在政治上和伦理上的平等精神，提出“君子小人别辨太严”，“虽圣朝不能无小人”，① 从而否定了君子的尊贵和小人的卑贱。晚明以来对个体情欲的肯定以及人人平等的主张，反映了少数先识者在人伦文化背律性转变过程中已率先觉醒，他们一系列的思想主张萌发了人类精神向更高层次进化的初芽，正是这株初芽的发育和成长，到了近代社会，国人才踏上了人的精神解放和自身觉悟的新台阶，即要求个人摆脱人伦文化的束缚，注重个体的价值，确立个体的地位，以求得个人的相对平等和自由。

（三）人类精神的再次解放。近代中国迎来了国人精神进化和解放的新时期，这种精神的进化包括对以往人伦文化的总结批判和全方位否定，同时也包括对新的人文精神的再创造。

中国历史发展到近代，社会的经济、生产、科学以及人们的生活都发生了很大的变化，正是由于社会生活的变革，它必然引起了人本身的变化，即人的需要的变化，直接体现为人的需要，即文化价值观念的变化。人的需要是多层面的，这些层面能根据社会条件的变化而得到反映。虽然人的需要是由社会条件引发的，但它的最终归宿是为了使人本身即人的文化精神能适应社会的进化，并促使社会的向前发展。所以人的文化精神、文化价值观念的变化即是由变化了的社会的条件引发的，要求适应社会条件的变化，更是为了促进社会更快更有成效地向前进化。

社会经济、生产的发展，要求社会的每个人都能自觉积极地投入到社会进化的怀抱，并能充分发挥个人的潜能和才智，为社会进化贡献自己最充分的力量。而这必须靠一种自由、平等的文化精神，否则就无

① （清）陈确：《近言集》，《陈确集》下册，中华书局1979年版，第425页。

从谈起个体会毫无阻碍地奉献于人类。自由平等不但是一种进步的文化观念，它实际上是人类精神进化的需要，是人类精神迈向新层次的一个标志。虽然时代需要自由和平等，然而中国古代的人伦文化却不能使其自身内部随着社会的进化自然地产生自由平等的人文精神。事实上，这种人伦文化由于长时期的背律性转换，它已与自由平等的文化价值观格格不入，它本身潜藏着一个突出的文化功能，就是扼止自由平等文化观的产生。没有自由平等权利的人是不具有近代人格的。传统人伦文化戕杀独立的个体，使个体不能获取自身平等的权利，人被人伦文化扼杀了。鲁迅就看透了传统人伦文化具有的“吃人”本能，他说：“我翻开历史一查，这历史没有年代，歪歪斜斜的每叶上都写着‘仁义道德’几个字。我横竖睡不着，仔细看了半夜，才从字缝看出字来，满本都写着两个字是‘吃人’。”[①]“他们会吃我，也会吃你，一伙里面，也会自吃。”[②]所以要创建自由平等的人文精神，要使人自身再次觉醒，那么批判、否定、破坏传统的人伦文化就是近代人要做的头等大事。而“戊戌”、“五四”两代先进知识分子最先觉悟，向传统人伦文化发起了总抨击。他们首先把批判的予头指向人伦文化的核心内容，即“贵贱有等”、“长幼有序”、“男女有别”的纲常名教。康有为把“三纲”的人伦规范视为非人道的东西，认为“君为臣纲”颠倒了本末，只能导致“其民枯槁屈束，绝无生气”；[③]“父为子纲”使家庭成员“皆失人道独立之义而损天赋人权之理”；[④]“夫为妻纲”同样违背了“男与女虽异形，其为天民而共受天权”[⑤]的公理。谭嗣同也深刻地揭露了“三纲”的危害，认为“三纲之慑人，足以破其胆，而杀其灵魂”。[⑥]章太

① 鲁迅：《狂人日记》，《鲁迅全集》第1卷，人民文学出版社1981年版，第425页。

② 鲁迅：《狂人日记》，《鲁迅全集》第1卷，人民文学出版社1981年版，第430页。

③ 康有为：《大同书》，中华书局1956年版，第44页。

④ 康有为：《大同书》，第44页。

⑤ 康有为：《大同书》，第130页。

⑥ 谭嗣同：《仁学·卷下》。

炎认为人伦文化所鼓吹的愚忠愚孝是“无益于民德秋毫”[①]的“愚民之术”。[②]陈独秀视“三纲”为“教忠、教孝、教从”推行“片面之义务，不平等之道德，阶级尊卑之制度”[③]的殄灭个性、造成奴性的“奴隶之道德”。[④]“君为臣纲，则民于君为附属品，而无独立自主之人格矣；父为子纲，则子于父为附属品，而无独立自主之人格矣；夫为妻纲，则妻于夫为附属品，而无独立自主之人格矣。率天下之男女，为臣、为子、为妻而不见有一独立自主之人格者，三纲之说为之也。”这是名副其实的“以已属人之奴隶道德也”。[⑤]李大钊也指出：“看那二千余年来支配中国精神的孔门伦理，所谓纲常，所谓名教，所谓道德，所谓礼仪，哪一样不是损卑以奉尊长？哪一样不是牺牲被治者的个性以事治者?”尊奉封建道德教条，“不是使人完成他的个性，乃是使人牺牲他的个性”。[⑥]

近代进步知识分子群体在对传统人伦文化进行彻底批判的同时，开始了新人文精神的重新创建。这种新的人文精神是人类自身第二次觉悟的标志，是人类精神进化的再次飞跃。它同以人群为本位而脱离自然神束缚，从而重视整体人群的价值不同，它是以个体为本位，求个体摆脱人伦文化的束缚，强调个体间的自由与平等，强调一种以充分发挥个人价值的“个性主义”原则，这是近代人精神进化的本质及人类第二次自我觉醒的深刻内涵的体现。近代中国的进步知识分子阐发了这种近代人文精神。他们首先强调了作为个人自由平等的权利。康有为在19世纪八九十年代撰写的《实理公法全书》中，就阐述了他的自由平等思

① 章太炎：《答梦庵》，《民报》第4册第21号。

② 章太炎：《驳康有为论革命书》。

③ 陈独秀：《宪法与孔教》，《新青年》第2卷第3号。

④ 陈独秀：《敬告青年》，《新青年》第1卷第1号。

⑤ 陈独秀：《一九一六年》，《新青年》第1卷第5号。

⑥ 李大钊：《由经济上释中国近代思想变动的原因》，《李大钊选集》，人民出版社1959年版，第296页。

想，他认为“人有自主之权”合乎“公法”，而“天地生人，本来平等”又为“实理”所定。他认为：“凡人皆天生，不论男妇，人人皆有天与之体，即有自立之权，上隶于天，人尽平等，无形体之异也。”① 严复也提出“身贵自由”的非同小可，认为若个人失去了自由权利，则“民固有其生也不如死，其存也不如亡”。② 谭嗣同针对“三纲”所反映的人伦关系的不平等，也阐发了自己的人伦平等观，他认为君主没有“绝乎臣民之上而独尊”的特权，君主若不能为民办事，人民就有权废除之而“易其人”③；父子间亦应平等，“父以名压子”是不平等的封建伦常之道，事实上，“子为天之子，父亦为天之子。父非人所得而袭取也，平等也”；④ 夫妻间也不存在天然的贵贱之别，“男女同为天地之菁英，同有无量之盛德大业，平等相均”。⑤ 梁启超也把个人的自由、平等和自治同国家自尊、团体自由和群治紧密联系起来，视为不可分割的整体。他说“欲求国之自尊，必先自国民人人自尊始”，⑥ 把“团体自由”视为“个人自由之积”。⑦ 他还指出：“听民之自由焉，自治焉，则群治必蒸蒸日上。有桎梏，戕贼之者，始焉窒其生机，继焉失其本性，而人道或几乎息焉。”⑧ 这种个人自由与否可以影响群治和人道自然的思想是深刻的，这种思想在“五四”知识分子中有了进一步的发展，蔡元培曾强调个性自由与独立人格的重要，指出：“自由、平等、亲爱、道德之要旨，尽于是矣。”⑨ 胡适更是自由与民主的倡导者，他认为自由就是由着自己

① 康有为：《大同书》，第134页。
② 严复：《原强》，《严复集》第1册，中华书局1986年版，第23页。
③ 《谭嗣同全集》，中华书局1981年版，第56页。
④ 《谭嗣同全集》，中华书局1981年版，第65页。这两个引文与原书不符，一时未能找到相应页码及篇名。
⑤ 谭嗣同：《仁学·卷上》。
⑥ 梁启超：《新民说·论自尊》。
⑦ 梁启超：《新民说·论自由》。
⑧ 梁启超：《新民说·论进步》。
⑨ 《蔡元培选集》，中华书局1991年版，第331页。

而没有外力束缚的状态，所以他特别注重铸造“独立自由的人格”，[①]同时认为一个人的自由要以不侵犯他人的自由权利为界限。近代中国的进步知识分子在阐述个人自由平等权利的近代人文精神的同时，还特别强调要树立“个性主义”的人生观。“个性主义”是近代思想解放时期知识分子的普遍意识，它是对传统“克己制欲”观的反叛。康有为就曾提出了“以人为主”的思想，认为“人道者，依人以为道”。[②]他以“人”为判断是非善恶的标准，指出“凡有害于人者则为非，无害于人者则为是”[③]。陈独秀特别注重个人的意义及其个性的价值，他说：“天下无论何人，未有不爱己为目的者。其有倡言不爱己而爱他人者，欺人之谈耳。”[④]陈独秀否定了绝对利他主义的人生观，认为“吾人若是专门牺牲自己，利益他人，乃是为他而生，不是为自己而生，决非个人生存的根本理由”。[⑤]然而我们要清楚地认识到，近代进步知识分子主张的“个性主义”绝不是一般人认为的那种庸俗化了的“个人主义”，更不是当代人所理解的“自私自利”，事实上，它是人类自身的一次觉悟，是人类精神的一次进化，所以近代知识分子是把“个性主义”与社会和国家的利益紧紧联系起来的，把它们视为一种具有内部逻辑联系的相伴物。他们首先反对绝对的利己主义，陈独秀说：“持极端之自利主义者，不达群己相维之理，往往只知有己不知有人，极其至将破坏社会之组织……故言自利主义，而限于个人，不图扩而充之，至于国家自利，社会自利，人类自利，则人类思想生活之冲突无有已时。”[⑥]所以“独标为我主义，与群居之理性不相容”。[⑦]基于这样的认识，近代知识分子特别揭

---

① 胡适：《易卜生主义》，《新青年》第4卷第6号。

② 康有为：《大同书》，中华书局1956年版，第5页。

③ 康有为：《大同书》，中华书局1956年版，第282页。

④ 陈独秀：《道德之概念及其学说派别》，《新青年》第3卷第3号。

⑤ 陈独秀：《人生意义》，《新青年》第4卷第2号。

⑥ 陈独秀：《道德之概念及其学业说派别》，《新青年》第3卷第3号。

⑦ 李亦民：《人生唯一之目的》，《新青年》第1卷第2号。

示了“个性主义”与社会国家的利益关系，认为“人得尊重一己，发挥小己之才猷，以图人生之归宿，而其社会国家之价值，即合此小己价值为要素，所积而成”。[①] 胡适对“个性主义”与社会国家的内部逻辑联系论述得更为精当。他说：“把自己铸造成器，方才可以希望有益于社会，真实的为我，便是最有益的为人。把自己铸造了独立自由的人格，你自然会不知足，不满意于现状，敢说老实话，敢攻击社会上的腐败情形。”[②] “社会是个人组成的，多救出一个人，便是多备下一个再造新社会的分子……这便是易卜生所说‘救出自己’的意思。这种‘为我主义’，其实是最有价值的利人主义。”[③] “社会国家没有自己独立的人格，如同酒里少了酒曲，面包里少了酵，人身上少了脑筋，那种社会国家决没有改良进步的希望。”[④] 可见，“个性主义”虽然争的是个人的自由和独立的人格，其实质是“为国家争自由”，“为国家争人格”，这就使“个性主义”深刻的历史价值揭示出来。自由平等观及“个性主义”是近代国人自身觉悟的精神界标及自身精神进化所追求的目标，而近代陋俗文化的变化正与这种精神进化的目标紧密相联。

（四）陋俗文化的变革与人的精神进化。生活习俗与人的价值观念是互为表里、相互依存、相互渗透、相互作用、相互促进的。价值观念很多时候是要通过人们的生活方式得以表现的，价值观念的变化也必然引起生活习俗的变化。生活习俗是人的价值观念的外在表现与形式，它一方面随着价值观念的变化而变化；另一方面，它的变化反过来亦能促进和强化新价值观念的确立和巩固。陋俗文化的变革与人的精神进化也是如此。一方面精神进化的程度往往是以陋俗文化变革的程度作为标尺的；反之，陋俗文化的变化亦能加强和稳固新的人文精神，使精神进化

① 高一涵：《共和国与青年之自觉》，《青年杂志》第1卷第2号。
② 胡适：《易卜生主义》，《新青年》第4卷第6号。
③ 胡适：《易卜生主义》，《新青年》第4卷第6号。
④ 胡适：《易卜生主义》，《新青年》第4卷第6号。

的内容成为较稳定的意识形式。两者相辅相成互为原因，互为结果，互为目的。可见，近代中国陋俗文化的演变并非特定时期内孤立的文化现象，实际上，它既是人类精神进化过程中一个阶段性的主旨，又是再次实现人的自身觉悟和精神解放的重要途径。

人类的觉醒和精神进化最终要归结为人群的自我觉悟，如果不能体现为人群的普遍觉醒，也就达不到我们所理解的人类精神的进化。近代中国的进步知识分子已经觉醒，他们开始追求人类精神解放的新的目标和层次，即开始追求个人的自由平等和“个性主义”，以求得个体人生的幸福美满和社会的向前发展。但若仅仅是极少数先进知识分子的特殊追求，而不能把它变为群体的普遍追求，那么作为整体人的精神进化是不可能实现的。而人的群体的觉醒才具备人类精神进化的意义。恰恰从这意义上，我们认为：改变人群的生活陋俗是实现这一愿望的根本途径和方法。生活习俗是群体生活方式的一种反映，习俗的变革意味着给予影响的对象是绝大多数人而不是个别人或少数人。习俗的变革是人群观念变革后在行为方式上的一种反映。没有精神即没有价值观念的变化，绝不会有真实的习俗即人的行为方式的变化。习俗变化不但以观念变化为基础，且比观念变化更有难度。因为它不仅是思想上的认同，还需要行动上有所作为。实践比之于观念带有滞后的特点。因此，观念变了，习俗未必变，但习俗变了，却要求群体观念必须变，否则习俗变化是虚假的。从其而论，习俗变革是人类观念变革的途径和方法。近代中国进步知识分子要把他们所追求的人的自由平等和“个性主义”这种精神进化的目标变为群体的普遍意识，那么变革陋俗文化就成了历史的必然。近代中国人追求人的精神进化和陋俗文化的变革几乎同时起步，这正是两者内部逻辑联系的必然反映。“要风化好，是在解放人性。”① 反之，解放人性，要靠风化好，两者紧密相关，不可分割。事实上，我们

① 鲁迅：《坚壁清野主义》，《鲁迅全集》第1卷，人民文学出版社1981年版，第258页。

从全文所阐述的近代中国陋俗文化演变的内容来看，人们的婚姻生活、家庭生活、妇女生活、“性伦”生活变化的实际就是要人们摆脱传统人伦文化的束缚，从而追求个体的自由平等和“个性主义”，进而获得幸福美满的人生。所以说，近代中国陋俗文化变革并非孤立的阶段性的文化变革现象，它是人类精神进化长河中的一环，其历史的真谛就在于要实现人的自身的再次觉醒与人的精神的再次进化。

三

近代陋俗文化的变革是一个长期的动态演变过程，它贯穿于近代社会的始终。当我们对近代陋俗文化的变化过程作了全面考察之后，可以从中认识到几条最基本的规律以及对我们的某些启示。

首先，陋俗文化的改造与变革是极其缓慢和艰难的，它随着近代社会的发展而逐渐展开，至五四时期仍未结束，呈现出长期的渐进状态。实际上，这恰恰符合文化发展的规律，任何文化的发展变化都要经过一条曲折而又漫长的道路，而绝不是一朝一夕的事情。陋俗文化的变化亦是如此。其根本原因就在于陋俗文化的变革受制于政治、经济和文化等诸多因素的制约。近代中国依然是封建的政治制度占统治地位，封建的小农经济占主导地位，群体的守旧观念还普遍存在。陋俗文化在这庞大的社会阻力面前要想全面彻底地变革是不可想象和不可思议的。它启示人们，改造陋俗文化的目的，尤其要充分利用社会政治、经济、文化给社会带来的有利条件，抓住时机进行陋俗文化的改造。近代陋俗文化变革已经向我们昭示，就近代而言，陋俗文化虽处于不停顿的演进过程，但并非均衡地发展，呈现一种起伏的波浪式状态。这种状态恰与社会本身政治、经济、文化的运动有关。凡是国家处于严重的危机时期，凡是思想解放的时期，凡是社会大变革的时期，往往就是陋俗文化变革最显赫、最剧烈的关头。中国社会大变革时代，要求在改造社会各方面的同时去改造和变革传统陋俗。梁启超在谈论变法的时候曾讲到，变革社会极其复杂，它要求变革相互作用的社会诸方面，“非全体并举，合力齐作，则必不能有功，而徒增其弊”。① 正是在大变革的时期，才促进和启发人们去深刻思考，才容易使人们产生变革的激情和大无畏精神，正是这样的时期，也易迎来陋俗文化的深刻变革。

其次，少数的文化领袖是陋俗文化变革的最初倡导者和最初的主体力量。社会心理学提供的理论依据，完全可以证明这一点。陋俗文化的变革是少数文化领袖率先作用的结果。“风俗既起源于一二人之人格或心向，故风俗必有其范成者。范成风俗的少数人即一时一地的真实领袖。”② 改造陋俗文化必须有少数文化领袖敢于经受极大的心理压力去冲破重重阻力，充当英勇无畏的带头人。他们的率先行为成为陋俗文化变革的起点。社会陋俗文化的动态轨迹固然遵循自身内部的发展规律，但产生这种变化显而易见的直接动因，却是生活在社会群体中的某些人及其积极的新异行为。很难设想，在个人或少数人完全遵从多数人的信念和愿望的社会里，其文明程度会发展或能够达到多么高的地步。社会要产生强大的变化和发展，尤其是观念形态的进化，就需要改革者（按定义，改革者属少数）对多数人施加压力，即少数人提出一种新异的思想和观点，供多数人选择，用于评价自己原先的立场及行为模式。从这个意义上讲，没有少数派，就不会出现社会的变革。③ 同理，没有近代最先觉醒的少数文化领袖的表率作用，也就不会出现近代陋俗文化的真正变革。戊戌时期的康有为、梁启超、严复、谭嗣同、王韬、宋恕、陈

① 梁启超：《戊戌政变记（节录）》，李华兴、吴嘉勋编《梁启超选集》，上海人民出版社1984年版，第83页。

② 贺麟：《文化与人生》，商务印书馆1988年版，第296页。此条在该页中未能找到，因篇名不详，未知其出处，故存疑。

③ 时蓉华主编：《现代社会心理学》，华东师范大学出版社1989年版，第296页。

虬、黄遵宪、何启、胡礼桓、经元善、唐才常、汪康年、麦孟华；辛亥革命时期的孙中山、黄兴、秋瑾、宋教仁、蔡元培、金天翮、唐绍仪、谭人凤、吴稚晖、李石曾、汪精卫、廖仲恺；“五四”新文化运动时期的陈独秀、胡适、鲁迅、李大钊、蔡元培、吴虞、毛泽东、沈雁冰、陈望道、周作人、李汉俊、张闻天、恽代英等就充当了改造陋俗文化的领袖人物。他们改造陋俗文化的主张，“于个人之精神，社会之风气，关系甚大”①，直接影响了民众生活，使社会陋俗的变化渗透到民众生活的诸多领域。少数文化领袖的文化取向之所以能对民众文化起着某种示范和导向作用，并能影响整个社会文化价值观念，是因为“众从”现象所引起的。少数文化领袖在长期的社会实践中，由于自身高尚的品格、聪颖的智慧、献身的精神，使他们在民众中逐渐获得了较高的威信，并赢得较高的地位和威望，成为民众心目中的偶像。“人贵言重”，按照社会心理学的理论，权威人物容易取得民众的信赖，即人们乐意接受权威人物的指导，听从权威人物的意见和劝诱，从而产生一种“众从”现象，即多数人采取少数人的意见而改变原来的态度、立场、观点和信念，采取与少数权威人物一致的价值观念和行为方式。② 近代中国社会，由于教育的落后，大多数人没有文化，生活在闭塞与愚昧之中，在这样的社会背景下，少数文化领袖的开蒙作用的确是至关重要的，甚至可以说，没有少数文化领袖的最初倡导与率先作用，也就没有近代陋俗文化的变革。即便在今天，人们也不能忽视少数先觉者对社会生活的推动和创建的历史作用。

最后，近代陋俗文化的变革是通过采取多种方法和渠道展开的，表现了内容与形式的有机结合。陋俗文化渗透于民众的日常生活及思想意识中，是极为繁杂的超稳定的社会心理表现，难以改变。这就要求人

① 《民立报》1912年3月2日。

② 时蓉华主编：《现代社会心理学》，华东师范大学出版社1989年版，第291页。

们从各个角度、各种渠道、各种方式想方设法地开展工作，坚持内容与形式的辩证统一。近代主张变革陋俗文化的先进分子正是通过多方面的有效方式来展开变革陋俗的工作的，其主要表现于组织团体、集会学说、创办报纸、发行书刊、散发书画、开设学校、创立报馆、开展教育、编演新戏、宣传民众。利用这一系列的有效方式，因势利导，以求达到改造陋俗文化的目的。这一切充分表明，通过宣传教育等手段促使人们摆脱陋俗，进而追求新的道德风尚与文明生活，其功不可没。细析之，也可以看到，近代陋俗文化变革是内容与形式有机结合的范例，它启示人们在进行社会风气改造的过程中，必须坚持内容与形式相结合的方法，既要反对片面的追求形式、不注重内容和实效的形式主义倾向，又要反对不采取任何有效方式的空谈。

我们再次强调：近代中国的时代主题是救亡图存。为完成这一时代的使命，国人付出了巨大的代价，苦苦探索，寻求一个又一个救国方案。当有人发现陋俗文化是构成中国败弱的一个重要原因时，就决心通过批判和改造陋俗文化来达到救国的目的。这种“欲谋社会之进步，不能不改良风俗”① 的习俗救国论是近代诸多文化救国论中的一种。事实上，文化救国不能成为排斥其他救国方案而独树一帜并能最终达到目的的最佳路径，但是这绝不是说文化救国论没有丝毫的实践意义。文化救国理论的核心意义是要改造国民的心理素质，即戊戌时代的“开民智”，20 世纪初年的“新民说”，新文化运动时期的“改造国民性”。严复曾特别突出“开民智”的重要地位，他说“民智者富强之原”；② 梁启超说“吾国言新法数十年，而效不睹者何也？则于新民之道未有留意焉者也”，③“苟有新民，何患无新制度，无新政府，无新国家”；④ 鲁迅说：“说

① 柳隅：《留日女学会杂志·题辞》，《留日女学会杂志》第 1 期。

② 严复：《原强》。

③ 梁启超：《新民说》，李华兴、吴嘉勋编《梁启超选集》，第 207 页。

④ 梁启超：《新民说》，李华兴、吴嘉勋编《梁启超选集》，第 207 页。

到‘为什么’做小说罢，我仍抱着十多年前的‘启蒙主义’，以为必须是‘为人生’，而且要改良这人生……所以我的取材，多采自病态社会的不幸的人们中。意思是在揭出病苦，引起疗救的注意。”① 这“引起疗救的注意”，不但是救人，而且是救国，国家与国民素质并非没有关系，一个是否具有近代国家观念、民族观念、救亡观念的群体对一个国家和民族的未来命运关系重大。从这个意义上讲，文化救国论对近代中国救亡图存可起到一个催化剂的作用，因此，文化救国实际是政治救国的一个不可缺少的必要补充，这个补充有利于救国大目标的完成。正因为如此，我以为，近代改造陋俗文化在近代救国过程中产生的进步意义是绝对不可抹杀的。

原载《人文论丛》2000卷，武汉大学出版社2000年版

① 鲁迅:《我怎样做起小说》,《鲁迅全集》第4卷，人民文学出版社1981年版，第512页。

论近代的“废婚主义”

——兼论废婚过渡期的婚姻补充形态

一

婚姻由其形式与内容组成。所谓形式是指婚姻制度、婚姻礼仪、夫妻名目等外在的现象；所谓内容是指两性间的情爱生活与性生活。近代“废婚主义”旨在废除婚姻形式，而更为注重两性间的情爱与性生活，主张不受约束压抑的自由恋爱与自由性交。

1920年春夏之际，上海《民国日报》副刊《觉悟》开辟了“废除婚制讨论栏”，引起一场大辩论。存统、哲民、李绰、翠英等人坚决主张废除婚制，可称他们为“五四废婚派”。在此之前，亦有主张废婚者，其重要人物有维新派康有为，无政府主义者刘师复等。

康有为虽未直呼废除婚制，似与“五四废婚派”有别。但他的主张否定了既定的婚姻形式，其思想实质已步入“废婚”之列。康有为认为，男女两人“情志相合，乃立合约，名曰交好之约，不得有夫妇旧名”；[①]“男女合约当有期限，不得为终身之约”；[②]“婚姻限期，久者不许

① 康有为：《大同书》，古籍出版社1956年版，第164页。

② 康有为：《大同书》，古籍出版社1956年版，第164页。

过一年，短者必满一月，欢好者许其续约”。[①] 在此，康有为废除了传统的婚姻制度和夫妇名目，只承认“必满一月”，“不许过一年”的“情志相合”的两性关系；“欢好者”通过“续约”的方式可延长这种关系。但他尤为强调，在一般情况下，“不得为终身之约”。康有为为其立论找到了所谓的“公理”，即人的“性格相异”和“情欲好移”所致。他说：“凡名曰人，性必不同，金刚水柔，阴阳异毗，仁贪各具，甘辛殊好，智愚殊等，进退异科，即极欢好者断无有全同之理，一有不合，便生乖睽。故无论何人，但可暂合，断难久持，若必强之，势必反目。”[②] 他又说，“凡人之情，见异思迁，历久生厌，惟新是图，惟美是好。如昔时合约，已得佳人，既而见有才学尤高，色相尤美，性情尤和，资业尤富者，则必生爱慕，必思改交。已而又有所见，岁月不同，所好之人更为殊尤，则必徇其情志，舍旧谋新”。[③] 故康有为得出结论，“凡魂之与魂最难久合，相处既久，则相爱之性多变”，[④] “虽禀资贤圣，断无久处能相合相乐之理者也”。[⑤]

无政府主义者刘师复公然宣告：“欲社会之美善，必自废绝婚姻制度实行自由恋爱始。”[⑥] 他的论据包括：其一，婚姻制度是男子欺压女子，强者欺压弱者的工具，从而造成性关系的不公平，“女子以生育之痛苦，影响及于生理，且累及于经济，比为女子被欺之原因。男子乃乘其弱而凌之，制为婚姻制度，设种种恶礼法以束缚之，种种伪道德以迷惑之，视女子为一己之玩物。男子别有所爱，可以娶妾宿娼，女子则不能。男子妻死再娶为合礼，女子夫死再嫁即为社会所不齿”，可见，婚

① 康有为：《大同书》，古籍出版社 1956 年版，第 167 页。
② 康有为：《大同书》，古籍出版社 1956 年版，第 164 页。
③ 康有为：《大同书》，古籍出版社 1956 年版，第 164—165 页。
④ 《实理公法全书》，《康有为全集》第 1 集，上海古籍出版社 1987 年版，第 281 页。
⑤ 康有为：《大同书》，古籍出版社 1956 年版，第 164 页。
⑥ 《废婚姻主义》1912 年 5 月，《师复文存》，革新书局 1927 年版，第 110 页。

姻制度“背情逆理，无复人道，莫有甚于此者矣”①！即使是狡者创设的“补苴调停”的一夫一妻制，亦“终不出乎男子所制定，故必于无形之中，设为种种不平等之事，以遂欺侮女子之私。表面上复得免多妻之恶名，其心视倡言多妻者为尤狡。而女子遂永堕奴隶之黑狱中矣”②。再则，用自由离婚弥补婚姻制度的缺憾，但离婚律的“种种限制，仍无丝毫之自由”，若排除限制，“可随时自由离异”，那么这与废除婚制“相去无几”，“又何必为此无谓之举动邪。”③ 其二，婚姻制度对男女二人的情感维系，并无意义：“两人之爱情，苟其互相胶漆，永无二心，则虽无夫妇之名，而恋爱自由，亦可相共白首，此岂非男女间之美谈，又何必藉婚姻以相牵制。如其不然，则其心已外向，虽有夫妇之名，亦何能为。此时复以法律之势力，强制之命名不能遂其自由，则横决藩篱，任情以逞，其害乃更不堪言。”④ 其三，男女情欲出于自然，理当自由，即使有变，亦为正当，“二人相配之事，纯为二人之自由。苟其两个相爱，体力年岁相适，因而相与配合，此实中于公道，必不容第三人干涉，亦无事设为程式。此自由恋爱之真理也。”⑤ 人情有变，爱恋有移，皆为正当，“男女二人之配合，必体力年龄性智识等等，两两相适然后可。而人之体力智识无永久不变之理（即或有之，亦极鲜矣）。及其既变之后两人之情意，必有不适，自当随时离异。……若此既离之后，或别与情意相适者合，此亦合理之自由。盖当其与甲恋爱之时，出于两人之合意，为正当之配合，及既离之后，别与乙恋爱，亦出于两人之合意，亦为正当之配合。既前后两者皆为正当。”⑥

---

① 《废婚姻主义》1912 年 5 月，《师复文存》，革新书局 1927 年版，第 107 页。

② 《废婚姻主义》1921 年 5 月，《师复文存》，革新书局 1927 年版，第 107—108 页。

③ 《废婚姻主义》1921 年 5 月，《师复文存》，革新书局 1927 年版，第 109—110 页。

④ 《废婚姻主义》1921 年 5 月，《师复文存》，革新书局 1927 年版，第 108—109 页。

⑤ 《废婚姻主义》1921 年 5 月，《师复文存》，革新书局 1927 年版，第 110—111 页。

⑥ 《废婚姻主义》1921 年 5 月，《师复文存》，革新书局 1927 年版，第 111—112 页。

“五四废婚派”对旧式婚姻（专制婚姻）和新式婚姻（自由婚姻）均表厌恶。他们的根据似亦充分：其一，婚姻制度与娼妓制度无异，“婚姻制度，是个娼妓制度变相罢了。……婚姻制度，无论是文明结婚，自由结婚，新式结婚，或旧式结婚等，在理论好象是天经地义的，其实都是做买卖的变相。犹如嫖客把钱送给妓女，妓女把身体卖给嫖客。……婚姻制度是短期的买卖，都是买卖为基础的。”① 其二，是自然进化的必然，“照进化论说起来，……那婚姻制度，也是由杂婚主义，进而为夫妻主义，再进而为自由恋爱主义。这样的推敲，也就是科学自然界进化的结果。”② 其三，情感不是一成不变的，“恋爱是复杂的感情，随时随地可以变的”③，或曰，“爱情原与天气是差不多一样的自然现象，天气不能天天一样，爱情自然也难免有时要有转变。”④“一个人的恋爱，倘若一经转移到第三者”，那么无论怎样的婚姻制度，也不能“强逼他转来的”⑤。其四，满足性欲，无碍道德，“有了婚姻制度，性欲就不能满足了！因为真正的结婚（假定是一夫一妻主义），男女的性欲，是不能和第三者发生的。一和第三者发生，人家就说不道德。”⑥ 其实，“性欲和食欲一样，是动物的一种自然的欲望，就是所谓兽性。我们要想得幸福，总要满足这两种欲望。如果因为性欲是一种兽性，是卑鄙的，是龌龊的，便去抱独身主义，那便叫做忘本。要晓得人是动物进化来的，我们自己就是性欲满足的结果，是神圣不到那里去的。如果有人说，满足性欲，是和道德有妨碍的，那么满足食欲，为什么就和道德没有妨碍呢?”⑦ 其五，人的性欲无爱情和理性可言，当许其冲动、放纵，“我

---

① 哲民：《废除婚制问题底讨论（二）》，上海《民国日报》副刊，《觉悟》1920年5月20日。

② 哲民：《废除婚制问题底讨论（二）》，上海《民国日报》副刊，《觉悟》1920年5月20日。

③ 翠英：《结婚到底是什么》，上海《民国日报》副刊，《觉悟》1920年5月16日。

④ 张松年：《男女问题》，《新青年》第6卷第3号。

⑤ 翠英：《结婚到底是什么》，上海《民国日报》副刊，《觉悟》1920年5月16日。

⑥ 存统：《废除婚姻问题》，上海《民国日报》副刊，《觉悟》1920年5月25日。

⑦ 存统：《废除婚姻问题的讨论（五）》，上海《民国日报》副刊，《觉悟》1920年5月23日。

们认人类没有理性，只有冲动，感情上冲动，尤其剧烈”。[①]“我对于男女关系的意见，只承认满足性欲这一条，什么精神的结合，我都反对。所以我想叫做自由交媾，……我以为精神的结合？不止是男女间的事体，男子和男子，女子和女子，何常没有精神的结合？所以我们只能够说，精神的结合，是人和人之间的一般关系，不是男女两性间的特殊关系。男女两性间的特殊关系，除了交媾外，一概都不应当有。交媾是一种无意识的冲动，不必定要讲什么爱情不爱情”[②]。其六，主张“自由的人格”，打破性的专利。真正的自由和恋爱，“只有打破男女生殖器的专利主义，满足个性的性欲目的。”[③]“自由恋爱的根本原理，是在去束缚而取自由。男女的性欲，由于生理作用不得不然，自然应当纯正自由，不该有什么限制和管理。好象有男女两人，互相爱悦，拿纯粹的爱情自由结合。……不必问他俩的恋爱是不是专一，是不是暂久，爱情既出于自由，还有什么限制强迫。”[④]“‘自由的人格’底意义，就是主张个人绝对自由，不受一切政治、威权、宗教。形式……的束缚；除出自然律以外，不受一点限制。我们理想的社会就是使社会各组成员，都适合于‘自由的人格’底社会。婚姻制度，是不适合于‘自由的人格’的，所以我要反对他。……我们一个人自己是要有一个‘自由的人格’，不应当属于谁某所有的。我的爱情……为人家所专利，就是表示我没有‘自由的人格’；人家的爱情……为我所专利，就是侮弄人家底‘自由的人格’，总之，我专利人，人专利我，都是很不应该的，于‘自由的人格’有损的。自由结婚，是一种彼此相互专利的结婚，是不合于‘自由的人格’的，所以我们要反对他。”[⑤]

---

① 可九：《废除婚姻问题的辩论（二）》，上海《民国日报》副刊，《觉悟》1920年5月22日。

② 存统：《辩论的态度和废除婚制》，上海《民国日报》副刊，《觉悟》1920年5月21日。

③ 哲民：《废除婚制问题讨论（二）》，上海《民国日报》副刊，《觉悟》1920年5月20日。

④ 孙祖基：《自由恋爱是什么?》，上海《民国日报》副刊，《觉悟》1920年5月26日。

⑤ 存统：《废除婚姻问题》，上海《民国日报》副刊，《觉悟》1920年5月25日。

此外，1922年从法国里昂大学回国任北京大学哲学系教授的张竞生博士在他1926年出版的《美的社会组织法》一书中，从人性、爱情以及男女性交乐趣的角度，提出以“情人制”代替婚姻制的观点。他说：“男女的交合本为乐趣，而爱情的范围不仅限于家庭之内，故就是时势的推移与人性的要求，一切婚姻制度必定逐渐消灭，而代为‘情人制’。”① 张竞生对“情人制”的本身作了极为精辟的辩证分析。他说：“顾名思义，情人制当然以情爱为男女结合的根本条件。他或许男女日日得到一个伴侣而终身不能得到一个固定的爱人，他或许男女终身不尝得到一个固定伴侣，但时时反能领略真正的情爱。他或许男女自始至终仅仅有一个情人，对于他人不过为朋友的结合。他也准有些花虱木蠹从中取利终身以欺骗情爱为能事。”②

上述是近代中国“废婚主义”的主要代表人物及其主张废除婚制的理论根据，对这些论据进行严肃辨析，可帮助我们更深刻地认识婚姻制度与社会及人性之间内在的逻辑联系。

二

近代“废婚主义”的论据是多方面的。这些论据可集中概括为三方面：其一，婚姻制度本身的罪恶；其二，婚姻制度自身发展的必然；其三，人性的需要。此三方面，又以“人性需要”为重点，近代“废婚主义”者对此议论最多，关心最切，认为由于“情移”和“性欲”的人性所至，所以必须废除婚姻制度。

“情移”即康有为所谓“凡人之情，见异思迁”③、存统所谓“爱情

① 张竞生：《美的社会组织法》，北新书局1926年版，第17页。

② 张竞生：《美的社会组织法》，北新书局1926年版，第17页。

③ 康有为：《大同书》，古籍出版社1956年版，第164页。

随时变动”[①]之意。情欲是人复杂的思想情感，把握其规律及特征极为困难，而欲发现其变化是“情移”本身的变更征象更为不易。从人的心理特征看，“情移”现象当属存在，人作为有思维、情感、欲望的动物，在心理上有“向力”与“图新”的特征。人之心理与客观事物相互作用时，一方面由于大千世界的千奇百怪和斑驳陆离，能给人心理造成新刺激而产生“发现感”。这发现感予人快意，进而产生一种内心向力(亦可称趋向力、倾向力，是客体吸引力促成)，这“向力”的作用绝不可低估，它可直接影响甚至改变人的行为方式和价值观念。再则，人对平淡无奇、毫无生机的客观环境及对象必久而生厌，由于人“图新”心理的驱使，人将主动自觉地去改造与创新，“创造感”同样能给人以快慰。鉴于这种心理特征的客观存在，在性爱生活中，由于新发现而产生的“向力”，驱人“性爱”移位，在所难免；有人或者将自觉放弃已变得枯燥单调的性爱生活，而勇敢追求和创造新的性爱生活，“情移”现象亦必产生。经典作家对“情移”现象也有论述。恩格斯在《家庭、私有制和国家的起源》一书中说：“个人性爱的持久性在各个不同的个人中间，尤其在男子中间，是很不相同的。”[②]恩格斯的论述给我们如下启示：第一，承认性爱变化是客观存在；第二，不同人性爱持久性的程度不同；第三，未否定始终“钟情于一”的人存在。当我们作了上述表述并读了恩格斯的论断后，切莫误解，认为一切人的性爱都是变化莫测，难于始终的，从而放弃对持久性爱的追求。其实，恩格斯的论断留给我们的第三个启示已经昭示：有人是能持久保持对一个人的性爱的。在现实中，“情移”的人存在，不承认这一事实，实际是麻痹他人和自己心灵的一种脆弱的心理表现；“钟情于一”的人也存在，不过这种皓首至死亦专注于自己性爱对象的人是不多见的。一般说来，“钟情于一”的

① 存统：《废除婚姻问题》，上海《民国日报》副刊，《觉悟》1920 年 5 月 25 日。

② 恩格斯：《家庭、私有制和国家的起源》，《马克思恩格斯全集》第 21 卷，1965 年版，第 96 页。

情侣双方在炽烈性爱的情感作用下，各自对对方能多方面认同，并在生命的岁月里共同经历着幸福、痛苦、成功、失败、顺畅、磨难、欢合、悲离，且在平凡的家庭生活中，能妥善处理多种矛盾，把炽烈的性爱与现实义务感结合起来，从而使双方如胶似漆的情愫聚集、沉淀、浓缩，再聚集、再沉淀、再浓缩，最终出现“性爱凝华”现象①。“凝华”的性爱蕴藏并可释放巨大的爱的能量，它可抗拒“情移”之力，抵制“向力”和“图新”之力，使双方之性爱永葆美妙之青春！因然这“凝华”之爱与赤裸裸的性欲相比减弱了肉感的冲动和刺激，但却增强了性爱的深层体验和享受。情感心理极其复杂，人之性爱或许因情恋者的一方或双方的性情容貌变化，财力权势变化，才学观念变化而变化，或许因客观某种“时髦”观念的诱导而变化；或许因双方性爱的彻底交融而地久天长。而近代“废婚主义”者只注重人本身的个体性而忽视了人的社会性，只注意到人心理的“情移”现象，而忽视人之性爱的稳定和持久性，因此，其所持论据是片面的。

“性欲”指与异性性交的强烈欲望。性交给人以震颤身魂的快感。性欲是人的一种自然属性，古语所谓“食、色、性也”，②“饮食男女，人之大欲存焉”，③即指此意。一般地说，性欲满足需要道德规范，性交要求在夫妻间进行。但社会现实中，性交与性爱既统一又分离，其对象也有超出夫妻范围的，其方式亦呈现多样化：其一，夫妻间情与性的融合，这是一种身与心的结合，灵与肉的交融，是人类理想的情与性的统一，令人憧憬、向往。没有性的交合，情爱不能升华；缺乏爱恋的性交，享受不到那具有持久性的情恋的快乐！这是一切真正体味过性爱的夫妻所具有的共识。其二，毫无情感可言的肉欲冲动和泄欲，它常常被

① “性爱凝华”指夫妻间深厚的性爱升华至纯然而又高尚的境界，并凝结为不因客观条件变化而轻易变化的炽烈和永恒的状态。

② 《孟子·告子上》，《十三经注疏》下册，中华书局1980年版，第2748页。

③ 《礼记·礼运》，《十三经注疏》下册，中华书局1980年版，第1422页。

诅咒为兽性。无爱情可言的夫妻性交、强奸、嫖娼均属此类。这是人性的野蛮、残暴，是对人类美好两性关系的亵渎、践踏。其三，夫妻间性爱犹存，但内心情感亦有外求，这是一种非常复杂的人类情感现象。夫妻间的爱河没有枯竭，仍首肯自己的配偶为理想伴侣，只是彼此间炽烈的情感淡漠了，并时而出现某一方位的缺乏情感互补的感觉，因此产生一种情感外求愿望。在这样的心态下，出现两种现象：其一，在诸多因素驱使下，控制着自己的情感外求，为了维持既定的爱情、婚姻和夫妻关系，他们情愿在行为活动上把性爱“专注在一个目的，情愿自己制裁性欲的自由，情愿永久和他所专注的目的共同生活”，[①] 这里通过自我压抑达到了性与爱的统一。但因它并不符合“情感调适”规律，往往以精神的茫然直至痛楚为代价，以毫无活力的精神麻木为始终，终有不可言尽的人生缺憾！所谓“情感调适”指夫妻性爱处于缺少活力和激情时，用暂时“情移”方式重新刺激，这种刺激能使夫妻性爱得到新的调剂，并重新有所发现，重新有所感悟，从而使夫妻性爱进入更新层次的适然状态。利用“情感调适”手段，就出现了第二种现象，即自觉不自觉地与第三者发生情感瓜葛和情感往来。应当指出，情感是一种与行为并非必须吻合的意识活动，就性爱而言，人能否只注重外在的行为活动而漠视内在的意识活动呢？回答是否定的。在现实道德的规范下，一些人为逃避舆论的谴责，可能要默默承受心灵上的痛苦而在行为上有所收敛。这在形式上保持了夫妻性爱的“纯洁”，控制了社会两性关系的自由度。然而真正的性爱作为人的内在的意识活动是心底深处的体悟和享受。道德束缚对真正的性爱是没有意义的。况且，人的性爱热烈到不惜拿生命作孤注时，道德防线也就彻底崩溃了！道德束缚的是行为而不是心灵。正是由于它束缚了行为而无法约束情感世界，问题便由此产生。由于夫妻情感的渐次淡漠茫昧，内在的情感失调因不能得到适当调适而最终外

---

① 《胡适答蓝志先书》，《新青年》第6卷第4号。

现，并很容易导致婚姻的解体。这给夫妻双方、子女和亲人以及社会带来的不幸将是沉重的。若在事前能用“情感调适”手段，经过“再发现”过程，重新找到夫妻新的情感层面和美的心灵层面，进而弥合夫妻心灵中的情恋世界，那么为达夫妻情恋的深入发展所付出的“情移”代价或许是值得的。有人担心，如果这样，兽欲横流的世界到了，其实不然。“情感调适”导致的“情移”与单纯肉欲导致的乱交不同，前者需要得到的是一种“情感满足”。而双方情感满足是以尊重对方人格为前提的，因为双方互相尊重对方的人格，自然不会导致乱交。至于某些人的兽欲冲动，那是任何时代、任何婚姻形式下、任何道德氛围中都无法避免的，应另当别论。近代“废婚主义”者认为废除婚制就是为了充分满足性欲，这种任性的自由交媾与人的情感满足抵牾。他们的理论误区在于对“人”认识上的错误。作为具有社会性的人被他们视为仅仅是毫无理性的性欲动物。这种“没有理性”、“只有冲动”的人已经成了“禽兽”，那么用婚姻制度束缚“禽兽”的冲动，自然不合情理，故应废除婚制，给性爱“没有持续性”的人们以最大的自由。按此推理，我们所见到的将是一个齷齪、卑劣的禽兽世界！只见“没有理性”、“只有冲动”的人们，今天甲向乙冲动，明天乙向丙冲动，那么就“完全成了乱交的状态，使兽性的冲动逐渐增加”①。若此，兽欲横流的社会必将给人类带来灭顶之灾！然而人是有理性、有情感的。人的理性与情感可以为婚姻增色、婚姻又可以增进和加深人们的情感。那种认为人只有性欲冲动，没有情感交融和理性规约的观点是错误的。在两性关系中，人们是用情感和理性对自己的行为进行控制和调节的，人之所以不同于动物，就在于此。

---

① 葆华:《废除婚姻问题的讨论（二)》，上海《民国日报》副刊,《觉悟》1920年5月11日。

三

我们发现近代“废婚主义”者的废婚观是为未来设计的，并非主张在当时社会即刻实行，而是在根本改造社会后再来实践的。康有为的观点阐发于《大同书》上。《大同书》描绘的大同世界是康有为“三世”理论中理想社会的“太平世”。刘师复废婚主张与“从国家主义进入到无政府主义”的理论相对应，“由部落主义，进而为国家主义，再进而为无政府主义，那婚姻制度，也是由杂婚主义，进而为夫妻主义，再进而为自由恋爱主义”。[①]这里把部落主义与杂婚主义相对应，把国家主义与夫妻主义相对应，把无政府主义与自由恋爱主义相对应，[②]恰好是对刘师复观点的最好注解。“五四废婚派”更是屡屡提到婚姻制度“不是现在一时所能废除的”，[③]而是社会得到根本改造之后的事情，“我以为社会底经济组织，没有根本改变以前，什么婚姻问题、家庭问题、男女平等问题、教育普及问题……统统都不能解决的。我们要解决这些问题，还须从事根本改造去！”[④]张竞生也说：“情人制”是在“婚姻制必定逐渐消灭”[⑤]之后再实行的。“逐渐消灭”既表明婚姻制度不是现在而是要经过一段时期后才消灭的，又揭示人们注意婚姻制度消亡是个逐渐的过程。而“逐渐”是渐变，这种渐变意味着什么？下文我们将深入探索。

综上所述，近代“废婚主义”者的理论是针对未来社会的，这个

---

① 哲民：《废除婚制问题讨论（二）》，上海《民国日报》副刊，《觉悟》1920年5月20日。
② 当时的“自由恋爱主义”特指废婚主义。
③ 存统：《废除婚制问题底讨论（一）》，上海《民国日报》副刊，《觉悟》1920年5月20日。
④ 存统：《废除婚制问题底讨论（一）》，上海《民国日报》副刊，《觉悟》1920年5月20日。
⑤ 张竞生：《美的社会组织法》，北新书局1926年版，第17页。

未来社会到底是一个什么样的社会，“废婚主义”者大多语焉不详，或仅作些理论幻构而已。如何能达到这样一个社会，他们均未给予理论上的解决。但他们的废婚主张作为一种哲学思考，作为一种人的解放学说，却具有理论上的深意和某种合理性及启示性，对此我们绝不能不加分析地给予全盘否定。婚姻制度是随着社会经济关系的发展而变化的，“社会的经济基础和社会结构的改变，必然导致缔结婚姻的动机、婚姻家庭的形式和性质的改变，也必然导致婚姻家庭生活的物质方面同精神方面之间的相互关系的改变。”① 正如群婚制与蒙昧时代相对应，对偶婚制与野蛮时代相对应，一夫一妻制与文明时代相对应一样，不同的婚姻制度是适应于相应的社会经济基础和社会结构的。而到了人类的理想社会（共产党人为之奋斗的共产主义社会），婚姻制度的消亡在所不免。所谓婚姻制度的消亡指文明时代的一夫一妻制的消失。恩格斯在回答“共产主义制度对家庭将产生什么影响”时说，到了那个时代，“两性间的关系将成为仅仅和当事人有关而社会勿需干涉的私事。”② 既然是“社会勿需干涉”，那么社会没有必要再像以往为两性关系制定什么所谓的婚姻制度或其他形式并形成法律条文来制约和要求人们；既然是“仅仅和当事人有关”，那么当事人采取什么形式来处理两性关系也就成了当事人的自由。有了这样的自由，还怎么会再有既定的统一众人的婚姻制度呢？马克思说过，婚姻“确实是一种排他性的私有财产的形式”③，私有财产的形式与私有制本身相对应，那么婚姻这种私有财产的形式将随着私有制的消失而消失。为此恩格斯还进行了论证，他认为婚姻制度消亡“这一点之所以能实现，是由于废除私有制和社会负责教养儿童的结

---

① 罗国杰：《伦理学》，人民出版社1989年版，第298页。

② 恩格斯：《共产主义原理》，《马克思恩格斯全集》第4卷，人民出版社1958年版，第371页。

③ 马克思：《1844年经济学哲学手稿》，《马克思恩格斯全集》第42卷，人民出版社1979年版，第118页。

果，因此，由私有制所产生的现代婚姻的两种基础，即妻子依赖丈夫，孩子依赖父母，也会消灭”①，而最终导致婚姻制度的消亡。

前文张竞生提出“婚姻制必定逐渐消灭”，这种“逐渐”的渐变意味着量变。任何事物质的变化都是量变发展到一定程度后的结果，没有量变不能导致质变，婚姻制度也是如此。不同时代的不同婚姻制度间的连接是多样婚姻形式掺杂的混合状态——一种量的转化状态。人类婚姻制度不能今天还处于群婚制，明天就立时转变成对偶婚，也不能今天还是一夫一妻制，明天婚姻制度就消亡了。婚姻制度没有量变过程就臻于质变是不可思议的。就如“在野蛮时代高级阶段，在对偶婚制和一夫一妻制之间，插入了男子对女奴隶的统治和多妻制”②一样，没有一个作为婚姻的补充形态充当中间转化的量变因素，也就不可能发生婚姻制度的质变。婚姻制度在其量变过程中，婚姻形式不可能纯然为一，否则也就无法显示其渐变的特征。那么，婚姻制度从文明时代的一夫一妻制走向其消亡之漫长的岁月中，作为婚姻量变因素的补充形态是什么？这是摆在我们面前的一个严峻课题，应当进行学理探究。而那种缺乏深刻论述的，认为今天是一夫一妻制，未来将废除婚姻制度的极为空洞的理论，因为未能揭示过渡时期的婚姻补充形态，所以对社会婚姻生活没有具体指导意义。近代“废婚主义”者正是如此，他们对婚姻消亡前这一过渡时期的婚姻补充形态没有作出明确的回答，暴露出他们理论的局限和缺略，是他们废婚理论缺少魅力和实践意义的原因所在。

恩格斯说：“随着生产资料转归社会所有”，一夫一妻制“不仅不会消失，而且相反地，只有那时它才能十足地实现”③。读这段话，我们不

① 恩格斯：《共产主义原理》，《马克思恩格斯全集》第4卷，人民出版社1958年版，第371页。

② 恩格斯：《家庭、私有制和国家的起源》，《马克思恩格斯全集》第21卷，人民出版社1965年版，第88页。

③ 恩格斯：《家庭、私有制和国家的起源》，《马克思恩格斯全集》第21卷，人民出版社1965年版，第89页。

要误以为在婚姻制度消亡之前只存在单一的一夫一妻制，恩格斯阐述的主旨是指一夫一妻制是婚姻制度消亡前的主要婚姻形式，是应当被人们肯定并愿接受的婚姻形式，但绝不是排除任何补充形态的唯一形式。否则，又显露出理论上的缺漏，又否认了婚姻制度变化过程中量变因素的存在。我们现在可以认为，从一夫一妻制到婚姻消亡的过程中，存在一个作为量变因素的婚姻补充形态，那么这个婚姻补充形态是什么呢?

文明时代的一夫一妻制，它既是一种美的理想，又是一种生活实践。作为生活实践，对多数人来说，由于诸多条件所限，它本身的色彩显然比之理想的光环要逊色得多。就如有时看到一幅艺术风景照给人的感觉与亲自置身此地给人的感受有着相当的差距一样，夫妻间达到"性爱凝华"的境地所要求的条件较高。毋庸讳言，真正达此境界者，只有少数人，而多数夫妻因多种条件的不具备而与之少缘。因此，真正以性爱为基础而建立起来并得以永恒的一夫一妻制是人类的理想，在理论上成立，在实践中却不多见。

我们既是理想主义者，又是现实主义者。我们不能不顾现实一味地幻求理想，那是空想。我们也不能完全陷于实际而不再有理想的追求，那是堕落。由于主客观条件的限制，多数人的夫妻关系在实际生活中只能处于适合又不适合，满足又不满足，幸福又不幸福的状态中。在婚姻生活的实践上，"不是每个人都能从周围选定最好的情侣，人们心灵上的特征不会完全同理性上的特征相协调"①，这就加剧了夫妻生活的"不适合"、"不满足"和"不幸福"。然而人的本性是否定"不适合"、"不满足"和"不幸福"，而去追求"适合"、"满足"和"幸福"的。社会越是发展进化，人类这种追求就越强烈、越执着。人的情爱随着社会和人的文明程度的提高而被净化，变得更加圣洁和崇高；人的情感需要

① 罗国杰：《伦理学》，人民出版社1989年版，第292页。

随着社会和人的进化而同“食”、“色”一样将成为人的本能需要。文化造就人，使人进化，它反映在人的文化性格上。这种文化性格甚至能够变为人的自然属性。“情感满足”是异性间达到的那种强烈的精神向往、调和及吸引，是人生幸福的重要组成部分。当肉体满足已不能满足比人们强烈的性欲更高的要求时，往往要出现两性间的精神调和与吸引，这时“情感满足”的需要产生了。“情感满足”是两性心灵间快感和美感的统一物，是人在文明进化过程中产生的本能需要和自然属性。“情感满足”作为“人的需要”的新概念与“食欲满足”、“性欲满足”的概念是平等的。“人具有的需要在何种程度上成了人的需要，也就是说，别人作为人在何种程度上对他来说成了需要”①，那么，所谓“情感满足”需要是人具有的需要在“情感满足”程度上成了人的需要，别人作为人在“情感满足”程度上对他来说成了需要。可见“情感满足”作为“人的需要”所具备的人生重要价值。个人情感类型有较为固定的模式，这种难得变化的模式不间断地、长时间地刺激，就会在一部分夫妻那里产生情感上“不适合”、“不满足”、“不幸福”的危机信号，进而导致夫妻情感生活的枯燥和乏味。根据情感调适理论，此时易出现“情移”现象，这种现象恰恰成了“情感满足”的一种方式。随着闲暇的增多、娱乐方式和交往方式以及信息流通渠道的多样化，给人们带来“情感满足”的诸多机会。“情感满足”并非无限量的，它与“食”、“色”相同，有着量的限度。因此，在现实的两性生活中，将产生的事实是，在一部分人当中，除了自己的夫或妻外，个人又多了一个或几个“情感伙伴”，用以满足个人的情感需要。然而需要说明的是，“情感伙伴”的出现并非夫妻感情破裂造成，而是夫妻感情降温而达不到“情感满足”所致，是“情感调适”理论的现实折射。这与夫妻感情破裂，需要离婚再重新

---

① 马克思：《1844 年经济学哲学手稿》，《马克思恩格斯全集》第 42 卷，人民出版社 1979 年版，第 119 页。

恋爱的性质截然不同。“情感伙伴”的出现，在婚姻形式上将出现一个令人瞩目甚或惊异的新现象：在一夫一妻婚姻制度下，事实上将出现一种“一夫一妻多情制”的婚姻形态。这种婚姻形态刚刚出现，绝不被社会认同，与现今道德和法律相抵触，在一定时期内，“在口头上是受到非难的”①，甚至要遭致多方的抵御和诬蔑。犹如一夫一妻制的产生，起因于私有制及其私有财产的继承。在其形成之初，夫妻的性关系并不平等，但它最终成为文明时代的标志，成为夫妻平等的婚姻方式。“一夫一妻多情制”也是一样，在它的产生之初，往往要以伤害夫或妻的情感为代价。而任何婚姻形式的产生，都与原来既定的某些婚姻模式有所抵牾，甚至有某些给人以玷污他人情感的自私的道德倒退的印象，的确如此。恩格斯在谈到一夫一妻制是一个伟大的历史进步时强调，“任何进步同时也是相对的退步，一些人的幸福和发展是通过另一些人的痛苦和受压抑而实现的。”② 面对这种客观实际，社会若不顾事实地去严惩和禁止它，也不会得到预想的效果，“就象对付死亡一样，是没有任何药物可治的。”③ “一夫一妻多情制”必将逐渐和一夫一妻制并行而成为其不可避免的相伴者。性爱是个非常复杂的情感世界，人们在这个世界里品尝了真正的人生快乐和幸福，也剪不断那些随时袭来的痛苦和悲辛。人们在品味着这情爱世界给自己带来的感受时，让人领悟到，快乐与痛苦是多么紧密地联系着，两者的得失似乎成了正比，即获得多大的欢愉往往以背负多大的痛苦为代价，失掉多大的幸福同时也以消解同等的悲郁相伴随。然而面对事实，人们“自己将知道他们应该怎样行动，他们自己将造成他们的与此相适应的关于个人行为的社会

① 恩格斯：《家庭、私有制和国家的起源》，《马克思恩格斯全集》第21卷，人民出版社1965年版，第79页。

② 恩格斯：《家庭、私有制和国家的起源》，《马克思恩格斯全集》第21卷，人民出版社1965年版，第78页。

③ 恩格斯：《家庭、私有制和国家的起源》，《马克思恩格斯全集》第21卷，人民出版社1965年版，第83页。

舆论”,[①] 用这种新造成的社会舆论（新道德观念）去导拨人们的思想情感与行为方式，使人们从心灵的痛楚中欣然地走出来。新道德的产生就如很多人刚刚品尝“咖啡”和“可口可乐”以及观看“牛仔服”时很不习惯一样，后来却非常地喜爱和欣赏了。到了此时，开始那种对夫或对妻的情感伤害就将随着新道德观念的确立而渐次减弱，直至消释。随着人类文明的进步，每个人是可以养成这种情感超越的心理素质的。为私有财产继承的需要而出现了一夫一妻制，为“情感满足”的需要又出现了“一夫一妻多情制”。在当今社会不断进化，传统观念不断动摇的时刻，“一夫一妻多情制”的必将产生是当给予理论论证和分析的。

我们继续强调，“一夫一妻多情制”绝不是以夫妻感情破裂为条件而出现的，而是因夫妻间不能充分满足个人的情感需要作为一种补充形态出现的。如果说卖淫是为了满足一夫一妻制度下男人的肉欲的话，那么“一夫一妻多情制”是为了满足一夫一妻制度下男女双方的情感需要。“一夫一妻多情制”最终能被人们认同，不仅因为有新的道德来解释它，同时也因为它受“情感调适”规律支配，在人们情感生活中能够真实地发生作用。就情感已降温的夫妻而言，它或许在不同程度上能重新激活夫妻间的情感并使夫妻情感再度趋于融洽，热烈和长久。它可使完整的家庭不因缺乏“情感调适”而破裂，而因得到“情感调适”而稳定，它同时也给社会带来更多的稳定因素。而“情感伙伴”与自己的夫或妻不同，它的稳定性比之于自己的夫或妻较差，容易变化，会出现新“情感伙伴”替代旧“情感伙伴”的现象。至此，人们有了新疑惑，认为人类圣洁的爱情被玷污了，在人类性爱关系中还有什么“专一”而言，还有什么“排他”、“占有”、“给予”而言呢？恩格斯说过：“性爱

① 恩格斯：《家庭、私有制和国家的起源》，《马克思恩格斯全集》第21卷，人民出版社1965年版，第96页。

按其本性来说就是排他的。”[①] 被普遍接受的一般爱情观也讲情恋者之间的“给予”和“占有”。但是我们只要谨慎地审视这些概念，会意识到，在未来历史进化的新时代，这些爱情特征与“一夫一妻多情制”并不矛盾。爱情属人类情感意识活动的一部分，属精神活动的范畴。情感活动与行为活动有时并非完全统一。现实生活中，有多少夫妻间，虽保持既定的婚姻关系，虽在行为活动或肉体上从未他属，但爱情移位，使他们在性爱活动的精神世界中占有别人或被别人所占有，我们还能视此为专一和排他吗？被性爱抛弃的一方还能心安理得地占有着对方吗？在精神活动发生移位的时候，再用外在的行为活动去作衡量判断的圭臬，这对人类的性爱生活，还有什么实际意义呢？人们在性爱生活中更应注重的是精神活动，行为活动应当为精神活动所支配并服务于精神活动。鉴于此，我们应更缜密地重新诠释性爱观念中的“排他”、“占有”和“给予”等一直被情恋者所青睐的字眼儿。我们认为，所谓“排他”是向目标全身心释放情愫那一时刻的情感特征之一。它只意味着在释放情愫那特定时刻，情感世界所具备的特征。忽视“排他”的特定时间，而视其为久远的不间断的情感现象，并非科学。试想，有谁能长久甚或终身一刻不停地向目标释放情愫呢，谁也做不到。实际上那种虽具间歇性，但却无数次向一个目标释放情愫已是难能可贵的永久性排他了！现实的某些人所认同的情感“排他”，完全是一种自私心态的表现，他们只要求对方在性爱活动中严于“排他”，却宽容和排除自己本人，这是情恋世界中的不诚实与不公平。所谓“占有”指当对方向本人释放情愫的那一时刻，本人全身心地接受了对方的情感，这种时间的吻合，才使你实现了“占有”。而那种肉体的占据比起这种精神的融合，实属微不足道。所谓“给予”是指向对方释放情愫时，并得到对方的接受，此刻的释放

① 恩格斯：《家庭、私有制和国家的起源》，《马克思恩格斯全集》第21卷，人民出版社1965年版，第95页。

堪称“给予”。“占有”和“给予”有时是统一的。如果双方同时向对方释放情愫又同时接受对方向本人释放的情愫，这就是“占有”和“给予”的统一，这是情恋者之间全身魂的融合，是人生最完美、最幸福、最崇高、最圣洁的情感交融与享受。我们当注重的就是这种精神上的有实际意义的“排他”、“占有”和“给予”，而不要忽视这种精神上的高尚情感，反却偏偏看重那稍逊一筹的外在行为的异性往来。

“一夫一妻多情制”将成为一个事实而存在，它是由一夫一妻制臻于婚姻制度消亡之间的起过渡作用的一种婚姻的补充形态。恩格斯在谈及“一夫一妻制十足地实现”后儿童的抚养和教育时说：“社会同等地关怀一切儿童，无论是婚生的还是非婚生的。”[①]这里给我们透露了一个非常有价值的信息，即“非婚生的”儿童的存在。所谓“非婚生的”有几种情况，或婚前所生，或离异后所生，或逼奸所生，或“情感伙伴”所生。总之，除逼奸所生外，其他形式都是两相情愿的。这里无疑暗示了在一夫一妻制“十足地实现”的时候，有“情感伙伴”的存在，并有“情感伙伴”所生的孩子存在。道德和法律等上层建筑是为经济关系服务的，它随着社会经济的变化而渐次变化。因此，在未来的相当长的一段时期后，由于经济关系的变化，“一夫一妻多情制”必将与社会的道德和法律最终统一起来。这是一个漫长的过程，在这个过程中，“一夫一妻多情制”形成过程的特征是：从内在情感到外在行为；从隐匿状态到公开状态；从个别少数人到普遍多数人。“一夫一妻多情制”就是沿着这样的轨迹逐渐发展着。它将与一夫一妻制同时存在，它们是对立物，但却是不可分离的对立物，就像资本主义时代一夫一妻制与卖淫是“不可分离的对立物”[②]一样。

① 恩格斯：《家庭、私有制和国家的起源》，《马克思恩格斯全集》第21卷，人民出版社1965年版，第89页。

② 恩格斯：《家庭、私有制与国家的起源》，《马克思恩格斯全集》第21卷，人民出版社1965年版，第89页。

在经过一个相当的历史阶段之后，随着“一夫一妻多情制”的发展、扩大、膨胀，最后不但使对立物的“一夫一妻制”开始缩小，渐渐地，直至被消融，而且最终连它自身也被冲破，与一夫一妻制同时解体，同归于尽。正如恩格斯所反问的一样，在资本主义时代，“能叫卖淫消失而不叫一夫一妻制与它同归于尽吗”[①]，当然不能。一夫一妻制与“一夫一妻多情制”的不复存在标志着婚姻制度的质变，标志着废婚时代的到来。如果没有“一夫一妻多情制”作为一个量变因素在其中发生作用，一夫一妻制就不会骤然在第二天立时消失。这个矛盾运行轨迹将日趋明朗。在一夫一妻制和“一夫一妻多情制”并存的时代，两性关系是多元的。这时还将夹杂着其他非主要形式，如独身（有两种：其一是有情感伙伴而不结婚者；其二是自恋者）；同性恋等等。因其不是主要形式，其影响力是有限的。婚姻制度的变革虽说是一个漫长过程，但人们不应以忽视其变化的态度对待它，而当尽力促使那微弱之渐变。

在废婚时代，两性关系是自由的。而自由的不同程度成为性爱质量高低的条件。到了那个时代，“爱情将成为两性关系的唯一可能的主要调节者。”[②] 与一人恋爱的时间长短根据与其爱情的长短而定；一生与多少人恋爱根据发生过多少次爱情而定。它与原始社会群交以至公妻制绝不相同，正如恩格斯所言，“在实行财产公有时，不会同时宣布公妻制吗？答：绝不会。”[③] “公妻制完全是资产阶级社会特有的现象，现在的卖淫就是这种公妻制的充分表现。卖淫是以私有制为基础的，它将随着私有制消失而消失。因此共产主义组织并不实行公妻制，正好相反，它

① 恩格斯：《家庭、私有制和国家的起源》，《马克思恩格斯全集》第21卷，人民出版社1965年版，第89页。

② 罗国杰：《伦理学》，人民出版社1989年版，第312页。

③ 恩格斯：《共产主义信条草案》，《马克思恩格斯全集》第42卷，人民出版社1979年版，第379页。

要消灭公妻制。”① 废婚时代是个高度文明的时代，是情感和理性高度统一的时代。绝不是当今一些人那种鄙陋龌龊的心灵所能领悟的，而再一次把废婚时代的两性关系又狭鄙地解释为——仅仅是为了满足兽欲！从这点看，近代“废婚主义”者，认为废婚仅仅是为了满足性欲的自由交媾之说，是当给予批判的。

到了废婚时代，我们不否认还有因“性爱凝化”而终身相爱的情侣存在。那个时代，自然还会出现达不到“情感满足”的新矛盾，但那将是那个时代的人们去自己解决的课题了。

原载《史论与论史》(第一卷)，中国社会科学出版社2016年版

① 恩格斯：《共产主义原理》，《马克思恩格斯全集》第4卷，人民出版社1958年版，第371页。

五四时期的“废婚主义”

1920年春夏之际，上海《民国日报》副刊《觉悟》开辟了“废除婚姻制度”的讨论专栏，进而掀起了一场史无前例的“废婚”大论战。论战双方以“讲演”、“通信”、“评论”方式撰文，畅快淋漓地表达了各自的感想、观念与主张，通过双方的反复论争，人们对于“废婚”问题有了更为清晰的认识和深远的理解。

一、关于“废婚”的论辩

五四时期主张废婚的代表人物可称其为“废婚派”，他们对旧式婚姻（专制婚姻）和新式婚姻（自由婚姻）均表厌恶，极力主张废婚。并从两方面论述了自己的废婚主张：其一，阐明了废婚的意义。废婚派认为废除婚制“是为世界人类（男女）谋幸福”①。人类最大的幸福是每个个体的“自由人格”，而“婚姻制度，是不适合于‘自由的人格’的”，故当废弃之。即便是“自由婚姻”，也是“一种专利的结婚。甚么专利？就是爱情专利和性交专利。我们一个人自己是要有一个‘自由的人格’，

① 哲民：《废除婚姻问题的讨论（一）》，《觉悟》1920年5月11日。

不应当属于谁某所有的。我的爱情……为人家所专利，就是表示我没有‘自由的人格’，人家的爱情……为我所专利，就是侮弄人家的‘自由的人格’。总之，我专利人，人专利我，都是很不应该的。于‘自由的人格’有损的”①。他们认为废婚的意义就在于“去束缚而取自由”②。由于对“自由的人格”的追求，废婚派还肯定了“移情”现象，认为“恋爱是复杂的感情，随时随地可以变的”③；也肯定了婚外性关系，认为“满足性欲，是人类（不止人类）正当的要求，谁也不能阻止他”④。废婚派把废婚后的社会视为太平的理想社会：“那时候，无父子，无夫妇，无家庭，无名分的种种无谓的束缚，所谓不独亲其亲，不独子其子，岂不是一个很太平的世界，大同的社会吗？”⑤ 其二，批判了婚制的危害。废婚派认为，“婚姻制度，是个娼妓制度的变相罢了，比较起来，是一点没有分别的，现在把我的意见说出来。婚姻制度，无论是文明结婚，自由结婚，新式结婚，或旧式结婚等，在理论好像是天经地义的，其实都是做买卖的变相。……婚姻制度，是长期的卖买，娼妓制度，是短期的卖买，都是卖买为基础的，不是真正的自由和恋爱为基础的”。⑥ 新旧婚姻均是一种买卖关系：“我看见结婚不过是‘生殖器的买卖’；婚证是买卖的契约，婚礼是买卖的手续，买卖的媒介是金钱和恋爱。没有恋爱，单靠金钱，由第三者做买卖的掮客，把生殖器卖给人，这就是旧的结婚；有了恋爱，靠着证婚书和约指，强使大家永远结合，恋爱不能移到第三者，生殖器彼此专利，这就是新的结婚。”⑦ 废婚派正是通过对上述两方面的阐述来提出自己的废婚主张的。

---

① 存统：《废除婚制问题》，《觉悟》1920 年 5 月 25 日。
② 孙祖基：《自由恋爱是什么?》，《觉悟》1920 年 5 月 26 日。
③ 翠英：《结婚到底是什么?》，《觉悟》1920 年 5 月 16 日。
④ 存统：《废除婚制问题》，《觉悟》1920 年 5 月 25 日。
⑤ 哲民：《废除婚姻制度的讨论》，《觉悟》1920 年 5 月 8 日。
⑥ 哲民：《废除婚制问题的讨论（二)》，《觉悟》1920 年 5 月 20 日。
⑦ 翠英：《结婚到底是什么?》，《觉悟》1920 年 5 月 16 日。

五四时期反对废婚的代表人物可称其为“反废婚派”，他们认为提出一种婚姻主张，“必要求普遍的效果，实行去做才好。不是囫囵吞枣、空谈妄想，可以解决的”①。他们认为一旦废了婚制，社会将陷于极悲惨的状态，所以不赞成废婚，并认定一夫一妻是“绝对的信条”②。反废婚派的一海曾向废婚派的翠英提出质问，以表达自己反对废婚的态度，他对翠英说：“你现在已经活了二十岁，你有没有自立的能力么？你既主张自由恋爱，遇着情场危变的时候，你有没有自镇自持的果断否？你起初发生一个恋爱，同时又发生别个恋爱，你怎样处置呢？你是主张自由恋爱的女子，别个男子也主张自由恋爱，他的恋爱，有时绝灭，你自然也绝灭了他，但是后来所遇着的恋爱的男子，都这样，你将何以自安呢？别个男子同时和两个女子发生恋爱，你也是其中之一个，你亦愿意么？”③反废婚派认为爱情的不专一，将使人类情感遭致灭顶之灾。

废婚派与反废婚派之间的思想主张差异很大，双方就废婚问题展开了激烈的论辩。论辩内容较为广泛，而重要的问题集中于如下几点：其一，关于“自由结婚”的论辩。废婚派认为自由结婚并不自由，“既然有了结婚的束缚，怎么还可以叫做绝对的自由”④。自由结婚与专制结婚是五十步笑百步⑤。反废婚派认为“自由婚姻是绝对自由的”，“凡一对男女，要结婚必定是先有交际，由交际生好感，由好感生爱情，由爱生恋，由恋才有结婚的要求。要双方同意，方才可以结婚”。在当时的社会状态下，“比自由婚姻更好的结婚法”是没有的⑥。其二，关于“节制性欲”的论辩。反废婚派认为，“如果废除婚姻制度，那么，今天甲和乙恋爱，明天乙向丙恋爱，完全成了乱交的状态，使兽性冲动逐渐增

① 葆华：《废除婚制问题的讨论（二）》，《觉悟》1920年5月11日。
② 葆华：《废除婚制问题的讨论（二）》，《觉悟》1920年5月11日。
③ 一海：《废除婚制问题的讨论（四）》，《觉悟》1920年5月23日。
④ 存统：《废除婚制问题的讨论（五）》，《觉悟》1920年5月23日。
⑤ 可九：《废除婚制问题的辩论（三）》，《觉悟》1920年5月22日。
⑥ 笑佛：《废除婚制问题的辩论（一）》，《觉悟》1920年5月22日。

加”[①]。“性欲虽是人类正当的要求，但也要有一定的节制，倘没有节制，生理上就非常危险了。……所以一定要有婚姻制度，来节制这性欲过度的要求”[②]。废婚派认为反废婚派的这种见解是没有“了解‘自由恋爱’的真理，所以就要误解到什么乱交……兽性……上面去，把那种神圣的‘自由恋爱’沾了污点”[③]。废婚派认为：“婚姻制度，非但不能限制性欲，而且有时还要纵欲，因为他不必要双方同意”，“限制性欲，只要从生理上自己去限制，用不着婚姻制度”[④]。其三，关于如何对待理想的论辩。反废婚派认为：“自由恋爱，废除婚制，都是理想的话。”[⑤]他们引杜威（John Dewey）的话说：“若是先从理想做起，恐怕终久不能达到目的了。”[⑥]废婚派则认为，正因为是理想，我们才去追求它，“如果已经成为事实，那么何必要我们提倡”，“我们惟其因为他还是一种理想，所以拼命地去鼓吹、拼命地去提倡，希望他变成事实！”[⑦]五四时期，关于“废除婚制”，双方明确地表白了自己的态度，并对一些具体问题展开了针锋相对的论辩，这场论战的历史意义是不能忽视的。

二、废除婚制与社会的根本改造

五四时期，伴随着新文化运动的开展，在怀疑、批判和否定传统文学、文字、艺术、思想、伦理、国民性格、社会习俗这样一种文化气氛中，婚姻问题也作为关系着个人生活的幸福与自由的大事，又一次引

---

① 葆华：《废除婚制问题的讨论（二）》，《觉悟》1920 年 5 月 11 日。

② 赞平：《废除婚制问题的讨论》，《觉悟》1920 年 5 月 28 日。

③ 哲民：《主张废除婚制的说明》，《觉悟》1920 年 5 月 13 日。

④ 存统：《废除婚制问题的讨论（一）》，《觉悟》1920 年 5 月 29 日。

⑤ 存统：《辩论的态度和废除婚制》，《觉悟》1920 年 5 月 21 日。

⑥ 葆华：《废除婚制问题的讨论（二）》，《觉悟》1920 年 5 月 11 日。

⑦ 存统：《辩论的态度和废除婚制》，《觉悟》1920 年 5 月 21 日。

起人们的普遍关注："婚姻问题，几乎成了今日社会上一个中心问题了。许多有志的青年男女，有的为此牺牲了性命，有的因此苦恼了终生。一般学者也都很注意这个问题，作学理的研究，就事实上讨论，以求正当解决的方法。于此更可知这个问题在社会上的影响与重要了。"①

五四时期的"废婚主义"，是这个时期婚姻文化变革中的一项重要内容。当时参加辩论的人们，无论各持什么观点，绝不是一时心血来潮而宣泄自己的情绪。相反，他们的态度是严肃认真的。废婚派的一些主张超越了传统的社会伦理，甚或还有令人惊疑之语，然而他们绝非哗众取宠、标新立异，而是以理性的态度对待"废婚"问题，所以在论辩过程中，他们全身心地投入，并欢迎论辩对手的诚恳批评。他们公开表示，不怕他人反对自己的观点，"反对的人越来越多，我们尤其应该欢迎！"②"我们要有批评人家的勇气，我们尤其要有承受批评的勇气。"③这里反映了废婚派追求真理的一腔热忱，事实正是如此，废婚派说过："我们和人家辩论，原不是一定要得着胜利，失败了，也算不得什么一回事。我相信，我们失败了，真理是不会失败的。我们要是被真理征服了，我们便当投降于真理旗帜之下，做他一个效劳小卒，再去征服别人"④，绝不计较个人的毁誉。看来，废婚派绝不是"想借自由恋爱之名以行其罪恶"⑤的。由于双方抱着追求真理的态度，所以在论辩中，双方对婚姻问题的某些认识就比较客观和深刻。比如废婚派认为"恋爱无他，自由而已矣"，恋爱是"男女间相互爱悦"、"最真挚、最高尚的感情"⑥；废婚派中的有些人还对"爱情"与"肉欲"在自由恋爱中的不同归属作了分析，认为"自由恋爱的原则，仍属于爱情的，不属于肉欲

① 泳村：《两个女子的婚姻问题》，《共进》第23期，1922年10月。

② 哲民：《废除婚制问题底讨论（二）》，《觉悟》1920年5月20日。

③ 存统：《辩论的态度和废除婚制》，《觉悟》1920年5月21日。

④ 存统：《辩论的态度和废除婚制》，《觉悟》1920年5月21日。

⑤ 力子：《废除婚制讨论中的感想》，《觉悟》1920年5月21日。

⑥ 翠英：《废除婚制问题的讨论（一）》，《觉悟》1920年6月1日。

的”，承认“爱情是自由恋爱的主要条件”，“男女间要发生真正的爱情，断不是一见面就可以发生的，一到爱情纯挚了，就像心坎里不能够洒脱的样子，肉欲的冲动，不过一附带条件”，“肉欲不是人类真正快乐的一件事，爱情纯挚，才是真正快乐”①。这一论点是对废婚派一方中某些人的“把性交当做恋爱的主要条件”② 的观点的一种否定和批判。一个派别内部出现了观点差异的现象，是人们理性面对客观现实的反映。再比如反废婚派对婚姻自由的理解是相对和辩证的，赞平说过：“怎样算自由，怎样算不自由呢？自由结婚，我赞成的，自由离婚，我也赞成的。倘说这些都要双方同意，算不得自由，那么，性交也须要双方同意，哪里能任你个人自由呢？如果说可任个人的自由，我怕除了强奸是没法的。……我相信人类没有绝对的自由，不能以我的自由侵人的自由。”③ 反废婚派还认为人类应当节制性欲：“随便满足性欲，那么，一定人人耽于色欲，像那浪子一样了。”④ 这里反映了他们反对放纵性欲的鲜明而又坚定的态度。

五四时期，通过“废婚”大论战，有些论者还开始修正自己先前的观点，使自己的主张更加具有合理性。甚至论辩双方在一些宏观问题上竟能趋于一致，达到共识。比如，参加论战的绝大多数人都认为社会只有经过“遗产公有”、“儿童公育”的根本改造之后，才能最终解决“婚姻”问题；即便是废婚派，也把社会经济组织的根本改造视为废婚的主要路径：“我们要解决社会各种问题，惟有找他的根本所在，根本问题一解决了，枝节问题当然是迎刃而解。社会问题的根本问题是什么？就是经济问题。社会的经济组织一有了变动，其余的一切组织都跟着变动。我们要改变其余的组织，必须先改变经济的组织，经济的组织

① 以太：《废除婚制问题的讨论（二）》，《觉悟》1920 年 5 月 29 日。

② 以太：《废除婚制问题的讨论（二）》，《觉悟》1920 年 5 月 29 日。

③ 赞平：《废除婚制问题的讨论》，《觉悟》1920 年 5 月 28 日。

④ 赞平：《废除婚制问题的讨论》，《觉悟》1920 年 5 月 28 日。

一改变，其余的组织不变而自变。”① 改变经济组织是改变其他组织的根本，所以废婚派开始修正先前主张立即废婚的观点，认识到婚制并非立即就能废除的：“我也晓得婚姻制度，不是单独能够存在的，不是现在一时所能废除的，但我总要借这个问题，引起大家的觉悟，同向根本改造的路上跑去，我以为社会的经济组织，没有根本改变以前，什么婚姻问题，家庭问题，男女平等问题，教育普及问题，……统统都不能解决的。我们要解决这些问题，还须从事根本改造去。”② 这是废婚派洞察社会历史发展原动力后所达到的深刻认识，反废婚派也认为：“婚姻问题，是跟着经济组织而存在，而变迁的；照现在的经济组织，无论怎样鼓吹废婚，‘废婚’总不能实现的。第一个难题，就是儿童养育问题。你想：儿童公育制度没有实行以前，假使青年男女，因自由交媾而怀妊生子，这个儿子将怎样处置？如果有一天社会根本改造，私有财产制的经济组织完全推翻，儿童公育和公共养老院都已实行；那时候，或者婚制不必鼓吹废除，也没有存在的必要了。”③

论战双方能达到如此共识，说明论辩者能从更深远的方向来审视“废婚”问题，“可见这一次的辩论，只能促进对于未来的觉悟，决不会引起眼前的流弊”，这次论辩的意义正在于此，因此应当承认“这一次的辩论的现象是很好的”④。

三、“废婚主义”与无政府主义思潮

五四“废婚主义”的产生，与当时流行的无政府主义思潮有着密

① 存统：《为什么要从事根本改造?》，《觉悟》1920 年 5 月 27 日。

② 存统：《废除婚制问题底讨论（一）》，《觉悟》1920 年 5 月 20 日。

③ 力子：《废除婚制问题底讨论（二）》，《觉悟》1920 年 5 月 20 日。

④ 力子：《废除婚制讨论中的感想》，《觉悟》1920 年 5 月 21 日。

切的联系。无政府主义于清末传入中国，李石曾、吴稚晖、刘师培等人在巴黎与东京创办《新世纪》和《天义报》，形成了中国人传播无政府主义的两个中心。刘师复在民初成立“心社”和“晦鸣学舍”，成为中国内地传播无政府主义的重要团体，从而扩大了无政府主义在中国的影响。五四时期，无政府主义在中国形成了一股前所未有的热流，大有在当时活跃的思想界中“独霸一枝”的势头。五四时期的无政府主义团体达70余个，而宣传无政府主义的刊物也竞相问世，总数有70多种。刘少奇曾回忆说：“在起初各派社会主义的思潮中，无政府主义是占着优势的。”[①] 张国焘在《我的回忆》中谈到，五四时期北大学生中信仰无政府主义的青年比信仰马克思主义的人要多些。无政府主义在各种流行的思潮中的醒目地位，与时人视其为“反抗专制、憧憬光明”的精神支柱有关。所以尽管无政府主义的宣传浅显而杂乱，但在青年知识分子中的影响是其他思想主张所不及的。青年毛泽东“读了一些关于无政府主义的小册子，很受影响”，并常与无政府主义者朱谦之讨论无政府主义的问题，他“赞同许多无政府主义的主张”[②]。恽代英、彭湃、周恩来等具有初步共产主义觉悟的知识分子都曾不同程度地受到无政府主义的影响。可见，五四“废婚派”在当时特定的历史时期内，也就不可避免地要受到无政府主义思潮的直接诱导。在《觉悟》“投稿或通信的青年，最初很少不受无政府主义思想影响的”，很多作者都相信无政府主义。而五四“废婚派”的主要倡导者，正是这些在《觉悟》投稿或通信的青年。

五四“废婚派”受无政府主义思潮的影响，主要表现于两个方面：其一，直接从无政府主义思想中汲取某些重要的理论主张。比如，前文谈及，废婚派把废婚后的社会视为无父子、夫妇、家庭、名分的太平社

---

① 1939年5月出版的《中国青年》第3卷第5期上刘少奇撰写的纪念文章。

② [美] 埃德加·斯诺（Edgar Snow）：《西行漫记》，董乐山译，三联书店1979年版，第189页。

会，这完全是对无政府主义的所谓“无父子，无夫妇，无家庭之束缚，无名分之拘牵，所谓不独亲其亲，不独子其子者，斯不亦大同社会之权与欤”① 的思想理论的直接引证。再如，废婚派的“由部落主义，进而为国家主义，再进而为无政府主义，那婚姻制度，也是由杂婚主义，进而为夫妻主义，再进而为自由恋爱主义”② 的思想，是把部落主义与杂婚主义相对应，把国家主义与夫妻主义相对应，把无政府主义与自由恋爱主义③ 相对应。这恰恰说明，废婚派中的某些人把废婚后的社会直接理解为无政府主义的信仰与追求。此外，废婚派极力主张的“自由人格”，显然与无政府主义的“复天然自由，去人为束缚”④ 的自由主义精神如出一辙。其二，直接承继了无政府主义的“废婚”主张。无政府主义者一直主张废除婚姻制度、男女自由结合，如无政府主义者刘师复公然宣告：“欲社会之美善，必自废绝婚姻制度实行自由恋爱始。”⑤ 刘师复废婚主张的论据包括：其一，婚姻制度是男子欺压女子、强者欺压弱者的工具，从而造成性关系的不公平；其二，婚姻制度对男女二人的感情维系并无意义；其三，男女情欲出于自然，理当自由，即使有变，亦为正当⑥。在五四时期，也有无政府主义者发表文章，全力鼓吹废婚主义，如朱谦之的《自由恋爱主义》⑦；陈顾远的《理想方面的废除夫妻制度》⑧；梦良的《实行自由恋爱的机会》⑨；卢慧根的《我对于自由恋爱与自由结婚的意见》⑩ 等，都是较为重要的文章。无政府主义者与五四

① 《心社意趣书》，《社会世界》第 5 期。

② 哲民：《废除婚制问题底讨论（二）》，《觉悟》1920 年 5 月 20 日。

③ “自由恋爱主义”即“废婚主义”。

④ 马叙伦：《二十世纪之新主义》，《政艺通报》第 14—16 期。

⑤ 《废婚姻主义》，《师复文存》，革新书局 1927 年版，第 107 页。

⑥ 《废婚姻主义》，《师复文存》，革新书局 1927 年版，第 107 页。

⑦ 见《奋斗》第 3 号，1920 年 3 月 10 日。

⑧ 见《奋斗》第 3 号，1920 年 3 月 10 日。

⑨ 《奋斗》第 3 号，1920 年 3 月 10 日。

⑩ 《奋斗》第 3 号，1920 年 3 月 10 日。

“废婚派”的废婚主张，论证大多相同，后者从前者中汲取的思想成分，不言而喻。正是两者密切的渊源关系，所以他们在理论上的弱点也体现出一定的相似性：双方要求绝对的自由与平等，不受一切政治、威权、宗教、形式的束缚和压制，追求实现无强权、无服从、随心所欲的太平世界，这不但暴露出他们在理论上的贫乏和不切实际，也反映出他们思想的幼稚和异想天开。因此，在他们凭借一时的热情、尽兴摄入时髦的思想主张之时，几近于痴人说梦。

无政府主义的思想理论与废婚派的思想主张关系密切，但还不能视两者为完全吻合的志同道合的同路人。双方部分人的思想与追求是不同的，甚或有相互抵牾之处。如废婚派的其中一名代表存统，就曾与无政府主义者进行严肃的辩论，并发表《奋斗与互助》①、《经济组织与自由平等》②、《无产阶级专政和首领变节》③ 等文章，直接批评了无政府主义的某些思想观点。可见，五四时期各种思想学说影响人们的思想，从而引发许多极其复杂的思想联系。

五四时期是中国近代婚姻文化变革的重要时期，当时自由结婚和自由离婚的呼声甚高，形成了中国近代自由结婚和自由离婚的一次高潮。废除婚制虽也是五四婚姻文化变革的一项内容，但与前者相比，废婚主义的影响范围还不广泛。当时直接参加废婚论辩的人数只有二十余人，公开发表讲演稿、通信和评论的虽有五六十篇，但大多只限于《民国日报》的副刊《觉悟》上，从时间看，也只集中于 1920 年 5 月至 6 月间。当时其他报刊反映婚姻文化变革的内容很多，但直接回应《觉悟》废婚讨论专栏的文章却不多见，可见影响之局限。

原载（香港）《二十一世纪》1999 年 6 月号

---

① 《觉悟》1920 年 10 月 1 日。

② 《觉悟》1920 年 5 月 10 日。

③ 《觉悟》1920 年 6 月 9 日。

小脚“审美”与性意识

缠足习俗起源何时，虽有一些人进行了考证，但在正史上都找不到确实的证据。在众多的“起源”说中，有认为始于南北朝齐朝东昏侯时代的；有认为始于隋炀帝时代的；有认为始于唐太宗时代的，众说纷纭，莫衷一是。一般认为是五代十国南唐后主李煜让其妃子窅娘缠足始，“李后主宫嫔窅娘，纤丽善舞，后主作金莲，……令窅娘以帛绕脚，令纤小，曲上作新月状，素袜舞云中，回旋有凌云之态。……由是人皆效之，以纤弓为妙，以此知札脚自五代以来方为之”①。大致到了南宋时期，缠足习俗在民间相沿成俗，蔚然成风。

缠足陋习之所以能够得以兴起，根本原因在于中国封建社会的男权文化被普遍认同。中国自古已有抑女贬女思想，孔子时代就有“唯女子与小人为难养也”的论调，“三纲五常”、“三从四德”中也无不体现着男权文化的特色。到了宋代程朱理学一统天下，“男尊女卑”的男权文化就成了支配人们思想并被人们普遍接受和认同的公理。从此，男人成为至尊，女人成为男人的玩物、奴隶、工具、私有品。所以一切摧残、压抑、歧视女子的现象都是天经地义、不容置疑的。缠足习俗兴起的直接原因又体现在两个方面，一方面是统治阶级的荒淫无耻而要求对

① 陶宗仪：《南村辍耕录》（卷十），中华书局1959年版，第127页。

身边的女性的凌辱；以及嫔妃们为迎合统治阶层糜烂的生活需要而不惜戕贼自己的身体，以博他人一笑。另一方面是民间“上行下效”的心态使然。“先是倡伎尖，后是摩登女郎尖，再后是大家闺秀尖，最后才是‘小家碧玉’一齐尖。待到这些‘碧玉’们成了祖母时，就入于利屣制度统一脚坛的时代了。”①鲁迅这段话是对民间在缠足问题上，“上行下效”心态的最形象的注释，这种心态确是缠足风习兴起的直接原因之一。

缠足陋习兴起，并“日播月盛”，“流为积习”。其谬种流传的原因是多方面的。其一，审美心理与传统相通。在“男尊女卑”、“男强女弱”的文化环境中，男子是主动者、强者、尊者，女子是被动者、弱者、卑者。所以审美的总标准为“阳刚阴柔”，即对女子的审美要求为轻声柔气、娇弱纤细、举止舒缓、步履轻盈、胆怯怕羞、温柔驯服。女子只有处处显示出谦卑、驯服、娴静、迟缓、柔弱，才具备“贞静幽闭、端庄成一”的气质，才能称上男人心目中“沉鱼落雁”、“闭月羞花”的美女。《诗经》的“窈窕淑女、君子好逑”；《南都赋》的“罗袜蹑蹀而容舆”；《孔雀东南飞》的“足下蹑丝履”，“纤纤作细步”等，都是对女子幽雅娴静、温柔舒缓的赞美。这种审美意识又必然要求在形体上对女子加以束缚，六朝乐府诗《双行缠》诗中有“新罗绣行缠，足趺如春妍，他人言不好，我独知可怜”，这是时人有以小脚为美的例证，之所以认为小脚美观，正是因为小脚女人的行为举止与传统的审美观有相通之处。不仅如此，男人一系列的情感变化也能产生欣赏小脚的心理感受。男子面对女子“瘦欲无形”的小脚，而产生“越看越生怜惜”之情感，由怜惜而生疼、而生爱、而生美感。虽然是一种变态和畸形的“审美感受”，但却是符合人们情感心理变化的一般规律的。对小脚的审美心理一旦形成，便助长缠足陋习的流行。《香艳丛书》所收《香莲品

① 鲁迅：《鲁迅全集》(第四卷)，人民文学出版社1981年版，第505页。

藻》一书，对小脚的欣赏和评价，的确到了无以复加的“艺术”境地，乃国人对小脚“艺术”和“审美”的全面总结，读来令人瞠目结舌，震撼不已。其二，小脚转变成诱发“性意识”的一个重要因素。人创造文化，文化又造就人，这可视为两者关系的一个注脚。人所创造的价值观念体系产生了对小脚的审美意识，反过来这种小脚文化又对人的心理、感觉和意识产生一种诱导和规范作用。小脚对人的“性意识”诱发便是如此。文化的此种功能，的确令人不可思议。“由于缠足后，足的形状成了畸形，当足接触地面时，全身的重力集中于踵部，也就是说人为的变成了用踵部走路，因此，跟着发生变化的是妇女的腰部也会变得发达，对骨盆也会有重要影响，涉及到性的方面也会产生极其微妙的作用。”① 这是日本女性史专家山川丽谈缠足流行原因时的一个说法。这还只是一种直觉的性刺激，并非文化功能引起的结果。而小脚审美一旦转化为诱发“性意识”的因素，情况就尤为显著了。从对“柔弱无骨”的小脚“愈亲愈耐抚摩”②，到以妓女弓鞋“载盏以行酒”；从男子视弓足为“性”标志，认为女子最性感处并非胸前和胯间，而是“金莲”，抚之即可撩拨情欲，产生快感，到女子视“金莲”为“性感带”，只要它被异性一握一捏，立刻春情荡漾，不克自持。可见文化不但能改变人的观念和行为，而且能够造作人的新的感受和体验。文明的先进文化如此，野蛮的陋俗文化亦如此。所以可以明白为什么《金瓶梅词话》中的西门庆与潘金莲调情时，《刁刘氏演义》中的王文与刘氏调情时，无不从“三寸金莲”下手的道理了。其三，小脚成为择偶的重要条件。小脚既成“审美”，天足即为“丑陋”，女子天足，“母以为耻，夫以为辱，甚至亲串里党，传为笑谈，女子低颜，自觉形秽”③，择偶随即成为困难。“出嫁是女人的唯一出路，做媒的人先要问一下脚大小，没有小脚嫁不到

① ［日］山川丽：《中国女性史》，三秦出版社 1987 年版，第 60 页。
② 陈东原：《中国妇女生活史》，商务印书馆 1937 年版，第 225 页。
③ （清）福格：《听雨丛谈》，中华书局 1959 年版，第 139 页。

富贵风流的丈夫，甚至没有人要娶”①。河南安阳的一首歌谣也说，“裹小脚，嫁秀才，吃馍馍，就肉菜；裹大脚，嫁瞎子，吃糠菜，就辣子。”小脚成为择偶的条件是缠足陋俗广为流传中的一个极其重要的因素。其四，缠足是身份和福气的象征，是家道富有的标志。康有为的女儿康同璧说：“我们家庭是所谓书香门第，像这样人家的‘小姐’，是必须用小脚来表示身份的；三寸金莲，一切行动都是依靠丫头，那才是‘福气’”②。元人伊士珍《娘环记》里说，本寿问于母曰：“富贵家女子必缠足何也？”其母曰：“吾闻之圣人重女而使之不轻举也，是以裹其足，故所居不过闺阈之中，欲出则有帷车之载，是无事于足也。”③ 清人鼓儿词中也有“小姐下楼格登登，丫头下楼扑通通，同是一般裙钗女，为何脚步两样声”，可见缠足是女性尊贵的标志。其五，有利于妇女的贞操要求，“裹上脚，裹上脚，大门以外不许你走一匝”，弓足女子行动不便，足不出户，“深锁闺中”，既能防止放荡行为，又能保持女性贞操。缠足为男人提倡，是要独占女子贞操的一种手段。正是基于上述五方面的原因，所以，缠足陋习不但在中国社会兴起，并能趋之若骛，不断流传，上千年绵延不断。

原载《历史大观园》1993 年第 12 期

---

① 汤志钧：《戊戌时期的学会和报刊》，台湾商务印书馆 1993 年版，第 410 页。

② 康同璧：《清末的“不缠足会”》，《中国妇女》1957 年第 5 期。

③ 陈东原：《中国妇女生活史》，商务印书馆 1937 年版，第 240 页。

论五四时期的“性伦”文化

五四时期新生文化广博丰厚，其性伦文化堪为一项重要内容。所谓“性伦”文化是指反映两性间诸多关系的某种功能性模式。“两性间诸多关系”即以“性”为核心，或涉及“性”的一系列相关问题；“模式”即两性关系在价值观、道德观、行为方式、本能趋向等方面在相应范围内被认同的标准或样式；“功能性”即这种标准或样式对社会与人发生的作用与效能。发挥积极进步意义的性伦文化的模式当予肯定、坚持、弘扬之，相反则当予批判、摒弃、改造之。人类两性关系的一个基本的理想是两性间的相互平等、和谐、善待和尊重，然而这个理想需要在历史的进化过程中，通过男女双方艰辛的努力和孜孜不倦的追求，才能实现。随着中国近代社会的形成和近代文明意识的产生，反衬出中国“性伦”文化的糟粕，诸如“男女授受不亲”——男女间没有平等的交往沟通，甚或完全处于隔绝状态；片面的贞操要求——对女子性禁锢和对男子性放纵的认同和纵容；“性”禁忌的民俗心态——对人类“性”生理的忌讳达到了一种宗教狂的程度；专制婚姻——使个人失去了真正的幸福和自由。这些“性伦”文化的糟粕是走向近代的国人还未完全脱离野蛮愚昧的象征。五四时期“性伦”文化的变革正是近代国人为摆脱这种野蛮愚昧而努力进取的体现。

一、性伦文化建设的思想内涵

五四知识分子否定和批判封建性伦文化的主要指向是传统性伦文化观念中的思想观念误区。这些误区包括性伦偏向误区、性伦本能误区、性伦禁忌误区以及性伦杀人误区。

性伦偏向误区是指对男女性伦评判上的不公平，利益倾斜向男性，苦难强加给女性；性伦偏向误区还指男女性伦价值观念的差异，暴露了男性的丑恶和女性的愚昧。五四思想文化界对封建贞操观批判时就重点指出了男女道德评判上的不公平，把贞操的道德名声“完全负担在女子的身上，至于男子，毫无所谓贞操”①。其实“失节一事，岂不知道必须男女两性，才能实现。他却专责女性；至于破人节操的男子以及造成不烈的暴徒，便都含糊过去”②。这显然是男权社会对男人肆意纵容、对女人任意摧残的病态社会的不公正现象。在性伦文化观念趋向上，五四思想界进一步揭露了男性的丑恶卑鄙和女性的虚荣愚昧。在女子遇到强暴时，男性“只得救了自己，请别人都做烈女”③，“久而久之，父兄丈夫邻舍，夹着文人学士以及道德家，便渐渐聚集，既不羞自己怯弱无能，也不提暴徒如何惩办，只是七口八嘴，议论他死了没有？受污没有？死了如何好？活着如何不好。”④ 对于死者，称赞几句，“好在男子再娶，又是天经地义，别讨女人，便都完事。”男性的丑恶卑鄙暴露无遗。而有的女子由于轻信了那荒谬的贞操迷信，“要借此博一个‘青史留名’”，所以绝食寻死，想做烈女，于是“造成许多沽名钓誉，不诚实，无意识

① 瑟庐：《产儿制限与中国》，《妇女杂志》第8卷第6号。

② 《我之节烈观》，《鲁迅全集》第1卷，人民文学出版社1981年版，第122页。

③ 《我之节烈观》，《鲁迅全集》第1卷，人民文学出版社1981年版，第122页。

④ 《我之节烈观》，《鲁迅全集》第1卷，人民文学出版社1981年版，第122页。

的贞操举动”[①]。女性的虚荣愚昧也可见一斑。

性伦本能误区是指对性本能采取的非理性态度，包括视人为性工具以及对性事的讳莫如深这样两个方面。在中国封建社会，“男女授受不亲”是男女两性关系的基本状态之一，男女间没有平等的交往沟通，甚或完全处于隔绝状态。由于男女隔绝太甚，偶然相见，没有鉴别的眼光和自制的能力，“最容易陷入烦恼的境地，最容易发生不道德的行为”[②]，堕入了视人为性工具的误区。另外，国人心态怪不堪言，对于性事“不知何故，却被人们不约而同地把它投入缄秘的雾罩里”[③]，“性交是常事，却以为不净；……人人对于婚姻，大抵先夹带着不净的思想。亲戚朋友有许多戏谑，自己也有许多羞涩，直到生了孩子，还是躲躲闪闪，怕敢声明。”[④]国人一方面要做，一方面又讳莫如深，正如鲁迅所讽刺的那样，“理学先生总不免有儿女，在证明着他并非日日夜夜，道貌永远的俨然”[⑤]。视人为性工具，对性事又讳莫如深，这在本质上是性伦本能误区的表现。

性伦禁忌误区是指中国传统的性禁忌心态习俗，它的直接表现就是回避性教育。由于性禁忌心态习俗的影响，国人对于性教育，“大都还是不很了解，不知道性教育是性的卫生及性的道德的基础，往往容易误认实行这种教育，是导于恶习的起点。”[⑥]“对于一般青年施以性教育，或足以破坏他们的纯洁，玷污他们的清白”[⑦]。五四知识分子还深刻揭示了因无性教育而酿成的恶果：其一，性无知导致的性神秘及逆反心

① 胡适：《贞操问题》，《新青年》第5卷第1号。

② 《美国的妇人》，《胡适文存》第1集卷4，黄山书社1996年版，第470页。

③ 章璞：《性欲教育谈》，《平民教育》第70期。

④ 《我们现在怎样做父亲》，《鲁迅全集》第1卷，人民文学出版社1981年版，第131页。

⑤ 《一思而行》，《鲁迅全集》第5卷，人民文学出版社1981年版，第473页。

⑥ 周建人：《性教育与家庭关系的重要》，《中国妇女问题讨论集》第五册，《民国丛书》第1编第18册，上海书店1989年版，第179页。

⑦ 陈并谦：《性教育概论》（上），上海《时事新报》副刊，《学灯》第6卷第8册第27号。

态。对性的愚昧无知，易产生性神秘感，使本来很自然的性问题被笼罩一层迷雾和灰垢。性神秘又导致性逆反。对“性”的一味压抑，其结果是“压力愈太，反抗力也愈强，一经爆发，正似决江之水，横冲直撞，莫之能御”①。其二，对儿童与青年的毒害。人在儿童期间，由于好奇心的驱使，对自身的由来不免产生疑问而询问父母。父母受性禁忌心态习俗与礼教的深毒，视“性”为卑鄙污秽之事，往往用呵斥禁止、支吾诳骗、嬉笑含糊的态度去敷衍搪塞，但是不论用哪一种方法去应付，都足以使儿童莫名其妙、眩惑不定，疑团愈加不能消释。其三，导致社会病。由于缺乏性的知识和道德教育，社会罪恶如性病、卖淫等随即流播炽盛。

性伦杀人误区是指传统性伦文化直接导致杀人的恶果。贞操文化就直接导致女子于“苦”和“死”的境地。烈妇必死，自不必说，节妇活着，“精神上的惨苦”姑且不论，生活的痛楚就难以开脱。“假使女子生计已能独立，社会也知道互助，一人还可勉强生存。不幸中国情形，却正相反，所以有钱尚可，贫人便只能饿死。”节烈很难很苦，既不利人，又不利己。“说是本人愿意，实在不合人性”。多数守节女子均属“礼不可逾”、“义不可免”，而强行克制自己的性情。故“无论何人，都怕这节烈。怕他竟钉到自己和亲骨肉的身上”②。守节难，勉强行之，便是对人性的扼杀。“中国的贞操主义就是吃人的主义”③。

五四知识分子提倡和主张新式性伦文化的主要内容包括：高尚合理的两性状态；新式道德观和贞操观；进行性教育和生育节制教育。

五四知识分子主张高尚合理的两性状态，重点体现在积极提倡“男女社交公开”上。当时主张者是从三个方面思考男女社交公开的

① 甘南引：《两性间应有之知识》，《平民教育》第55号。

② 《我之节烈观》，《鲁迅全集》第1卷，人民文学出版社1981年版，第124页。

③ 佩韦：《恋爱与贞操的关系》，《中国妇女问题讨论集》第五册，《民国丛书》第1编第18册，上海书店1989年版。

积极意义的。其一，男女交往，可以相互砥砺和影响，使双方养成优良的品格和高尚的情操。胡适曾经谈及男女社交的意义："女子因为常同男子在一起做事，自然脱去许多柔弱的习惯。男子因为常与女子在一堂，自然也脱去许多野蛮无礼的行为（如秽口骂人之类）。"① 其二，男女正常交往，就会觉得男女之间"都是同学，都是朋友，都是'人'，所以渐渐地把男女的界限都消灭了，把男女的形迹也都忘记了"②。这种"忘形"的男女交际，是相互视为"人"的平等交际，是增进青年男女自制能力的唯一方法，是对"男女有别"封建道德观念的反动。其三，男女公开交际，是人的解放和妇女解放的需要，是为了恢复正常的人际状态。沈雁冰说："我们为什么要男女社交公开呢？我以为无非是想把反常的状态回到合理的状态罢了！"③ 人际关系从反常状态回到合理状态，才能真正地解放人和解放妇女。否则，要养成健康的心灵，培植文明的道德，树立高尚的人格，一句话，要解放人，是困难的。

五四思想界在批判封建贞操观的同时，提出了新式道德观和贞操观。他们尖锐地指出，节烈这事"极难，极苦，不愿身受，然而不利自他，无益社会国家，于人生将来又毫无意义的行为，现在已经失了存在的生命和价值"④。因此要摒弃封建贞操观，建立新式道德观。五四知识分子提出的新主张是：其一"节烈"绝不道德。"节烈"并非天经地义，"决不能认为道德，当作法式"。其二，守节与否决定于个人的自由意志。守节一事完全是个人问题，由于个人境遇、体质、恩情、家计的不同，或能守或不能守，全凭个人的自由意志而定。其三，夫妻要持平等相待的态度。"这维持贞操的责任，不该专由女子负担，应该由男女

① 《美国的妇人》，《胡适文存》第1集第4卷，黄山书社1996年版，第470页。
② 《美国的妇人》，《胡适文存》第1集第4卷，黄山书社1996年版，第470页。
③ 雁冰：《男女社交公开问题管见》，《妇女杂志》第6卷第2号。
④ 《我之节烈观》，《鲁迅全集》第1卷，人民文学出版社1981年版，第124—125页。

两方面共同负担的。”[①] 所以应该做到，“(一) 男子对女子，丈夫对妻子，也应有贞操的态度；(二) 男子做不贞操的行为，如嫖妓娶妾之类，社会上应该用对待不贞妇女的态度对待他；(三) 妇女对于无贞操的丈夫，没有守贞操的责任；(四) 社会法律既不认嫖妓纳妾为不道德，便不该褒扬女子的‘节烈贞操’。故既不奖励男子的贞操，又不惩男子的不贞操，便不该单独提倡女子的贞操。”[②] 其四，提倡新式贞操观：“(1) 女子为强暴所污，不必自杀。……(2) 失身的女子的贞操并没有损失。……社会上的人应该怜惜她，不应该轻视她…… (3) 娶一个被污了的女子，与娶一个‘处女’，究竟有什么分别? 若有人敢打破这种‘处女迷信’，我们应该敬重他。”[③] 其五，彻底摒弃封建“节烈”观。既然“节烈”这事已失去了存在的生命和价值，就要“除去于人生毫无意义的苦痛。要除去制造并赏玩别人苦痛的昏迷和强暴”，“要人类都受正当的幸福”[④]。五四知识分子以尊重人性、男女平等、让女子摆脱苦难为出发点，提出了新式道德观和贞操观。

五四知识分子还提出了“性教育”和生育节制的主张，认为“普及教育，尤其是性教育，这正是教育者所当为之事”[⑤]。性教育包括科学的、伦理的、社会的、审美的教育，通过这样的教育使人对人类生活的两性问题持一种文明的、严正的、科学的、尊重的态度。五四知识分子视性教育的宗旨，在于设法增长人们的性知识，“明白误用性的官能的损害，而从事健康上的摄卫。并且打破从来的秽亵观念，以改善两性间的行为和态度。”[⑥] 这种性教育的结果可产生三项功效，“一是保持健康，

---

① 瑟庐：《产儿制限与中国》，《妇女杂志》第 8 卷第 6 号。

② 胡适：《贞操问题》，《新青年》第 5 卷第 1 号。

③ 《论女子为强暴所污》，《胡适文存》第 1 集卷 4，黄山书社 1996 年版，第 495—496 页。

④ 《我之节烈观》，《鲁迅全集》第 1 卷，人民文学出版社 1981 年版，第 125 页。

⑤ 《坚壁清野主义》，《鲁迅全集》第 1 卷，人民文学出版社 1981 年版，第 258 页。

⑥ 周建人：《性教育的理论与实际》，《中国妇女问题讨论集》第五册，《民国丛书》第 1 编第 18 册，上海书店 1989 年版，第 179 页。

一是改善性道德，最后一种功效便是改良未来的人种”[①]。对于性教育的重要意义，1922 年从法国里昂大学回国任北京大学哲学教授的张竞生博士在其《美的社会组织法》一书中曾有一段精辟的论述：“性譬如水，你怕人沉溺么，你就告诉他水的道理与教他会游泳，则人们当暑热满身焦躁时才肯入浴，断不会在严冬寒冷投水受病，又断不会自己不识水性，就挽颈引领，闭目伸头，一直去跳水死。故要使青年不至于跳水寻死，最好就把性教育传给他。”[②] 这里用“水”喻性，用“学游泳”喻性教育，深入浅出地表达了性教育的重要意义。另外，还有知识分子提出生育节制教育的主张，认为生育不加节制，小则损害个人的身心健康，大则危及民族的存亡。当时还有人提出组织“生育节制会”和“节育研究会”，使生育节制尽早地实施并进一步加深学理研究，实行普遍的教育。人们对组织团体的理由、宗旨及组织办法、人员数目、地点、事务、任务等都曾作了具体的构思和设想。[③]

五四时期性伦文化的新价值观是对传统封建道德观的否定，是社会进步和时代文明在伦理文化观念上的反映，时至今日，它仍具有积极的启示意义。

二、性伦文化变革的基本特征

五四时期性伦文化在形成过程中，新旧思想展开了激烈的交锋，思想交锋的重点也主要围绕在“性道德”上，这反映了新生文化观念诞生的必经历程。

---

① 周建人：《性教育的理论与实际》，《中国妇女问题讨论集》第五册，《民国丛书》第 1 编第 18 册，上海书店 1989 年版，第 179 页。

② 张竞生：《美的社会组织法》，北新书局 1926 年版，第 129—131 页。

③ 陈德征：《一个临时的动议》，《妇女评论》第 41 期。

在围绕“男女社交公开”展开的思想斗争中，主要体现在是维护还是背叛封建礼教的斗争上，双方都是以维护“性道德”作为攻击对方的思想武器。反对男女社交公开者认为“男女社交公开，是使国民道德堕落。现在礼防尚严的时候，尚且有许多不道德的事情发生，将来男女社交自由，便接触的机会愈多，不道德的事情自然易发生”①。他们仍然站在“男尊女卑”的立场上，不视女子为平等的同类、平等的人，而只视为藏匿于闺门之内的传宗接代的工具，视为“淫具”。“淫具”自然不能公开。公开“淫具”，撩拨“肉欲”，那么“淫风”大起，就成了自然，这就是固守封建礼教者的逻辑。这种逻辑被主张男女社交自由者所质疑，认为发生“不道德的事情”，“是否仅仅因为男女多见面、多交际的缘故呢？还是尚有其他的原因呢？”鲁迅曾讽刺说：“闺秀不出门，小家女也逛庙会，看祭赛，谁能说‘有伤风化’情事，比高门大族为多呢？”②主张社交公开者以维护“性道德”的姿态批判了男女社交不能公开造成的危害，认为社交不能公开的最大弊害就是容易导致“乱伦”和不规则的“性自由”。他们认为中国“自从有了这‘礼教’两个字，那么男女有起界域来了！有起礼防来了！男女的交际秘密起来了！男女的情感，变成不可以对人说的了！因了这种种的缘故，就生出什么‘奸淫’、‘贞操’、‘节操’等等的问题”③。隔绝愈严，愈易对异性产生好奇心和神秘感，男女一旦相遇，就易产生性的冲动，而“人心机诈既生，便不是空空洞洞的礼教可以束缚”④。“苟合”、“外遇”、“穴隙相窥”的事就易出现。男女交往一旦公开和自由，男女间“一样的对待，一样的交际，就不觉得有什么欲念”⑤，也就不易发生“‘乱交’的

① 雁冰：《男女社交公开问题管见》，《妇女杂志》第6卷第2号。

② 《坚壁清野主义》，《鲁迅全集》第1卷，人民文学出版社1981年版，第258页。

③ 杨潮声：《男女社交公开》，《新青年》第6卷第4号。

④ 佩韦：《恋爱与贞操的关系》，《中国妇女问题讨论集》第五册，《民国丛书》第1编第18册，上海书店1989年版。

⑤ 杨潮声：《男女社交公开》，《新青年》第6卷第4号。

情形”[1]。以维护“性道德”作为攻击对方的武器，不但可以赢得更多的支持者，还可以维护自己的道德形象，也就更便于其个人思想主张的传播和实施。

在如何对待“婚姻制度”上，主张废婚和反对废婚两派也产生过激烈的思想论战。双方论战的内容很多，其中重要一点就是在如何看待“节制性欲”的性伦文化上。反废婚派认为：“如果废除婚姻制度，那么，今天甲和乙恋爱，明天乙和丙恋爱，完全成了乱交的状态，使兽性冲动逐渐增加。”[2]“性欲虽是人类正常的要求，但也要有一定的节制，倘没有节制，生理上就非常危险了。……所以一定要有婚姻制度，来节制这性欲过度的要求。”[3]废婚派认为反废婚派的这种见解是没有“了解‘自由恋爱’的真理，所以就要误解到什么乱交……兽性……上面去，把那种神圣的‘自由恋爱’沾了污点”[4]。废婚派认为：“婚姻制度，非但不能限制性欲，而且有时还要纵欲，因为他不必要双方同意”，“限制性欲，只要从生理上自己去限制，用不着婚姻制度”[5]。“节制性欲”与婚姻制度的关系如何，虽然两派观点不同，但通过大论战，有益于双方对问题的进一步思考。

五四时期，在性伦文化的变革中，有些知识分子通过掌握新的理论方法和接受新的学术观点，从一些新的视角和层面来认识和解释性伦文化，对问题的理解更具深刻性和独特性。

1918年5月15日《新青年》第4卷第5号上发表了周作人翻译的日本诗人与谢野晶子所著《贞操论》一文。《贞操论》认为，我们生活的总原则是：“脱去所有虚伪，所有压制，所有不正，所有不幸；实现

---

① 冰：《再论男女社交问题》，《妇女评论》第9期。

② 葆华：《废除婚制问题的讨论》（二），《觉悟》1920年5月11日。

③ 赞平：《废除婚制问题的讨论》，《觉悟》1920年5月28日。

④ 哲民：《主张废除婚制的说明》，《觉悟》1920年5月13日。

⑤ 存统：《废除婚制问题的讨论（一）》，《觉悟》1920年5月29日。

出最真实，最自由，最正确而且最幸福的生活。”那么包括“贞操”在内的道德观符合其原则取之，否则舍之。《贞操论》认为人的精神上的贞操是很难达到的。如果贞操是属于精神的，“照意淫的论法，见别家妇女动了情，便已犯了奸淫，凡男人见了女人，或女人见了男人，动了爱情，那精神的贞操，便算破了。无论单相思，无论失恋，或只是对于异性的一种淡淡爱情，便都是不贞一，照这样说，有什么人在结婚前，绝对的不曾犯过这‘心的不贞’呢?”所以有必要重新认识和重新估价贞操问题。《贞操论》认为无爱情的夫妻生活是不贞的。“世间的夫妇，多有性交虽然接续，精神上十分冷淡；又或肉体上也无关系，——只要表面上是夫妇，终身在一处过活，便反把他当作贞妇看待。”[①] 这种行尸走肉般的夫妻关系，被贞操道德所束缚，迷惑于是否贞操之中，却自视或被视为守住了节操的道德人。《贞操论》认为不能将贞操仅视为肉体关系，如果这样，“男女当然是绝对不能再婚，不但如此，如或女子因强暴失身，男子容纳了奔女，便都已破了贞操，一生不能结婚了。又如为了父母兄弟或一身一家的事情，不得已做了妓女的人，便永被人当作败德者看待；——反过来说，倘若肉体只守着一人，即便爱情移到别人身上，也是无妨。这样矛盾的事，也就不免出现了。”贞操到底是什么，是道德的话，怎样的贞操才算道德，该有怎样的贞操道德，这是极为矛盾不易解决的棘手问题，所以与谢野晶子得出结论，“我对于贞操，不当他是道德；只是一种趣味，一种信仰，一种洁癖。既然是趣味、信仰、洁癖，所以没有强迫他们的性质。”[②]《贞操论》中提到的一些问题是值得人们深思的。把贞操从道德范围剥离出来，把它视为“一种趣味”、“一种信仰”、“一种洁癖”，这是解决贞操问题一个值得借鉴和参照的思路。《贞操论》对中国思想文化界颇有影响，受其启发，胡适与

① ［日］与谢野晶子:《贞操论》，周作人译，《新青年》1923 年第 4 卷第 5 号。

② ［日］与谢野晶子:《贞操论》，周作人译，《新青年》第 4 卷第 5 号。

鲁迅先后发表了有关“贞操问题”的文章。五四时期某些知识分子在思想上是倾向《贞操论》中的某些观点的。

五四时期，李大钊从物质变动的角度阐述了有关贞操产生及其变动的内在根据，他明确指出：“女子贞操问题也是随着物质变动而变动。在男子狩猎女子耕作的时期，女子的地位高于男子，女子生理上性欲的要求强于男子，所以贞操问题绝不发生，而且有一妻多夫的风俗。到了牧畜、农业为男子独占职业的时期，女子的地位低降下去，女子靠着男子生活，男子就由弱者地位转到强者地位，女子的贞操问题从而发生，且是绝对的、强制的、片面的。又因农业经济需要人口，一夫多妻风盛行。”到了工业社会，“贫困迫人日益加甚，女子非出来工作不可。男子若不解放女子，使他们出来在社会上和男子一样工作，就不能养赡他们。女子的贞操，就由绝对的变为相对的，由片面的变为双方的，由强制的变为自由的。从前‘从一而终’，现在可以离婚了；从前重守节殉死，现在夫死可以再嫁了。将来资本主义必然崩坏。崩坏之后，经济上产生大变动。生产的方法由私据的变为公有的，分配的方法由独占的变为公平的，男女的关系也必日趋于自由平等的境界。只有人的关系，没有男女的界限。贞操的内容也必大有变动了。”①李大钊用马克思主义的唯物史观宏观阐述了贞操问题的产生及其变化，并对未来的贞操观作了简约的概括。但李大钊的观点还未作具体缜密的论述，同与谢野晶子的观点相比，他的观点更具宏观的理论概括性。他们都是从新的视角来认识与解释贞操问题的，其思想观点也是非常新颖和有见地的，显示出五四时期性伦文化变革的又一特征。

五四时期，性伦文化不仅在思想观念上有了新的变革，而且在男女社交、生育节制、性教育等方面还有了初步的实践活动。

五四进步青年不仅在思想上认同男女交际的公开，而且在行动上

---

① 《物质变动与道德变动》，《李大钊选集》，人民出版社1959年版，第125页。

也敢背弃陈规陋俗，勇敢地迈出社交自由的第一步。五四时期的爱国救亡运动恰为先进青年男女社交的公开提供了实践的契机。当时的男女学生组织配合五四运动中游行请愿等爱国活动，相互沟通串联，联合行动，共同罢课或举行示威游行。进步女青年敢于“冒天下之大不韪”，前往监狱慰问因在街头讲演而被当局逮捕的男同学。一些进步团体也能打破男女界限，吸收女青年参加，形成组织上的男女大联合，长沙的新民学会和天津的觉悟社在当时最具典型意义。新民学会在五四时期吸收了 19 名女会员，觉悟社也按男女 1∶1 的原则接收新会员。五四时期男女青年交往增多，“甚至还有的公开与男同学通信，交朋友，打破了学校一贯坚持的男女授受不亲的律条，开始与封建旧道德决裂。”①

在生育节制方面也是如此。1922 年 5 月在苏州成立了我国历史上第一个研究节育的学术团体“中华节育研究社”。该社通过其所刊行的《现代妇女》发表文章，宣传生育节制的知识，回答要求节育者提出的问题，并给予方法上的指导，帮助代购药品和用具等，同时还从事节育理论的研究，编著和翻译有关节育问题的文章。1930 年 5 月上海成立的“节育研究社”也是一个很重要的节育研究团体。1930 年以后，节育活动由理论宣传逐渐走向实践，其标志是原北平妇婴保健会的成立。妇婴保健会自 1930 年至 1934 年，共施行节育 547 例。②节育者大多属于知识分子阶层，受到高等教育的高达 50%以上，受过中等教育的占 20%左右。与此相关联，节育者的职业也以教育、学术界人员为多，其次为行政公务人员，一般民众的比例极小。③

五四时期，开始了初步的性教育实践。鲁迅是中国现代性教育的先驱者。1909 年 8 月，他从日本回国，应聘在杭州的师范学校教生理

① 隋灵璧：《五四时期济南女师学生运动片断》，《五四运动回忆录》（下），中国社会科学出版社 1979 年版。

② 《中国经济年鉴：续编》，商务印书馆 1935 年版。

③ 德证：《生育节制》，《妇女评论》第 42 期。

卫生课。当时全国到处充塞着旧思想、旧习惯，鲁迅却毫不畏惧地在讲台上进行性知识的传播。① 同学们都非常敬佩鲁迅先生的博学和卓见。1926 年，北京大学哲学系张竞生博士主编了一本《性史第一集》，收有听他讲课的 7 名北京大学男女学生所写的关于性知识体验的七篇文章，反映了张竞生博士在性教育实践上所做的工作。这些性教育的实践在当时社会还是极少见的。但性教育既已出现端倪，并在当时"已经占有极有兴趣的地位"，它必然对以后文明的两性关系产生影响，"必有改善和矫正的希望"②。

五四时期性伦文化的初步实践活动，开了现代文明生活的先河，从这个角度看，它具有从传统向近代转型的重要意义。

三、性伦文化演变的局限及历史意义

五四时期性伦文化发生了重要的变化，但其变化带有明显的历史局限性。五四时期虽处于社会文化转型的重要时代，但当时的中国，封建社会形态还没有发生根本改变，笼罩于社会的仍然是封建伦理文化。多数人的思想、情感、理想、观念未能摆脱传统思想和生活理念的桎梏，还在封建社会的生活轨道上蹒跚而行。男女正常交往大多还受到怀疑，"见一封信，疑心是情书了；闻一声笑，以为是怀春了；只要男人来访，就是情夫；为什么上公园呢，总该是赴密约"③。有些女子学校的清规戒律非常严格，稍有违禁即被惩办。有些女学生就因同男朋友通信或同不相识的男子谈话而被嘲笑、诋毁甚至开除。④ 性教育实践在当时社

---

① 《鲁迅翁杂忆》，《夏丏尊文集》第 1 卷，浙江人民出版社 1983 年版。

② 王统照：《两性的教育观》，《曙光》第 1 卷第 5 号。

③ 《寡妇主义》，《鲁迅全集》第 1 卷，人民文学出版社 1981 年版，第 265 页。

④ 大白：《请看开除女学生的罪名》，《觉悟》1922 年 5 月 25 日。

会也是极少见的，很多学校“讲生理卫生时，所谓那些有碍部分，都得删去”①。周建人讲过，当时中学生教科书里一般是不讲生殖系统的生理卫生的，所以“纵使受过很高的教育的人，他纵然学过生理学，消化系统知道得很详细，但他对于生殖系统的构造与功用却不知道，发生学也多不知道，所以他虽然生活上的技能受过教育，但对于性的本能的作用却全任其自然”②。可见五四时期性伦文化变革的历史局限性。

五四时期性伦文化在观念上的变革还存在曲折和偏激的问题，这在婚俗变革方面反映得尤为突出。在婚俗变革中，仍旧发生了一些重蹈戕害女性覆辙的问题，反映了婚俗变革过程的曲折与复杂性。在“自由婚姻”的口号下，有人由于误解了“自由”的真谛，或心怀叵测，一些“浮荡少年”和一些道学先生一样，视“妇女解放”、“自由恋爱”为“公妻”，为“性解放”。于是有些男性“在路上看见女少年，就满口‘妇女解放’、‘自由恋爱’；接着就是些侮辱女性的蛮话，甚至马上加以侮辱女子的举动或状态。顶狡猾的，还用些上海拆白党的办法，在人丛中，装作很交好的两个人一时反目了的样子去玩弄，使女少年找不到摆脱侮辱的机会。还有从各处探得女少年名姓，胡乱写情信，信中全作很有情交的话，往往引起女少年学校斥退、家庭禁锢的阴惨”③。这种鱼目混珠的浮荡举动玷污了“婚姻自由”的圣洁，又给女性的心灵涂上了一层阴影，造成新的怆痛！此外，由于当时人们对婚姻问题执着而又热烈的讨论，也由于国人受封建婚姻家庭肆虐的感受和体验最深、最具体、最直接、最强烈，所以易产生一种极端的否定意识和与现实彻底决裂的偏激情绪。这在婚姻观念变革中有所反映，其中“独身主义”和“废除婚制”的偏激主张最为突出和典型。五四时期还有人提出“不离婚而恋爱”、“多妻制而恋爱”等主张，虽然目的也是为了与传统婚姻抗争，但

① 隋灵璧等：《五四运动回忆录》（下），中国社会科学出版社 1979 年版，第 690 页。

② 佛突：《妇女解放和浮荡少年》，《觉悟》1920 年 8 月 17 日。

③ 佛突：《妇女解放和浮荡少年》，《觉悟》1920 年 8 月 17 日。

需要指出的是，运用这种不恰当的方式抵抗传统不会引导婚姻生活向着文明健康的方向发展，故应舍弃之。

五四时期性伦文化的演变尽管是那样地微弱，且带有局限性，但它仍是开启现代文明性伦生活的先导，它在历史变革时期具有的社会政治解放、人的精神解放以及社会文化转型等重要意义，应当予以肯定。

政治影响伦理，伦理又影响政治，两者有着互动的关系。专制政治需用封建伦理来维护，封建伦理要为专制政治服务并受其制约。在中国传统社会，纲常名教与专制政治可谓一对孪生兄弟。正如陈独秀所言："儒者三纲之说，为吾伦理政治之大原，共贯同条，莫可偏废。三纲之根本义，阶级制度是也。所谓名教，所谓礼教，皆以拥护此别尊卑、明贵贱制度者也。"民国初期，建立了共和制度，然而，由于没有与其相适应的新的伦理文化，所以民国只不过空打共和的招牌，仍不免实行专制政治。"吾人果欲于政治上采用共和立宪制，复欲于伦理上保守纲常阶级制，以收新旧调和之效，自家冲撞，此绝对不可能之事。"可见，旧伦理文化不可能适应新政治；旧伦理文化不变，新政治不能一花独放。五四新文化运动的产生，其实质就是要变革封建的伦理文化，建立新的伦理文化，以适应政治革新的需要。"盖共和立宪制，以独立、平等、自由为原则，与纲常阶级制为绝对不可相容之物，存其一必废其一。"① 社会政治解放离不开伦理文化的变革，有了适应于社会政治解放的伦理文化，政治解放才会真正实现。而性伦文化的变革正是伦理文化变革的一项重要内容。所以性伦文化变革具有政治解放的深刻意义。

人类在漫长的历史长河中，经历着从必然王国走向自由王国的过程。人在不断地战胜自然的过程中获得解放，人还在不断地改造社会的过程中获得解放。社会的改造包括政治、经济、文化等方面的变革。而伦理文化的变革不仅是文化改造的重要内容，也是社会变革的重要内

① 陈独秀：《吾人最后之觉悟》，《新青年》第1卷第6号。

容。因此，伦理文化的变革蕴含着人的解放的深刻意义。五四时期性伦文化等伦理文化的演变无不同人的精神解放紧密相连，它的突出表现就是要求个体摆脱封建性伦文化的束缚，以个体为本位，强调个体的自由与平等，强调一种以充分发挥个人价值的“个性主义”原则，这是近代社会人的精神进化的本质。因此，五四性伦文化的变革也是人类精神进化的重要一环，它有着人的精神解放的重要意义。

每当社会发生根本性变革，社会文化也将随之发生重要的转型。所谓转型是指文化的基本价值趋向发生了位移，对以往的基本文化价值观念进行批判、否定和改造，以建立新的文化价值观念和文化观念系统来适应新的社会现实。五四时期是我国非常重要的社会变革时代，并产生了震撼历史的新文化运动；伴随着新文化运动的展开而酝酿了新的历史文化转型。文化转型是文化整体的变革，单一的文化变革不能称为文化转型，而在文化整体的变革中，每一单项的文化变革在文化转型中都将起到积极的历史进步意义。在“五四”这一文化转型时期，在怀疑、批判和否定传统文学、文字、艺术、思想、国民性格这样一种特殊的文化整体的变革气氛中，性伦文化作为伦理文化的一部分，直接关系到人们的社会生活和个人生活，因此引起了思想界的广泛关注和探讨，所以性伦文化无疑已参与到文化的转型当中，并成为转型期社会文化的一项重要内容。

原载《文史哲》2005年第1期

文化开放时代的精神进化

——以五四时期的“个性主义”文化观为中心

一

精神进化是一个超长时段的概念。自人类有了精神活动以来，就开始了精神不断进化的过程。但是精神进化发生质变，在人类历史上仅有两次。一次在历史的轴心时代，另一次则发生在近代社会历史发展的过程当中。从这个意义上说，精神进化的确是一个超长时段的概念。面对这样一个超长时段的概念，人们要叩问的是在精神进化的过程中，精神内核的变化或曰精神核心价值的变化是什么。

人类精神进化过程中，与“开放”的概念有着密切的内在联系，它主要体现两方面的意义：一方面是在开放的时代，人类精神进化的步伐会快些，涵盖的内容也会多些。如中国近代社会作为开放时代和中国20世纪80年代以后的开放时代，其人类精神进化的内涵要多得多；另一方面是人类精神进化的内涵当中，本身就包含有丰富的开放文化观念。如中国近代的“师夷之长技以制夷”，“采西学，制洋器”，“中体西用”，以及当代中国全方位的改革开放观念，均为典型的开放文化观。

中国近代社会是开放的时代，是典型的文化开放的时代。在这个时代，大量的异邦文化（主要是西方文化）被广泛地引入和吸纳；在面对异邦文化东渐的过程中，出现了异常的中西方文化的论战；异邦文化在中国社会被更广泛的人群认同，并开始逐渐地多方面影响中国社会发展的步伐。

中国进入近代以后，社会政治、经济、生产、科技以及人们的生活都发生了变化。近代文化精英在深刻体悟中国传统文化和进一步理解西方文化的基础上，面对中国的现实和未来的发展，创建了中国近世的新文化。中国近代新文化的内容多彩多姿，其内容包括自由、平等、自治、自主、合群、尚武、民主、科学等等。而在这些新的近代文化价值系统中，其价值核心应该是“个性主义”的文化观。之所以把“个性主义”的文化观视为近代文化系统的价值核心，这是从人类精神进化历史长河视阈内的一个综合判断。纵观人类历史的进程，人的自身觉悟，即精神进化或精神解放已经历了两次。第一次是人类相对摆脱自然（神）的束缚，看重和强调人类本身的价值，确定人类的优越和中心地位，而获得人类整体的相对自由。这次人类精神的进化体现在“人伦文化”核心价值的诞生。第二次是个人相对摆脱传统人伦文化的束缚，看重和强调个体价值，确立个体的人身地位，从而获得个体间的相对平等和自由。这次人类精神的进化体现在“个性主义”文化观的诞生。可见，“个性主义”文化观在人类精神进化过程的第二阶段中所具备的核心价值的意义。

中国进入近代以后，特别是五四新文化运动以来，迎来了精神进化发生质变的新阶段。那么作为这一阶段精神进化核心价值的“个性主义”，它的发育历程及其基本内涵如何，这是本文将要探讨的主要问题。

二

下文将阐释中国近代社会特别是五四时期“个性主义”文化思想的发展流脉及其主要内容等三个方面的问题。

（一）近代中国“个性主义”思想的发展流脉

1. 中国将要步入近代社会之际，就有人开始朦胧地意识到发展个性的问题。龚自珍曾提出“尊心”、“尊情”的主张，他说：“心尊，则其官尊矣，心尊，则其言尊矣。官尊言尊，则其人亦尊矣”。[①] 这里带有明显的尊重个性的意旨，是对传统压制个性的反抗，是个性解放思想的一种反映。龚自珍曾经用梅花来作比喻，认为梅花“以曲为美”、“以欹为美”、“以疏为美”，这样对梅花就要进行人为的加工，所谓对梅花的“斫其正”、“删其密”、“锄其直”，[②] 以迎合某些人的“审美”要求。但梅花从此不能自由健康地成长，成为病梅。这里以梅喻人，是在谴责社会对人的摧残，使人成为精神上的病体。龚自珍呼吁要对病梅解除束缚，反映了他个性解放的强烈愿望。

戊戌维新时期，维新派感悟到自由、人权之于国人的重要，认为“新民”对于新制度建设的重要，反对社会对个人的压抑，并阐发了他们初步的“个性主义”思想主张。维新派“个性主义”思想主张的主旨是强调“人”，强调“自我”，这是维新派进一步深悟中国社会深层问题的体现，要解决中国社会自身的问题，首先要解决人的问题。康有为就提出以人为主的思想，认为“人道者，依人以为道”。[③]“人道”之主体

① 龚自珍：《尊史》，《龚自珍全集》，上海人民出版社 1975 年版，第 81 页。

② 龚自珍：《病梅馆记》，《龚自珍全集》，上海人民出版社 1975 年版，第 186 页。

③ 康有为：《大同书》，辽宁人民出版社 1994 年版，第 7 页。

是人，“以人为主”是为“道”。严复“个性主义”的基本精神在于“存我”，强调“于及物之中，而实寓所以存我者也”，① 认为在待人接物中，不能消融个人，要保持自我，这是“个性主义”思想的表述。从关心“人”到关心“自我”是“个性”关怀的一个进步，它扫除了公开表述上的障碍，是“个性主义”思想认同上的一个进步。而鲁迅是时至清末张扬“自我”的集大成者。清末，鲁迅看重自我价值、自我尊严、自我独立的品格。他曾说：“将生存两间，角逐列国是务，其首在立人，人立而后凡事举；若其道术，乃必尊个性而张精神”，“精神现象实人类生活之极颠，非发挥其辉光，于人生为无当；而张大个人之人格，又人生之第一义也”，“诚若为今立计，所当稽求既往，相度方来，掊物质而张灵明，任个人而排众数。人既发扬踔厉矣，则邦国亦以兴起。”② 鲁迅在这里极力推崇个性、推崇精神、推崇人格、推崇灵明、推崇个人，表明自己“立人”的极巅道术，以充分映衬出鲁迅“兴国”的基础在“任人”的“个性主义思想”。

从龚自珍到康有为、严复，再到鲁迅，代表了中国步入近代社会以来直到清末，中国文化精英对“个性主义”理念的认识水平。他们的认识和理解虽然还不能与“个性主义”的本质特征完全重合，但与其有很多交合之处，诸如强调尊重个人、以人为主、尊崇精神等等，均闪耀着“个性主义”的思想光辉。他们的“个性主义”的价值理念还与兴国和强国紧密相联，体现了“个性主义”的实用及其现实的价值和意义。

2. 五四时期，把个体人作为历史主体，张扬人性，呼唤人的自由权利一度成为时代的思想主潮。五四时期是中国近代社会以来张扬个性主义最显著的时期。这一时期个性主义的表述更为具体，其内涵也有了新的发展。其一，把“个性主义”视为个人生存和自立以及社会经

① 严复：《论世变之亟》，王栻编《严复集》第1册诗文（上），中华书局1986年版，第3页。

② 鲁迅：《文化偏至论》，《鲁迅全集》第1册，人民文学出版社1981年版，第57、54、46页。

济发展的基础。梁启超此时强调“国民树立的根本义在发展个性”，他用“尽性主义”来表述个性主义，认为“这尽性主义是要把个人的天赋良能发挥到十分圆满。就私人而论，必须如此，才不至成为天地间一赘疣，人人可以自立，不必累人，也不必仰人鼻息”①。梁启超讲发展个性是要把个人的天赋良能发挥到十分圆满的程度，其目的是要人人可以生存和自立。这样不但不给他人带来麻烦，还可以远离“赘疣”而堂堂正正地做人。陈独秀说：“现代生活，以经济为之命脉，而个人独立主义，乃为经济学生产之大则，其影响遂及于伦理学。”②他强调树立“独立主义”是经济发展的一大原则，而陈独秀所讲的“独立主义”是被“个性主义”涵盖的应有之义。其二，把“个性主义”视为社会文明进步的前提。蒋梦麟说，我国文化欲追赶先进国之文化，必养成适当之特才，“欲养成适当之特才，非发展个性不为功”。③高一涵也称羡个性主义，认为“吾国数千年文明停滞之原因即在此小己主义不发达之一点”。④两个人所说的意思有共同之处，“小己”的个性主义不发达，不可能养成“适当之特才”，而缺乏“适当之特才”，就不能追赶先进国之文化，吾国数千年文明将停滞不前。这里是把“个性主义”视为社会文明进步的前提了。所以蒋梦麟以“个人固有之特性而发展之”作为“个性主义”的理论概念，进而主张个性主义的教育，强调在教育中要尊重个人，发展个性。陈序经的文化观也能反映这一思想。他认为“在某一个文化圈围里，个个人都努力来尽量发挥其才能，则这个文化圈围的文化，必定进步得厉害。反之，假使在某一个文化圈围的个人，为了某种势力所压

---

① 梁启超：《欧游心影录节录》，《饮冰室专集之二十三》，《饮冰室合集》第7册，中华书局1989年版，第24页。

② 陈独秀：《孔子之道与现代生活》，《陈独秀文章选编》上，生活·读书·新知三联书店1984年版，第153页。

③ 蒋梦麟：《个性主义与个人主义》，曲士培主编《蒋梦麟教育论著选》，人民教育出版社1995年版，第77页。

④ 高一涵：《国家非人生之归宿论》，《青年》1卷4号，1915年12月15日。

迫，或是随波逐流而无所振作，则这个文化圈围的文化，决没法子去发达”[①]。其三，把“个人之价值”视为“人类之价值”。蒋梦麟说：“故欲言人类之价值，当先言个人之价值。不知个人之价值者，不知人类之价值者也”，[②] 把“个人之价值”与“人类之价值”等同看待，其思想深意要给予充分的肯定。这并不是非理性地任意抬高个人价值，而是对个人价值的真正领悟。有了这样的领悟，而把“个人价值”与“人类价值”相提并论是人类精神进化的体现，也是对人类精神进化本质认识的体现。因此，把“个人之价值”视为“人类之价值”的理念更能接近“个性主义”思想内涵的本质。

胡适是五四时期主张个性主义的典型代表。他从易卜生那里寻找到“个性主义”的思想源泉，他曾描述说：“易卜生最可代表十九世纪欧洲的个人主义的精华，故我这篇文章（《易卜生主义》）只写得一种健全的个人主义的人生观。……娜拉抛弃了家庭丈夫儿女，飘然而去，只因为她觉悟了她自己也是一个人，只因为她感觉到她‘无论如何，务必努力做一个人’。这便是易卜生主义。易卜生说：‘我所最期望于你的是一种真实纯粹的为我主义，要使你有时觉得天下只有关于你的事最要紧，其余的都算不得什么……你要想有益于社会，最好的法子莫如把你自己这块材料铸造成器。……有时候我真觉得全世界都像海上撞沉了船，最要紧的还是救出自己’。这便是最健全的个人主义。……斯铎曼医生为了说老实话，为了揭穿本地社会的黑幕，遂被全社会的人喊作‘国民公敌’。但他不肯避‘国民公敌’的恶名，他还要说老实话。他大胆的宣言：‘世上最强有力的人就是那最孤立的人！’这也是健全的个人主义真精神。这个个人主义的人生观一面教我们学娜拉，要努力把自己铸造

---

① 陈序经：《中国文化的出路》，杨深编《走出东方——陈序经文化论著辑要》，中国广播电视出版社 1995 年版，第 131—132 页。

② 蒋梦麟：《个人之价值与教育之关系》，载曲士培主编《蒋梦麟教育论著选》，人民教育出版社 1995 年版，第 37 页。

成个人；一面教我们学斯铎曼医生，要特立独行，敢说老实话，敢向恶势力作战。”① 胡适甚至认为“社会最大的罪恶莫过于摧折个人的个性，不使他自由发展”。② 胡适的话反映了他的个人主义人生观，他主张要有个人的觉悟，要有健全的个人主义人生观，要有个人创造的能力，要把个人铸造成器，要敢于说老实话，要特立独行不怕孤立，要敢向一切恶势力作战。胡适“个性主义”文化观的独特之处在于：在认识“个性主义”文化价值的同时，催促人们力排艰辛，把理念变成践行。

近代中国“个性主义”的思想流脉是从龚自珍发出的个性解放的呐喊开始的。中经维新志士和清末文化精英，他们把张扬“个性主义”与救亡兴国联系起来。五四时期是中国近代社会以来张扬个性主义最显著的时期。文化精英不但把“个性主义”视为社会经济发展和文明进步的前提和基础，同时开始从人类精神进化的本质去理解“个性主义”的文化意义，并且要人们知道更要紧的是实践“个性主义”的重要任务。从这里我们可以进一步认识：五四新文化运动本身是一场伦理革命，一场精神革命，一场人学革命。这场革命的主题就是发现人、解放人，就是解放人的个性、张扬人的个性，就是要形成“个性主义”的文化观、创造“个性主义”的核心价值。

（二）近代中国“个性主义”思想突出强调的几项内容

“个性主义”存有特定的基本内涵，近代中国主张的“个性主义”着重强调的是如下几方面的内容：

1.“个性主义”的自由、平等和自主之权。严复认为中西社会文化的根本不同就在于“自由与不自由异耳”，他钦慕“人人各得自由，国国各得自由”③ 的文明社会。蒋梦麟认为个性主义是指“使个人享自由

① 胡适：《介绍我自己的思想》，《胡适文存》四集，黄山书社 1996 年版，第 455—456 页。

② 胡适：《易卜生主义》，《胡适文存》一集，黄山书社 1996 年版，第 466 页。

③ 严复：《论世变之亟》，王栻《严复集》第 1 册诗文（上），中华书局 1986 年版，第 3 页。

平等之机会，而不为政府社会家庭所抑制是也”[①]。谭嗣同也说：“五伦中于人生最无弊而有益，无纤毫之苦，有淡水之乐，其惟朋友乎。顾择交何如耳，所以者何？一曰‘平等’；二曰‘自由’；三曰‘节宣惟意’。总括其意，曰不失自主之权而已矣”。[②] 梁启超说：“西方之言曰：人人有自主之权。何谓自主之权？各尽其所当为之事，各得其所应有之利，公莫大焉？”[③] 几个人所言的主旨是：自由、平等和自主是个人享有的权利；政府、社会和家庭不能抑制个人的这种权利；根据这样的权利，人人可做自己当做之事，人人可得自己当得之利。

2.“个性主义”的个人独立思想。陈独秀说：“为人子为人妻者，既失个人独立之人格，复无个人独立之财产。父兄畜其子弟，子弟养其父兄。《坊记》曰‘父母在，不敢有其身，不敢私其财’。此甚非个人独立之道也。”[④] 梁启超说：“吾以为不患中国不为独立之国，特患中国今无独立之民，故今日欲言独立，当先言个人之独立，乃能言全体之独立。”[⑤] 他还说：“人而不能独立，时曰奴隶。”[⑥]“个性主义”要求有个人独立思想，胡适讲个性主义的第一个特性就是要有个人独立思想，“不肯把别人的耳朵当耳朵，不肯把别人的眼睛当眼睛，不肯把别人的脑力当自己的脑力”。[⑦] 中国传统的家庭关系不能养成个人的独立之性，其

① 蒋梦麟：《个性主义与个人主义》，曲士培主编《蒋梦麟教育论著选》，人民教育出版社1995年版，第75页。

② 谭嗣同：《仁学》，蔡尚思主编《谭嗣同全集》增订本下册，中华书局1981年版，第349—350页。

③ 梁启超：《论中国积弱由于防弊》，《饮冰室文集之一》，《饮冰室合集》第1册，中华书局1989年版，第99页。

④ 陈独秀：《孔子之道与现代生活》，《陈独秀文章选编》上，生活·读书·新知三联书店1984年版，第153页。

⑤ 梁启超：《十种德性相反相成义》，张枬、王忍之编《辛亥革命前十年间时论选集》第一卷上册，生活·读书·新知三联书店1960年版，第9页。

⑥ 梁启超：《独立论》，《饮冰室文集之三》，《饮冰室合集》第1册，中华书局1989年版，第62页。

⑦ 胡适：《非个人主义的新生活》，《胡适文存》一集，黄山书社1996年版，第539页。

危害不仅是自身躯体和财产的非独立性，更为严重的是个人没有了自己的耳朵、自己的眼睛、自己的脑力，个体成为任人宰割的奴隶，成为麻木不仁的僵尸。所以欲言独立之国，“当先言个人之独立”。

3.“个性主义”的享受幸福、满足欲望的人生观。陈独秀对此有自己的独特看法，他说：“社会的文明幸福，是个人造成的，也是个人应该享受的”；“执行意志，满足欲望，是个人生存的根本理由，始终不变的”；“一切宗教、法律、道德、政治，不过是维持社会不得已的方法，非个人所以乐生的原意，可以随着时势变更的”；“人生幸福，是人生自身出力造成的，非是上帝所赐，也不是听其自然所能成就的”；“要享幸福，莫怕痛苦。现在个人的痛苦，有时可以造成未来个人的幸福”。①这里把满足欲望与享受幸福视为终极的人生追求；社会的宗教、法律、道德、政治是为满足欲望与享受幸福服务的；个人眼下遭受的痛苦是为未来满足欲望与享受幸福服务的；满足欲望与享受幸福是个人的创造并非上帝的恩赐，亦非自然的供奉。

4.“个性主义”的社会责任感。个体与社会的关系紧密相联，个体不能脱离社会而独立存在。讲求个性主义并非抛弃社会。“个性主义”强调把个人的命运与社会的命运紧紧地连在一起，个人与社会国家的关系是相互依存的互动关系。胡适对这一问题的论述比较充分，他说“发展个人的个性，须要有两个条件。第一，须使个人有自由意志。第二，须使个人担干系，负责任”。②这种强调个性主义对社会的责任，意义非同小可。胡适认为，“若不如此，决不能造出自己独立的人格。社会国家没有独立的人格，如同酒里少了酒曲，面包里少了酵，人身上少了脑筋：那种社会国家决没有改良进步的希望。”③在

① 陈独秀：《人生真义》，《陈独秀文章选编》上，生活·读书·新知三联书店1984年版，第239—240页。

② 胡适：《易卜生主义》，《胡适文存》一集，黄山书社1996年版，第466页。

③ 胡适：《易卜生主义》，《胡适文存》一集，黄山书社1996年版，第467页。

胡适看来，只有个人意志自由，只有对自我负责还不是完整人格的表现。每个人如果能对社会负责，才能创造出个人发展的社会条件。个人若不对社会负责，也就会失去赖以发展个性的社会基础。胡适对“个性主义”与社会国家的关系论述得极为精当，他还说：“把自己铸造成器，方才可以希望有益于社会”，[①]“社会是个人组成的，多救出一个人便是多备下一个再造新社会的分子”，[②]“我对你们说：‘争你们个人的自由，便是为国家争自由！争你们自己的人格，便是为国家争人格！自由平等的国家不是一群奴才建造得起来的！’”[③]扼杀个性的恶果也是很清楚的，“等到个人的个性都消灭了，等到自由独立的精神都完了，社会自身也没有生气了，也不会进步了”。[④]梁启超的“人人各用其所长，自动的创造进化，合起来便成强固的国家，进步的社会”，“这便是个人自立的第一义，也是国家生存的第一义”，[⑤]反映了个人与国家社会的共通关系。蒋梦麟也说：“真正的个人主义，就是以个人为中心，以谋社会的发达，……西方近代文明之所以如此发达，就因个人与社会同时并重。”[⑥]所以蒋梦麟强调大学生要有改良社会的责任心，要有公共服务的责任感。鲁迅“心事浩茫连广宇”，“俯首甘为孺子牛”的诗句也是他站在现实主义的立场上，瞩望个性的解放要与国家自强和民族自立结合起来。另一方面，个人的发展又能促进社会和国家的发展。陈独秀主张“内图个性之发展，外图贡献于其群”，“集人成国，个人之人格高，斯国家之人格亦高；个人之权巩固，斯国家

---

① 胡适：《介绍我自己的思想》，《胡适文存》四集，黄山书社1996年版，第456页。

② 胡适：《易卜生主义》，《胡适文存》一集，黄山书社1996年版，第465页。

③ 胡适：《介绍我自己的思想》，《胡适文存》四集，黄山书社1996年版，第456页。

④ 胡适：《易卜生主义》，《胡适文存》一集，黄山书社1996年版，第460页。

⑤ 梁启超：《欧游心影录节录》，《饮冰室专集之二十三》，《饮冰室合集》第7册，中华书局1989年版，第24—25页。

⑥ 蒋梦麟：《北京大学开学演说词》，曲士培主编《蒋梦麟教育论著选》，人民教育出版社1995年版，第203页。

之权亦巩固”。[①]

5.“个性主义”并非一些人眼中的绝对自由、自私自利、利己主义和为我主义。梁启超说：作为个性主义的自由，“非他人所能予夺，乃我自得之而自享之者也”，但是“自由之公例曰：人人自由，而以不侵他人之自由为界”。梁启超还说：“人而无利己之思想者，则必放弃其权利，弛掷其责任，而终至于无以自立”，[②] 梁启超在讲个性主义的自由时，把利己与权利责任联系在一起，把它们视为相通的，并非孤立的。蒋梦麟说：真正的个人主义，“并不是自私自利。”[③] 胡适介绍杜威的个人主义时，指出杜威把个人主义分为两种：假的个人主义就是为我主义，就是只顾自己的利益而不顾众人的利益。真的个人主义就是个性主义，就是“健全的个人主义”。

（三）近代“个性主义”文化观从中西传统文化中汲取的营养

1. 近代“个性主义”文化观从中国传统文化中汲取营养

近代“个性主义”文化观在形成过程中，从中国传统文化中汲取了营养。中国传统文化中蕴含着“民本”、“人本”、“个性主义”的文化因素，这是近代“个性主义”文化观形成过程中，受到中国传统文化影响的重要成分。中国传统“民本”思想非常丰富：“民惟邦本，本固邦宁”；[④]“天视自我民视，天听自我民听”，[⑤]“民之所欲，天必从之”；[⑥]“君

① 陈独秀：《一九一六年》，任建树等编《陈独秀著作选》第1卷，上海人民出版社1993年版，第172页。

② 梁启超：《十种德性相反相成义》，张枬、王忍之编《辛亥革命前十年间时论选集》第一卷上册，生活·读书·新知三联书店1960年版，第13页。

③ 蒋梦麟：《北京大学开学演说词》，曲士培主编《蒋梦麟教育论著选》，人民教育出版社1995年版，第203页。

④ 《尚书·五子之歌》，《十三经注疏》上册，中华书局1980年版，第156页。

⑤ 《尚书·泰誓中》，《十三经注疏》上册，中华书局1980年版，第181页。

⑥ 《尚书·泰誓上》，《十三经注疏》上册，中华书局1980年版，第181页。

者舟也；庶人者水也。水则载舟，水则覆舟”；[①]“民为贵，社稷次之，君为轻”；[②]“民者，国之本也”；[③]“国以民为基”；[④]“国将兴，听于民；将亡，听于神”，要“依民而行”[⑤]等等均为典型的“民本”思想。这一系列的“民本”政治文化观对近代知识分子影响很大。王韬说：“天下何以治？得民心而已。天下何以乱？失民心而已”；[⑥]梁启超说：“国也者，积民而成。国之有民，犹身之有四肢五脏筋脉血轮也”；[⑦]谭嗣同说：“因有民而后有君；君末也，民本也。……君也者，为民办事者也”。[⑧]这些阐述均说明了近代中国知识精英受中国传统“民本”思想的影响之大。中国传统“人本”思想也非常丰富：如“敬鬼神而远之”；[⑨]“未能事人，焉能事鬼”；[⑩]“水火有气而无生，草木有生而无知，禽兽有知而无义；人有气有生有知，亦且有义，故最为天下贵也”；[⑪]“天地之性人为贵”；[⑫]“唯人也得其秀而最灵”[⑬]等等。这些中国传统文化中的“人本”思想与“民本”思想一样都是近代中国“个性主义”文化思想产生过程中，不可或缺的文化滋养。中国传统文化中还有张扬个性的思想精粹。先秦文化巨子杨朱是阐扬个性主义的代表，孟子评价杨朱说：“杨子取为我，拔一毛

① 《荀子·王制》，《诸子集成》二，中华书局1954年版，第97页。

② 《孟子·尽心下》，《十三经注疏》下册，中华书局1980版，第2774页。

③ 《淮南子·主术训》，《诸子集成》七，中华书局1954年版，第147页。

④ 王符：《潜夫论·边议》，《诸子集成》八，中华书局1954年版，第115页。

⑤ 《左传·庄公三十二年》，《十三经注疏》下册，中华书局1980年版，第1783页。

⑥ 王韬：《韬园文录外编》卷一《重民中》，辽宁人民出版社1994年版，第31页。

⑦ 梁启超：《新民说·第一节叙论》，《饮冰室专集之四》，《饮冰室合集》第6册，中华书局1989年版，第1页。

⑧ 谭嗣同：《仁学》，蔡尚思主编：《谭嗣同全集》增订本，中华书局1981年版，第339页。

⑨ 《论语·雍也》，《十三经注疏》下册，中华书局1980年版，第2479页。

⑩ 《论语·先进》，《十三经注疏》下册，中华书局1980年版，第2499页。

⑪ 《荀子·王制》，《诸子集成》二，中华书局1954年版，第104页。

⑫ 《白虎通德论·诛伐》，《百子全书》六，浙江人民出版社1984年版。

⑬ 周敦颐：《太极图说》，《四库全书》子部三，儒家类第697册，上海古籍出版社1989年版，第6页。

而利天下，不为也”，把杨朱视为“为我”主义者。此后承脉杨朱思想的还有嵇康的“贱物贵身”；李贽的“各遂其生，各获其所原有”思想以及他的“童心说”和“唯情论”；袁宏道的“性灵说”和“理在情内说”；汤显祖的“至情说”和“情教说”；戴震的“遂情”、“达欲”思想以及“血气心知”论、“理在欲中”说；俞正燮的男女平等与女权思想；李汝珍的女性解放说等，这些均可视为近代中国“个性主义”文化思想产生的传统文化之基础。近代知识分子或多或少从中汲取了思想文化的精华。郭沫若在《王阳明礼赞》一文中，称赞阳明“努力净化自己的精神，扩大自己的精神，努力征服‘心中贼’以体现天地万物一体之仁的气魄”，并将阳明一生概括为“不断地使自我扩充”和“不断地和环境搏斗”两个特色。① 陈独秀与蒋梦麟吸取孔子“因材施教”的思想，视其为“个性主义”思想的体现，在论及以儿童为本位的启发式教学时，陈独秀对孔子的教育方法予以高度评价：“孔子答弟子问孝问仁没有一个相同，这不是他的滑头，也不是他胸无定见，正是他因才利导启发式的教学方法”。② 蒋梦麟在论及新教育当以发展个性为原则时，将孔子与西洋近代教育大家卢梭等相提并论，称赞其“因人施教，证诸心理，实为正当之教育法”，③ 阐发了发展个性与主体性在教育上的重要地位。其实我们细心品味，胡适的“把自己铸造成器而有利社会”的思想，与孔子“修、齐、治、平”进取的人生态度有着共同之处。胡适也曾表示，他对儒家人文主义“强调个人在社会中地位的重要性”以及“造成一种能负荷全人类担子的人格”是十分推崇的。④ 因此，我们可以说，中国传统文化中蕴含的“民本”、“人本”、“个性主义”的文化精神，这是近

① 郭沫若：《王阳明礼赞》，《郭沫若全集·历史编》第三卷，人民出版社 1984 年版，第 289—291 页。

② 陈独秀：《新教育是什么》，《广东群报》1921 年 1 月 3 日。

③ 蒋梦麟：《个性主义与个人主义》，曲士培主编《蒋梦麟教育论著选》，人民教育出版社 1995 年版，第 76 页。

④ 唐德刚：《胡适口述自传》，华文出版社 1992 年版，第 285—286 页。

代“个性主义”文化观形成的滋养。

2. 近代“个性主义”文化观从西方文化中汲取营养

近代中国文化精英对西方文化的理解和认同，从西方文化中汲取文化精神内核，是近代中国“个性主义”发育成长的重要特征。维新时期的知识分子如康有为、梁启超、严复、谭嗣同、樊锥、唐才常等受西方进化论、天赋人权和民约论等西方民主学说的影响很大，这是他们倡导“个性主义”的重要思想源泉。五四时期的知识分子倡扬的“个性主义”思想，很多是受西方文化的直接影响，与西方近现代思想资源有着密切的联系。如胡适直接借鉴易卜生主义，鲁迅格外关注尼采等个性主义者。陈独秀说：“西洋民族以个人为本位，东洋民族以家族为本位”，“西洋民族，自古讫今，彻头彻尾个人主义之民族也”，“举一切伦理，道德，政治，法律，社会之所向往，国家之所祈求，拥护个人之自由权利与幸福而已”，“个人之自由权利，载诸宪章，国法不得而剥夺之，所谓人权是也。”① 我们从这里可以看到陈独秀对西方文化的态度以及受西方文化影响的程度。蒋梦麟 1920 年在《北京大学开学演说词》中也把“个性主义”视为西方文明的特色，他说：“本校的特色，即在人人都抱个性主义。我尝说，东西文明的不同，即在个性主义。比如希腊的文化，即以个性为基础，再加以社会的发达，方能造成今日的西方文明。”② 胡适的个性主义文化观也是“发现”西方人生观是建立在“求人生幸福”的个人主义基础上而后确立的，胡适承认西方“求人生幸福”的人生观“确然替人类增进了不少物质上的享受”。③ 陈序经也认为西洋文化的快速发展，就在于个性的发展：“西洋近代文化之所以能

① 陈独秀：《东西民族根本思想之差异》，《陈独秀文章选编》上，生活·读书·新知三联书店 1984 年版，第 98 页。

② 蒋梦麟：《北京大学开学演说词》，曲士培主编《蒋梦麟教育论著选》，人民教育出版社 1995 年版，第 203 页。

③ 胡适：《我们对于西洋近代文明的态度》，《胡适文存》三集，黄山书社 1996 年版，第 9 页。

于三二百年内发展这么快，主要是由于个性的发展，和个人主义的提倡。”① 中国近代文化精英之所以不遗余力地倡导“个性主义”，显然是和他们对西方文化理解和认识的水平有关，可以说他们看到也抓到了西方文化的精髓。他们甚至采用了直接拿来主义的方法，把“个性主义”融会到近代中国的新文化体系之中。

三

所谓“个性主义”就是主张和强调个人具有自由、平等、独立、自主、自信、自立、自强、自尊、自爱、自我、爱憎、选择、创造、进取、负责、服务、奉献、义务、奋斗、享受等等的权利。一方面每个人对自身要有上述权利的要求；另一方面要尊重他人所具有的上述权利。中国近代文化精英并没有给“个性主义”文化观下什么定义，但是从他们的文化主张中，我们可以领会和体悟到他们对“个性主义”文化观的认识和理解，以及这种认识和理解的深刻程度。他们的“个性主义”文化观构成中国近代思想文化的价值核心，也是人类精神进化到新一阶段和更高层次的体现。

只有赋予个体人更多的自由、平等、独立、自主、自信、自立、自强、自尊、自爱、自我、爱憎、选择、创造、进取、负责、服务、奉献、义务、奋斗、享受等权利并加以实践，才有可能激发个体人的主观能动性。只有最大限度地激发个体人的主观能动性，激发个人的自觉，激发个人的潜能，激发个人的创造力，才有可能更好地去再造一个新社会。可见，一个社会是否能够进步，一个民族是否能够复兴，一个国家

---

① 陈序经：《中国文化的出路》，杨深编《走出东方——陈序经文化论著辑要》，中国广播电视出版社 1995 年版，第 134 页。

是否能够强盛，关键在于“个性主义”文化观是否发育得成熟，以及创造怎样的条件尽快促进“个性主义”文化观的尽早发育。根据前文论述的人类精神进化第二阶段文化观的诞生和这里所谈社会进步与文化观的关系，已经充分反映了“个性主义”文化观是近代文化形态价值核心的道理所在。

《首都师范大学学报》2008 年第 4 期

五四以来（1919—1949）社会文化嬗变及其文明启示

——以婚姻·家庭·妇女·性伦·娱乐为中心

本文将对现代中国社会文化变革的要点和问题以及现代中国社会文化变革引发的思考等作一阐述。

一、现代中国社会文化变革要略[①]

现代中国社会文化变革的内容相当广泛，本书有自己特定的探索领域，主要是指婚姻文化、家庭文化、妇女文化、性伦文化和娱乐文化在现代中国的变革态势。

（一）婚姻文化的变革

现代中国婚姻文化的变革主要体现在知识青年的婚恋观、城市婚姻的变革、农村婚姻的嬗替、红色苏区的婚姻改造、抗战时期的根据地

① 本节是对梁景和等著《现代中国社会文化嬗变论纲（1919—1949）》一书（社会科学文献出版社 2013 年版）主干内容的提炼与概括。

婚姻建设等几个方面。

在知识青年的婚恋观上，包括新式恋爱观、理想配偶的选择、婚姻的理想与设计三个方面。五四新文化运动对广大青年的思想启蒙，使得恋爱、婚姻自由成为知识青年的心声。恋爱和婚姻要“完全凭着男女两人自由的意志”。①1922年7月，一对男女在婚礼上直言，我们的结合，“由纯粹的爱结合而成”②。经过新文化运动的洗礼，到抗战时期，知识青年对恋爱的认识开始变得稳健和现实。有人对于女子恋爱的对象提出了三不原则，一是不与有妇之夫谈恋爱，二是不与年龄相差太多的男子谈恋爱。三是不与未到法定结婚年龄的青年男子谈恋爱。在现代中国几十年间，由于时代环境的变迁，由于各人所处地域不同以及学识的差别，因此社会上流行着各式各样的婚恋观念形态。各种恋爱主张错综复杂，但这却是时代进步的表现。择偶标准是当时讨论的一个重要话题。有人认为，男子择偶标准是：不要奢华女子、傲慢女子、懒惰女子、富贵女子；而女子择偶标准是：不要白面书生、轻浮少年、嚣张男子、好色之徒。也有人提出女子择偶要考虑身体健康、血统纯正、意志坚强、品行端正、富于同情心、受过教育、有正当职业、有生活能力等。现代中国的知识青年抱着成熟的态度选择配偶，虽然职业、学问的选择有高低差异之分，但要求性情相投、身体健康、经济保障、家境良好却是相同的。在现代中国，处于婚龄期的知识青年对于婚姻的理想设计，大都采取较为现代和科学的态度。他们要求婚姻自决，寻求自己心仪的伴侣，关注心理经济条件的成熟、提倡晚婚和一夫一妻，追求灵与肉的结合、赞成鳏寡者再娶再嫁、反对封建贞操观。

在城市婚姻的变革上，包括从文明结婚到集团婚礼、出现离婚风潮等方面。民国以后，知识青年纷纷选择简约文明的结婚仪式。30年

① 汉胄：《对于一个男女结合宣布式的谈话》，《觉悟》1921年6月7日。

② 江清：《施之勉沈韵秋结婚谈》，1922年8月2日上海《民国时报·妇女评论》第52期。

代政府提出集团婚礼，抗战时期集团结婚在西南后方开展起来。内政部于1942年11月1日颁布《集团结婚办法》，它成为战乱时期很多婚龄青年的选择。抗战胜利后，各地再掀起集团结婚的热潮。从文明结婚的盛行到集团婚礼的蜂起，说明在现代城市婚姻的变革中，婚姻仪式的变革体现了由封建迷信走向大方得体，由冗长繁杂走向简单便捷，由浪费走向经济，由古代走向现代。现代城市婚姻中的离婚是婚姻变革中最具革命性和进步性的一页。五四运动以后，“离婚、离婚、离婚”成为旧婚姻制度下身心深受折磨的人们心底的呼喊，并出现一次现代中国的离婚风潮。当时城市离婚体现三大趋势，一是离婚数逐渐增多，二是离婚主动者以女方或双方协调居多，三是感情因素在离婚的原因中占居主流。青年对于婚姻，既勇于结合又敢于离异。

在农村婚姻的嬗替上，主要包括婚姻论财的趋势、婚龄问题、社会变革与婚姻变动等方面。在现代中国，农村经济趋于破产，婚姻论财进一步增强。在现代中国，婚嫁费用在农家经济支出中占很大比例。对广大农民而言，婚姻的选择与缔结，有制度、文化等因素的影响，但经济因素却能压倒一切。对于男方，娶媳妇要物美价廉，对于女方，嫁闺女要大发一笔。当时农村中出现的畸形婚姻现象很多与经济因素有着某种必然的联系，与其说奇异的婚姻是一种民俗，不如说是经济对婚姻论财的不堪承受，因而产生了变通的措施。当时农村早婚盛行，但因家境不同而存在区别。大抵富家多早婚而贫家多晚婚。男子早婚多为富裕家庭子弟，女子早嫁多是家穷不能抚养的缘故。一般家庭多有抱孙接香火的观念，所以一般多早婚。由于男多女少的性别比和买卖婚姻以及童养媳现象，造成了农村夫妻年龄的差别较大。社会政治经济文化的变革直接影响了农村婚姻的变动。比如共产党在根据地里对传统婚姻的改造，影响了根据地、游击区和与苏区接壤的白区；一些地区女方因参加生产和经商，经济地位的改变，使婚姻状况发生了变化；一些地区受西方婚姻观的影响，加之受教育程度提高，以及新婚姻法的出台，婚姻状况也出现了变化。现代农村婚姻嬗变与城市相比，虽然差距较大，一些旧的畸形婚姻形态的出现与蔓延要比新的积极的婚姻形态的发展要大得多。但在另一方面，新的婚姻观念政策对农村婚姻的影响也十分巨大，中共自由结婚和建立无产阶级的婚姻制度的努力，国民党新生活运动和集团结婚，乡村改造各派对乡村的实验，这些尝试都对乡村婚姻格局带来积极性的影响。

在红色苏区的婚姻改造上，主要涉及婚姻解放、禁止童养媳和买卖婚姻、军婚问题、建立婚姻法等诸多方面。共产党领导的苏区，婚姻自由作为社会变革的一项内容成为人们关心的热点问题，“离婚结婚绝对自由”的口号开始流行。但同时也产生了副作用，“专闹自由恋爱”，以致“发现婚姻混乱现象”，少数地方甚至出现性病。简单的离婚结婚绝对自由事实上并不利于婚姻解放，自然影响社会的稳定，不利于革命的大局。面对这种情形，有些地方政府对策又来了一百八十度的大转弯，在婚姻案件的实际处理中，对婚姻自由采取了简单禁止的态度。各地苏区也明令禁止童养媳及废除买卖婚姻。苏区买卖婚姻与童养媳得到很大程度的控制，但这种控制还不是摧毁买卖婚姻与童养媳制度存在的社会经济基础后，人民提高认识的自然结果。中共苏区在婚姻自由的大潮中，一些军婚出现了动摇，引起红军士兵对地方政府和废约女子的怨恨，导致军心不稳。面对来势汹汹的军婚纠纷，有些地方苏维埃各自出台了一些“红军妻子一律不准离婚”的武断规定。苏区中央也出台了相应的处理规定，在中国工农兵苏维埃第一次全国代表大会上，公布了《中国工农红军优待条例》，其中第十八条规定，“凡红军在服务期间，其妻离婚，必先得本人同意，如未得同意，政府得禁止之。”随着苏区的扩大和婚姻状况的复杂，需要制定一个统一的婚姻法规。1931 年 11 月 18 日，中华苏维埃共和国中央执行委员会第一次会议通过了《中华苏维埃共和国婚姻条例》。条例确定了婚姻自由、废除买卖婚姻、禁止童养媳以及确立一夫一妻制等原则。1934 年又出台了《中华苏维埃共和国婚姻法》，对婚姻条例做了相应的修正。婚姻法较婚姻条例更细致，更符合实际情况，这是在实践中不断探索的结果。

在抗战时期的根据地婚姻建设上，包括婚姻法制的初步建设、边区婚姻解放热潮等问题。抗战时期，陕甘宁边区在 1939 年 4 月颁布了《陕甘宁边区婚姻条例》，其后各敌后根据地以此为蓝本，根据当地的实际情况，纷纷颁布了各自婚姻法规。这些婚姻条例有着以下共同的特点：确立了婚姻自由原则；废除了包办买卖婚姻，禁止童养媳和童养婚；规定了初婚的年龄；提出了结婚的生理条件；对于离婚的条件做出了细致的规定；对离婚后的子女的抚养以及财产和债务的分割做了详细的规定；对于军人婚姻问题做了详细的规定。这些婚姻条例的颁布极大地促进了抗日根据地婚姻解放热潮。乡村女子了解到政府保护婚姻自由，女子开始解除不合理婚姻，自由恋爱结婚的逐渐增多，寡妇再嫁不再受歧视和干涉，早婚在一段时间内消除了，童养媳与买卖婚姻得到了一定程度的控制，结婚仪式由新式的开会致贺与新婚者答贺取代了原来的三跪九叩等旧习惯。

（二）家庭文化的变革

现代中国家庭文化的变革主要体现在家庭改革思潮、家庭结构的变革、家庭关系的变革、家庭宗教的变化等方面。

在家庭改革思潮上，分为五四时期家庭改革思潮和二十至四十年代家庭改革思潮两个阶段。五四时期家庭改革思潮是对清末家庭变革思潮的继承与发展。是西方家庭改革学说影响以及对辛亥革命失败的反思所致。五四时期知识界对中国家族宗法制度展开批判主要从国与家的关系方面指出传统家庭是君主专制的重要社会基础；从个性角度出发批判传统家庭是束缚个人自由发展的桎梏；从伦理的角度批判传统家庭对妇女的压迫。二十至四十年代对中国传统大家庭制的批判更加猛烈、深入和理性。认为大家庭制导致社会观念淡漠，家庭内部关系复杂，养成家人的依赖性，蔑视个性，束缚自由。而小家庭的优点在于经济独立，思想自由，情感融洽，生活俭朴，管理容易，效率较高等。主张小家庭制的不同学派的具体主张略有不同，诸如主张欧美式小家庭制，主张折中式小家庭制，主张中国化小家庭制，主张联家自治等等。

在家庭结构的变革方面，主要内容包括家族制度的变革、家庭结构的变革等。近代以来，战乱和革命运动的冲击，家族制度屡屡遭受打击。北伐战争和大革命时代的到来，家族制度又一次受到冲击并开始分化，面对革命呈现出响应、分化、中立、抗拒等四类动向。三四十年代家族制度衰弱。冀东农村宗族组织衰弱趋势表现在：族长权力萎缩，地位明显降低；续谱意识淡漠；族产减少。三四十年代冀东地区家族衰弱可以代表当时整个华北地区的状况。而中国古老村落家族体制在20世纪共产党领导的社会变革大潮中，受到前所未有的冲击。消灭农村家族的实践包括：用阶级关系取代血缘关系作为秩序依据；实行土地改革，没收族田族产，废除家族祠堂土地所有制，铲除家族制度的物质基础；推翻族长族权的统治；建立超家族的乡村政权和政治、经济组织，以取代家族的功能。传统家族制度在解放区基本消亡。家庭结构变革是指现代家庭规模的小型化：中国现代家庭规模比古代家庭规模小；南北家庭规模的差异性，南方以小家庭为主，而北方大家庭的数目远远超过南方；城市的家庭规模略小于农村家庭规模。

在家庭关系的变革上，即有纵向家庭关系的变化，亦有横向家庭关系的变化。纵向家庭关系的变化体现在亲子间人格的平等：家长对子女职业、婚姻等的专制开始放松，子女可以有自己的意见；家长不能再单独决定家庭内的一切大事，而应该召开家庭会议，由家庭成员共同决定；分家的决定权已不完全由家长掌握，子辈有权请求由家分离；在法律上国家权力对于家长权力的限制，导致家长权力的衰微。横向家庭关系的变化体现在家庭妇女地位的提高：1930年12月国民政府颁布了《民法·亲属编》，其中规定了为人妻者的权利义务，即夫妻对等的权利义务；对妻子财产权的规定；对妇女离婚权的保护。在解放区内，家庭妇女的解放体现在，在政治上，男女同样享有选举权与被选举权；在婚姻制度上，1931 年《中华苏维埃共和国婚姻条例》和 1934 年《中华苏维埃共和国婚姻法》确定男女婚姻以自由为原则，实行一夫一妻制，男女双方同意离婚的，即行离婚，男女一方坚决要求离婚的，亦即行离婚。在根据地和解放区内实行的这一系列措施，保障了妇女取得与男子在政治上、经济上、家庭上的平等地位，提高了妇女的社会意识，帮助妇女摆脱传统家庭主妇的角色认同。

在家庭宗教的变化方面，重点指的是祖宗革命和丧礼改革。祖宗革命是从对祖先崇拜的批判开始的：祖宗崇拜的本质在于维护家长制的大家庭；崇拜祖先本质上是虚伪的；祖宗崇拜所隐藏的危害性。五四以后科学思想有了较大的影响，“一般青年男女，多是富有科学的思想，所以对于崇拜祖先的观念，也渐渐消失了。”① 大革命、抗日战争、解放战争时期，很多原来的祭祖之地——祠堂或遭毁或改用，祭祖大典便无从说起。丧葬礼俗的变革体现在：丧葬制度的改革；丧礼仪仗的变化；埋葬方式的演变；厚葬陋俗的禁止；丧礼中迷信色彩的革除；丧葬礼节的变化以及其他烦琐虚伪仪式的改革和废止。

（三）妇女文化的变革

现代中国妇女文化的变革包括：女性职业运动、女性教育、妇女参政运动、妇女财产继承权、妇女禁缠足运动等。

在女性职业运动方面，涉及妇女就业的开端、争取和获得女子职业平等权、抗战前妇女职业状况与抗战时期妇女职业活动等几个问题。1912 年 4 月，孙中山提出“振兴实业”的号召，在中国形成女子就业的新开端：创办女子工艺厂；兴办女子商业；设立女子农业讲习所；兴办

① 麦惠庭：《中国家庭改造问题》，第 11 页。

女子实业公司；拟办中华女子国民银行。在争取妇女职业平等权的斗争中，女权运动者采取了两种方式：一是发展女子实业。二是创办女子工读互助团。此外，女权运动者还通过向政府机关请愿、举办女子职业教育、开设女子职业介绍所等办法来开辟妇女就业道路，并打破了限制妇女职业权的旧法律，获得了女子职业平等权。抗战前妇女从事的职业已比较广泛，涉及教师、医生、机关办事员、女工、手工业者、商界服务者，此外，女警察、女电影演员①、女模特儿等新的妇女职业不断出现。抗战时期，国统区各地妇女职业运动，主要通过两种方式进行：一是国民党领导进行抗日宣传，劳军与募捐等活动。组织难民妇女从事农副业生产，还组织妇女缝纫工业合作社，开展妇女工业合作运动。开展募捐、义卖等抗日救亡活动。二是各界妇女自发进行的，如组织开办妇孺收容所，成立家庭妇女缝纫服务团以供应前方需要的衣帽与鞋袜，训练救急看护的人才，派赴前方或医院去救护或看护受伤的将士，征募前方各种急需的物品，大规模向各界妇女劝募救国公债等。

在女性教育方面，主要包括妇女教育的初步发展、实现男女教育平等、苏区解放区妇女教育特征等问题。南京临时政府总统孙中山主张“振兴女学”，在他的推荐下，蔡元培出任第一任民国教育总长，开始推行改革封建教育和贯彻男女教育平等的方针。从1912年至1913年先后颁发一系列教育法规，正式确立民国教育新体制，进而推进了男女教育平等的进程。与前清女子教育相比，其进步体现在：女生课程除加入缝纫及家政课外，一律与男生等同；女子除享受小学及中等师范教育外，可以接受高等师范学校、中学、实业学校及专门学校的教育；开创初等小学男女同校的先例。在政府的推动下，很快掀起一场兴办各类女子学校的妇女教育运动。创设女子学校的种类多，数量大，有法政教育学校，有技艺教育学校，有普通教育学校。还发起成立了各种女子教育

① 中国女电影演员起于1914年，以严珊珊饰演影片《庄子试妻》中的侠女为开端。

会、研究会、维持女学会等。在争取实现男女教育平等中，提出了男女同校和妇女享受高等教育的要求。1918 年初，有人提出大学男女同校问题的讨论。在此后的讨论中，有主张小学男女同校的，有主张中学男女同校的，有主张大学男女同校的。讨论取得了成效，大中小学校逐渐开放女禁，实行男女同校的学校日益增多。共产党的女子教育具有平民性特征，体现在：从共产党女子教育的宗旨、目的、招生对象等看，是以马克思列宁主义、共产主义精神去教育劳动妇女；从共产党女子教育的教学方式、管理体制和费用看，根据地女子教育是要满足广大人民的利益的；共产党女子学校和学生数的快速增长也体现了女子教育的平民性。共产党领导的苏区解放区的女子教育在各级政府的关怀下从无到有，从少到多，取得了突出的成就。共产党女子教育具有实用性特征，围绕革命斗争的需要，共产党女子教育的发展一切从实际出发：识字扫盲、清除妇女封建迷信思想、支持革命斗争、投身于苏区解放区的革命建设。共产党女子教育具有多样性特征，一是各级各类学校齐全，二是教育方式的多样性。

在妇女参政运动上，有民初妇女参政运动、二十年代妇女参政运动、三十年代妇女获得参政权、参政运动的发展与困境等内容。民初妇女参政运动发生在 1912 年 1 月中华民国创建初期。它由争取妇女中央参政权斗争和争取妇女地方参政权斗争两部分组成。妇女争取中央参政权的斗争是要求在《中华民国临时约法》中写入男女平权条文及制定《女子选举法》。妇女争取地方参政权斗争发生在广东，要求广东省《临时约法》承认男女平权以及给予广东妇女地方选举与被选举权，民初妇女参政运动最终归于失败。五四运动唤醒了中上层知识妇女的参政意识，妇女在联省自治的背景下，在沪、粤、浙、湘、川、赣等省先后组织女界联合会等妇女参政团体，作为领导机构从事妇女参政运动。1924 年孙中山提出召开国民会议，全国女界认为这不但是女子要求参政的绝好机会，而且是女子“出来做国会奋斗洗刷前此一切耻辱的惟一时机”。[①] 遂号召女界迅速组织团体，参与国政。但由于以段祺瑞为首的临时执政府的干扰，1925 年 2 月通过了《国民会议条例草案》，明确规定：“凡中华民国男子年满 25 岁以上，具备关于理智各项者，均有选举及被选举为国民代表会议议员之权”，[②] 从而剥夺了妇女的参政权。1931 年 6 月 1 日，南京政府正式公布《中华民国训政时期约法》，首次在宪法中公开并以政府的名义承认妇女的参政权。至抗日战争爆发前，女界利用参政权，参与国家政治的主要活动包括要求参加国民党五中全会；要求参加全国国民大会以实施妇女参政权；积极支持抗日救亡运动。1937 年抗日战争爆发后，国统区妇女参政运动的目标和内容发生了变化，主要活动是奔赴前方、战地服务、参军参战、抗日宣传、征募捐献、开展妇女宪政运动等。这时期的妇女参政运动，受全民抗战的推动，规模浩大，影响广泛，是 30 年代以来第二次妇女参政高潮。但随着国民党转向消极抗日、积极反共，国统区妇女参政运动也同全民抗战热潮一样，受到遏制，出现了困境。共产党区域的妇女参政运动是沿着另一条路线与国统区妇女参政运动并行发展，独具特色。抗战时期，在共产党的引导下，根据地妇女参政的态度发生了改变，从过去对政治的无知和冷漠，变成了对政治的理解和关心。许多妇女学会了行使她们的民主权利，并认真对待选举等参政活动。与国统区相比，共产党根据地虽然范围小，但妇女参政人数却高于国统区，其影响和效果也超过了国统区，从而成为全国妇女参政活动的典范。

妇女财产继承权问题也是现代女性解放和男女平等的一项重要内容。1912 年 9 月以女子参政同盟会[③] 领袖唐群英为代表，向中华民国临时政府要求女子参政权时，就特别提到“我女子之在今日民国，有急宜十分注意者，即妻妾与财产制是也”。妇女是在进行参政运动的时候，

① 《中国妇女运动历史资料》（1921—1927），人民出版社 1986 年版，第 235 页。

② 转引自黄复超、吉新报《国民会议运动中的妇女界》，《郑州大学学报》1987 年 3 月。

③ 女子参政同盟会系 1912 年 4 月 18 日成立于南京，是当时女子参政运动的领导机构。

来争取财产权和继承权等法律权利的。1921—1922年，女界利用各省自治和联省自治运动，提出了力争妇女财产权、继承权等法律权利的斗争目标，并写在妇女参政运动纲领中。1924年10月孙中山发出召开国民会议的主张后，女界趁机组织了妇女国民会议促成会，继续提出妇女财产权、继承权等法律权利的要求。1930年底，立法院通过民法继承编正式确认女子的继承权：遗产继承不以宗祧继承为前提，不分遗产者是男是女，遗产继承人除直系血亲、卑亲属、父母、兄弟、姊妹外，对于死者的遗产，配偶亦有权继承，妻子与子女所得一样。如果没有以上亲属，配偶可承继全部遗产。同时也承认女子对个人财产有完全处分权。至于男女其他权利义务关系，法律正式规定不因男女而有轩轾。从此以法律的形式承认了妇女的继承权。

在妇女禁缠足运动方面，主要看禁缠足的措施、禁缠足令的实施与效果等问题。南京国民政府成立后，就积极地实施了禁止妇女缠足的措施。1928年4月，内政部向国民政府递交关于蓄辫和缠足两大民间陋俗的文本，并制定了《禁止蓄发辫条例》和《禁止妇女缠足条例》。同年5月，南京中央政府批准由内政部颁发实施禁止男子蓄发辫和妇女缠足的禁令，通令各省执行切实查禁。国民政府对禁止缠足工作相当重视，大规模的劝禁缠足运动一直持续到抗战全面爆发前夕。1940年，内政部作出决定：对未满16岁的女子施以缠足致妨害其自然发育者，应依刑法第286条第1项，判处5年以下有期徒刑或处以500元以下罚款。1944年5月，内政部再次颁布《查民间不良习俗办法》，其中禁止妇女缠足仍是主要条款。政府的政令持续到抗战，但由于地方政府实行得并不得力，所以从1928年以来，南京国民政府时期的放足工作一直处于步履维艰的状态。

（四）性伦文化的变革

现代中国性伦文化的变革涉及中国性教育的兴起、教育界对性教育的讨论与实践、先进知识分子的性教育文化观等诸多问题。

20 世纪上半叶性教育兴起的特点表现在：中国引进西方性学理论的主力是较早接受西方思想影响的知识阶层；近代科学的性知识、性教育观念源自欧美，但中国却主要是从日本转口引入性学的；中国性教育的兴起，是以引入西方性心理学为基础从性知识教育入手发展起来的，这一点与世界现代性学的创始以性心理学的创立和发展为代表具有一致性；近代西方性学理论一方面以我国学者翻译（包括编译）西方性学著作、编纂性学图书、发表有关文章进行学术争鸣的形式输入，另一方面西方人到中国进行婚姻、节制生育、性科学宣传也是一种重要的途径。

教育界对性教育的讨论是从陆费逵《色欲与教育》一文开始的。以潘公展为代表的学者也开始引进和翻译西方性教育的一些论述。20 世纪 20、30 年代，中国教育界有关性教育问题的讨论很多，涉及的内容十分庞杂：诸如批判中国传统的性观念；性教育的必要性和目的；性教育的实施者；施行性教育的年龄与分期；性教育的内容；性教育的方法；对性教育的理解；学校的性教育等。

教育界的学者不但积极介绍西方和日本的性教育理论，而且还结合中国的实际提出了许多建议，更有注重实践的知识分子展开了与性问题相关的本土调查研究。性教育从理论走向实践成为历史的必然。20 世纪上半叶性教育课程设置及教育主管部门颁布的性教育课程标准以及性教育在民国时期学校教材中的反映是性教育实践的基础。20 世纪上半叶中国性教育实践的形式是多元的，学校虽然仅仅是其中的组成部分之一，但却充分说明时人对性教育作用的认识已经达到了相当的深度。性教育课程在学校的出现反映出近代性观念的变革，性教育所引发的性观念的转变又进一步影响了社会风尚习俗的变革。

现代先进知识分子对“性”给予了充分的重视，许多人就性教育问题发表了富有创见论点，他们的努力是近代性教育繁荣不可或缺的组成部分，周氏三兄弟、潘光旦、张竞生是其中的杰出代表。鲁迅的性观念与性教育观的特点：批判不平等的“贞节观”和虚伪的性道德观；提出开明的性道德观；主张开展性教育。周作人关注性问题主要是从反对礼教的束缚、倡导人性解放的思想出发的；周作人对待性问题的态度是开明的。周建人通过撰写文章、出版著作，对性教育问题进行了全面的理论阐释；周建人非常注意家庭性教育；周建人不仅注意性问题的个体方面，而且也重视其民族性以及在种族发展方面的作用。潘光旦对性教育问题的讨论与他的性教育实践是不可分的，他坚持以科学理论为依据讨论性教育问题；强调性教育者应具有一定的资格，即应当具有健全的精神生活、应当具有相应的教育训练、性教育者应当有社会道德动机以及“圆满的”性观念——对性问题的全面认识。张竞生的性教育主张可以概括为强调性教育的重要性；提出具体实施性教育的设想；重视爱情和性的审美；重视女性权利；重视节育和优生。

（五）娱乐文化的演变

现代中国娱乐文化的演变重点包括现代中国“娱乐城市群”的出现，无线广播与民众的娱乐生活，“红色”娱乐等诸多问题。

现代中国“娱乐城市群”兴起于20世纪20年代至40年代。这些城市按照规模大体可以分为两种类型：第一种是城市规模较大，发展速度较快，其代表是上海、北京、南京、天津、武汉、广州、青岛等城市。这一批规模较大的城市，城市内部娱乐设施已经相当齐全，民众娱乐生活在内容上要远远比其他地方丰富，对于一些国外流行的娱乐形式如电影、无线广播等吸收引进较快。第二类城市是一批中等规模的城市，它们的发展要落后于一线的大城市，但是与其他小规模的城市相比，在经济发展速度，城市化水平以及人口数量上都已经形成了一定的规模，其代表是沿海的宁波、烟台、无锡以及内陆的太原、西安、昆明、成都、沈阳、济南等城市。根据城市娱乐生活内容的丰富程度和娱乐行业的发展状况，现代中国娱乐城市群整体可以划分为不同的层次。20 世纪 20 年代，上海、北京在娱乐设施的数量上和娱乐行业的整体发展状况上占据的优势是其他各个城市无法比拟的，两者无疑是当时中国娱乐城市的“两极”。而两者之外的城市只能统一归类为第二个层次，这就形成了一种“两大重心，繁星点点”的层次布局。20 世纪二三十年代，上海、北京作为娱乐的两大重心，其对其他城市形成引领的作用。新式西方娱乐活动一般是先在上海走红，然后向其他城市传播，而传统的京剧则以北京为主要阵地，向全国传播自身培养的新艺人和自身创作的剧本、剧目以及艺术娱乐新形式。其他城市在娱乐生活的内容以及娱乐行业的发展上往往成为两个城市之外娱乐活动的“被传染者”，这种布局一直延续到 30 年代初期。

无线广播是一种综合了第二次工业革命期间无线通信技术发展系列成果，形成的一种运用无线电传播语言和音乐的技术。无线广播技术 20 世纪 20 年代传入中国，在 30 年代相继在一批大、中城市生根发芽。这一新的传播媒介不断地渗透到民众生活中，改造着民众的娱乐生活。20 世纪 20 年代初期，无线广播初创时，当时有收音机的主要是租界里的洋人以及华人中的富贵者。这一时期，无线广播事业发展最繁盛的城市是上海，在这座城市里，电台数量多，电台节目也丰富。为了吸引听众，一般的无线广播电台注重播放娱乐节目。由于民众的整体贫困等原因，中国无线收音设备一直没有实现在全国的大规模普及。但是在一批大中城市，收音机数量一直在不断增长。进入 20 世纪的二三十年代，无线广播电台在中国的一些规模较大城市逐步推广开来，传统中国曲艺在此过程中也逐步走向鼎盛阶段。20 世纪二三十年代，现代流行歌曲开始在民众中流行起来。一些无线广播电台也适时地引入了这一娱乐节目。民国时期无线广播电台播放内容涵盖了曲艺、戏曲、话剧、广播剧、中西音乐、新闻、教育类等节目。收音机综合了当时社会上流行的大部分娱乐节目，通过无线电波的形式进入到广大受众的娱乐生活，给听众提供了一桌丰盛的娱乐盛宴。无线电波作为一种新生的娱乐传播媒介，使受众娱乐生活大大丰富。

中国的“红色”区域，是指中国现代历史上中共实质控制的一系列区域。二三十年代的苏区，最为流行的娱乐活动有话剧、歌曲、苏联式歌舞、京剧、活报剧等。苏区除在红军和党内开展文艺娱乐活动外，还开始有规模地组织民众娱乐文艺活动。苏区时期，积极开展的这一系列娱乐活动，主要分为两个方面的内容，一类是针对红军战斗以及各类纪念日开展的娱乐表演，另一类是对民众的娱乐性政治动员。这些娱乐活动中，共产党积累了大量的娱乐管理的经验，并且开始把话剧、京剧等一系列城市中流行的娱乐活动推向了乡村社会，这无形中对广大农民进行了现代娱乐的普及宣传。中共发展到延安时期，娱乐生活前后可以分为两大阶段，第一阶段是 1942 年延安文艺座谈会召开前的多元化发展阶段，第二阶段是延安文艺座谈会召开后的泛革命性娱乐时代。

二、现代中国社会文化变革的几个重要问题

现代中国社会文化的变革有几个重要的问题值得一谈，主要是指思想观念的激烈交锋；引发出的负面现象；社会文化变革的有限程度等等。

（一）思想观念的斗争

社会文化变革所体现的重要方面就是思想文化观念的变化。而文化观念的变化往往与来自多方的思想观念展开激烈交锋后才能够完成。尤其在社会文化发生大变化的时代，存在着异常激烈的思想观念的斗争。现代中国社会文化在发生变化的时候也体现了这一特征。

在婚姻方面，有主张废除“订婚”、[1]“征婚”[2]形式的，也有赞同采用“订婚”、[3]“征婚”形式的；有主张“晚婚”的，也有主张“早婚”[4]的；有主张“废除婚姻”的，也有反对“废除婚姻”[5]的；有主张“自由恋爱”、[6]“自由结婚”[7]的，也有反对“自由恋爱”、[8]“自由结婚”[9]的，当时一些青年男女自由恋爱和自由结婚的观念非常强烈，他们冲破家庭重重阻碍，宣言“我们的结合，的确能够超脱一切，不受外界任何的束缚，而由纯粹的爱结合而成”[10]。但相反的声音也很强烈，与之展开激烈地交锋。认为青年自应当为国家做出贡献，而不应当萦心于恋爱而堕落；认为真正而完全的恋爱是不存在的，恋爱只是一个抽象名词；认为自由恋爱往往出于浪漫的情感，不知选择身体的强健，所以不免为非优生学的[11]。

在男女教育平等和男女同校问题上，有主张“男女教育平等”的，也有反对“男女教育平等”的；有主张“大学开放女禁”[12]的，也有反对“大学开放女禁”[13]的；有主张“中学男女同校”[14]的，也有反对“中学男

---

① 企留：《废止“订婚”的提议》，《觉悟》1922年9月3日。

② 卞焕章：《征婚与自由恋爱》，上海《时事新报》副刊《现代妇女》第29期，1923年6月26日。

③ CCT：《废止订婚的误解》，《觉悟》1922年9月14日。

④ 纪裕迪：《对于青年早婚的意见》，上海《时事新报》副刊《学灯》1923年6月15日。

⑤ 1920年春夏之交，上海《民国日报》副刊《觉悟》开辟了“废除婚姻制度”的讨论专栏，进而掀起了一场史无前例的“废婚”大论战。

⑥ 《我底恋爱观》，《陈望道文集》第1卷，第66页。

⑦ 徐彦之：《男女交际问题杂感》，《晨报》1919年5月4日。

⑧ 刘巧凤：《我的婚制解放谈——自由恋爱》，《解放画报》第6期。

⑨ 冰村：《两个女子的婚姻问题》，《共进》第23期。

⑩ 江清：《施之勉沈韵秋结婚谈》，1922年8月2日上海《民国时报·妇女评论》第52期。

⑪ 晏始：《非恋爱自由论的诸派》，《妇女杂志》第11卷第4号，1925年4月，第592—594页。

⑫ 《中华新报》1920年1月1日。

⑬ 陈望道：《和时代思潮逆流的江苏省议员〈禁止男女同校〉提案》，《妇女评论》第71期。

⑭ 徐植仁：《我对于中学男女同校的主张》，《觉悟》1921年12月29日。

女同校”[①]的。早在1918年初，就有进步志士提出大学男女同校的问题，随即就有守旧势力出来加以反对。五四运动后，胡适、康白情等利用《少年中国》杂志刊发《妇女号》，继续发表大学宜开放女禁的文章。随后，越来越多的知识界人士参加进来，在《新青年》、《星期评论》、《星期日》、《女界钟》、《时事新报》、《解放与改造》、《妇女杂志》、《少年中国》等报刊上发表大量关于应否男女同校的文章，展开热烈的讨论。在这场讨论中。康白情、王若愚、李大钊、张申府、程谪凡、胡适等人持绝对男女同校论；有人持有限男女同校论；有人持男女不能同校论。三方展开了激烈的思想交锋。

在妇女争获财产权和继承权方面亦是如此。20年代女界提出了力争妇女财产权、继承权等法律权利的斗争目标，提出“女子须取得财产均分权”、“在男女权利平等的理由上，我们要求在私有财产未废以前，女子有受父或受夫之遗产权”[②]、“女子应有财产权与继承权”、“女子与男子有同等袭产之权”等要求，但是封建残余势力强大，在现实中，依然排斥已婚妇女的财产继承权。1928年2月28日南京国民政府最高法院将女子财产继承解释为：“以财产论，应指未出嫁女子与男子同一继承权，方得法律男女平等之本旨。否则女已出嫁，无异男已出继，自不适用上开之原则”[③]，反映了思想观念上的交锋。

在女子参政的问题上同样存在着激烈的思想斗争，早在民国初年就有人认为中国“女子之程度已足与英伦女子相比较”[④]，而支持女子参政，也有指责中国女子“不知法律”、“不知道德”、“不知名誉”[⑤]，而反对女子参政的，在五四以后，这样的思想交锋依然存在。现代以来，禁

① 《北京附中实行男女同校后一年来经过之概况》，《平民教育》第51号，1922年5月10日。

② 《上海中华女界联合会改造宣言及章程》，《新青年》第9卷第5号，1921年9月1日。

③ 刘王立明：《中国妇女运动》，商务印书馆1928年版，第57页。

④ 东吴：《清谈》，《申报》1912年3月24日。

⑤ 梦幻：《论女子要求参政权之怪象》，《大公报》1912年3月30日。

缠足的呼声强烈，但遇到的阻力也很大，思想斗争非常激烈。

从以上看到，在社会文化发生新的变革之际，往往伴随着思想观念的斗争，这是一种带有普遍性的现象。这其中有两个方面的重要因素，一是利益所致，一是传统惯性所致。这种思想观念斗争的过程或者几年、十几年，或者几十年，以致更长的时间。但它只要吻合更多人的观念认同，适合更多人的生活追求，符合文明社会发展的方向，最终思想观念的斗争会慢慢淡去，新生的社会文化观念是会被众人接受的。

（二）引发出的负面现象

一个新生的社会文化在引领社会生活正向变化的同时，往往也会引发出新的负面现象，这在现代婚姻文化变革的过程中，尤显突出。

在“自由婚姻”的观念下，出现过新的戕害女性的问题。五四时期有些人视“妇女解放”、“自由恋爱”为“公妻”、为“性解放”，一些居心叵测的男性就利用这样的借口来侮辱女性，给女性带来新的戕害。同样，在“自由婚姻”的观念下，也出现过男性抵触的问题。土地革命时期，共产党人领导的妇女运动在苏区蓬蓬勃勃地开展，于是“离婚结婚绝对自由”这类带点矫枉过正的口号与原则开始流行。农村广大妇女深受包办婚姻之苦，在追求婚姻自由的过程中“毫不顾及”，“一般女子要求离婚特别厉害”。① 这种婚姻大变动的风潮，引起了农村中男性的恐慌，出现了新的社会问题和抵触情绪，他们对“自由结婚”的宣传员说:“同志！你唔要讲了，再讲俺村子里的女人会跑光了！”② 有些地方甚至出现成年男子起而反抗的危机苗头。以致有些地区“发现婚姻混乱现

① 《中共赣西南特委朱昌谐给中央的报告》（1930 年 10 月），转引自何友良前揭书，第 198、199 页。

② 《寻乌调查》，《毛泽东农村调查文集》，第 181 页。

象”，少数地方甚至出现性病。[1] 一些妇女不仅旧有婚姻解除仓促，也使新的结合过于草率，甚至有些妇女在原有婚姻关系未解除的情况下，又去自由恋爱。“婚姻自由”原则所面临的最具挑战性的问题，就是军婚问题。红军中的成员绝大多数来自苏区，由于战争以及军队的特殊性，红军指战员与自己的妻子实际上处于分居状态。作为红军妻子的妇女尽管拥护红军，但由于各种原因，军婚纠纷事实上一直存在。起初，各地苏区都是赞成婚姻绝对自由的，夫妻双方只要有一方提出离婚，便可以得到批准。即使后来有一些条件，也十分宽松。身为红军指战员的妻子，面对生死未卜的丈夫，生活的重压、情感的寂寞，身处婚姻自由大潮中的她们，自然会有新的选择。于是一些原与红军士兵订了婚的女子，“现在多废了约”，[2] 而一些妇女在结婚之前，必先问未婚夫，“你当红军不当红军？当红军不能同你结婚”。那些改嫁之后的红军妻子面对回乡的红军前夫则说，“人家报告你当红军打死了，我还替你守节吗？”[3] 不嫁红军在一些地方几乎成为妇女的共识。

社会文化变革引发的负面现象是社会文化变化过程中的调适反映，应当说是正常的变化过程，这种暂时的负面现象是不能否定社会文化的正向变革的。

（三）社会文化变化的有限程度

社会文化在一个时代的变化，很多时候是比较缓慢的，形成一个漫长的变化过程，所以在特定的时期内，社会文化的变革程度是有限的。现代中国社会文化的变化也是如此。

---

① 《鄂豫皖中央分局妇女部给各县妇女部的指示信》（1931 年 12 月 23 日），转引自何友良前揭书，第 199 页。

② 《CY 鄂豫皖中央分局给团中央的综合报告》（1931 年 10 月 8 日），转引自何友良前揭书，第 199 页。

③ 毛泽东：《江西土地革命中的错误》，《毛泽东农村调查文集》，第 273 页。

五四时期，婚姻文化的确发生了明显的变化，不少人已经认同没有爱情的婚姻是不道德的。然而在这个婚俗变革过程中，“纯粹恋爱的结合，总还只是少数人敢去尝试。男女双方即使互相了解，有了结婚的程度，他们总还得要求家庭的同意，另外转托人来做媒，行那请庚定亲的各种手续，至于那纯粹由家庭解决的，更不用说了。”① 五四以后，在农村，“提倡男女平等，婚姻自主，封建婚姻制度受到一些冲击，但很不彻底，男女双方虽也见见面，说上几句话，而实际上仍是父母包办。男尊女卑的现象，重婚纳妾和童养媳等婚姻陋俗依然存在。”② 自20年代以降，自由恋爱自由结婚自由离婚被一部分青年所认同，但真正通过自由恋爱而结婚却不容易，是要突破重重阻力的，社会虽然开放到一定限度，但主客观的条件有限，所以变革所遇到的阻力仍然存在。抗战时期，尽管颁布与实施婚姻条例使各边区的婚姻形态有了很大改观，新型进步的婚姻观和婚姻制度得到初步确立，但婚姻的改造与建设是一个长期的过程，要想彻底达成目标，仅靠一些法律条文远远不够。比如要确立自由平等的婚恋观，首先要实现男女两性经济和社会地位上的平等。在抗战险恶的局势下，要达成此目标，还有很多困难。再如各边区以前早婚盛行，婚姻条例明确规定了初婚的年龄，限制早婚，但也引起一些群众的反感，早婚现象也没有因为婚姻条例的颁布而完全消失。对于离婚以及一夫一妻制度，根据地的一些男性农民也表示不满，有人说，“八路军什么都好，就是离婚不好”。有的地方甚至发生政府判决离婚后，村子里的人联名上书要求撤销。③ 也有人说，“一夫一妻太约束人了，没有儿子再想娶一个也不行”。④ 这些也都影响了一夫一妻制度的确立。

---

① 陈东原：《中国妇女生活史》，商务印书馆1928年版，第400页。

② 《许昌县志》，南开大学出版社1993年版，第779页。

③ 《关于离婚的质疑》，陕西省档案馆，全宗号4，案卷号65，转引自秦燕前揭书，第156页。

④ 刘澜涛前引文，《晋察冀抗日根据地史料选编》（下），第33页。

这一时期，“有些青年学生争取自由恋爱，婚姻自由，仍受家庭阻挠，成功的甚少，以致抗婚、逃婚、私奔、自杀等婚姻悲剧时有发生。抗日战争以后，社会风气日渐开化，封建婚姻制度虽未根本变革，但婚姻陋俗有所收敛，婚姻悲剧有所减少”①。婚俗变革是观念及行为变革的双重结合，而观念及行为的变革需要一个渐次发展的过程，在这个过程中，其变化是有限度的。

现代中国社会的女子教育也是如此，虽然强调男女教育平等，但事实上真正做到这一点并不容易。在国民党南京政府统治期间，中国女子各种教育虽然有了较大发展，但发展仍然十分有限，且存在许多不平等现象。诸如女子教育与男子教育的差异很多，具体表现在专业设置不同，学校数目和学生人数不同。在女子教育方针和教学管理体制上，明显表现出女校比男校苛严，展现了封建主义对妇女的压制。在教育经费的投入上，也表现出社会对女子教育的歧视。由于政府和社会注重男子教育，因此男性受教育的程度普遍高于女性。除此之外，还存在女子教育的地区差异与城乡差异。这一切都反映了现代中国女子教育演变过程中的有限程度。

妇女参政一样经历着艰难的过程，从民国建立伊始，到20年代初，以至30、40年代，始终存在着压制女性参政的问题。1938年成立的国民党妇女运动委员会，专门隶属于国民党中央党部组织部，进一步加强对国统区妇女运动的控制。1941年国民党中央党部组织部召开全国妇运干部会议，将“三民主义”确定为全国妇女运动的最高指导方针，中国国民党暨国民政府为其最高指挥机构，将“健全组织”、“训练干部”、“征收党员”、“奖励生育”作为妇女运动的要旨，从而将统一战线下的妇女运动纳入国民党一党包办的轨道，使国统区一度勃发的妇女参政运动陷入了低潮。

---

① 《许昌县志》，南开大学出版社1993年版，第779页。

女性禁缠足也是如此，走的道路非常艰难。在民间社会一听说要女子放足，很多男性就不干了，这与常年旧观念的根深蒂固有很大关系。这从当时的民谣中体现得十分明显。河南的民谣："高底鞋扎的五色花，看了一人也不差。娘呀，娘呀，咱娶吧！没有钱，挑庄卖地也要娶！"在河北，"小红鞋儿二寸八，上头绣着喇叭花。等我到了家，告诉我爹妈：就是——点了房子出了地，也要娶来她！"在江西，"粉红脸，赛桃花；小小金莲一拉抓。笑得来年庄稼好，一顶花轿娶到家。"①相反，对大脚妇女的看法则不同，河南的民谣："裹小脚嫁秀才，吃馍馍，就肉菜；裹大脚嫁瞎子，吃糠馍，就辣子。"②显示出社会对大脚妇女的鄙视。正是这种传统思想观念的抵制和对抗，制约着禁缠足运动的发展。

可见，社会文化的变化是要一点点地渗透，在相当的时段内，变化的程度有限，这是社会文化变革的一个基本规律。

三、现代中国社会文化变革的文明启示

现代中国社会文化的变化，从表面上看，它只是社会生活与观念形态的一些变革而已，但是它所包含的内在意义和价值却是非常深刻的，它开启我们的思考从对历史的社会文化变革深意的理解到对今天和未来文明社会的一种更为清晰的憧憬。让人们尤为关注由历史引发的未来社会的几个重要的基本问题，即"人人平等"，"个性解放"，"追求生活幸福感"等。

---

① 李一粟：《从金莲说到高跟鞋》，《妇女杂志》1931年第17卷第5号，第15页。

② 《歌谣与妇女·文学类·粤东之风·歌谣论集》，刘经菴、钟敬文、罗香林编《民国丛书》第四编，60册，上海书店据上海北新书局1928年影印版，第209页。

（一）人人平等

人人平等是历史和现实人类追求社会公平的一个重要指向。人人平等从大的方面来说主要包括人类横向的平等和人类纵向的平等。横向平等主要指的是男女不同性别的平等、不同民族和种族的平等、不同国别人群的平等、不同地域人群的平等、不同职业人群的平等，等等。纵向平等主要指的是不同年龄人群的平等、不同辈分人群的平等、不同职务人群的平等，等等。当然无论是横向平等还是纵向平等并不是说人们之间没有任何差异或差别，没有任何差异和差别的平等是不可想象的。那么平等到底指的是什么，应该是什么，一言以蔽之，即人格的平等。所谓人格的平等是人人都有各自的权利和义务，人人都要尊重他人的权利和义务。“无论何人，不能任意蹂躏他人之人权与人格”，[①] 要“尊重个人的自由和人格”[②]。“这独立人格的要求，到了五四以后，更加急剧的普遍于社会。”[③] 如此，从人人平等的目标来看，做到人人平等似乎并非难事，但真正做起来，又并非易事。传统人伦文化不太重视人人平等，而强调和认同的是人的等级和尊卑。近代以来人们为争取人人平等开始不懈地努力，平等成为近代文化的一个重要内涵。近代以来，直至今天以及相当漫长的未来，人们仍然要为追求人人平等而继续努力和奋斗。从现代中国社会文化的变革中，我们看到了人们对于人人平等的渴望和追求。

中国现代社会文化变革中的婚姻自由、夫妻平等、女子上学、女子就业、女子参政、女子财产继承、批判妇女回家论与贤妻良母论、禁缠足、破除片面贞操观，这些都是为男女平等所做的努力和奋斗，它属于人类横向平等的范畴。中国现代社会文化变革中的家庭革命，祖宗革命，是反对亲子之间、婆媳之间的等级观念和上下尊卑的等级制度，这

---

① 高达观：《中国家族社会之演变》，第 144 页。

② 易家钺：《中国的家庭问题》，《中国妇女问题讨论集》第三册，第 132 页。

③ 陶希圣：《婚姻与家族》，第 108 页。

些显然是在争取家庭中不同辈分人群之间的平等，它属于人类纵向平等的范畴。这些为达到人人平等所做的努力与抗争，具有女性解放的意义，亦有男女两性解放的意义，也就有了人的解放的意义。中国现代社会文化的变革唤醒了人们沉睡已久的“人”的意识，也就是唤醒了“人”的解放意识。人人平等是人的解放的基石，人人平等是自身对他人以及他人对自身的尊敬，既不能奴役践踏他人，也不能谄媚屈从他人，反之他人对己亦是如此。达到了人人平等，也就迈出了人的解放的新一步。

我们观察一个社会的文明程度，要看人人平等即人格平等已经达到的程度。

（二）个性解放

人人平等，是人的解放的重要一步，而个性解放却是人的解放向前发展的更为重要的一步。现代中国社会文化的变革是要确立人的地位与价值，也就是要诉求人的个性解放。五四时期的知识精英尤其重视个性解放的价值，大力提倡个性解放。正如胡适所说，每个人都要“把自己铸造成器，方才可以希望有益于社会”①。胡适认为个性解放就如“全世界都像海上撞沉了船，最要紧的还是救出自己”，② 也如周作人所说：“人在人类中，正如森林茂盛中的一株树木。森林盛了，各树也都茂盛。但要森林盛，却仍非靠各树各自茂盛不可”。③ 个性解放指的是人自主地塑造自己、自主地选择自己的生活方式、自主地贡献于社会。马克思主义所主张的未来“社会的发展目标是实现人的全面自由的发展”④，

---

① 胡适：《介绍我自己的思想》，胡适著，耿云志、宋广波编《学问与人生：新编胡适文选》，人民出版社 2011 年版，第 440 页。

② 胡适：《易卜生主义》，胡适著，耿云志、宋广波编《学问与人生：新编胡适文选》，人民出版社 2011 年版，第 99 页。

③ 周作人：《人的文学》，《艺术与生活》，上海文艺出版社 1999 年版，第 9 页。

④ 参照沙莲香等著《中国社会文化心理》，中国社会出版社 1998 年版，第 147 页。

而“人的全面自由的发展”是指在人类社会发展的最终目标里，人应当是个人素养高尚的人、人应当是能够展现个人意志的人、人应当是个人权利得到保障的人、人应当是个人价值能够实现的人、人应当是个人精神真正解放的人，一言以蔽之即个性解放。“全部人类历史的第一个前提无疑是有生命的个人的存在”①，马克思对个人存在的肯定，无疑是对个性解放的重视。个性解放是个目标，是个理想，是个原则，是个形而上的理念。它必须与生活的实际相结合，否则它将成为空洞无物的躯壳，也就没有了任何实际的意义。只有在现实的实际生活中才能真正体现人的个性解放，而中国现代社会文化变革恰恰就有这样的实际意义。对传统社会束缚个人自由发展的批判，对三纲伦理的抨击，对蔑视个人人格、摧残个性发展、束缚个人自由的否定，无一不是对个性解放的诉求。而禁缠足、兴女学、婚姻自由、祖宗革命、女性参政、新式贞操观、女子财产继承权等等无一不在体现着个性解放的价值。可见作为本质的个性解放它必须体现在生活的实际当中。怎么看个性解放，就是看实际的生活，看实际生活的变革。个性解放是个人对自身的塑造，是对自我生活方式的选择，也是自身对他人自我塑造和生活方式选择的宽容、理解、体谅、认同、保护和尊重。

我们观察一个社会的文明程度，也要看这个社会的个性解放已经发展到了什么程度。

（三）追求生活幸福感

中国现代社会文化的演变既反映在社会生活的变化上，也反映在观念形态的变化上。社会文化的演变与时人的生活感受是紧紧联系在一起的。人们在追求生活的美好感受，通俗地说，就是要追求生活的幸福感。陈独秀曾说：“个人生存的时候，当努力造成幸福，享受幸福；并

① 《马克思恩格斯选集》第一卷，人民出版社 1995 年版，第 67 页。

且留在社会上，后来的个人也能够享受。”① 人类生存的目标和个体人生活的目的均统一于追求生活的幸福感上。无论是自觉还是盲从，是主动还是被动；无论是战争年代还是和平年代，是丰裕时代还是贫弱时代；无论是境遇顺畅还是命运坎坷，是坦途大路还是崎岖小道；无论是生在古代还是今天，是活在国外还是国内；无论是白色人种还是有色人种，是这个民族还是那个民族，人生存的本质都在于此。

人的幸福感既有生活质量的客观指标，也有个体的主观感受。所以任何时代的现实生活也要与追求生活的幸福感相结合。现代社会文化的变革本质上讲，也是与人们追求生活幸福感紧密相关。我们所探索的婚姻问题、家庭问题、女性问题、性伦问题、娱乐问题都是与追求生活幸福紧密地联系着。

人人平等、个性解放与追求生活幸福感之间也是一个互动的关系。人人平等和个性解放不是生活的目的，它是为实现生活目的的一种手段。比较而言，追求生活幸福感才是人们生活的重要目的。一个社会，若人人平等的程度越高，个性解放的程度越高，就更容易为个体生活幸福感的提升创造有利的条件，反之，若人人平等和个性解放的程度有限，必将阻碍个体生活幸福感的提升。

我们观察一个社会的文明程度，更要看人们生活幸福的感受程度。

总之，无论是历史上的社会文化变革，还是今天的社会文化变革以及未来的社会文化变革，这种变革是否能够促进人人平等、是否能够促进个性解放、是否能够促进人的生活幸福感的提升，这将成为我们如何评价社会文化变化的一个重要量标。

原载《首都师范大学学报》2013 年第 6 期

① 陈独秀：《人生真义》，任建树等编《陈独秀著作选》第一卷，上海人民出版社 1984 年版，第 347 页。

五四时期社会文化嬗变论纲

——以婚姻、家庭、女性、性伦为中心

社会文化不是一般泛泛的概念，而是一个特定的学术概念。所谓社会文化是指外在的社会生活与其内在的观念意识之间的一种相互关系。这种关系一般说主要有四大类型：一是社会生活变化引起观念意识的变化；二是观念意识变化引起社会生活的变化；三是社会生活变化但观念意识未变；四是观念意识变化但社会生活未变。为什么会有这样不同的情况，是什么原因造成的，不同情况对人们的生活会产生怎样的影响，需要汲取哪些经验教训，这些就是社会文化学或社会文化史要解决的问题。社会生活是指人们为了维系生命和不断改善生存质量而进行的一切活动的总和。观念意识是指人们面对社会实践，通过思维活动而形成的思想观点。社会生活与观念意识在不同的时代所反映的具体内容和内涵是不同的，它随着时代的变化而不断地发展演化。

五四时期是社会文化发生变化的一个重要时期，发生变化的具体内容丰富多彩。本文只截取婚姻、家庭、女性、性伦方面的几个重点问题作为阐述的对象，以反衬五四时期社会文化演变的特质和一般规律。

（一）观念意识的变化

1. 中国传统婚姻的观念意识有几个特点：第一，父母、媒妁把持婚姻决定权。所谓“男不自专娶，女不自专嫁，必由父母，须媒妁”①，“不待父母之命、媒妁之言，钻穴隙相窥，逾墙相从，则父母国人皆贱之”。②“父母之命，媒妁之言”成为男女婚嫁的基本原则。第二，男婚女嫁要考虑经济利益，形成买卖的婚姻特征。所谓“非受币不交不亲”③，“卖女纳财，买妇输绢”④，“凡婚嫁无不以财币为事，争多竞少，恬不为怪。”⑤婚姻与钱财紧紧相连，买卖成为婚姻的特征之一。第三，男女婚姻地位上的不平等，表现出抑女性的特点。所谓“天尊地卑，乾坤定矣”，“乾道成男，坤道成女”⑥，“妇者，服也”⑦，“妻者，齐也”⑧，“一与之齐，终身不改，故夫死不嫁”⑨。“饿死事极小，失节事极大”⑩。反映了中国传统婚姻“夫尊妇卑”的观念。第四，婚姻的目的是“种的蕃衍”，是“继后嗣”。所谓“合两姓之好，上以事宗庙，而下以继后世也”⑪，“人道所以有嫁娶何？……重人伦，广继嗣也”⑫，“大昏，万世之

---

① 《白虎通·嫁娶》，《百子全书》第6册，浙江人民出版社1984年版。
② 《孟子·滕文公下》，《十三经注疏》下册，中华书局1980年版，第2711页。
③ 《礼记·卷第2曲礼上》，《十三经注疏》上册，中华书局1980年版，第1241页。
④ 《颜氏家训·卷上·治家篇》，《百子全书》第6册，浙江人民出版社1984年版。
⑤ 赵翼：《廿二史札记·卷十五·财婚》，世界书局1936年版，第197页。
⑥ 《易经·系辞上》，《十三经注疏》上册，中华书局1980年版，第75页。
⑦ 《白虎通·嫁娶》，《百子全书》第6册，浙江人民出版社1984年版。
⑧ 《白虎通·嫁娶》，《百子全书》第6册，浙江人民出版社1984年版。
⑨ 《礼记·郊特牲》，《十三经注疏》下册，中华书局1980年版，第1456页。
⑩ 江永注：《近思录集注》第2册，卷6，“齐家之道”。上海书店1987年影印版。
⑪ 《礼记·昏义》，《十三经注疏》下册，中华书局1980年版，第1680页。
⑫ 《白虎通·嫁娶》，《百子全书》第6册，浙江人民出版社1984年版。

嗣也”[①]。体现着中国“不孝有三，无后为大”[②]、婚姻“非为色也，乃为后也”的“天理”、“人欲”观。第五，婚礼的繁文缛节。所谓“六礼是也”。六礼是中国传统婚姻必须遵守的礼仪程序，遵行六礼的婚姻才算严肃合法，为社会承认。六礼即纳采、问名、纳吉、纳征、请期、亲迎。六礼为婚姻大礼，六礼之外，烦琐的婚姻礼仪千姿百态，数不胜数，履行婚礼的每一程序，疲于琐微，不堪言表。上述中国传统婚姻观念意识的五个特点是历史形成的，所以它曾有过一定的历史合理性。但随着历史的进化其合理性渐次削减，不合理性渐次凸显，开始受到人们的批判。中国近代以来，对传统婚姻观念意识的批判是有力的，并提倡新式的婚姻观念意识。

五四时期提倡的婚姻观念意识主要体现在如下几个方面：第一，自由恋爱。强调恋爱与婚姻的统一，把爱情和婚姻视为“光色与绘画”、“节奏与音乐”的一体关系。[③]婚姻以爱为基础，恋爱而后成婚姻。主张要自由恋爱，建议多建公共娱乐体育和休闲场所，为自由恋爱提供条件和机会。[④]第二，自由结婚。把婚姻完全看成是个人的事情，是由个人的情感决定的。婚姻不应该受到外力的干涉，他人也无权决定当事人的婚姻大事。所以要废除中国“父母之命，媒妁之言”的传统习俗，而倡导在双方自由意志基础上的“互相结合”。[⑤]第三，自由离婚。男女结合是共同生活的开始，双方的感情能否持久，能否有变化都还不能确定。双方一旦失去了往日的爱情，是否还要维持既往的婚姻，有人提出了自由离婚的主张，认为“夫妇间没有爱情，就可离婚，不必要什么别的条件”[⑥]，并认为要解救无爱情的夫妇，“离婚”是拯救双方“幸

① 《礼记·哀公问》，《十三经注疏》下册，中华书局1980年版，第1611页。
② 《孟子·离娄上》，《十三经注疏》下册，中华书局1980年版，第2723页。
③ 《自由离婚的考察》，《陈望道文集》第1卷，上海人民出版社1979年版，第157页。
④ 林长民：《恋爱与婚姻》，《平民教育》第46号。
⑤ 汉胄：《对于一个男女结合宣布式的谈话》，《觉悟》1921年6月7日。
⑥ 易家钺：《家庭问题》，商务印书馆1920年版，第109—110页。

福的神”。[1]第四，再嫁自由。寡妇和全社会都要破除“褒奖条例”和“贞节牌坊”的迷信，是否再嫁完全是“一个个人问题”，[2]不能因为传统舆论而断了再嫁的念头，有了再嫁的意愿，就要“一往直前”。[3]第五，同姓结婚自由。中国有同姓不婚的习俗，要打破这种传统的观念意识，主张只要没有血统关系，完全可以“同姓结婚”。

2. 中国传统家庭的观念意识有如下特点：除了端正家风、互帮互助、敬老养老、和睦相处等优质特点外，[4]还有几个劣质特点：第一，传统家族讲求的“一钱尺帛，不人私房”[5]，“门内斗粟，尺帛无所私”[6]的不藏私材、平均分配消费的观念意识，造成人们的依赖和懒惰。第二，传统家族恪守的“父母在不远游”，“荣古而虐今，贱近而贵远”的心态意识造成人们的封闭守旧。第三，传统家族的“以自己为中心向外推，愈推愈远”[7]的人际网络，造成人们的亲疏有别。第四，传统家族的“明知公益之事，因有家而不肯为；明知害人之事，因有家而不得不为”[8]的家族利益观，造成人们的狭隘自私。第五，传统家族的“尊卑次序谨严”[9]“定尊卑，名不可同”[10]的家族尊卑观，造成人们的等级界限意识。

五四时期提倡的家庭观念意识主要体现在如下几个方面：第一，建立新的家庭关系和生活方式。如主张家庭成员的平等关系，“亲子之关

---

① 崔溥：《救济无爱情的夫妇惟一的方法：“离婚”》，《共进》第 26 号。

② 《贞操问题》，《胡适文存》第 1 集卷 4，第 670 页。

③ 陆秋心：《婚姻问题的三个时期》，《新妇女》第 2 卷第 2 号。

④ 参见拙著《近代中国陋俗文化嬗变研究》，首都师范大学出版社 1998 年版，第 130—131 页。

⑤ 《魏书·崔挺传》第 3 册，中华书局 1974 年版，第 1271 页。

⑥ 《新唐书·孝友传》第 18 册，中华书局 1975 年版，第 5579 页。

⑦ 沙莲香：《中国民族性》(一)，第 268 页。

⑧ 鞠普：《毁家谭》，《新世纪》第 49 期。

⑨ 钱文选：《钱氏家乘·家训·钱氏家训·家庭》。

⑩ 李汝祺等修：《李氏族谱·又序》。

系，专为义务的而非权利的”①，“父母都当居朋友底地位，去发展他们底正当爱心”。② 如主张自立的人格，“家庭之出纳庶务，均由主妇主张之，男子无干涉之权”，“子女须具自立之人格。勿妄想父母之遗产”。③ 如主张勤俭节约，家务要“主人躬自为之”，“主妇宜助理杂役，勿多雇佣仆”。④ 反对“儿女之浪费”，反对“重虚文而不求实际”的“虚假行为”。⑤ 第二，建立小家庭制。认为只有实行小家庭的分居制才能健全家庭成员的精神生活，去掉家庭成员的依赖心。其具体主张又分“分居”和“异财”两种。“分居”即主张建立“仅许一夫一妻，及未婚之子女”⑥ 的新式小家庭，从而脱离老一辈和大家族而独立生活。“异财”即主张“各人均得有其私产”，⑦“成年者有财产独立权”。⑧ 第三，主张改造社会与改造家庭共举。“把家庭问题归纳在社会全体的改造方案内，欲他们联带着一齐改造”。⑨ 家庭制度作为上层建筑的一部分，是为不同的经济基础所决定并为其服务的。认为家庭问题的改革只有靠在改造社会——废除私有制，打倒阶级——的过程中逐渐得以变革，而最终达到家庭改造的目的。

3. 中国传统女性的观念意识有几个特点：第一，“奢饰”之女。难以自立与生存的女子，为了博得男人的欢心，把大部分的精力放在打扮修饰自己的容颜仪态上，让自己成为一个标准的“美人”。第二，“无权”之女。“外言不入于阃，内言不出于阃”，女子只能在内室谈论有

---

① 李平：《新青年之家庭》，《新青年》第2卷第2号。
② 谢维鹏女士：《家庭底改制》，《妇女评论》第46期。
③ 李平：《新青年之家庭》，《新青年》第2卷第2号。
④ 李平：《新青年之家庭》，《新青年》第2卷第2号。
⑤ 启明：《中国家庭制度改革论》，《青年进步》第25期。
⑥ 李平：《新青年之家庭》，《新青年》第2卷第2号。
⑦ 启明：《中国家庭制度改革论》，《青年进步》第25期。
⑧ 《中华民国家庭改良会暂行草章》，《北京档案》1986年第2期。
⑨ 沈雁冰：《家庭改制的研究》，《民铎》第2卷第4号。

关“油盐酱醋柴”的生活小事，却无权谈论家庭外及国家大事，遵行于此，乃合妇道。第三，“无才”之女。“女子无才便是德”是中国社会纲常伦理的重要内容。在这种“妇德”观的束缚下，中国历史不支持女子读书受教育。女子被愚蒙在无知之中，使其“眼光小如豆”，“脑质竭如泥”。第四，“七出”之女。中国历史上的离婚是男子的特权，女子在男子这个特权下，只能甘当离婚的牺牲品，“妇者，服也”。只要丈夫写一纸“休书”，他们的夫妻关系就算解除了。第五，“奴婢”之女。中国自古以来就产生了大量的奴婢，尤以婢女为多。婢女的命运比男奴更加悲惨，经常遭受奴主的禁锢、奸污、逼嫁为妾、遗弃等等人身和人格的侮辱，过着一种非人的生活。①

五四时期提倡的女性观念意识主要体现在如下几个方面：第一，形体观。把“女子既为男子私有之物，但供男子玩弄，故穿耳、裹足、细腰、黑齿、剃眉、敷黛、施脂、抹粉、诡髻、步摇，不惜损坏身体以供男子一日之娱”②的取悦于男的形体观改变为保持“不假修饰自然的美丽”，③“美观要天然生成，不能用强力制造”④的女子形体观。第二，自立观。把“妇以夫贵”、“女子主内”的女子传统寄生观改变为女子也要“谋经济独立”⑤的女子自立观。第三，女学观。把“女子无才便是德”的“妇德”观改变为大兴女学，促进国民文明，“大学开放女禁”，“中学男女同校”的女学观。⑥第四，参政观。把中国传统文化历来强调的

① 以上均见拙文《传统文化中的女性形象》，《女性学》，中国文联出版社 2001 年版，第 127—135 页。

② 康有为：《大同书》，辽宁人民出版社 1994 年版，第 163 页。

③ 胡怀琛：《女子当废除装饰》，《妇女杂志》第 6 卷第 4 号。

④ 《解放画报》第 1 期。

⑤ 沈求己：《现在女子急应革除的恶习》，《解放画报》第 1 期。

⑥ 梁景和：《近代中国陋俗文化嬗变研究》，首都师范大学出版社 1998 年版，第 234—237 页。

“男不言内，女不言外”① 的观念改变为“欲求社会之平等，必先求男女之平权；欲求男女之平权，非先与女子以参政权不可”② 的女子参政观。第五，自重观。把女子的“男贵女贱”观改变为女子“不要自己太看得轻了，我们这些大女子、大英雄，倒实实在在有干出大事，造出世界的资格”，③“缺了有才的男子不行，缺了有才的女子也不行”④ 的女子自立观。

4. 中国传统性伦的观念意识有几个特点：第一，贞操观。“贞操”是中国传统社会要求女子单方面实行性禁锢的一种道德观。“妇人贞吉，从一而终”，⑤“饿死事极小，失节事极大”，⑥“把贞节看得比妇女的生命更重，……是她第一生命”。⑦ 第二，“男女授受不亲”观。中国传统文化有一套严格的男女授受交往方式。要求“男女不杂坐，不同揓枷，不同巾栉，不亲授”，⑧ 男女七岁“不同席。不共食”，⑨“女子出门，必拥蔽其面，夜行以烛，无烛则止。道路，男子由右，女子由左”。⑩ 第三，性禁忌观。“中国向来看两性关系是非常卑下而且秽亵；以为男女之间，除了严防以外，更无别法。”⑪“一般道学先生，假仁义道德之面具，称女子为魔鬼，视两性如毒蛇；对于一切两性生活，不特不问其是否重

① 《礼记·内则》，《十三经注疏》下册，中华书局 1982 年版，第 1462 页。
② 陈东原：《中国妇女生活史》，上海商务印书馆 1928 年版，第 360 页。
③ 君剑：《女子之责任》，《竞业学报》第 6 期。
④ 《女子无才便是德》，《中国新女界杂志》第 3 期。
⑤ 《周易·恒》。
⑥ 《河南程氏遗书》第 22 下。（台）李敖主编《中国名著精华全集》第 9 册，远流出版公司 1983 年版，第 459 页。
⑦ 吴敬梓：《儒林外史》第 464 页。
⑧ 《礼记·曲礼上》，《十三经注疏》上册，中华书局 1980 年版，第 1240 页。
⑨ 《礼记·内则》，《十三经注疏》下册，中华书局 1980 年版，第 1471 页。
⑩ 《礼记·内则第十二》，《十三经注疏》下册，中华书局 1980 年版，第 1462 页。
⑪ 周建人：《性教育的理论与实际》，《中国妇女问题讨论集》第 5 册，《民国丛书》第 1 编第 18 册，第 174 页。

要，且闻人谈及两性生活，不禁掩耳而走，退避三舍。于是上行下效，所向风靡。大部人民，对于两性生活，无不存秘密、轻蔑、鄙视、侮辱之观念，而社会制度、风俗、习惯，亦无不力主两性之秘密，反对两性之公开”。①

五四时期提倡的性伦观念意识主要体现在如下几个方面：第一，新式贞操观。包括被强暴的女子不必自杀；社会要怜惜失身女子，不要轻视她；打破“处女迷信”。②第二，“男女社交公开”观。男女都有独立的人格，都有自由交往的权力，男女社交公开是实现男女平等的实践基础，也是极其正常的社会现象，所以应“破除男女界域”，“增进男女人格”。③第三，“性教育”观。“要风化好，是在解放人性，普及教育，尤其是性教育”，④性教育包括对传统性禁忌心态习俗的批判，探讨性教育的方法，宣传性教育的内容。

以上我们仅从婚姻、家庭、妇女、性伦四个方面为例阐述了中国传统观念意识和五四时期新产生的观念意识。两者比较，反差殊大。

（二）思想大论战

五四时期新观念意识并非一帆风顺就产生了，它经历了一场针锋相对的思想论战。这场论战显现出自身的突出特征。

1. 基本在社会文化变革的所有领域都存在着思想论战。在婚姻、家庭、女性、性伦领域都反映了这一点。在婚姻方面，有主张废除“订

① 林昭音：《两性教育之研究》，《中国妇女问题讨论集》第3册，《民国丛书》第1编第18册，第85—86页。

② 《论女子被强暴所污》，《胡适文存》卷4。

③ 杨潮声：《男女社交公开》，《新青年》第6卷第4号。

④ 《鲁迅全集》第1卷，第258页。

婚”、[①]“征婚”[②]形式的，也有赞同采用“订婚”、[③]“征婚”形式的；有主张“自由恋爱”、[④]“自由结婚”[⑤]的，也有反对“自由恋爱”、[⑥]“自由结婚”[⑦]的；有主张“晚婚”的，也有主张“早婚”[⑧]的；有主张“废除婚姻”的，也有反对“废除婚姻”[⑨]的。在家庭方面，有主张“生育节制”[⑩]的，也有反对“生育节制”[⑪]的。在女性方面，有主张“男女教育平等”的，也有反对“男女教育平等”的；有主张“大学开放女禁”[⑫]的，也有反对“大学开放女禁”[⑬]的；有主张“中学男女同校”[⑭]的，也有反对“中学男女同校”[⑮]的。在性伦方面，有主张“性教育”[⑯]的，也有反对“性教育”的；有主张“男女社交公开”的，也有反对“男女社交公开”[⑰]的，有主张新式“贞操观”[⑱]的，也有固守传统“贞操观”的。

几乎在所有的社会文化领域都展开了思想论战，它深刻揭示了几个问题，其一，固定化了的社会文化，一旦成为人们的生活方式，就具

① 企留：《废止“订婚”的提议》，《觉悟》1922年9月3日。

② 卞焕章：《征婚与自由恋爱》，上海《时事新报》副刊《现代妇女》第29期，1923年6月26日。

③ CCT：《废止订婚的误解》，《觉悟》1922年9月14日。

④ 《我底恋爱观》，《陈望道文集》第1卷，第66页。

⑤ 徐彦之：《男女交际问题杂感》，《晨报》1919年5月4日。

⑥ 刘巧凤：《我的婚制解放谈——自由恋爱》，《解放画报》第6期。

⑦ 冰村：《两个女子的婚姻问题》，《共进》第23期。

⑧ 纪裕迪：《对于青年早婚的意见》，上海《时事新报》副刊《学灯》1923年6月15日。

⑨ 1920年春夏之交，上海《民国日报》副刊《觉悟》开辟了“废除婚姻制度”的讨论专栏，进而掀起了一场史无前例的“废婚”大论战。

⑩ 瑟庐：《产儿制限与中国》，《妇女杂志》第8卷第6号。

⑪ 力子：《生育节制释疑》，《妇女评论》第39期。

⑫ 《中华新报》1920年1月1日。

⑬ 陈望道：《和时代思潮逆流的江苏省议员〈禁止男女同校〉提案》，《妇女评论》第71期。

⑭ 徐植仁：《我对于中学男女同校的主张》，《觉悟》1921年12月29日。

⑮ 《北京附中实行男女同校后一年来经过之概况》，《平民教育》第51号，1922年5月10日。

⑯ 周建人：《性教育的理论与实际》，第173页。

⑰ 雁冰：《男女社交公开问题管见》，《妇女杂志》第6卷第2号。

⑱ 《论女子为强暴所污》，《胡适文存》卷4。

有相当程度的稳定性。随着时代的进化，即便它本身的不合理性或野蛮性日显突出，仍然有相当的人群会欣赏甚或崇拜它。其二，主张变革传统社会文化的知识精英，有的对现实社会生活有着深刻的体悟，有的对西方文明有所了解接触或有些认同，有的对社会生活有新的向往和追求，有的对社会和人生有着更深刻或独特的思考。相反，主张固守传统社会文化的人们，有的对社会生活的负面感受体悟不深，有的不愿认同西洋文化，有的陶醉于现实的社会生活方式之中，有的对社会和人生习惯于以往的惯性思考。其三，这样的两股人群面对社会文化是否变革的时候，都会自觉地站出来发表自己的意见，进而表明自己的文化立场，所以一场思想文化论战就成了一种必然。社会文化的变革是伴随着思想论战而同时进行的，这是一个普遍规律。在思想文化人群中如此，在普通民众中亦如此。其四，思想论战在言论和论战结果上很难分出胜负，有的论战不了了之，有的论战出现暂时的趋同，但思想论战最终影响着人们的观念，最终影响着人们的社会生活，五四时期社会文化的演变已经充分说明了这一点。

2. 围绕中国传统文化展开的论战。五四时期由倡导社会文化变革而发生的思想论战是围绕对某些传统文化观念的态度而展开，这是对传统文化某些观念是否采取“破”或“立”的态度问题。诸如：关于自由恋爱、自由结婚的论战，反映了对“父母之命，媒妁之言”等传统文化观念的态度；关于寡妇再嫁、自由离婚的论战，反映了对“饿死事小，失节事大”等传统文化观念的态度；关于晚婚、生育节制的论战，反映了对“不孝有三，无后为大”等传统文化观念的态度；关于女子参政、女子求学的论战，反映了对“外言不入于阃，内言不出于阃”、“女子无才便是德”等传统文化观念的态度；关于男女社交公开的论战，反映了对“男女之大防”、“男女授受不亲”等传统文化观念的态度；关于性教育的论战，反映了对“性不净”、“性禁忌”等传统文化观念的态度。总之，论战双方围绕着对某些传统文化观念的态度而展开的思想交锋，反映了论战者对传统文化中某些落后和野蛮的思想观念是否采取变革的态度问题。

对于传统文化，一般而言，时人主要采取两种态度，一是继承发扬，二是批判变革，这是传统文化自身功效决定的。那么当时对于传统文化的某些观念应当采取什么态度，其标准就是社会生活的实践。即传统文化的某些观念有益我们的社会生活，就当继承发扬之，反之，就当批判变革之。并非无条件的坚持传统文化就好，也不是无条件否定传统文化就好，需要具体问题具体分析。文化是要继承的，文化又是需要创造的，它的唯一标准就是我们社会生活的实践。从这个思考角度，我们可以评判五四时期社会文化的思想论战了。坚持“父母之命，媒妁之言”，坚持“饿死事小，失节事大”，坚持“不孝有三，无后为大”，坚持“女子无才便是德”，坚持“男女之大防”、“男女授受不亲”等传统文化观念，有助于对五四时期人们社会生活的质量有所提高和改善呢，还是有碍提高和改善，我们如何看待和评价这个问题，就比较容易了。我们在任何时代去评价文化问题，都不应仅凭个人的好恶而不加分析地全盘肯定或否定。

论战双方都以维护性道德作为自己进攻和防御的武器。在这次论战中，双方都把自己塑造成维护传统性道德的卫道士，这在论战的焦点和内容上都有充分的反映。诸如：反对自由恋爱者认为自由恋爱是“乱交”，是“变相的强奸”，[①] 而主张自由恋爱者则认为只有自由恋爱才是“道德感底融合”，自由恋爱的缺失，定是“轧姘头底别名”[②]；主张早婚者认为早婚可以避免“不正当的夫妇关系”，[③] 而主张晚婚者则认为早婚“有碍道德进化”[④]；反对“生育节制”者认为“节育”将导致“纵欲无

① 刘巧凤：《我的婚制解放谈——自由恋爱》，《解放画报》第 6 期。

② 《我底恋爱观》，《陈望道文集》第 1 卷，第 66 页。

③ 裕迪：《对于青年早婚的意见》，上海《时事新报》副刊《学灯》1923 年 6 月 15 日。

④ 梁景和：《近代中国陋俗文化嬗变研究》，首都师范大学出版社 1998 年版，第 101 页。

度”，是“禽兽之行”，① 而主张“生育节制”者则认为“节育”不能引起“道德的放纵”，“节育”与道德问题“没有关系”②；反对男女同校者认为男女同校“最容易发生性欲冲动”，③ 而主张男女同校者则认为，“如果男女同学，男女时时有相见的机会，性的刺激一定因习惯而减少”④；主张男女社交公开者认为实现男女社交公开，是“养成男女间性的道德的顶好的法子”，⑤ 而反对男女社交公开者则认为男女社交公开，“便接触的机会愈多，不道德的事情自然更易发生”⑥；主张性教育者认为“实施青年男女的性教育，提倡恋爱的神圣，尊重女子的人格，都是维持贞操上最切要的事情”⑦，而反对性教育者则“不知道性教育是性的卫生及性的道德的基础，往往容易误认实行这种教育，是导于恶习的起点”⑧。以上可见，在这次论战中，论战双方都是以维护性道德作为自己进攻和防御的武器的。

在任何社会，包括在思想解放的五四时期，无论是要创造怎样的社会生活，也无论是要达到怎样的生活目标，审慎地维护性道德，既是策略手段，也是适应现实的智举。它可以获取舆论的支持，自然是思想论战获胜的基础。就一般情况而言，更多的人在理性的状态下都会认同规范性道德是人与社会的一个基本要求。控制性的本能，规范性的行为是社会和谐稳定的基础。所以谁也不敢冒天下之大不韪而去疯狂倡导肉欲的泛滥的，即便汪精卫“中国人把男女防闲看得这样重，只有索性实行乱交可以破破这固执的空气”⑨ 的言辞，也只是气急之下的愤怒言辞而已，

---

① 瑟庐：《产儿制限与中国》，《妇女杂志》第 8 卷第 6 号。
② 瑟庐：《产儿制限与中国》，《妇女杂志》第 8 卷第 6 号。
③ 《北京附中实行男女同校后一年来经过之概况》，《平民教育》第51号，1922年5月10日。
④ 仲九：《男女同学和性欲》，《觉悟》1920 年 7 月 5 日。
⑤ 徐植仁：《我对于中学男女同校的主张》，《觉悟》1921 年 12 月 29 日。
⑥ 雁冰：《男女社交公开问题管见》，《妇女杂志》第 6 卷第 2 号。
⑦ 瑟庐：《产儿制限与中国》，《妇女杂志》第 8 卷第 6 号。
⑧ 周建人：《性教育与家庭关系的重要》，第 179 页。
⑨ 《答人社》，《独秀文存》卷 3，安徽人民出版社 1987 年版，第 800 页。

并非他理性的倡导。因此，五四时期变革社会文化，论战双方以维护性道德作为自己进攻和防御的武器，达到了他们策略手段的制高点。

（三）社会生活的变化

社会文化的变化一般体现在两方面的变化，一是观念意识的变化，一是社会生活的变化。五四时期社会文化的变化也体现在这样两个方面，即不但在观念意识上发生了变化，而且在社会生活的实践上也有了新的变革，这在婚姻、家庭、女性、性伦等方面均有所反映。

1. 五四时期出现了一次婚姻生活变革的高潮。婚姻生活变革的突出表现是部分知识青年以反叛者的姿态面对自己的婚姻生活，个体成为自己婚姻的主宰者，具体反映在如下方面：一是废除旧的婚俗形式，认为“俗例结婚，前后手续，形同买卖，蔑视人格，非革除不可”①。当时有人革除旧有的婚俗形式主要包括解除婚约，废除订婚，废除婚宴，不收婚礼等。二是公开背弃包办婚姻，或离家出走，或以智抗争，“积极的和环境奋斗，向光明的人的大路前进。”② 三是追求个人幸福的自由婚姻。五四时期很多青年解放了思想，更新了观念，大胆追求自由婚姻的人逐渐增多，“向蔡同盟”和“五四夫妻”③ 成为典型。四是出现了离婚高潮。五四时期“离婚的事件骤然增多，这本来也没有什么奇异，因为近年离婚自由之说起后，从前不满意的婚姻，被习惯束缚着的现在都起来要求解脱了”④。五四时期“离婚的增加，就是向着新社会那条路上

---

① 蒯希圣、莫一飞：《一个结婚的通告》，《觉悟》1922 年 11 月 20 日。

② 香苏：《李欣淑女子出走后所发生的影响》，长沙《大公报》1920 年 2 月 29 日。

③ “向蔡同盟”指向警予与蔡和森经自由恋爱而缔结的婚姻；“五四夫妻”指上海几对青年男女在学生运动中自由结为夫妻。

④ 《离婚与恋爱》，《周建人文选》，第 180 页。

快跑”。①

2. 五四时期家庭生活也出现了部分变革。这种变革主要体现在如下两个方面。一是家庭“节育”的实施。五四时期在“生育节制”思潮的影响下，社会上出版了很多“生育节制”的图书，成立了一些“生育节制”的社会团体和研究会，在这些团体的宣传和带动下，我国的生育节制已经渐渐发端，“知识阶级的家庭，尤其是青年的妇女，恐怕大都已获得节育的知识。因此在知识分子中，节育运动已有渐渐普及之势。即不加任何提倡，已在暗中流行了”。② 二是丧礼的改革。重点体现在摒弃传统丧葬的迷信内容，主张丧礼节俭，变革丧服，改土葬为火葬，改革丧葬礼仪等③。

3. 五四时期女性生活也出现了重要的变革。一是女子禁缠足有了新的发展，五四时期“除掉穷乡僻壤，风气闭塞的地方，还不免有缠脚的妇女，都市省会，差不多全是天足，再也看不见小脚伶仃的了”。④ 二是迎来了女学发展的新时期，这个时期的特点是进一步主张男女教育的平等权，主张实现男女同校，在一定程度上扫除了发展女子教育的障碍，出现了“大学开放女禁”和“中学男女同校”这一女学发展史上的新事物。三是女子参政运动的再度兴起，形成近代中国女子参政的第二次高潮。“女界联合会”是女子参政运动的倡导者和组织者，其间成立的诸多女界团体和机构为女子大规模的参政作了充分准备，女子参政在实践上也取得了一定的成果。这次女子参政运动的巅峰期在1921年至1922年间，以湖南和广州为先驱，逐渐波及全国诸多省份。

4. 五四时期性伦生活也发生了变革。这种变革包括：第一，男女社

---

① 易家钺编译：《家庭问题》，商务印书馆1920年版，第110页。

② 孙文本：《现代中国社会问题》第2册，第157—158页。

③ 梁景和：《近代中国陋俗文化嬗变研究》，首都师范大学出版社1998年版，第186—191页。

④ 周剑云：《废除穿耳》（二），《解放画报》第3期，1920年7月25日。

会交际迈出了重要的一步。五四时期爱国救亡运动为进步青年男女的社交提供了实现的契机。男女学生相互沟通，共同罢课，举行示威游行。进步女青年敢于“冒天下之大不韪”，前往监狱慰问被逮捕的男学生。五四时期一些进步团体打破男女界线，吸收女青年参加，形成组织上的男女大联合，长沙的新民学会和天津的觉悟社在当时最具典型意义。第二，开始重视性教育。主张采取家庭、学校、社会三方结合的方式来进行性教育。学术界开始重视性生活与优生关系的探讨。在课堂性教育方面，鲁迅成为中国现代性教育的先驱者。张竞生主编的《性史第一集》，收有听他讲课的七名北京大学男女学生所写的关于性知识体验的七篇文章，反映了张竞生在性教育的实践上所做的具体工作。

（四）变化的缘由、意义及局限

1. 五四时期社会文化发生变革的主要缘由

其一，近代社会文化变革的延续。五四时期社会文化的变革是近代以来社会文化变革的延续。近代中国历史的变革轨迹上，社会文化的变迁是其发展变化的重要内容之一。这是因为社会文化属于动态的历史现象之一，同时也因为近代中国的社会文化的确走上了从传统到近代的转型历程。从太平天国婚姻生活的变化到洋务时期出国官员和文人们对欧美婚俗的关注；从维新派的新式婚姻观到清末民初婚俗的改造；再到五四时期婚俗文化的变革，这是婚姻文化变革的一个历史延续。从清末的“家庭革命”到民初的“家庭改制”；再到五四时期的生育节制和丧礼改革，这是家庭文化变革的一个历史延续。从近代以前的禁缠足主张到五四时期的禁缠足运动；从近代初期的女学发端到五四时期的女学发展；从民初的女子参政运动到五四时期的女子参政运动，这是女性文化变革的一个历史延续。从谭嗣同的性教育思想到五四时期的性教育思潮，这是性伦文化变革的一个历史延续。可见，五四时期社会文化的变革是近代以来社会文化变革的惯性使然，是近代以来社会文化变革的延续。

其二，五四文化开放时代的催进。五四是新文化运动时期，是一个全新的文化开放时代。在这样的一个时代，人们思想解放，观念更新，促进了社会生活的变化。按照社会文化的界定，观念本身和社会生活本身均构成社会文化的一个要素。观念的变革与更新，解放与开放，其本身就是社会文化变革的一种体现，而在五四时期这种多方位开放的文化时代，又促进了社会生活多方位的变化。这种变化无论在思想观念的深度和广度上，也无论在社会生活的范围和程度上，均是历史上所罕见的。一般而言，文化开放时代往往就是社会文化容易发生变化的历史时期，而五四时期恰恰就是这样的一个历史时代。

其三，知识精英的开蒙作用。社会文化的变化一直是先识的知识精英带动的结果。在五四之前直到五四时期一直有这么一批知识精英在引领着人们，在开蒙着人们。戊戌变法时期的康有为、梁启超、严复、谭嗣同，辛亥革命时期的孙中山、黄兴、宋教仁、汪精卫、金天翮，五四时期的陈独秀、胡适、鲁迅、李大钊、蔡元培、吴虞、毛泽东、沈雁冰、陈望道、周作人等就是这批精英的主要代表。这些启蒙者思想深刻且前瞻，是文化破与立的先驱。这些启蒙者对于中国现实社会文化对自身和他人影响有直接感受，也就有了切身的感悟。这些启蒙者对西方现代文明有了解，有认同，也就愿意采取拿来主义的策略，直接引进西方文明并为我所用，所以五四时期很多新的社会文化观念意识是西方文明中的一部分。知识精英的价值观念直接影响着民众的思想意识，民众也愿意追随和跟从这些有高尚品格、又聪颖智慧、有献身精神的知识精英们，这种“众从”现象推动了社会文化的变革。

2. 五四时期社会文化变革的历史意义

其一，蕴藏着人的解放的深刻主题。人的解放包括诸多方面，如形体的解放，教育的解放，经济的解放，政治的解放，伦理的解放等等。而五四时期社会文化的演变正体现着人的解放的深刻主题。五四时期这种人的解放的程度可能还比较有限，但其解放的历史意义却是重大的。五四时期人的解放的深刻主题体现在社会文化变革的诸多事象上，禁缠足是人的形体解放；男女同校、大学开放女禁是教育的解放；女子谋求自立是经济的解放；自治政治与女子参政是政治的解放；自由婚姻、家庭改制、生育节制、丧礼改革、社交公开、新式贞操观念和性教育思潮都体现着伦理的解放，而伦理的解放更深刻反映着人性的解放，是人的最终的带有根本性的解放。

其二，中国文化精神进化的深刻体现。近代以来，特别是五四时期，是中国文化精神进化的重要时期。这种文化精神的进化正是通过社会文化的变革而体现着的。这种进化的主要表现就是文化精神开始从人伦文化走向个性文化。人伦文化的本质是讲求权威、讲求等级、讲求尊卑、讲求亲疏、讲求主奴，是一种专制的文化。这种文化即便在历史的长河中产生过诸多影响，但随着历史的进化它逐渐走向了衰落，代之而来的是个性主义文化观的诞生。个性主义文化观相对摆脱传统人伦文化的束缚，看重和强调个体价值，确定个体的人身地位，从而获得个体间的相对平等和自由。五四时期社会文化的变革处处体现着这种个性主义文化观的张扬。自由婚姻、祖宗革命、纲纪革命、丧礼改革、禁止缠足、男女同校、妇女参政、社交公开的观念中处处潜藏着个性主义文化观的深刻意蕴。

3. 五四时期社会文化变革的历史局限

社会文化的变革是一个长期动态的运演过程。五四时期社会文化虽然发生了很大的变化，但这种变化是有局限的。有的变化刚刚开始，有的变化刚刚扩展，有的变化至今还没有完成，仍在继续变革的过程当中。思想观念和社会生活同时变化是社会文化变革的完美状态，思想观念变了但社会生活未变或社会生活变了但思想观念未变，虽然也可视为社会文化的变化，但均不是完美的状态。五四时期社会文化达到完美状态的人群还是很少。这与当时政治、经济和文化诸多重要的因素有很大的关系。只要还是专制政治，人伦文化就要被宏扬，个性文化就要被遏制；只要经济不发达，文明的非买卖的社会文化就难以确立；人们思想观念的变革是困难的，人们容易固守传统文化，容易固守传统观念，正如爱因斯坦所言，“我们待人接物的态度，大部分取决于我们在童年时代无意识地从周围环境吸取来的见解和感情。换句话说，除了遗传的天赋和品质以外，是传统使我们成为现在这个样子的。但我们极少意识到，同传统的强有力的影响相比，我们的自觉的思想对于我们行为和信念的影响是那么微弱。轻视传统是愚蠢的，但是如果要使人的关系不断地得到改善，那么，随着我们的自觉性的提高和智力的增长，我们就应当开始控制传统，并且对传统采取批判的态度。我们应当努力去认识，在我们所接受的传统中，哪些是损害我们的命运和尊严的——从而相应地塑造我们的生活”。① 观念变了，行为方式未必就变，观念不变，行为方式更难变化，社会文化的变化是很难的，甚至难于政治制度的变化或经济体制的变化。所以五四时期社会文化变化的局限性是可以理解的。由于社会文化变化的艰难，由于它本身的来之不易，所以五四时期社会文化的变革应当给予充分的肯定，其历史意义是重大的。

原载《人文杂志》2009 年第 4 期

① 《黑人问题》，《爱因斯坦文集》第 3 卷，商务印书馆 1979 年版，第 210—211 页。

中国近代早期国人眼中的欧美生活

——以《走向世界丛书》为例

一、引　言

进入近代以后，中国人的眼光开始注目世界并逐渐细致入微地去观察世界。近代以来中国人了解和认识世界是一个漫长的过程，是从中国个别人到少数人，再逐渐扩展到更多的人群。中国近代早期走出国门观察了解世界者主要有两部分人，一是出国留学生，一是出国使节。特别是近代早期，即十九世纪七八十年代之前，这两部分人更具代表性。这些人到了国外，主要是到了欧美以后，一个全新的社会场景和世界面貌进入他们的视线和眼帘，或许是给他们诸多的刺激和震撼，所以他们通过日记和游记把所见所想记录下来，这些日记和游记成为今天我们认识和研讨那段历史的珍贵史料。打开这些历史记录，我们发现这些日记和游记犹如欧美世界的百科全书，涉及了欧美社会的诸多方面和诸多领域，包括社会的政治运作、民主制度、工业生产、农业发展、矿产开发、自然地理、商业贸易、教育卫生、思想文化、社会生活等等，不一而足。

本文重点探讨的是中国近代早期国人对欧美世界日常生活的关注。

本文以《走向世界丛书》为中心资料，选择的国人对象是早期的出国使节，选择的文本主要是他们的日记和游记。这些日记和游记记述了他们观察到的欧美日常生活的方方面面，涉及欧美日常生活的诸多领域，如穿衣戴帽、吃喝饮食、居家住宿、车马交通、婚姻嫁娶、丧葬礼俗、男女社交、两性伦理、医疗卫生等都在他们的记述之列。

二、记述的特征

从日记和游记中，我们看到了他们对欧美日常生活的记述有如下特征。

首先，记述内容的广泛。

作者记述了他们观察到的欧美日常生活的方方面面，涉及欧美日常生活的诸多领域。

他们对婚姻内容的记述较多。尤为关注外国婚娶专注情爱、彼此爱慕、婚姻自主、婚配自择、相交如友的情爱婚姻特征。大量介绍了男女婚配之俗、如结婚礼仪、教堂婚礼、婚宴、伴郎及旅行结婚等婚礼形式。还有对金婚银婚、金刚石婚以及终身不嫁等现象的记述。

有对家庭生活的叙述，包括如家庭食品、茶会、宴请等，还有对家庭积产千万、不遗子孙及养老院、丧葬习俗的讲述。

也有较多对女性身体修饰方面的记述，比如女子耳坠、梳刷、胸针、金链、镯环、链垂、纨扇、衣料、手巾、粉盒以及女性腰围、假乳、赤臂等，还包括西洋女子多染白发、衣冠多爱时款等方面。

有对男女关系方面的记述，比如男女私交不为例禁、男女接吻为礼、男女幽会习见不怪、海外男女皆为兄弟、一家之内女权最尊、外邦男子待妻最优、请客必男女等数及妇女拜客、夫不相随等诸多方面。

对娱乐生活方面的叙述亦有多显，特别体现在舞会方面。诸如各种舞式就有宫中舞会、中西舞蹈、歌舞、踢踏舞、变妆舞、脱衣舞。还有舞会礼仪，如舞会请帖、跳舞规矩、舞场布置等，尤其强调西人家家跳舞夜不虚度的生活方式。舞会之外，还有音乐戏剧生活和其他娱乐生活的记述。比如白金汉宫音乐会、幻灯影戏、戏法、愚人节、游戏、台球等等。

有对欧美卫生生活的记述，如西人讲究卫生胜于良医、西人浴堂沐浴、公共厕所等。通过讲述巴黎市容来叙述法国的环保卫生意识。

还注重对欧美生活礼节的介绍，如赠送纪念品、戚友贺礼、告辞之礼、握手之礼等等。

其他还有对西方性伦文化和囚犯生活的记述，诸多种种，此不赘述。

其次，记述内容的细致。

作者在日记和游记中不是仅仅一般草草地记录一下欧美的日常生活，有些记述是认真观察后的详细记录，反映了他们对异域文化的格外关注和浓厚的兴趣，下面列举若干事例说明之。

比如对欧美婚姻自主的记录，“西俗男女婚嫁，皆自主之。未娶未嫁之时，彼此爱慕，相交如友。再计其一年所得财帛，比之相等。然后告之父母，复同往官署声明，官以一纸书，内载某人娶某氏为妻，某女嫁某男为夫，彼此情愿，男不许娶二室，女不许嫁二夫。待迎娶之日，夫妻先入礼拜堂告之牧师，祝于天主。牧师各以金戒指一枚，贯于男女之无名指，以别处女、鳏夫。嫁娶后，众戚属食于男家。女有一饼，名曰嫁饼，众人分而食之。立言数语，以志庆贺。宴毕，次日或越数日，则夫妻偕往外国遨游。富者之游也，其地或千里，或万里，其期或一年，或数年，然后回国。贫者只在本国遨游数日而已。”① 这里对恋爱、结婚、婚礼、婚宴以及婚后旅游作了全面详细的介绍。

---

① 张德彝：《航海述奇》，钟叔河主编《走向世界丛书》，岳麓书社 1985 年版，第 581 页。

再看对婚礼前相关事宜的详细记述，“凡伴新娘之女，或新郎或新娘之亲近姊妹。届时新娘之父偕众先入礼拜堂。其父已故，则叔伯与兄或长亲皆可。后则母女同车。其父衣帽纯黑，其母衣色不拘。新娘与女伴皆一色雪白。新娘执白花束，女伴执红花束。新郎衣黑色，插鲜花一朵于胸前右襟钮孔。女父率众到，其他男女戚谊亦陆续到。女父立候于堂门之外。女伴立于门内，分列两行。余皆分立女伴之后。新娘母女到，女携其父之右腕先入。继而女伴随入堂内偏间。女伴偶数，如六、八、十二，自然骈肩而入；若奇数，如五、七、九，必加三名幼童或幼女同行，以成偶数。女伴之列第一对者，必新郎或新娘未嫁之姊妹，女母随众女伴尾之。其伴伊母者，或子或侄或甥皆可。男女在堂中不许携手同行，若老妪可代为扶持。其他男女戚谊，对对行于新娘之母之后。众入，乃以车往接新郎父子，到乃直入，立于牧师台前之右。待新娘由偏屋至，立于新郎左。新郎与新娘之父，及他各男戚，皆立于新娘之左。新娘之母，及其已嫁之姊妹，皆立于众男之后。众女伴又对对立于新郎之后。凡新郎之亲谊，坐牧师台左，新娘之戚谊，坐牧师台右。此外如有被请者，皆坐于堂中两厦。”① 这里对婚礼前整个过程，包括伴娘伴郎、礼服、进入婚姻殿堂的秩序、人数、行走规则、不同人之位置都叙述得详详细细。

再如对舞会的记述亦如此，“跳舞会者，男与女面相向，互为携持。男以一手搂女腰，女以一手握男膊，旋舞于中庭。每四、五偶并舞，皆绕庭数匝而后止。女子袒露，男则衣襟整齐。然彼国男子礼服下裤染成肉色，紧贴腿足，远视之若裸其下体者然，殊不雅观也。……五月十二日晚，国主请茶会，乃一睹之于柏金哈木宫。是夜各国公使毕集，官绅男女聚观尤众。前庭奏乐，以为舞节。世子与其夫人亦在跳舞中。世子别与一妇为偶，夫人又别与一男子为偶，夫妇不相偶也。其余次第舞毕，

① 张德彝：《随使英俄记》，钟叔河主编《走向世界丛书》，岳麓书社 1986 年版，第 519 页。

赴别室饮宴，皆立于筵前而食，无坐位。饮毕，复至原处再舞，至一点钟乃散。”① 这里对舞者服饰的特征以及舞会过程的大致环节作了介绍。

对观剧的介绍：“通宵只演一事，分四、五、六出。每出将终，垂帘少歇，则有卖扇、橘、酒水、新闻纸暨戏文者，亦有赁双筒千里眼者，往来招呼；客人亦可出外乘冷吸烟饮酒，而出入亦有执照。演戏者男优扮男，女优扮女。看戏者男女咸集，皆手执千里眼，有戏看戏；止戏时则以之四面看人，不论远近，罗列目前。少选，猛听静鞭数下，众皆悄然，已卷帘开戏矣。其戏能分昼夜阴晴；日月电云，有光有影；风雷泉雨，有色有声；山海车船，楼房闾巷，花树园林，禽鱼鸟兽，层层变化，极为可观。演至妙处，则众皆击掌叹赏，曰：‘卜拉卧！卜拉卧！’法言‘卜拉卧’，即华言‘妙’也。若优人下场，众皆爱之，可再击掌唤回，其人则免冠鞠躬，再谢而去。”② 这里对观剧的整个过程，包括中场休息、舞台布景、观众感受与剧情互动等都描述得惟妙惟肖。

对男女社交的介绍：“洋妇喜出游，亦喜见男子，然必与夫偕。夫不在而出游见客者，巨家多不如是。途间每见男子曲右肘，妇人以左手插入其肘中，并肩面行者，皆夫妇居多，顾亦有戚友而相扶掖者。夫在前而戚友扶掖其妇，则夫喜，以人之敬爱其妇也。有客则让其妇，使客扶掖之，与之偕行并坐，谓以是为敬客也。狎昵笑语，咸所不避，第不至于乱。有所犯，则其夫亦愤恚于心。故女子恒厌有夫之拘束，不如无夫之放荡自得，以是终身不嫁者比比。男子亦然，虑钤束于妇，亦往往终身不娶。”③ 这里不但介绍了男女社交的礼节，还对男女社交的心态以及对选择婚姻的态度都进行了一番阐述。

---

① 刘锡鸿：《英轺私记》，钟叔河主编《走向世界丛书》，岳麓书社 1986 年版，第 151—152 页。

② 张德彝：《航海述奇》，钟叔河主编《走向世界丛书》，岳麓书社 1985 年版，第 493—494 页。

③ 刘锡鸿：《英轺私记》，钟叔河主编《走向世界丛书》，岳麓书社 1986 年版，第 223—224 页。

对告辞送客礼节的记述，“男客去，女主不立亦不送，与之握手而已。女客去，尚有别客，则女主只起立与之握手，无他客，始送至客厅门，看其下楼。男主在家，应陪下楼，至门房，看穿外袭而去。来客无论二男或二女，彼此未经多谈，则去时无须握手，鞠躬而已。如未接一语，临行亦不鞠躬。若一男一女，女客先去，则男客无论曾与谈否，必立起与之开门，而不躬送下楼。如女主请其躬送下楼，则女客将出门时，只鞠躬致谢而已。凡客去，将出客厅，女主必拽铃，令人伺候。乡间客至，多有卸车者，故客去必请主人拽铃，以便预备。若客坐近于铃柄，即自拽之。”① 从中我们看到了送客礼节的规范和细致。

对沐浴卫生的记述，“西人沐浴，非仅以之洁皮肤、解燥热，凡外感风寒、内郁温热、停滞饮食，皆以沐浴之法治之。先投于温池而游泳之，则出而立于喷壶之下，如冒暴雨；又立于喷版之旁，转身四面受之，其人则寒战。乃披线被而趋于暖室之匮中，仅露其首于匮外，以匮中之热气蒸之。俟透汗出，又趋于激水之室。人负隅而坐，对面以汲筒激之。夫由温而凉，由凉而热，或可解也。若以蒸透之汗体，复以暴猛之凉水激之，颇觉难堪。询其故，则谓寒噤之后，蒸之以热，则内外皆解。若不激之以凉，无以固其表，而外感仍易入也。聆之则近理。或亦由西人肌肤多燥，为适宜也。”② 在此不但介绍了沐浴的方式方法，而且进一步说明沐浴不仅是为了洁身，也有治病的功效。

对囚犯生活的记述：“初入狱者，去旧衣归诸其家，授以囚服，易别识也。亲属来见，别有一室，以铁栅隔之，狱官与犯并坐，察其所言，杜私弊也。衾荐器用，给以完好，不贱视之也。日膳凡三，肉食必具，剂以汤茗，惠养之道也。楼每重各立天平一具，有以肉少为嫌者。则面衡示之，昭均平也。饮食寝处，咸适其意，而气体充矣。每日六点

① 张德彝：《随使英俄记》，钟叔河主编《走向世界丛书》，岳麓书社 1986 年版，第 537 页。

② 志刚：《初使泰西记》，钟叔河主编《走向世界丛书》，岳麓书社 1985 年版，第 279—280 页。

钟即起，各自洗刷房地内外墙壁，料理衣物，务令整洁。浴室十余所，七日礼拜一澡濯，恐其垢秽致疫疠也。犯衣浣以机器，陈于木施枷，入火柜烘之，柜有编号，防混淆也。早膳后，同诣讲堂听经，以一点钟为度，礼拜日则再往，导其复善之心也。”① 如何以文明的方式对待囚犯，狱中生活怎样体现人性化，在这里一一阐释得非常翔实。

最后，记述性伦文化的内容较多。

在记述欧美日常生活的日记和游记中，对性伦文化的记载颇多。

例如对妓馆妓女的叙述，说“法京妓馆，处处棋布星罗。而游妓勾人，日日招蜂引蝶。闻通城以四万数千计。各妓奉官，每年纳税七百方，合银九十余两，领有凭据。其游妓每夕往来闾巷，以候寻春之客，拥挤如蚁。男女相悦，或投宿旅舍，或携手归家。有托为雇车者，告由某处至某处，车行如电掣风驰，车止则云收雨止矣。每届礼拜，入署令医官验看，有病者留而疗治，无病者即刻放还。另有私妓，不敢公然往来闾巷，恐被官兵拿获而被罚。盖各妓夜游之处，皆经官定；而此私妓，则遍绕通城”②。妓女妓馆的数量、妓女的税收、妓女寻春的方式与场所、对妓女的管束等均有记述。

对宿妓私通的记述，夫“妓女莫多于泰西，而携妓女又莫胜于泰西；男私女而不为耻，女通男而不为羞，更有酷好男风者。又闻男子至二十岁似应宿妓，虽父母不能禁阻；男女虽各私数人，少无彼此争竞者”③。认为泰西淫风过盛，且不为羞耻，不被禁阻。

有对脱衣舞的记录，“按西人宴会宾客，间以挟女优为盛设。无论酒楼饭馆，均可随意呼唤筵前侑酒，以取其欢。饭毕双双跳舞，时而缩项，时而耸肩，折背扬拳，作诸般态，继而解衣，继而露臂，至于赤体而后已。愿与交欢者，则携入密室，每次需法金钱二十余圆，计银五十

① 刘锡鸿：《英轺私记》，钟叔河主编《走向世界丛书》，岳麓书社 1986 年版，第 123 页。

② 张德彝：《欧美环游记》，钟叔河主编《走向世界丛书》，岳麓书社 1985 年版，第 731 页。

③ 张德彝：《航海述奇》，钟叔河主编《走向世界丛书》，岳麓书社 1985 年版，第 564 页。

余两。否则俟酒阑时而遣去之。”① 记叙了西人在酒楼饭馆中可以跳舞、可以解衣、可以赤体、可以交欢。

也有对裸体绘画和雕塑的记述，“西国绘画之事，竞尚讲求，然重油工不尚水墨。写物写人，务以极工为贵，其价竟有一幅值万金者。画人若只身之男女，虽赤身裸体，官不之禁，谓足资考究故也。故石人、铁人、铜人各像，亦有裸形卧立蹲伏者。男女并重此艺。妇女欲画赤身之人，则囊笔往摹，详睇拈毫，以期毕肖。至男子描摹妇女之际，辄招一纤腰袅体之妓，令其褫衣横陈，对之着笔，亦期以无微不肖也。”② 从中反映了西欧裸体绘画艺术与中国传统绘画艺术的差异。

还有对女性佩带假乳的记述，“小铺出售男女装饰之物，如袜裤巾带、手套帽花、面罩领袖等。有白布形如护膝，缠有绒绳四根，长皆二三尺。问之，乃幼女之假乳也。因洋女以乳大腰细为美，然腰可束之使小，乳则不能纵之使大，故幼女假此以饰其观。而及笄之女，乃有制就藤具，形如字者，暗围腰间，衬以为美。”③ 以上均因文化传统和价值审美的不同而引起国人对西欧性伦文化的关注和记述。

三、文化心态分析

在作者的日记和游记中，为何记述了这么多欧美人的日常生活，根据社会心理学的理论，认为一般高级动物都会具有好奇本能，有羡慕的情绪以及反感或曰嫌恶感。④ 当然对于具有文化塑造的人类或人类个

① 张德彝:《欧美环游记》，钟叔河主编《走向世界丛书》，岳麓书社 1985 年版，第 766 页。

② 张德彝:《随使法国记》，钟叔河主编《走向世界丛书》，岳麓书社 1986 年版，第 492 页。

③ 张德彝:《随使法国记》，钟叔河主编《走向世界丛书》，岳麓书社 1986 年版，第 479 页。

④ 参见［英］威廉·麦独孤《社会心理学导论》，俞国良等译，浙江教育出版社 1997 年版。

体也当如此。鉴于社会心理学的理论，我们如果仅从作者的文化心态上分析，可以看到作者的记述是由他们的诸多文化心态决定的。

首先，作者的新奇之感。我们先阅读一下关于舞会的一段记述，“世子与其夫人亦在跳舞中。世子别与一妇为偶，夫人又别与一男子为偶，夫妇不相偶也。”① 跳舞场上，夫妻不一起跳舞，而是各自与另一位异性跳舞，这在以“男女授受不亲”国度的人看来，的确是让人感到好奇的。下段记述亦如此，“请晚酌者，无论男女老少，主人须设法引一男见一女，以便同往饭厅入坐。盖请客俗礼，必男女数同，或一男间二女，或一女间二男，鲜有二男或二女并肩而坐者。”② 而中国传统却是讲求“男女不杂坐”③ 的，再看“男终身不娶，女至老不嫁者比比”④，中国文化讲求的是“男大当婚，女大当嫁”，这到处是独身的老男老女，不是太新鲜了吗。再如，“西人不重后嗣，积产数千百万，临终尽舍以建义塾及养老济贫等院，措置既已，即自谓没世无憾”⑤，死后把数千百万的家产用作公益事业而不留给家人，这与国人的观念也相去甚远。再则，“野士凌墩距使寓十四里，有养老院焉。屋一千三百七十所，居男妇老者九百五十人”⑥，而我们是养儿防老，养老送终，岂有人老了被弃之家门之外之理。中西文化和生活习尚的差异，给记述者带来了很多新鲜好奇的感觉。还有一些记述也是如此，如“伦敦往来行人，无一任意便溺房后墙边者。园囿设有妇女净房。街衢闾巷，设有男子屏蔽。造以铁板，高五尺，宽一丈，前后二屏，形如‘〔 〕’字。中一墙，前后共分三槅，作‘圭’字形，入者互不晤面。墙下铁板，孔通地沟，墙上横

① 刘锡鸿：《英轺私记》，钟叔河主编《走向世界丛书》，岳麓书社 1986 年版，第 152 页。
② 张德彝：《随使英俄记》，钟叔河主编《走向世界丛书》，岳麓书社 1986 年版，第 515 页。
③ 《礼记·曲礼上》，《十三经注疏》上册，中华书局 1980 年版，第 1240 页。
④ 刘锡鸿：《英轺私记》，钟叔河主编《走向世界丛书》，岳麓书社 1986 年版，第 155 页。
⑤ 刘锡鸿：《英轺私记》，钟叔河主编《走向世界丛书》，岳麓书社 1986 年版，第 175 页。
⑥ 刘锡鸿：《英轺私记》，钟叔河主编《走向世界丛书》，岳麓书社 1986 年版，第 189 页。

漏活水铁筒，不时下冲，秽自顺流入地矣”[①]。如“西洋女多美丽，惟发有黑与黄赤之不同，近又以白色为贵。昨见公会中命妇，白发者十居二三，询系染成者（多苏格兰人）”[②]。这么多与国人完全不同的生活趣事，给人以少见新奇的感觉，也正是这样的心态感受，引起了作者记述的冲动。

其次，作者的羡慕之情。由于作者所见而产生的钦羡之情，也是构成作者记述的重要心理动因，比如对西人善于舞蹈、化装舞会以及音乐生活的记述就是如此。西人“楼阁崇宏，修饰华美，花山冰壁，香冷宜人。男女千百，热闹之极，班班跳舞，音乐连绵。按中国有字舞，有花舞，而西国有云舞，有雪舞”[③]，西人有“变妆跳舞会”，“屋宇高敞，男女数百，皆易妆。人带兽面，男为女服，如角抵戏。又有旧交而当时若不相识者，趣甚。”[④]“有日耳曼八人作乐，六男二女。一女所弹之洋琴若勺形，长有五尺，约数弦，轻拨慢抚，声音错杂可听。”[⑤]一个“趣甚”、一个“可听”完全反衬出作者的喜慕之情。再看，“大学之设公共卫生学为理科中之专科，良有以也。医之为用，治病于病之已发；卫生为用，除病于病之未生，故卫生之学能讲究，其功且胜于良医十倍”[⑥]，竟用赞美的口吻说出“其功且胜于良医十倍”的感叹之言。还有，“货物虽皆奇巧，其至奇者有妇女耳坠，造以金石，有式如小皮靴者，有如雀笼者，有如地球者，有如车马猫犬者，有如黑人头者，有如苹果、桃、橘或花篮者，种种不一，工颇精细”[⑦]，用“工

---

① 张德彝：《随使英俄记》，钟叔河主编《走向世界丛书》，岳麓书社1986年版，第595页。
② 斌椿：《海国胜游草》，钟叔河主编《走向世界丛书》，岳麓书社1985年版，第169页。
③ 张德彝：《随使英俄记》，钟叔河主编《走向世界丛书》，岳麓书社1986年版，第636页。
④ 张德彝：《随使英俄记》，钟叔河主编《走向世界丛书》，岳麓书社1986年版，第424页。
⑤ 张德彝：《航海述奇》，钟叔河主编《走向世界丛书》，岳麓书社1985年版，第472页。
⑥ 林汝耀等：《苏格兰游学指南》，钟叔河主编《走向世界丛书》，岳麓书社1985年版，第631页。
⑦ 张德彝：《随使法国记》，钟叔河主编《走向世界丛书》，岳麓书社1985年版，第527页。

颇精细”反映作者的倾羡之情。以至其他如“凡嫁娶至二十五年为银婚，再二十五年为金婚，又十年至第六十年则为金刚石婚。届日戚友咸来，至近者具仪以贺”① 的记述，“法国京都巴黎斯，周有四五十里，居民百万，闾巷齐整，楼房一律，白石为墙，巨铁为柱，花园戏馆、茶楼酒肆最多”② 的记述，还有囚犯“房舍宽敞整洁，各有衾荐，故囚徒不染疠疫。囚各白饭一盂，盐渍鱼数尾。禁至三年者，肉各一脔。司狱验而放之，故囚徒无瘐死之患”③ 的记述，无一不是作者羡慕之心之体现。

第三，作者的心身之性。人有着本能的美感感受和身心之性，这既受特色文化的干扰也不受特色文化的左右，这也成为作者记述西人有关生活的重要原因之一。“惟歌唱跳舞，鼓乐悠扬，灯变五彩，目眩神移。先三男二女，扮作金木水火土五星，又一男一女作傩翁傩母，击鼓驱逐，想亦除夕禳除疫疠之意也。又一女，二八妙龄，容华绝代，当场一曲，声欲绕梁。末场系幼女百名，衣分五色，按班跳舞，依鼓随琴，旅进旅退，其步履整齐，毫不错乱。中一女年最幼，为众中首领，跳则步步生莲，如窅娘舞，虽凌虚仙子不过是也。观之令人神醉。”④ 这种“令人神醉”的美感体验是人心身之性的反映。再则，“一天星斗，万盏灯光。当中跳舞亭，乐声大作，清妙可听。四壁花木，路径曲弯，真水假山，相映成趣。又迎门石墙，画树林一丛，中有大路，光影似真。不知者在灯下远望，迢递有数十里之遥。当晚，妓女结群，轻盈绰约，宛如仙子临凡。而纨袴子弟之往来追随者，亦举国若狂也。”⑤ 这里

① 张德彝：《随使英俄记》，钟叔河主编《走向世界丛书》，岳麓书社 1986 年版，第 634 页。

② 张德彝：《航海述奇》，钟叔河主编《走向世界丛书》，岳麓书社 1985 年版，第 490 页。

③ 刘锡鸿：《英轺私记》，钟叔河主编《走向世界丛书》，岳麓书社 1986 年版，第 52 页。

④ 张德彝：《随使英俄记》，钟叔河主编《走向世界丛书》，岳麓书社 1986 年版，第 404—405 页。

⑤ 张德彝：《随使法国记》，钟叔河主编《走向世界丛书》，岳麓书社 1985 年版，第 478—479 页。

对"相映成趣"画面的赞誉，对妓女"宛如仙子临凡"的称慕，并非特定文化的价值判断，而是作者心身之性的美感使然。再看，"中有六角亭，盛栽花木，名妓满座，皆赤臂露肩，长裙委地，半启樱桃之口，一捻杨柳之腰，如花解语，比玉生香，堪以持赠。"① 这种"如花解语，比玉生香"的描述与上类同。我们看作者这样的记述，"系西历四月初一日，土人呼曰'弄人日'。是日，无论男女皆可彼此设计愚弄，互不悔怨。闻有送大木箱于人者，箱内层层尽纸，至尾则一小木鱼，长约寸许而已。又有约定今日某时会于某处，其人赴约一无所见。诸如此类，可笑之极。"②"西俗，女子皆喜高乳细腰，小足大臀。肆中出售一种腰围，系以铜丝麻布所造，贴身服之，腰自细而乳亦高矣。又有一种假乳，造以粗布，如中土之护膝。又有一种假臀，系以马尾细布所造，形似倭瓜，佩于臀后，立则凸出，坐亦棉软。虽系矫揉造作，亦可谓尽态极妍矣。"③ 一个"可笑之极"，一个"尽态极妍"，这也并非一般之赞誉，乃人之幽默与爱美之性的反映。

第四，作者的厌恶之心。由于文化和个人的好恶，我们也看到作者对自己厌恶的现象也有所记述，诸如"其地赌场固多，而淫风亦盛。女得麻疯暨各不洁之症，自无问名者。彼以不嫁为耻而私于人，与人一度后，三世方消。是疾险甚，闻自古无法能治此病。惟一种验疯纸，不知何物制作，来自外邦。将此纸向女焚之，无此症者面青而不语，染此症者面赤而叫嚣"④。对西人妓女的不洁之症视为"是疾险甚"，表达了作者的厌恶之心。而"闻外国人有恐生子女为累者，乃买一种皮套或绸套，贯于阳具之上，虽极倒凤颠鸾而一雏不卵。其法固妙矣，而孟子云'不孝有三，无后为大'，惜此等人未之闻也。要之倡兴此法，使人斩

① 张德彝：《航海述奇》，钟叔河主编《走向世界丛书》，岳麓书社 1985 年版，第 564 页。

② 张德彝：《欧美环游记》，钟叔河主编《走向世界丛书》，岳麓书社 1985 年版，第 762 页。

③ 张德彝：《欧美环游记》，钟叔河主编《走向世界丛书》，岳麓书社 1985 年版，第 766 页。

④ 张德彝：《随使法国记》，钟叔河主编《走向世界丛书》，岳麓书社 1985 年版，第 335 页。

嗣，其人也罪不容诛矣。所谓‘始作俑者，其无后乎’”①，这是文化迥异而带来的不同价值判断，作者亦产生厌恶之心。

第五，作者的随俗之念。作者对西人的一些生活现象按中国“入乡随俗”的理念，亦能给予理解，所以对此类西人的生活作者亦有评述。如，“晨有日本人名山田虎吉者相见，俞惕庵与之握手，彼曰：‘握手非礼也。’彝曰：‘入境问禁，入国问俗，书有明言。今所处之地，既非中华，亦非日本，以是礼行之，似无不宜。’彼无言而退。”②再则，“见楼下经过一车，内坐一男一女。正驰骋间，女扶男腿，男捧女腮，大笑亲吻，殊向〔不〕雅相，亦风俗使然也。”③还有，“夫妓女莫多于泰西，而携妓女又莫胜于泰西；男私女而不为耻，女通男而不为羞，更有酷好男风者。又闻男子至二十岁似应宿妓，虽父母不能禁阻；男女虽各私数人，少无彼此争竞者。”④另外，“闻同船少年名屈达拉者，与幼女姓包名似苇荷于昨宵赴桑中之约。女年二七，男才十三龄耳。众人虽知，殊不置意，盖他国风俗使然也。”⑤这里作者用“入国问俗”、“亦风俗使然”、“男私女而不为耻，女通男而不为羞”、“他国风俗使然”等词语反衬出作者“入乡随俗”的心态。

以上我们是从文化心态的角度探讨了中国近代早期国人为何这样记述了西人如此的日常生活。从社会心理的维度我们可以发现价值观念和身心感受在其中所起的重要决定性的作用。一般而言人是有好奇之心的，对生命未曾经历的事物容易发生兴趣，容易产生注意力。人又是在一定的文化环境中成长起来的，所以有自己生存的一整套价值体系和褒贬观念，所以对进入自己视线的事物，往往容易做出道德和伦理的价值

---

① 张德彝：《欧美环游记》，钟叔河主编《走向世界丛书》，岳麓书社1985年版，第744页。

② 张德彝：《随使法国记》，钟叔河主编《走向世界丛书》，岳麓书社1985年版，第357页。

③ 张德彝：《随使法国记》，钟叔河主编《走向世界丛书》，岳麓书社1985年版，第433页。

④ 张德彝：《航海述奇》，钟叔河主编《走向世界丛书》，岳麓书社1985年版，第564页。

⑤ 张德彝：《欧美环游记》，钟叔河主编《走向世界丛书》，岳麓书社1985年版，第649页。

判断，进而明确表白自己的褒贬好恶态度。人又是具有个体的心身之性的，这种本能的天性是身体和生命的本性，它即便受文化的控制，但有时也会在言谈举止上有所表露。正是由于这样的原因，我们看到了中国近代早期国人有了上述对西人日常生活的记述，为何如此记述，从社会心理学的视角是可以进行诠释的。

四、结　语

中国近代早期国人为何对西人日常生活如此关注，其原因我们在上文作了心态学方面的一般性解释。其实这为我们引申出了一个深刻的思考。人类生活千姿百态，政治、经济、文化、社会等诸多形式无所不包。但是这无所不包的一切生活形式却只是为了一个日常和终极的内容，那就是让每个个体生活得更美好，生活得更有质量。社会生活以及个体生活虽然形式多样又内容丰富，但其中只有最为基本的一些生活内容，这些基本的生活内容不但融入在每个个体的生命之中，而且贯穿于人类社会的始终，这些基本的生活内容主要是指衣食住行、婚丧嫁娶、两性伦理、生老病死等最为基本的和最为常态的生活样式。人类社会，每个个体无时不在关心着这些基本的生活内容。从这个意义上看，我们所谓的更好的生活，更好地提高生活质量，就是指我们怎样能更好地享用衣食住行，怎样有着更完好的婚丧嫁娶，怎样有着更美满的两性生活，怎样更完善地处理和面对生老病死。所以最基本的生活内容是我们生活的第一主题，解决好这第一主题，人生才有意义，社会才有意义。人生要从关心这第一主题始，人生要以关怀这第一主题终。社会的政治经济活动大多是为此展开的，人类的文学艺术大都是以此为基点的，人们茶余饭后的谈资也多以此为基本内容的。因为这第一主题就是我们生活的第一需要。中国近代早期国人为何对西人日常生活如此关注，这是人类和常人关怀生活的第一主题决定的。

中国近代早期国人对西人日常生活如此关注，进而出现了两种文化的接触与对话。人类创造的文化系统，其重要的价值应当是为第一主题服务的，有益于第一主题的文化我们要发扬、不益于第一主题的文化我们要改造，为了有助于第一主题的文化发展，我们要有所吸收和创新，这在中国近代社会文化变革中已经有了强有力的说明，中国近代早期国人对西人日常生活记述的意义也就真真切切地体现在这里。

正因为如此，我们既应当有本位的文化意识，也应当有他位的文化建树，两者相互促进，相互成长，不可偏废。

原载《首都师范大学学报》2012 年第 1 期

女性与男性的双重解放

——论清末民初婚姻文化的变革

婚姻文化是指包括婚姻观念、婚姻行为、婚姻礼仪、婚姻生活等多方面内容的一个综合概念。整个20世纪是中国婚姻文化从传统向现代的转型时期，20世纪出现了几次婚姻文化变革的高潮，其中辛亥革命与民初这个新世纪的最初年代是20世纪婚姻文化变革的第一次高潮，并体现了这一时期独具的变革特征。

一、比较与新的批判

辛亥革命与民初时期，一些先进知识分子重新提出改造婚姻习俗的主张，认为“中国现在之婚姻，其不良之点，欲悉数之，殆更仆不能终”，故“非改良现在婚姻之制，微特夫妇之道苦，而其弊害之及于国家社会者，亦非浅少也”，而只有“改良婚姻，微独为谋社会之发达所当有事，亦为谋国家之进步所当有事也”①，把改造婚姻习俗与国家、社

① 履夷：《婚姻改良论》，《留日女学会杂志》第1期，1911年5月。转引自《辛亥革命前十年间时论选集》第3卷，三联书店1977年版，第838—842页。

会的发达进步紧密地联系起来。

我们把辛亥革命与民初时期同维新变法时期作一比较。如果说维新变法时期，对封建婚姻习俗进行批判主要集中在几位“前识者”身上，那么到辛亥革命与民初时期，这支批判的队伍已经扩展到一大批知识分子的群体身上。他们既包括国内的有识之士，也包括大批的出国留学生；既包括名扬遐迩的鸿儒硕学，也包括一批其名不扬的进步青年。其中赫赫声名者既有维新派巨魁梁启超，也有资产阶级革命派蔡元培、秋瑾；既有无政府主义者刘师培、何震、李石曾，也有进步学者金天翮、何大谬等。他们对传统的婚姻习俗深恶痛绝，感叹：“世界皆人于文明，人类悉至于自由，独我中国，犹坚持其野蛮主义，墨守其腐败风俗，以自表异于诸文明国之外，遂使神明之裔濒于沦亡，衣冠之族侪于蛮貉！”[①]他们欲成为改造婚姻习俗的斗士，“发大愿，出大力，振大铎，奋大笔，以独立分居为根据地，以自由结婚为归着点，扫荡社会上种种风云，打破家庭间重重魔障，使全国婚界放一层异彩，为同胞男女辟一片新土，破坏男女之依赖，推倒专制之恶风，遏绝媒妁之干涉，斩芟仪文之琐屑。”而将“极名誉、极完全、极灿烂、极庄严之一个至高无上、花团锦簇之婚姻自由权，攫而献之于我同胞四万万自由结婚之主人翁”[②]！

如果说维新变法时期的“前识者”还不是改造婚姻习俗的躬行者，那么辛亥革命与民初时期，一些先进的仁人志士已经成为提倡婚姻习俗改革并能以身作则的典范人物。蔡元培和秋瑾都是其中的代表人物。1899年，蔡元培夫人去世，为其做媒续弦者很多，蔡元培想借此机会“改革社会风习、创导男女平等”，特提出五项征婚条件：“（一）女子须不缠足者。（二）须识字者。（三）男子不娶妾。（四）男死后，女可

① 陈王：《论婚礼之弊》，《觉民》第1—5期合本。

② 陈王：《论婚礼之弊》，《觉民》第1—5期合本。

再嫁。(五)夫妇不相合，可离婚。”[①] 在纲常名教狂泛横溢的守旧社会，勇敢地提出在常人看来是背逆伦理道法的征婚条件，尤其是“再嫁”、“离婚”两条，叫俗人骇怪不已。1900 年蔡元培找到了黄世振女士，她天足、工书画、思想进步。蔡与黄女士在杭州结婚，并对婚礼有所改革，以演说会代替闹洞房。蔡元培在演说会上说，“就学行言，固有先后，就人格言，总是平等”。[②] 反映了他尊重女性人格，提倡男女平等的思想，可谓难能可贵。资产阶级女革命家秋瑾 1896 年由父母包办与满身“无信义、无情谊、嫖赌、虚言、损人利己、凌侮亲戚、夜郎自大、铜臭纨绔之恶习”[③] 的王廷钧结婚。婚后两人感情冷淡，毫无乐趣，使她处于“重重地网与天罗，幽闭深闺莫奈何”[④] 的困境中，秋瑾曾隐喻自己嫁给王廷钧是“才女配庸人”、“彩凤配凡禽”[⑤]，以致“一闻此人(王廷钧)，令人怒发冲冠”[⑥]。秋瑾再也无法忍受这种悲惨的婚姻生活，毅然与王廷钧决裂，“踏破范围去，女子志何雄？千里开础界，万里快乘风”[⑦]。于1904年只身赴日留学。此间，还有一批女进步青年陈撷芬、徐慕兰、宋雪君、庄汉翅、梁绮川等也纷纷与封建婚姻家庭生活决裂，成为封建礼教的叛逆者。

如果说维新变法时期的“前识者”，对传统婚姻习俗文化还不能说已经完全做到系统、全面和深刻地理论批判，那么辛亥革命与民初时期的志士们却可谓做到了这一点。其中梁启超《禁早婚议》、陈王的《论婚礼之弊》、履夷的《婚姻改良论》堪称重要文献；另外，《中国婚俗五

---

① 陶英惠：《蔡元培年谱》上，(台)“中央研究院”近代史研究所专刊(36)，第 72—73 页。

② 同上书，第 80 页。

③ 《致秋誉章书·其三》，《秋瑾集》，中华书局 1960 年版，第 36 页。

④ 《精卫石·第一回》，《秋瑾集》，中华书局 1960 年版，第 125 页。

⑤ 《精卫石·第三回》，《秋瑾集》，中华书局 1960 年版，第 142 页。

⑥ 《致秋誉章书·其一》，《秋瑾集》，中华书局 1960 年版，第 33 页。

⑦ 《精卫石·第六回》，《秋瑾集》，中华书局 1960 年版，第 158 页。

大弊说》、《自由结婚议》、《文明婚姻》、《婚姻自由论》、《禁早婚以强人种论》、《论婚姻之弊》、《再论婚姻》、《婚姻自由》、《婚姻篇》、《婚嫁改良》、《婚姻问题》、《说中国之婚姻》、《婚姻改进说》、《文明结婚》、《自由结婚》、《婚制改革论》① 等均为专门论述变革婚姻习俗的力著；《女界钟》、《女界泪》、《秋瑾集》中对婚姻习俗的批判亦着力非浅。

辛亥革命与民初时期，先进知识分子在维新变法时期的基础上，对传统婚姻习俗进行了新的系统批判，这种系统批判构成这一时期婚姻文化变革的第一特征。言其大略，这种系统批判主要集中在如下几个方面。

1. 父母主婚之弊。中国主婚之全权，实在于父母，“当其始，有所谓问名纳采者，则父母为之；至其中，有所谓文定纳弊，则父母为之；及其终，有所谓结褵合卺者，亦莫非父母为之”②，而婚姻当事人却无容喙之余地，即“不得任一肩，赞一辞，惟默默焉立于旁观之地位”③。这种专制婚姻，“使夫妇之乖违也”；“使家计之困难也”；“蹂躏人道也”；“误子女一生之发展也。”④ 此神州之一大污点也。

2. 媒妁之弊。媒妁者，“中国淫风之起原”，“自由结婚之大蟊贼也”。“夫媒妁者，古人以之比于鸠鸩，后世以之伦于谩妲。”做媒妁之人，大多乃趋附之徒，好事之辈。他们行于此道，只为博取厚酬，交欢豪族，财帛之外，他非所顾。故“短长其言，上下其手，事成则己任其功，事败则人受其祸，其心术与狐蜮相去无间矣”⑤。

---

① 分别见《中国新女界杂志》第 3 期；《女子世界》第 11 期；《女学报》第 2 期、第 3 期；《广益丛报》第 188 号、第 82 号；《安徽俗话报》第 16 期、第 18 期；《白话》第 2 期；《竞业旬报》第 24 期、第 14 期、第 28 期、第 40 期、第 20 期、第 15 期、第 30 期；《新世界学报》第 14 号。

② 陈王：《论婚礼之弊》，《觉民》第 1—5 期合本。

③ 陈王：《论婚礼之弊》，《觉民》第 1—5 期合本。

④ 吴贯因：《改良家族制度论》（续），《大中华杂志》第 1 卷第 4 期。

⑤ 陈王：《论婚礼之弊》，《觉民》第 1—5 期合本。

3. 男女不相见之弊。中国古有男女不相授受，不相为礼之训条，盖男女不相见之制，由来远矣。交友之道，在于渐磨切磋，志同道合，矧终身为伴、长处一庭的夫妻之间，更当如此。那么以素无谋面、茫不知心之男女，一时之间，遽相配合，久而久之，“其反唇反目之事，固势所必有矣。”① 且以素不谋面之辈，昔为行道之人而结床笫之爱，“天壤间闷杀风景之事，宁有过是耶?”琴瑟燕婉之好乃宇宙高尚纯洁之乐事，今以素不相识之人，蹂躏此等之风趣，“则闺房之内，直等地狱焉”。“以路人而骤作夫妇，则因性情才学之异，易致乖违，此势所必至矣。”故“为夫者不钟情于其妻，则狎妓蓄妾之风开矣；为妻者不钟情于其夫，则外遇私奔之事至矣”②。更为甚者，有些素无谋面之结为夫妻者，“情意不洽则气脉不融，气脉不融则种裔不良，种裔不良则国脉之盛衰系之矣。”③

4. 聘仪奁赠之弊。人类所以异于他等动物者，谓其价值不可以金钱计量也。尤为夫妻之道，宜以爱情结合，而不容夹入他种之观念。而中国婚姻习俗之一，即讲求聘仪奁赠，约婚之际，既存一博取金钱之心。故“且嫁女者，既问聘钱之有无；则娶妇者，亦将视妆奁之多寡”。择婚标准，不在才学品貌，唯问资产而已。于是有“以绝世才媛，下嫁于枯杨老夫者”，亦有“痴汉偏骑骏马走，巧妻常伴拙夫眠”④之非和谐之事也。甚或“竞事纷华，互相凌驾，富者竭其脂膏，贫者亦思步武，相穷以力，相尽以财，不至于犬竭兔毙不止”，以至“庆贺未终，丧吊已至，爱情未结，怨仇旋生”⑤，其污损人类情爱之价值，盖亦甚矣！

---

① 陈王：《论婚礼之弊》，《觉民》第1—5期合本。

② 履夷：《婚姻改良论》，《留日女学会杂志》第1期。

③ 陈王：《论婚礼之弊》，《觉民》第1—5期合本。

④ 履夷：《婚姻改良论》，《留日女学会杂志》第1期。

⑤ 陈王：《论婚礼之弊》，《觉民》第1—5期合本。

5. 早婚之弊。梁启超于1902年撰《新民议》文，其中有一篇为《禁早婚议》，认为“中国婚姻之俗，宜改良者不一端，而最重要者厥为早婚”。文中对早婚习俗作了深刻而又系统的批判，认为早婚之弊为“害于养生”、“害于传种”、“害于养蒙”、“害于修学”、“害于国计”等，可见早婚之祸“其剧而烈也”①！履夷的《婚姻改良论》也把早婚之弊归结为“修学上之害”、“经济上之害”、“品性上之害”、“不能事亲之害”、“不能教子之害”、“不能宜室家之害”等数端。早婚之弊要之为二，一则“种类以之大隳”，一则“国气因而不振”。

6. 繁文缛节之弊。中国婚俗的繁文缛节，于一婚之起，始则有之，中则有之，终则有之。“徒以一人之事，动劳百千之众，揆之公德，已属有亏；况以耳目之故，驱人于奴隶之域，上以病国，下以殃民。”②

7. 迷信术数之弊。“如命相、阴阳卜筮之类，以为婚姻为前世所定，实有神仙主之；媒妁说后，再求神示，作为媒妁的补充；遇有疑难，卜筮以决。结果，完全排除男女自己的权力，迫使青年男女在旧婚俗之下，服服帖帖，违拗不得。”③

8. 礼法婚姻之弊。“中国之婚姻，礼法之婚姻也”，与法律婚姻不同，法律婚姻优于礼法婚姻之处有三：“一则结婚离婚，均可自由，兼可再嫁；二则行一夫一妻之制；三则男女同受教育，男女同入交际场。”④

辛亥革命与民初时期，先进知识分子对中国传统婚姻习俗主要从上述八个方面进行了全面系统地批判，应当说这种批判切中传统婚姻问题的要害和本质，有益于中国婚姻文化的变革与进步。

---

① 《禁早婚议》，《梁启超选集》，上海人民出版社1984年版，第357—365页。

② 陈王：《论婚礼之弊》，《觉民》第1—5期合本。

③ 《辛亥革命时期期刊介绍》第1集，人民出版社1982年版，第572页。

④ 何震：《女子解放问题》，《天义报》第7—10期，1907年9月1日；10月30日，转引自《辛亥革命前十年间时论选集》第2卷下册，三联书店，第961页。

二、新婚姻观与新式婚俗

辛亥革命与民初时期，先进知识分子在对中国传统婚姻习俗批判的同时，又提出与之完全相对的婚姻主张，这些新的婚姻观念构成这一时期婚姻文化变革的第二特征。这些新式婚姻主张的要点可以概括为如下几个方面。首先，要婚姻自由。“盖以婚大事，不可不慎重之，而慎重之之至，则非自男女自约自结不为功。”①“择婚思得自由”②，不用父母强逼，媒婚说谎，一任本人做主。那种父母专制、媒妁撮合的婚姻是没有爱情的，没有爱情的婚姻是痛苦的，故“四百兆同胞齐享幸福，则必自婚姻自由始”③。此时还有人主张离婚自由，认为“夫妇以情交，以义合，情义未绝，虽死可守，而情义既绝，虽生可离”④。他们把离婚视为避免女子“一生之祸福荣枯恒持其良人为命运的自主之道”。故主张“男可再婚，女可再醮”。⑤其次，主张晚婚。梁启超曾根据统计家的调查报告进行研究而得出结论，认为“愈文明之国，其民之结婚也愈迟；愈野蛮之国，其民之结婚也愈早”，“一国之中，凡执业愈高尚之人，则其结婚也愈迟；执业愈卑贱之人，则其结婚也愈早。”“故吾以为今日之中国，欲改良群治，其必自禁早婚始。”⑥也有人说得更为具体，认为“必年龄稍长，获有职业之后乃得婚娶”，以及“青年男女，其能入学读书者，虽在专门大学之学校，亦必俟其毕业，方许成婚”，并明确主

① 陈王：《论婚礼之弊》，《觉民》第1—5期合本。

② 吴贯因：《改良家族制度后论》，《大中华杂志》第1卷第6期。

③ 金一：《女界钟》，上海大同书局1903年版，第81页。

④ 亢虎：《忠告女同胞》，《民立报》1911年6月8日。

⑤ 《男女平等之原理》，《清议报全篇》卷25，附录1。

⑥ 《禁早婚议》，《梁启超选集》，上海人民出版社1984年版，第362—363页。

张“男女之婚期皆限于二十五岁以后，庶乎其可矣”①。再次，革除买卖婚姻。中国以居女为奇货而必索要聘钱的婚姻流俗，无异于“贩卖鹿豕牛羊”。事实上，“红丝一系，期成连理之枝；黄金无权，难作鹊桥之渡”，所以“闺房之中，乃神圣洁净之地，断不容钱神之势力挽入其中也”！有人认为，人类婚姻历史要经历掠婚、卖婚、赠婚而进入自由时代，令人感叹的是，“今世文明各国，其婚姻之制已入于第四期矣。独中国之婚姻尚在卖婚时代。即此一端，中国人之品格，其下于他国人数等，已可概见矣。”故主张“欲增进国民之品格，则卖婚之制必不可不革除”②。最后，主张商定婚。即父母子女双方互相商榷，取得双方同意的折中方案。这是从专制婚过渡到自由婚的一个容易被接受的婚姻主张。认为“婚姻之事，必不能以全权委诸父母；必也，先令子女得自由选择，而复经父母之承认，然后决定，斯最当矣”③。早年的胡适也主张实行“要父母主婚”，“要子女有权干预”的这种由父母子女双方互相商定的婚姻缔结形式，以避免“年纪既轻，阅历世故自然极浅”的青年人做出不合理的选择。④这种把父母的见识、阅历视为对缔结婚姻可起参考作用的婚姻主张还是有相当程度的合理性的。

辛亥革命与民初时期，由于进步知识分子对传统婚姻文化进行了理性的批判，使一些觉悟者开始改变传统婚姻观，婚姻习俗也随之发生了广泛的变革。婚姻习俗的广泛变化构成这一时期婚姻文化变革的第三特征。由于婚姻习俗变化较为明显，所以它在社会生活中已引起人们的关注。下面对辛亥革命与民初时期婚姻习俗演变状况作一历史考察，以了解其变化的大致情景。

1. 自由婚与同意婚的出现。辛亥革命与民初时期，虽然还很少自

① 履夷：《婚姻改良论》，《留日女学会杂志》第1期。

② 履夷：《婚姻改良论》，《留日女学会杂志》第1期。

③ 履夷：《婚姻改良论》，《留日女学会杂志》第1期。

④ 胡适：《婚姻篇》，《竞业旬报》第25期。

由恋爱和自由结婚的，但有人已在观念上发生变化，“主自由结婚之说”者，“尤所不免”[①]。有些先进青年认为自由结婚是文明开化和进步的体现，并勇于付诸行动。无锡一男聘结一女，已择日迎娶。女方寄信告之男方，说这门婚事是家兄一人之意，本人死不顺从。男方晓知真相，退还庚帖。可见当时已经有人树立了婚姻自主的新观念。这件事被人喻为“女权发达之嚆矢，婚嫁文明之滥觞”[②]。当时有些“因奸毙命之案”，不少是因“童年完娶，女长于男”，女子秉性稍有偏转，往往走入“邪途”，便有与奸夫合谋杀夫之事。这些现象也被一些人视为“无自由结婚所致为多也”，[③]而对此表示同情。有些青年不顾社会习俗的束缚和家长反对，执意要求解除包办婚姻，醉心于自由恋爱。民初上海青年，“亦有男女先自认识”，经过自由恋爱，彼此相许，再“订约成婚”[④]的。四川青年男女也以“唱歌山坳，其歌男炫以富，女夸以巧”的方式来表达双方的爱慕之情。当“相悦订婚”，便“宿于荒野”，“遂为婚”。[⑤]通过男女会晤、自由恋爱，进而达到自由结婚成为辛亥革命与民初时期婚姻生活的新事物。河南信阳，出现“入民国，男女自由结婚”[⑥]的新婚俗。河北盐山县，“民国以来，蔑古益甚，男女平权之说倡，而婚配自择。”[⑦]自由婚姻还表现出多种形式，有双双离开家门逃往外地的；有“师生为偶”，不避物议的；也有因婚姻不如意而自刎身亡的；也有不满意对方家境、相貌及道德品行而赖婚或退婚的，这在清末上海

① 傅熊湘：《醴陵乡土志》第4章·风俗·婚嫁，《中国方志丛书》第287册，（台北）成文出版社有限公司1975年版，第48页。

② 《中外近事·婚嫁自由》，《大公报》1903年9月26日。

③ 《中外近事·婚配定例》，《大公报》1903年12月5日。

④ 汪杰梁女士：《上海婚嫁之礼节·新式婚嫁之礼节》，《中华妇女界》第1卷第4期。

⑤ 胡朴安：《中华全国风俗志》下编，中州古籍出版社1990年版，第365页。

⑥ 《重修信阳县志·三十一卷·民国二十五年铅印本》，《中国地方志民俗资料汇编》中南卷（上），书目文献出版社1991年版，第227页。

⑦ 孙毓琇主修：民国《盐山新志》卷25，故实略，谣俗篇。

的"通脚"习俗中体现得最为典型。[①] 辛亥革命与民初时期还出现了同意婚，"男女相慕悦，禀告父母，请介绍人转述意见，双方许可，定期举行结婚仪式。"[②] 或"先由男子陈志愿于父母，得父母允准，即延介绍人请愿于女子之父母，得其父母允准，再由介绍人约期订邀男女会晤，男女同意，婚约始定"[③]。四川江律"有用新式婚礼者……男女经介绍人之传达，互得同意后，乃各告于父母为之主婚，或直由父母提起者，亦必经男女自身许可。盖主张婚姻自由也"[④]。这一时期，家长和子女双方互为认可的婚姻缔结方式还是比较容易被人接受的。自由结婚给青年男女带来了无限喜悦，当时有一首《自由结婚纪念歌》就反映了青年男女的喜悦心境，歌词为"世界新，男女重平等，文明国，自由结婚乐。我中华，旧俗真堪嗟，抑女权，九州铸铁错。想当初，妇道立三从，依赖性，养成种劣弱。到如今，二亿女同胞，颠不刺，黑狱终沦落。最可怜，淘汰听天然，难怪他，红颜多命薄。想起来，惨酷真非常，吁嗟乎，仁圣何不作"。"破题儿，革命自婚姻，当头棒，风光先恢拓。廿世纪，祖国新文明，有心人，毅力来开幕。我同志，为社会牺牲，自由神，呵护脱束缚。曾记得，交换指环时，最快意，爱敬莫人若"[⑤]。

2. 出现离婚与再嫁的婚姻现象。夫妻有隙，佳偶成为怨偶，那么离婚可谓一条出路。辛亥革命与民初时期的婚俗变化体现了这一点。"这时的法庭诉讼，男女之请求离婚者，实繁有徒，此皆前此所未有。"[⑥] 各地离婚案件渐多，浙江镇海"离婚之案，自民国以来，数见不

① 参见王贤淼、吴福文：《带有特殊性的旧上海婚俗》，《社会科学》（沪）1984 年第 2 期。

② 《平乐县志·8 卷·民国二十九年铅印本》，《中国地方志民俗资料汇编》中南卷（下），书目文献出版社 1991 年版，第 1004 页。

③ 徐珂：《清稗类钞·婚姻类·文明结婚》第 5 册，中华书局 1984 年版，第 1987 页。

④ 聂述文等修，刘泽嘉等纂：《江津县志》卷 11，风俗，《中国地方志集成》第 45 册，巴蜀书社 1992 年版，第 789 页。

⑤ 《复报》第 5 号，1906 年 10 月。

⑥ 无妄：《间评二》，《大公报》1913 年 9 月 15 日。

鲜”；[①] 浙江遂安“近自妇女解放声起，离婚别嫁亦日益见多”。[②] 河北雄县，“近年以来，离婚之诉，日有所闻”[③]；上海“审判厅请求离婚案多”。[④] 另外，再嫁风气也日渐增多，有些女子已“不以再嫁为耻”[⑤]；有的寡妇通过社交活动，还尝到了自由恋爱的乐趣[⑥]；福建邵武县，“夫死再嫁，视为固然。甚有一而再，再而三者。”[⑦] 杭州亦“再娶再醮之风通行”。[⑧]

3. 开始注重婚姻法规和婚姻契约。1915 年，司法部附设的法律编查会，先后制定民法草案。关于婚姻制度方面，《民律亲属篇草案》第三章有详细规定，其中有改革“早婚”、“重婚”、“离婚”等婚姻习俗的内容，如“男子未满十六岁，女子未满十五岁，不得成婚”。“有配偶的，不得重婚”；“夫妻不相合谐，而两愿离婚的，得离婚”[⑨] 等。这一草案虽未成为正式法典，但具有法律效力，而受到一定程度的重视。民初有些地区还专门制定婚礼草案和法规，作为人们婚姻生活所应遵守的依据。河南信阳县《民国礼制草案》中的《婚礼草案》中就有关于“订婚”、“通告”、“结婚”、“谒见”[⑩] 等具体规定，要求人们遵守。另外，有些社团组织制定一些规章来约束自己的会员，如民初成立的并受孙中山、蔡元培、袁世凯、章炳麟等 44 人赞成和支持的“中华民国家庭改

① 王荣商等纂:《镇海县志备稿》沿革志，礼俗，婚礼。

② 姚桓纂:《遂安县志》卷 1，方舆志，风俗，俗礼。

③ 刘崇本纂:民国《雄县新志》第 7 册，故实略，谣俗篇，礼俗，昏。

④ 觉迷:《自由谈话会》,《申报》1913 年 1 月 13 日。

⑤ 胡朴安:《中华全国风俗志》下编，中州古籍出版社 1990 年版，第 115 页。

⑥ 心痴:《论寡妇乐》,《申报》1912 年 5 月 15 日。

⑦ 胡朴安:《中华全国风俗志》下编，中州古籍出版社 1990 年版，第 313 页。

⑧《民国杭州市新志稿 · 俗尚》，转引自《民国时期杭州》，浙江人民出版社 1992 年版，第 634 页。

⑨ 参见法律编查会编印《民律亲属篇草案》第 3 章（1915 年印行）。

⑩《重修信阳县志 · 三十一卷 · 民国二十五年铅印本》,《中国地方志民俗资料汇编》中南卷（上），书目文献出版社 1991 年版，第 227—229 页。

良会”，在其《暂行草章》第一章中“关于实行改革之条件”的九项内容里，就有四项涉及婚姻习俗的改造，即“婚姻自由，但非达法定年龄不得结婚”；“厉行一夫一妻制”；“守义、守节、守贞听其自由，父母翁姑等不得强迫行之”；“衣食住及其他需要者若婚丧宴会，崇尚节俭。”① 这种法规的效力无疑对婚姻习俗的变革起到推进作用。这一时期有人开始注重履行一种契约婚姻，这是婚姻生活文明化和现代化的体现。孙中山和宋庆龄的契约婚姻最为典型。1915 年 10 月 25 日，孙中山和宋庆龄在东京律师和田瑞家举行婚礼。他们委托律师和田瑞到东京市政厅办理了结婚登记，并由这位律师主持签订了婚姻誓约书。誓约书一式三份。分别由孙中山、宋庆龄和律师和田瑞各保存一份。中国历史博物馆于 1962 年从私人手中征集到这份誓约书。它纵 11.25 厘米，横 17.25 厘米；朱丝栏，全页 24 行，墨书日文 22 行；中缝有上鱼尾；栏外左下角印有篆体字“东京榛原制”，作腰圆戳记状。原件已装裱成卷，卷尾状有余纸，以备题记。誓约书译文全文如下：“此次孙文与宋庆琳之间缔结婚约，并订立以下诸誓约：

一、尽速办理符合中国法律的正式婚姻手续。

二、将来永远保持夫妇关系，共同努力增进相互间之幸福。

三、万一发生违反本誓约之行为，即使受到法律上，社会上的任何制裁，亦不得有任何异议；而且为了保持各自之名声，即使任何一方之亲属采取何等措施，亦不得有任何怨言。

上述诸条誓约，均系在见证人和田瑞面前各自的誓言，誓约之履行亦系和田瑞从中之协助督促。

本誓约书制成三份；誓约者各持一份，另一份存于见证人手中。

① 《中华民国家庭改良会暂行草章》，《北京档案》1986 年第 2 期。

誓约人孙文（章）

同上宋庆琳

见证人和田瑞（章）

千九百十五年十月二十六日。”①

这种契约婚姻在当时还是极为个别的现象，但它却是中国婚姻史上婚姻缔结方式走向文明的开端。

4. 婚姻礼仪的变化。“鉴于盲婚之痛苦，礼文之繁缛，金钱之虚耗，从而改良之”。②辛亥革命与民初时期，“新式婚礼，较旧为简”。③旧婚礼如坐花轿、拜天地、闹洞房、回门等传统的婚姻礼俗开始了部分改革，而趋于文明结婚。

北京当时的新式婚礼形式：“结婚之前，男女交换戒指，即为订婚证物（亦有于结婚日交换者）。娶时，多在公园会馆饭庄等处。门首悬旗结彩。富者更有花坊，庭设礼案。新郎新妇与主婚证婚介绍各人及音乐部来宾，均有一定席次。迎娶不用喜轿仪仗，而改以花车（马车结彩）。间有辅以军乐者。其仪式，则有读颂词婚证，用印，夫妇交拜，致谢主婚证婚介绍人来宾及谒见亲族，所行之礼惟于尊长叩首或三鞠躬，余均一鞠躬，间亦有用拜跪礼者。更有以旧式改良者，乃将旧礼之过繁及无甚关系者悉删之。如迎娶仅用喜轿一乘，鼓手若干名，不用一切仪仗是也。”④这是对北京当时婚姻礼仪变革的记载。

杭州婚姻仪式的变更：“易拜跪而为鞠躬（惟对翁姑、岳父母仍行跪拜）；易家庭而赁旅馆；易小礼而用证书；易媒妁而称介绍；易凤冠而披兜纱；易花轿而坐汽车；易行人而用军乐；易搀拌而为傧相；易鼓吹而

① 李锡经、马秀根译：《孙中山、宋庆龄婚姻誓约书》，《文物天地》1981年第2期。

② 《平乐县志·8卷·民国二十九年铅印本》，《中国地方志民俗资料汇编》中南卷（下），书目文献出版社1991年版，第1004页。

③ 《新式婚礼》，《实用北京指南》第2篇·礼俗，商务印书馆1920年版。

④ 《新式婚礼》，《实用北京指南》第2篇·礼俗，商务印书馆1920年版。

弹钢琴；易聘礼而换饰物（戒指）；易喜果而为纸花；易闹房而为演说”。①此时其他各地文明结婚的仪式记载颇多，大同小异，其情形大致如下：“一、司礼人入席。二、奏乐。三、男女宾入席。四、男女主婚人入席，面外立。五、证婚人、介绍人入席，左右对立。六、新人入席，面内立。七、奏乐。八、证婚人读证书。九、证婚人用印。十、介绍人用印。十一、新郎新妇用印。十二、证婚人为新郎新妇交换饰物。十三、新郎新妇对立，行三鞠躬。十四、新人致谢证婚人、介绍人，行三鞠躬礼。十五、奏乐。十六、新人向男女族尊长行三鞠躬礼。十七、新人向男女宾致谢，行一鞠躬礼。十八、男女宾致贺，行一鞠躬礼。十九、新人退。二十、奏乐。二十一、男女宾退。二十二、司仪员退。礼毕。”②这种文明结婚，辛亥革命与民初时期“倡于都会商埠，内地亦渐行之”③。有些青年男女以此为荣，“无媒婚嫁始文明，奠雁牵羊礼早更。最爱万人齐着眼，看侬亲手挽郎行。”④新式婚姻礼仪受到人们的称羡，“梳一东洋头，披件西式衣，穿双西式履，凡凤冠霞帔锦衣绣裙红鞋绿袜，一概不用，便利一；马车一到，昂然登舆，香花簇拥，四无障碍，无须伪啼假哭，扶持背负，便利二；宣读婚约，互换约指，才一鞠躬，即携手同归，无嫔相催请，跪拜起立之烦，便利三。”⑤文明婚礼比之繁文缛节的旧式婚礼要文明方便进步得多。安徽“改良风俗会条约”规定：“女子新嫁拜跪为劳，除庙见及拜见翁姑外，所有夫家亲族戚友相见时，只以鞠躬为礼，并禁止闹房恶习”，“女族探三朝者，人到不必礼，到男家亦不必答礼”。⑥另

① 钟毓龙：《说杭州》第 11 章《说风俗》，转引自《民国时期杭州》，浙江人民出版社 1992 年版，第 634—635 页。

② 《义县志·18 卷·民国二十年铅印本》，《中国地方志民俗资料汇编》东北卷，书目文献出版社 1989 年版，第 196 页。

③ 徐珂：《清稗类钞·婚姻类·文明结婚》第 5 册，中华书局 1984 年版，第 1987 页。

④ 息影庐：《自由谈·新女界杂咏》，《申报》1912 年 5 月 1 日。

⑤ 是龙：《自由女之新婚谈》，《申报》1912 年 9 月 19 日。

⑥ 《改良风俗会条约·（甲）婚嫁崇俭》，安徽自治研究所编《自治要言》，第 14 页。

外，有些信奉西教之家，结婚时往往借教堂为礼场。请牧师或神父为婚，其礼节亦至简单，“先由主婚及来宾新郎新妇唱赞美诗。主婚者问两方面之愿否，而后宣读证书，祷告上帝。次新郎新妇行谢上帝礼，并宣读志愿书，读时必须握手。主婚者复为新郎新妇交换饰物，并各唱赞美诗，礼毕，然后退。”① 塘沽有一对青年男女结婚，先到教堂经牧师点礼，男女学生唱诗，场面隆重热闹。礼毕新婚夫妇乘马在牧师夫妇和朋友们的陪送下回到新家。这在当地“颇称奇异”，认为“较之旧有之婚礼文明多矣”。② 我们暂且不论这种婚礼在中国是否切用，但它足以说明当时已经有人开始用自己的实际行动来改变中国的传统婚姻礼俗了。

5. 婚礼服饰的变化。辛亥革命与民初时期在婚礼服饰上出现西化现象，有些青年执意追求穿戴西式衣帽。《妇女时报》第二号登一照片《刘君吉生与陈女史定贞本年四月二十三日新式结婚时之摄影》，第七号又登《赵月潭君与张爱墨女士文明结婚摄影》，第二号同时登一“保存国粹”的照片《中国旧式结婚》，与其对照。从这里可以看出婚礼服饰的变化。中国旧式结婚的照片上，男女各自站立，男女体间留有空隙，男穿对襟长袍，脚蹬元宝鞋，头戴礼帽；女穿绣缎长袍，长纱蒙面，头戴凤冠。新式结婚的照片上，男女挽手臂，男穿西式大衣，无帽梳分头，穿皮鞋；女穿新式婚礼服，白纱披头。③ 这里反映了当时在婚礼服饰上也有了新变化。

6. 婚俗删繁就简以求节俭。辛亥革命与民初时期，婚礼讲求删繁就简，既是为了节简易行，也是为了戒奢崇俭，开明家庭已不看重聘金和妆奁，“婚礼务求节俭，以挽回奢侈习俗，而免经济生活之障碍。”④

① 汪杰梁女士：《上海婚嫁之礼节・新式婚嫁之礼节》，《中华妇女界》第 1 卷第 4 期。

② 《文明婚礼》，《大公报》1907 年 11 月 3 日。

③ 《妇女时报》第 2 号（宣统三年闰月朔日发行）第 7 号，（1912 年七月初十发行）插图。

④ 徐珂：《清稗类钞》第 5 册，中华书局 1984 年版，第 1987 页。

有的地方，“订婚之礼简于旧俗，结婚之所不必定于男女之家，凡公地皆可焉”。[①] 民初有些地区重新制定婚礼改良规则，力求简便和节俭。云南大理县的“婚礼改良风俗规则”中规定，“仅请媒人往拜，不用财礼”，“听男家量力行之，女家不得争执”，“女家制备嫁妆，多寡自便，不得要求男家铺妆。如女家不愿接聘金，请男家办理者，只听男家之便，不得争执”，“女家送亲，不得苛派男家雇轿，备牌伞等事，如女家愿用，只得自备”，“婚嫁贺礼，银钱、茶糖，丰约从便，惟色银、首饰、贺对概行禁绝”。[②] 安徽“改良风俗会条约”规定：“婚姻论财夷虏之道，往往男家较量妆奁，女家争论聘礼，自后应以俭约为主”，“娶亲者宜开茶会，娱宾。不特举动文明，抑且节财省事”，“娶亲者除备亲迎花轿提笼外，其余仪仗品物不必多具”，“娶亲者不必请陪郎”，“娶亲者可以随时往来岳家，不必备礼物，岳家亦不必具酒食请陪客”，“婚嫁各家宜声明不收礼物，只收祝词，如亲友戚族厚情过爱，不妨择送适宜之品，从前帐联牲醴串炮针黹各种无用之物概行免除”。[③] 这些规划反映了人们对婚礼务求简俭去奢从朴的愿望。有些人已经力行“一切嫁妆愈切用愈好”；娶亲时不择日期；娶过门时也不用执事；有些人订亲前就明文要求“聘娶仪节悉照文明通例，尽除中国旧有之陋俗”[④]。有些地区如南京，“民国以来，礼从简约”。[⑤] 奉天“搢绅之族损益繁缛，酌剂中西仪节，谓之文明结婚”[⑥]；四川泸县，“实行自由结婚者，其仪节简而易行，用费亦少，谓之文明婚礼，不必举行于家，而在公共场所矣”；[⑦] 江

---

① 《江津县志》卷11·风俗，《中国地方志集成》第45册，巴蜀书社1992年版，第789页。

② 《大理县志稿·32卷·民国六年铅印本》，《中国地方志民俗资料汇编》西南卷（下册），书目文献出版社1991年版，第855页。

③ 《改良风俗会条约·（甲）婚嫁崇俭》，安徽自治研究所编《自治要言》，第14页。

④ 《求偶》，《大公报》1902年6月26日。

⑤ 胡朴安：《中华全国风俗志》下编，中州古籍出版社1990年版，第136页。

⑥ 《奉天通志》卷98，礼俗2，婚嫁。

⑦ 高觐光等纂：《泸县志》卷3，礼俗志，风俗，婚姻。

苏武进民国以来，为俭节方便，“往往有借旅馆及青年社行结婚礼者”①，以上均可称为“嫁娶从俭之好现象也”。

7. 婚姻媒介方式的增新。随着婚姻自由呼声的高涨，这时的媒介方式有所增新，出现了“通信订婚法”。首创者为上海青年王健善，他在《女子世界》杂志的第二年第二期的扉页上刊登一封《敬告女同志》的公开信，主张“由男女互通信，先各抒衷曲，质疑问难，徐议订婚”，并宣告“创法请自我始，敢告女同志，如欲与余通信，可照下开住址邮寄，信到誓不示他人，并望亦示地址”②。这时期上海的新式婚嫁礼俗中，的确出现了一些“通信订约”③的青年男女，这无疑有利于婚姻自主风气的形成。辛亥革命与民初时期是不缠足运动的重要阶段，不缠足会遍及各地。有些不缠足会又是天足女子的婚姻介绍所，其中设主婚人来管理天足女子的婚姻问题。《竞业旬报》在介绍天足会的办法时说：“天足会内的会友，互通婚姻，使彼此毫无嫌怨，人皆乐从。”④不缠足会在天足女子的婚配问题上，做了大量有益的工作。

以上我们可以看到辛亥革命与民初时期的婚姻习俗的确发生了明显的变化。这种从婚姻内容到婚礼形式对封建婚俗的否定是传统社会难以想见的，正因为如此，我们把这一时期看作是20世纪婚姻文化变革的第一次高潮。

---

① 胡朴安：《中华全国风俗志》下编，中州古籍出版社1990年版，第177页。

② 《女子世界》第2年第2期。

③ 汪杰梁：《上海婚嫁之礼节·新式婚嫁之礼节》，《中华妇女界》第1卷第4期。

④ 君剑：《拒烟会与天足会》，《竞业旬报》第10期。

三、局限与意义

辛亥革命与民初时期婚姻文化的变革，是在“习俗救国”口号的感召下进行的。它既是西俗东渐后向西方学习的一个具体事项，也是对戊戌维新时期婚姻文化变革的一个继承，更是男女平权这一女性解放思潮引导下生活方式变革的重要体现。这一时期的婚姻习俗虽然发生了显著的变化，但是这种变化仅仅是个开端，它绝不是想象的那样广泛和普遍，其历史局限性是显而易见的，当时，“旧式婚姻居十之七八，新式者不过十之二三”。[①] 婚俗变化的局限性表现在三个方面：首先是地域上的局限性，城市强于农村，大城市如上海、广州强于内地省会城市，东南沿海又强于内陆，对于文明结婚，“城市内结婚多仿行之；乡间仍不多觏也。”[②] “新式结婚，城市间有之，乡间尚未见也。”[③] 显然这同自然经济解体的速度，受西方文明影响的强弱，以及人们受教育的程度及文明程度关系甚大。其次是作为不同阶层的人的局限性。“士为四民之首”，这一阶层是社会变革中最积极最活跃的因素，也是社会其他阶层行为方式的榜样。辛亥革命与民初时期婚姻生活的改变是由先进知识分子率先行动的，其他阶层尤其是农民阶层则相当迟缓，甚或处于静止状态。当然各阶层内部亦不尽相同，知识阶层中也有思想顽固、观念守旧者。有些知识分子的思想深处也反映着双重层面。章太炎 1913 年曾提出三项征婚条件：“一、须文理通顺，能作短篇；二、须大家闺秀；三、须有服

① 《民国杭州市新志稿·俗尚》，转引自《民国时期杭州》，浙江人民出版社 1992 年版，第 634 页。

② 《张北县志·八卷·民国二十四年铅印本》，《中国地方志民俗资料汇编》华北卷，书目文献出版社 1989 年版，第 148 页。

③ 杨式震等撰：《满城县志略》卷 8·风土，礼俗。

从性质，不染习气。”[①] 章太炎征婚时已是民国成立以后，他的征婚条件显然与当时自由平等博爱的时代要求及他本人革命家的身份很不相称。反映了他的思想深处对封建文化的感情瓜葛。胡适双重的思想性格在他的婚姻观和婚姻生活方面也有反映。胡适在《竞业旬报》25 期发表《婚姻篇》一文，对传统婚姻习俗进行了批判。“中国男女的终身，一误于父母之初心；二误于媒婚；三误于算命先生；四误于土偶木头。随随便便，便把中国四万万人，合成了许许多多的怨偶。”[②] 但他对由母亲做主、与江冬秀定亲这桩他本人并不满意的包办婚姻却采取了“容忍迁就”的态度。他是为了尽孝，是为了不伤母亲的心，最终与江冬秀成婚。胡适曾在信中说：“吾之就此婚事，全为吾母起见，故从不曾挑剔为难（若不如此，吾决不就此婚，此事但可为足下道，不足为外人言）。今既婚矣，吾力求迁就，以博吾母欢心。吾之所以竭力表示闺房之爱者，亦正欲令吾母喜欢耳。岂意反以此令堂上介意乎。”[③] 可见胡适的婚姻主张与他的婚姻生活并不是完全统一的。觉悟了的知识分子尚且如此，受封建文化束缚极深的其他阶层便可想而知了。第三，新旧掺和的局限性。中西婚俗的掺杂也反映了婚俗变化的局限和不彻底。如“浦东人之婚礼，泰半沿用旧俗”，[④] 穿了西装去行叩首礼的有之，穿了凤冠霞帔、袍褂补服去行鞠躬的亦有之。江苏宜兴“民国以来，政体虽改，而新郎之戴顶履靴者仍属有之。然亦有喜学时髦，著大礼服，戴大礼帽，以示特别开通者。最可笑者，新郎高冠峨峨，履声橐橐，在前面视之，固俨然一新人物也，讵知背后豚尾犹存，红丝辫线，坠落及地（乡俗新郎辫线多以红丝为之）。又有所谓陪宾者，新郎之护卫也，多亲友任之，通常四人。此四人中，有西装者，有便服者，有仍服清朝时礼服

① 汪太冲：《章太炎外纪》，文史出版社 1924 年版，第 50 页。
② 胡适：《婚姻篇》（续），《竞业旬报》第 25 期。
③ 参见沈卫威《胡适婚姻略论》，《民国档案》1991 年第 1 期。
④ 胡朴安：《中华全国风俗志》下编，中州古籍出版社 1990 年版，第 209 页。

者，形形色色，无奇不有。及新郎奠雁（新郎至女家朝婚帖行四跪四叩首礼，曰奠雁）仍行跪拜礼。其跪拜时，先脱礼帽，交代陪宾后，再听赞礼者之口令而跪拜焉。此种非驴非马之礼制，殊可笑也”①。此外，传统婚俗还普遍存在，浙江萧山“婚姻尚媒妁，一切皆父母主之，毫不容子女置喙。设出一言，则戚党族闾，传为怪事。至如自由结婚，自由恋爱，更非梦想所能及”②。兰溪也是“婚嫁全凭媒妁之言，文明结婚实属罕闻”③。北京很多崇尚旧俗的家长也依旧恭请“星命家”测算男女双方的“八字”，取“龙凤帖”合婚，保持着传统的婚俗。这种婚俗特征恰与辛亥革命与民初时期那个新旧交替的时代相吻合。

总之，当时中国相对而言“举行文明结婚礼者，尚不多见”。④尽管如此，辛亥革命与民初时期婚姻文化的变革还是非常凸显的，并成为20世纪婚姻文化变革的第一次高潮。

辛亥革命与民初时期婚姻文化的变革的意义在当时知识分子看来就是在“男女平权之说”的旗帜下，追求“男女重平等”的社会生活，最终真正达到“妇女解放”的目的，这无疑是正确的。在中国传统的“男权”社会中，男女不平等，女子受压抑，已经渗透到社会生活的方方面面，在婚姻生活中亦不例外。在辛亥革命与民初时期，进步知识分子主张的新式婚姻观以及婚姻文化的变革，其中蕴藏着女性在变革婚姻生活中身体和精神解放的意义，亦蕴含着男女平等、妇女解放的意义。然而它的深意并非仅仅如此而已。我们还应挖掘出蕴藏其中的男性解放的深刻主旨。传统中国一般视为男权社会，这是相对而论，是男女两性相比较而言。事实上在传统的“三纲”社会，大多数男性也是受压抑被奴役的，同样需要身心的解放。在传统中国社会的婚姻生活中，男性只

① 胡朴安：《中华全国风俗志》下编，中州古籍出版社1990年版，第181—182页。

② 胡朴安：《中华全国风俗志》下编，中州古籍出版社1990年版，第248页。

③ 胡朴安：《中华全国风俗志》下编，中州古籍出版社1990年版，第259页。

④ 血儿：《文明结婚》，《民立报》1912年3月15日。

有相对的“七出”的权力，其他的婚姻权利不在自己的手中，而是被他人控制的。当我们看到辛亥革命与民初时期的新式婚姻主张时，所提倡的婚姻自由是当事者的自由，而非仅仅为当事女性的自由，也包括当事男性的自由。正是从这个意义上，我们说辛亥革命与民初时期婚姻文化的变革蕴藏着女性与男性双重解放的意义，即人的解放的意义。这是中国传统“人伦文化”向“个性主义”文化转变过程中，在婚姻文化变革中的重要体现。

原载《史学月刊》2012 年第 4 期

共和国三十年的性教育（1949—1979）

性伦文化从广义上说，是指反映两性间诸多联系的某种功能性模式。它包括两性间的交往、相处、恋爱、婚姻直至“性”关系等等。从狭义上说，是指反映“性”关系的某种功能性模式。它涉及与“性”相联系的诸多方面。本文仅从新中国三十年性教育的视角，探索新中国三十年性教育方面的基本态势，从而进一步认识这一特定历史时期的性伦文化。

一、中国传统的性教育

性教育的内容，是根据性教育的目的和性教育的对象而确定的。主要包括性生理、性心理、人生价值观、性道德和知识教育等等。中国古代从汉朝就有记载的“嫁妆画”和“压箱底”都是性教育的工具。明清皇宫中的“欢喜佛”是对皇子皇孙们进行性教育的暗示。民间一般是家中的嫂子或大婶对新娘进行的叮嘱。清末民国时期，国外的教育理论纷至沓来，西方性科学理论也在这一时期被引进中国，并在 20 世纪上半叶形成了一段性教育的繁荣期。[①]20 年代，获法国里

① 林昭音：《男女性之分析》，上海商务印书馆民国十四年版，第 1 页。

昂大学哲学博士学位的张竞生是早期宣传性学，倡导性教育的重要学者。他在《美的社会组织法》一书中写道："性问题于人生比什么科学与艺术都更大……性教育不止在肉体与病形上的讲求，它的最重要的任务乃在考求由性所产生的情感与文化的主动力何在。所以性教育是一种必要的教育，又是极严重的教育。"① 他认为社会上出现有碍风化的情形原因之一，就是僵化古国缺乏对科学性知识的了解和性教育的缘故。鲁迅先生是中国现代性教育的先驱者，他 1909 年从日本留学归国，应聘任浙江杭州两级师范学堂的生理教员时，就首先打破了性生理的禁区，把性知识勇敢地摆上了讲坛。他在《坚壁清野主义》里写道："要风化好，是在解放人性，普及教育，尤其是性教育，这正是教育者所当为之事。"② 鲁迅始终重视对生理学、伦理学和性道德问题的研究。他购买和翻译过很多性研究和性教育方面的书籍与资料。鲁迅先生对于性教育的研究理论及性教育的实践，对于我国性教育的发展具有重要的贡献。虽然经过学者的呼吁和社会各界的努力，20年代《学校卫生实施方案》③、《师范学校课程标准》、④ 广东省《师范学校各科教学纲要》等教育法规中都明确了性教育在课程中的地位，⑤ 但当时的性教育只是知识阶层以翻译西方性学著作、编著性学图书、举办性教育讲座、发表有关文章等形式进行，还缺乏规范性，产生的影响是有限的。

---

① 张竞生：《美的社会组织法》，北新书局 1926 年版，第 53 页。

② 《鲁迅文集》第 1 卷，黑龙江人民出版社 1995 年版，第 232 页。

③ 朱梅：《20 世纪初中国的性教育》，《南京大学学报》2001 年第 1 期。

④ 《师范学校课程标准》，民国二十三年九月教育部颁行，民国二十三年十一月，上海中华书局出版。

⑤ 陈永生：《清末民初我国学校性教育略述》，《中华医史杂志》1993 年第 23 卷，第 1 页。

二、新中国初期的性生理教育

新中国成立后，知识分子开始提倡并重视性教育工作，有些学者明确地提出了性教育的主张，1951 年上海的“家出版社”出版了《家社妇幼丛书》，这是包括性教育的一套丛书。主编黄嘉音在书中发表的《告读者》中指出：“现代青年缺乏正确的性知识，这已经是尽人皆知的事实了。我们中国人对于性问题的讨论，向来是讳莫如深的。我们要使青少年对性的问题有正确的性认识，只有打破过去掩耳盗铃的方策，像介绍其他知识一样，像讨论其他问题一样，把性的知识公开来介绍，把性的问题公开来讨论。我们为什么不像有些出版家一样，假名换姓来编译性的文字，甚至把出版者的地址都隐瞒起来呢？因为我们编译和出版这些性教育的小书，都坦然无愧于心的。我们觉得这些小书的出版，对于青少年对于社会都是有益而无害的。我们觉得性问题的公开讨论，是值得也应该提倡的，我们愿意在这里开始。有人把所有与性有关的文字，都看成猥亵下流的，我们可不能同意这种观点。性教育的文字与猥亵的文字是有一大段距离的。猥亵的文字是诉诸情欲的，故作不必要的动情的描写。性教育的文字是诉诸理智的，是客观冷静的，只是你所必须知道的科学的事实告诉你。读了猥亵的文字只使人兴奋而激动，除了想入非非外一无所得。读了性教育的文字使人沉静而清醒，知道应采取的态度和该走的路向。”① 这里郑重指出了性教育的重要性和严肃性。家出版社还将《妇幼丛书》推荐给病人、产妇和儿童们的父母。建国初期开展性教育有很好的契机，只是在“以阶级斗争为纲”的特定政治环境中，这项工作没有坚持开展下去，这套性教育丛书不久就销声匿迹了。

① 黄嘉音：《家社妇幼丛书》，上海家出版社 1951 年版，第 1 页。

主编黄嘉音因提倡性教育1957年被打成右派，和妻子孩子一起被发配到宁夏。①1957中国科技出版社出版的《性的知识》一书，也以黄色污秽出版物为由被禁，作者以流氓罪被判刑关押。

新中国对性教育影响最大的是周恩来。1963年周恩来在人民大会堂召见参加全国卫生科技规划会议的叶恭绍等十位专家时，就指示医务工作者，一定要把青春期的性卫生知识教给男女青少年，让他们能用科学的知识来保护自己的健康。并指示在女孩子行经之前、男孩子首次遗精之前，就把性卫生知识教育给他们。②同年7月，周恩来在为首都高校毕业生讲话时，再次强调了性卫生知识的重要意义。指出普及性卫生知识教育，不单纯是一个科学教育的问题，而且还是一件破除封建迷信和移风易俗的大事。③周恩来医疗组的核心成员吴阶平聆听过周恩来关于开展性教育的指示："敬爱的周总理总是以极大的热情关怀青少年，为青少年安排最优越的发育成长条件，多次指示在中小学要教生理卫生课。敬爱的周总理1973年4月12日在病中曾这样说过：让青年懂得生理卫生知识很重要。孩子到了一定年龄就会注意这方面的问题，特别是到了青春发育期，随着生殖器官的发育，形态上、生理上会出现一些原来没有的现象，心理上也会出现一些正常的变化，就会要求得到有关知识。这个问题是不该回避的，试图回避，不但会使之神秘化，有时还有不良的后果。应该首先把有关的知识向父母作介绍，帮助他们配合学校根据孩子的具体情况，选择适当的年龄和时机逐步帮助孩子获得必要的知识，使孩子们从小就养成良好的卫生习惯，懂一点防病常识，健康成长。"④他在病榻上还指出中学的生理卫生教材中要有生殖系统的专门一章，讲课时应有大幅彩图，便于形象讲解。直到病危时，还一再嘱

---

① 《论妇幼丛书的阶级性》，《教育杂志》1957年第12期。

② 叶恭绍：《周恩来关心性教育》，科学普及出版社1983年版，第212页。

③ 叶恭绍：《周恩来关心性教育》，科学普及出版社1983年版，第213页。

④ 吴阶平：《让青年懂得生理卫生知识》，《健康报》1980年5月4日。

咐：一定要把青少年性卫生教育搞好。周总理关于把性卫生教育当作移风易俗的大事来抓的指示，在现实中具有很强的针对性。1972 年，教育部决定编写中学二年级的《生理卫生》课本时，加入“生殖器官”一章，据叶恭绍先生回忆：“我编写‘生殖器官’一章时，当时编写人员一起商量，竟有一半人反对写这一章，于是发生了激烈的争辩，直到我谈出了周总理的指示，才算肯定了这一章。可是接着又在是否插图的问题上发生了争执，虽然，最后插图还是要了，但却深刻地说明了不彻底破除封建思想，周总理的指示是很难贯彻好的。”[①]1973年，教育部门召开《生理卫生》教材会，会议主持者要求教育局的同志把教材书带来赴会，结果好多同志忐忑不安，以为教材内包括了生殖器官这一章要在会上进行批判。[②] 可见性卫生知识的宣传教育的阻力之大。

尽管周总理在全国人民中享有崇高威信，他的指示得到与会专家的赞同，但他的关于开展性教育的指示在他的有生之年并没有得到落实。生理卫生的教科书虽经编写，但并未进一步施教。由于传统的性神秘、性下流一类的观念由来已久，最终成为总理的遗愿。“文革”时期的中国性生理教育几乎是一片空白，人们在性问题上已经不简单是忌讳，而是到了“谈性色变”的程度。“性欲”似乎是资产阶级才会涉及的东西，而无产阶级是要清除这种东西的。心灵的净化必须干净彻底。性是羞耻的，甚至是反动的。“性”对革命人民来说是不应该有地位的，每个人都应该克制，把自然欲望升华为更为积极的革命热情。

在这样的一个“纯洁”的社会中，性教育的猥亵下流观念造成了家庭、学校缺乏基本的性教育。“当时没有性教育，年轻人也从不问，从不找这方面的书，都觉得丢人。”[③] “在农村的时候连牙都不刷，对性知识更是一无所知，后来的性知识只是看一些报纸、杂志，有时候互相

① 叶恭绍：《周恩来关心性教育》，科学普及出版社 1983 年版，第 246 页。

② 叶恭绍：《周恩来关心性教育》，科学普及出版社 1983 年版，第 256 页。

③ 唐海迪编辑：《访谈录》，第 13 页。

的讨论，什么找对象呀？慢慢的也就懂了。”① “其他的同事朋友们是在相互之间的谈话聊天获得性知识，当时来月经用的是布和黄草纸，很不卫生的，月经带都不敢公开的晾晒，经常使用的月经带硬的能把腿磨破。因为性知识的缺乏，当时的农村妇科病是很普遍的。”② 由于性教育的缺乏，造成普遍的性无知。“许多人的性知识大多是在一些粗野的人们吵架时骂出来的话中得到的”。③ 在相当多的情况下，人们对于性是一知半解。“我那时在妇幼队工作，我们的工作是给农村做生育卫生宣传，主要是宣传卫生的接产，产后的营养补给。当时的常见病是大人得软骨病，小孩得四六风，原因主要是卫生知识的不足。印象最深的一次是有一对五十岁的老年夫妇到医院看病，医生做了全面检查，发现女病人是石女，夫妻两个生活了一辈子都不知道，性生活很痛苦，但从没想过到医院去检查。”④ “六十年代我由于长期的体力劳动造成了严重的后遗症，腰开始弯了。住进了医院，当时在病房里，我的邻床女病人大约三十多岁，我忘记了她因为什么病住进的医院，我问她有没有小孩，她说没有，我说为什么不要一个，她说也不知道怎么回事，结婚好多年了，总在一个床上睡觉，就是没有。我问她你应该检查一下，她说那有什么检查的，不就是睡在一起就会生小孩吗，我非常惊讶，后来才知道他们夫妻两个都不知道什么是性生活，认为只要肌肤接触就可以生孩子了。”⑤ “文革期间，我在厂宣传科工作，我记得有一天上午，突然有一个新婚不久的妻子来告发她的丈夫，说他们结婚后，她的丈夫对她‘要流氓’，要求组织对他严肃处理，仔细一问，感觉特别可笑，原来她不知道夫妻结婚应该有性生活，因此认定她的丈夫是流氓。”⑥

① 李巧玲编辑：《访谈录》，第 35 页。
② 李巧玲编辑：《访谈录》，第 29 页。
③ 唐海迪编辑：《访谈录》，第 4 页。
④ 李巧玲编辑：《访谈录》，第 28 页。
⑤ 唐海迪编辑：《访谈录》，第 7 页。
⑥ 李巧玲编辑：《访谈录》，第 15 页。

在传统的性禁忌观念和极“左”思潮的影响下，社会对于性教育的“愚民政策”和“鸵鸟政策”造成了人们对于性的无知、神秘和愚昧。人在性问题上的科学知识、高尚的道德情操都不是“生而知之”而是“学而知之”的。

三、性的“人格”与“中性”教育

作为性教育核心问题的道德问题在20世纪的教育学中，开始加以研究和探讨。1925年列宁格勒州人民教育科学方法会议就性教育问题提出了一些有科学依据的建议。“决议把性的问题看作一个生物—社会问题……应该广泛利用学术讨论、会见专家和专门的文学作品进行性教育。”① 性教育不单是指对青少年的性生理、性知识教育。“性”既有生物特性又有社会特性，“无论社会发展到哪一步，人的‘性’生活不同于其他动物，是人与人的交往和相处，而不仅仅是‘自然’泄欲，也不是单纯的个人行为。”② 性问题是一个社会问题，建国后的性教育中包含着男女两性关系、共产主义道德与人生价值观教育等内容。

建国初期的性教育主要以人格教育为核心进行的，性教育的目的是使正在成长的一代在两性关系方面具有道德素养，教育他们在这方面必须努力遵循共产主义道德规范。③ 这就是说，第一，应认识体现在异性关系中的社会利益；第二，善于本着共产主义道德正确解决两性关系中产生的具体问题；第三，坚决抵制资产阶级思想的影响，因为这种思想使正在成长的一代在两性关系方面染上性道德败坏、玩弄异性以及鄙

① 陈会昌编译：《苏联德育心理研究》，山西教育科学研究所1882年内部发行，第287页。

② 李小江：《解读女人》，江苏人民出版社1999年版，第79页。

③ ［苏］科列索夫：《性教育漫谈》，宁波、志高译，国际文化出版公司1988年版，第78页。

视道德价值等恶习。伟大的革命导师列宁说：“目前在性问题上普遍的亢进，不是给予而是剥夺了生活的快乐和力量。在革命时代，这是有害的，非常有害的。”① 对于青年本身来说，列宁也指出：“青年人特别需要生活的快乐和力量，有益于健康的游戏、游泳、赛跑、身体上的各种锻炼和智力上的各方面的兴趣，尽量的共同学习、研究和调查，这要比那关于性问题的永久不变的理论和讨论以及那种所谓‘充分享受人生’更于青年有益。因此青年朋友们，青春是宝贵的，伟大时代的中国青年的青春尤其宝贵，我们青年决不是把青春只是消耗在恋爱中。”② 告诫青年不应过多地沉溺于“性”。列宁的教导在解放战争刚取得胜利的中国人民心中亮起了灯塔。生活在旧中国，不但智育不能自由发展，身体也受摧残，相反地，思想和身体必须健康。“只有普遍的锻炼成强健的体魄，将来才能更好的为人民服务。”③ 如果青年学生醉心于恋爱和两性问题，影响到学习和健康，消磨了自己的青春活力和意志。“青春只有闪烁在建设社会主义祖国的事业中才能发出闪烁的光彩”。④ 当然，建国初期的社会性教育承认：“婚姻恋爱问题究竟是人的生活的一部分。中学生由于年龄的成长，容易产生恋爱婚姻的苦闷和问题，这是很自然的，主张青年学生（譬如中学生）最好不要将精力放到恋爱问题上去，但并不主张僧侣的禁欲主义和独身主义，也并不反对男女有正常的社交活动，保留那种‘男女授受不亲’的封建习惯，同样也不主张对个人的恋爱问题加以强制和干涉（当然，对于恋爱问题上严重的违反道德的行为和犯法行为，自然也作必要的处置）。”⑤ 因此，新中国成立不久的性道德教育旨在引导青年关心工作和学习。

---

① 蔡特金：《列宁谈妇女、婚姻和性的问题》，《新中国妇女》1953 年第 12 号，第 10 页。

② 蔡特金：《列宁谈妇女、婚姻和性的问题》，《新中国妇女》1953 年第 12 号，第 11 页。

③ 袁林：《教育的地位和本质》，《文史哲》1954 年第 3 期，第 56 页。

④ 禹九：《再谈如何正确看待恋爱问题》，《中国青年》1953 年第 5 期，第 14 页。

⑤ 陈东：《如何正确看待恋爱问题》，《中国青年》1953 年第 4 期，第 5 页。

其次，处理恋爱问题要有阶级观点。中共中央八届十中全会公报指出："在无产阶级革命和无产阶级专政的整个历史时期，存在无产阶级和资产阶级之间的阶级斗争，存在社会主义和资本主义两条道路的斗争。这种斗争反映在各个方面，我们生活在这个历史时期，应该用阶级和阶级斗争的观点去观察问题，处理问题，处理恋爱婚姻问题也一样。否则，就会看不清本质，就会迷失方向。"① 腐朽的资产阶级性教育把恋爱结婚看作人生最大的幸福，认为生活中缺少爱情，青春就失去了光彩，使青年精神堕落，消失革命的锐气。"在选择恋爱对象时，青年人应首先要看他的阶级本质，离开了这一点，在外貌、谈吐、会不会玩等上做文章，必然是舍本求末，分不出好坏来。"② 在恋爱观上，追求容貌美是从小资产阶级的审美观点出发的。谈情说爱只是陷在小资产阶级庸俗的泥沼里的幻想产物，应建立在革命基础上。关于性的问题，教育青年提高思想觉悟，在祖国建设事业中发出光辉，必须使恋爱问题服从这一前提。五十年代中后期，教育青年人在对待性和婚姻上，要无情地批判资产阶级性道德观。在婚姻和两性关系上创造出真正革命的基础。"青年不应关心性问题，否则会感染上'摩登病'，促成青年人健康和体力的亏损。改变资产阶级的概念和道德，不要成为人们生活的主题和谈论的话题，在战争和革命的所创造的条件下，旧的意识形态的价值消失了，在人与人之间、男人与女人之间的关系上，感情和思想正在革命化，资产阶级婚姻的腐朽、堕落和猥亵以及性道德和性关系的令人作呕的伪善是要进行彻底改变的。性和婚姻的形式，在其资产阶级的意义上，是不能令人满意的。性生活的淫荡是属于资产阶级的，是衰颓的现象。符合于无产阶级革命的性和婚姻的革命已经发生了。它不需要利用麻醉剂或刺激品来陶醉，要像少用酒精一样地少夸张性欲。"③ 总之，这

① 《中共中央八届十中全会公报》，《人民日报》1955年4月2日。

② 小真：《处理恋爱问题要有阶级观点》，《中国青年》1953年第2期，第22页。

③ 蔡特金：《列宁谈妇女、婚姻和性的问题》，《新中国妇女》1953年第12号，第12页。

一时期的性教育已经脱离建国初期的轨道，要求人们不再关心性，无须谈性，否则就是资产阶级思想的堕落和腐朽。

“文革”时期，社会对青年们的性教育实行所谓的“中性”教育。知识青年这一代人是新中国人的同龄人，他们从小就受到对共产党和毛泽东无产阶级的感情教育。当共和国的同龄人呱呱落地时，他们耳畔回旋的便是对领袖的颂歌：“东方红，太阳升，中国出了个毛泽东，他为人民谋幸福，他是人民的大救星。”当他们进入学校学习时，学写的第一句话是：“毛主席万岁！”此后的小学语言课本中还有一课《韶山》：“韶山是红太阳升起的地方，是毛主席的故乡。”这种从小进行的启蒙教育，对他们以后的成长产生了潜移默化的影响。中学是青年学生社会化的重要时期，“文化大革命”初期上山下乡的知识青年一般是在60年代初度过他们的中学时代，这一时期的性生理教育是一片空白。老知青们说：“我们中学时代对性懵懂时，想找一些书看看，但根本找不到，社会、学校、家庭从不谈‘性’。”①“生理教育在当时社会没有一丝迹象，学校从没有开过生理卫生课，家里也不关心这些问题。”②“我那时不知道性教育是什么，男女学生没有什么区分，穿衣服颜色，样式也大致一样。”③“文革”期间，社会对“性”是避而不谈，学校教育是典型的政治化、革命化的教育，是贯彻“教育为无产阶级政治服务、教育与生产劳动相结合”的教育方针。④这种教育以不分男女两性，培养社会主义的中性人的教育为特征，是“无性别”教育时期。为了培养青年学生有理想，使他们成为“无产阶级革命事业的接班人”，学校教育探索出了一整套的革命理想教育的措施，其中包括经常性的、大量的政治学习，诸如多种多样的听报告、上团课、下乡劳动、参加军事训练、学雷锋、

① 李巧玲编辑：《访谈录》，第15页。

② 李巧玲编辑：《访谈录》，第15页。

③ 李巧玲编辑：《访谈录》，第19页。

④ 程晋宽：《教育革命的历史考察》，福建教育出版社2000年版，第256页。

参观英雄纪念场馆等形式，这其中渗透着强烈的理想教育的内容和目标，无疑对青少年理想的形成起到了重要作用。无论人们对教育的成就怎么看，人们比较公认的是：十七年教育成功地塑造了一代甘愿为革命理想而奋斗、而献身的革命化的青年。因此许多青年在两性问题上普遍认为革命青年是“中性”的，“性”与“革命”水火不相容。①

大众文化传播中的“无性”教育也很明显。“文革”时期中国有八个样板戏，这些样板戏中的家庭成员并不完整，男人没有妻子，女人没有丈夫。《红灯记》是“满腔热情塑造”出来的三个英雄人物，一个是李玉和，一个是李奶奶，还有一个李铁梅，这是一个祖孙三代的家庭。李奶奶年龄大了，老伴可能去世了。李玉和是个中年男子，但他有没有结婚都成问题，他一生都在为革命“东奔西忙”。李铁梅年龄十七，当然还说不上谈婚论嫁。《沙家浜》里的郭建光没有家庭可算情理之中的事，但那个机智的女地下党员阿庆嫂呢？丈夫阿庆没有出现，让他跑单帮去了。《智取威虎山》中的杨子荣、《海港》里的方海珍、《龙江颂》里的江水英都是些孤男寡女，看不出他们有过或者曾经有过丈夫妻子。

此外，社会对于青年学生进行统一模式、统一观念、统一类别的教育。在理想主义教育目标的驱动下，学校还特别注重在集体中培养青年学生的集体主义精神和毫不利己专门利人的品格。在十七年的教育中，集体主义精神得到最大限度地张扬，国家是大集体，所在的班级、少先队中队、小队以及团支部、团小组都是小集体，个体只有在集体中才得以表现。在集体中要求个人利益绝对服从集体利益，甚至个人的兴趣、爱好，也要服从集体的纪律。一位知青女作家指出：“我们失去了个性，我们变成了群体，一片忠诚不贰，我们的幸福观、理想观、是非观失去了一切个性特征，这就是毛泽东的孩子们最统一的素质。”② 总

① 梁晓声：《一个红卫兵的自白》，四川文艺出版社1988年版，第257页。

② 金大陆：《苦难与风流》，上海人民出版社1994年版，第2页。

之，这种对党、对毛泽东的绝对忠诚和服从，以及强烈的群体意识、团队精神，既是这一代青年满腔热血投入“文化大革命”的思想基础，也是他们积极投身上山下乡运动、仍能义无反顾的原因。从1968年7月中央提出大中学校学生毕业分配的“四个面向”开始，到1969年初的短短半年时间里，在“文化大革命”那种混乱无序的情况下，竟然有多达400余万的大中城市的中学生井然有序地、迅速地分散到全国最偏僻的山乡、最遥远的边疆。这无论在哪个时代、哪个国家，都是难以想象的一个壮举、一个奇迹，这是那个时代教育的结果。

新中国三十年的性教育，对青少年性生理教育还仅仅是简单地提出和倡导，并未真正地实施。而更多的教育是对青年进行的一种共产主义人格教育和人生价值观教育。

原载《晚清以降经济与社会》，社会科学文献出版社2008年版

五四开放时代与婚姻自由思潮

五四时期是中国历史上一个重要的思想文化的开放时代，这里所谓的开放时代是指与以往相比思想文化界有些知识人很少受到某些传统思想和政治的束缚和压制，可以不受钳制而自由地思考思想文化问题，形成了自由探索思想文化的新时期。本文所关注的主要问题是在五四这样一个自由表达思想文化的开放时代，形成了一股影响深远的婚姻自由思潮。正如时人所说，“婚姻问题，几乎成了今日社会上一个中心问题了。许多有志的青年男女，有的为此牺牲了性命，有的因此苦恼了终生。一般学者也都很注意这个问题，作学理的研究，就事实上讨论，以求正当解决的方法。于此更可知这个问题在社会上的影响与重要了。”①本文所谓的五四时期大致是指 1915 年《青年杂志》的创刊至 1925 年前后十年左右的时间。

一、五四时期的婚姻自由思潮

五四时期形成了一股婚姻自由的思潮。所谓婚姻自由思潮是指这

① 泳村：《两个女子的婚姻问题》，《共进》第 23 期，1922 年 10 月。

一时期比以往任何时代都更加关注婚姻问题，并在更多的报纸和杂志中发表文章探究婚姻问题，人们谈论婚姻的主题主要是婚姻是否自由，而且比以往任何时代都讨论得广泛和深刻；同时有更多的人走上了婚姻自由的道路，用自己的实际行动践行着婚姻自由的生活。

（一）更多的报纸刊物深入讨论婚姻问题

五四时期有更多的人以极大的热情关注婚姻问题，并在众多的报纸和杂志中发表文章来探索这一问题。当时参加讨论婚姻问题的报纸比较突出的有上海《民国日报》的副刊《觉悟》、《妇女周报》、《妇女评论》，上海《时事新报》的副刊《现代妇女》、《学灯》、《青光》，《晨报副刊》，《大公报》，《申报》，《盛京时报》，《益世报》，《中华新报》，《妇女日报》，《星火》等。参加讨论婚姻问题的刊物比较突出的有《妇女杂志》、《东方杂志》、《新青年》、《妇女周刊》、《解放与改造》、《新潮》、《女星》、《共进》、《法律评论》、《少年世界》、《社会学杂志》、《妇女鉴》、《广益杂志》、《妇女时报》、《女学界》、《新妇女》、《少年中国》、《礼拜六》等。当然，当时讨论婚姻问题的报纸和杂志，不仅仅是上述提到的这些，当时涉及的报纸和杂志是相当广泛的，以上不过举其要者。

我们仅以《妇女杂志》和《申报》为例，看一下自1915年至1925年之间发表过的关于婚姻问题的文章是一个怎样的状况。我们从《妇女杂志》1915年至1925年中搜集的关于婚姻问题的文章共有172篇；我们从《申报》1915年至1925年中搜集的关于婚姻问题的文章共有178篇，可见其数量之大。

这么多的报纸和刊物发表这么多的文章来探讨与人们的生活密切相关的婚姻问题，关注婚姻的内容又如此丰富，而且在各类报刊中有一大批知识分子都参加了讨论，其中著名的文化精英就包括胡适、鲁迅、沈雁冰、周作人、陈望道、张竞生、周建人、章锡琛、吴虞、邵力子等一批知识人。从这一视角可以说明五四时期出现了一次婚姻自由思潮。

（二）婚姻自由的思想主张

在五四这一思想文化开放的时代，“独身，结婚，离婚，夫死再嫁，或不嫁，可以绝对自由”①的婚姻自由思想得以在社会上进行大张旗鼓地阐释和宣扬。这种婚姻自由的新思想主要表现于如下诸多方面，即恋爱自由、婚仪自由、结婚自由、离婚自由、再嫁自由、同姓结婚自由等思想主张，以及与婚姻密切相关的诸如纳妾、试婚（婚前同居）、独身、废婚等也在五四时期得到了讨论，反映了婚姻自由思潮所包罗的诸多面向。所持的婚姻自由思想主要集中于如下的表述：

第一，关于恋爱自由。强调恋爱与婚姻的统一，把爱情和婚姻视为“光色之与绘画”、“节奏之与音乐”的一体关系。②认为“谋妇女的自由，必先提倡恋爱的自由；教育经济政治道德的解放，无非是谋恋爱自由的手段，恋爱真正自由了，妇女问题也便解决了”。③婚姻以爱为基础，恋爱而后成婚姻。主张为了自由恋爱，建议要多建公共娱乐体育和休闲场所，为自由恋爱提供条件和机会。④第二，关于婚仪自由。中国的旧式婚姻“偏重礼仪不注重实际”⑤，“平常的结婚礼节，实在太麻烦”⑥，五四时期，有人认为：“现在的婚姻，既是出于自己精神的结合，一切事情，都可以直接交涉，自然用不到问名，请期，许多虚文；就是礼帖和致意帖也何必去用他呢！”⑦主张“俗例结婚，前后手续，形同买

① 沈兼士：《儿童公育》，《新青年》第6卷第6号。

② 《自由离婚底考察》，《陈望道文集》第一卷，上海人民出版社1979年版，第157页。

③ 王平陵、章锡琛：《关于恋爱问题的讨论》，《妇女杂志》第8卷第10号，1922年10月。

④ 林长民：《恋爱与婚姻》，《平民教育》第46号。

⑤ 小岑：《改造途上的婚姻——徐姚结婚记》，《星火》1923年4月3日。

⑥ 刘天耳：《婚事漫谈》，《妇女旬刊汇编》，1925年第1集。

⑦ 妙然：《婚制改良的研究》（下），《新妇女》1920年第2卷第2期。

卖，蔑视人格，非革除不可”①，一些人认为传统的结婚仪式没有什么必要了。② 第三，关于结婚自由。把婚姻完全看成是个人的事情，是由个人的情感决定的。婚姻不应该受到外力的干涉，他人无权决定当事人的婚姻大事。所以要废除“父母之命，媒妁之言”的传统婚姻文化，在婚姻上要“完全凭着男女两人自由的意志，互相结合”③。第四，关于离婚自由。男女结合是共同生活的开始，双方的感情能否持久，能否有变化还不能确定。双方一旦失去了往日的爱情，是否还要维持既往的婚姻，有人提出了离婚自由的主张，认为“男女有爱情便可共处，爱情尽了，当然走开”，④“夫妇间没有爱情，就可离婚，不必要什么别的条件”⑤，认为要解救无爱情的夫妇，“离婚”是拯救双方“幸福的神”。⑥ 第五，关于再嫁自由。寡妇和全社会都要破除“褒奖条例”和“贞节牌坊”的迷信，是否再嫁完全是“一个个人问题”，⑦“夫死再嫁或不嫁，可以绝对自由”，⑧ 不能因为传统舆论而断了再嫁的念头，有了再嫁的意愿，就要“一往直前”。⑨ 第六，关于同姓结婚自由。中国有同姓不婚的文化习俗，五四时期有人又开始重新研究“同姓不婚”问题，从历史、法理、生理等方面进行探讨，主张抛弃“同姓不婚”的观念，只要没有血缘关系，完全可以“同姓结婚”。第七，关于试婚自由。五四时期有人主张试婚自由，即婚前可以同居。认为通过试婚，考察对方，满意后再结为伴侣，是获得美满婚姻的一个重要途径。⑩

---

① 蒯希圣、莫一飞：《一个结婚的通告》，《觉悟》1922 年 11 月 20 日。

② 参见《妇女杂志》第 10 卷第 12 号的几篇文章，1924 年 12 月。

③ 汉胄：《对于一个男女结合宣布式的谈话》，《觉悟》1921 年 6 月 7 日。

④ 张崧年：《男女问题》，《新青年》第 6 卷第 3 号，1919 年 3 月 15 日。

⑤ 易家钺：《家庭问题》，商务印书馆 1920 年版，第 109—110 页。

⑥ 崔溥：《救济无爱情的夫妇惟一的方法：“离婚”》，《共进》第 26 号。

⑦ 《贞操问题》，《胡适文存》第 1 集卷 4，第 670 页。

⑧ 沈兼士：《儿童公育》，《新青年》第 6 卷第 6 号，1919 年 11 月 1 日。

⑨ 陆秋心：《婚姻问题的三个时期》，《新妇女》第 2 卷第 2 号。

⑩ 金淑英：《我之理想的配偶》，《妇女杂志》第 9 卷第 11 号，1923 年 11 月。

五四时期人们还探讨了与婚姻相关的其他问题，诸如一夫一妻与废妾、情人制、独身、废婚等。关于一夫一妻与废妾：五四时期文化精英主张建立小家庭，实行一夫一妻制，认为“小家庭者，一夫一妻制之精神也”。[①]而实行一夫一妻制就要废除传统的纳妾制度，认为“谋享家庭和平幸福者，尤不可不戒纳妾也”。[②]关于情人制：张竞生认为一切婚姻制度必定逐渐消灭而代为“情人制”。所谓“情人制”，就是以情爱为根本条件的男女结合。在“情人制”下，“它或许男女日日得到一个伴侣而终身不能得到一个固定的爱人。它或许男女终身不曾得到一个伴侣，但时时反能领略真正的情爱。”[③]关于独身：独身者希望在事业上有所成就，不愿为家庭所累，“过个人的生涯，专力在学问上研究和服务社会，发挥固有的志向。”[④]认为“要打算做‘女子解放’急先锋的人，最合适的还是抱独身主义的”[⑤]。这类人是抱着“与其留下肉体的子女，无宁留下事业的功绩”[⑥]的人生态度的，“持独身主义”的人，“都一任他们的自然。这种人性的自然，决不可遏抑。”[⑦]关于废婚：废婚派对旧式婚姻（专制婚姻）和新式婚姻（自由婚姻）均表厌恶，极力主张废除婚姻。并详细论证自己的废婚主张，阐明废婚的意义。废婚派认为废除婚制“是为世界人类（男女）谋幸福”[⑧]，人类最大的幸福是每个个体的“自由人格”，而“婚姻制度，是不适合于‘自由的人格’的”，故当废弃之。即便是“自由婚姻”，也是“一种专利的结婚。甚么专利？

① 魏寿镛：《改良家庭问题之研究》，《妇女杂志》第2卷第10号，1916年10月。

② 劳人：《戒纳妾》，《东方杂志》第12卷第6号，1915年6月。

③ 张竞生：《情人制》，《张竞生文集》（上卷），广州出版社1998年版，第151页。

④ 张松云：《婚姻与独身》，《觉悟》1922年11月5日。

⑤ 三六：《“急先锋”的女子》，天津《觉悟》第1期，1920年1月20日。

⑥ 李宗武：《独身问题之研究》，民国丛书第1编第18册，《中国妇女问题讨论集》第5册，第69页。

⑦ 易家钺：《家庭问题》，商务印书馆1920年版，第109—110页。

⑧ 哲民：《废除婚姻问题的讨论（一）》，《觉悟》1920年5月11日。

就是爱情专利和性交专利。我们一个人自己是要有一个‘自由的人格’，不应当属于谁某所有的。我底爱情……为人家所专利，就是表示我没有‘自由的人格’，人家底爱情……为我所专利，就是侮弄人家底‘自由的人格’。总之，我专利人，人专利我，都是很不应该的。于‘自由的人格’有损的”①，他们认为废婚的意义就在于“去束缚而取自由”②。

五四时期，关于婚姻自由问题，在上述如此多面的婚姻领域里均有讨论，可见，在婚姻几乎不能完全自主的社会环境下，文化精英们大张旗鼓地阐述多种面向的婚姻自由问题，提出了多种婚姻自由的主张，并得以广泛地传播、扩展与蔓延，说明五四时期确已形成了一股婚姻自由思潮。

（三）婚姻自由的践行

五四时期在婚姻自由思潮的影响下，在觉醒的国人中已经有人把自由婚姻与自己的实际婚姻生活紧密地联系起来。

其一，有人开始抗争没有爱情的婚姻，对父母包办的婚姻发出了悲鸣，开始了抵抗。典型的抗婚者如李欣淑、③ 郭隆真、④ 向警予⑤ 等。也有为争取自己的自由婚姻而逃婚的，如唐三郎⑥ 等。还有为反抗强迫的婚姻而自杀身亡的，如赵五贞、⑦ 陈赐端、⑧ 王淑贞⑨ 等都是当年的典型案件。这些抗婚的女性们敢于“积极的和环境奋斗，向光明的人

① 存统：《废除婚制问题》，《觉悟》1920年5月25日。

② 孙祖基：《自由恋爱是什么?》，《觉悟》1920年5月26日。

③ 热：《长沙第一个积极奋斗的——李欣淑女士》，长沙《大公报》1920年2月17日。

④ 彭明：《五四运动史》，人民出版社1998年版，第641页。

⑤ 戴绪恭：《向警予传》，人民出版社1981年版，第35—36页。

⑥ 《女子临嫁私逃》，《申报》1919年2月13日。

⑦ 参见1919年11月的长沙《大公报》。

⑧ 紫瑚：《两个自杀的处女》，《妇女杂志》第8卷第2号，1922年2月。

⑨ 高山：《一对少年情人的自杀》，《妇女杂志》第8卷第2号，1922年2月。

的大路前进”[①]。其二，五四时期因自由恋爱而结成的自由婚姻成为新时代的一道风景，诸如李毅韬与谌小岑、[②]瞿秋白与杨之华、[③]赵元任与杨步伟、[④]姚作宾与徐颖溪、[⑤]刘文端与陆志韦[⑥]等人的自由婚姻堪称典型，“向蔡同盟”和“五四夫妻”[⑦]亦为典范。其三，因恋爱而同居成为“应该有的一回事”，[⑧]成为“天经地义”的事情，[⑨]“班上女同学，多大肚罗汉现身，也无人以为耻。”[⑩]而最为典型的以爱情为基础的同居者莫过于鲁迅与许广平了。其四，五四时期出现了大量的主动离婚和解除婚约的现象。诸如商伯益与黄素玉的离婚，[⑪]傅冠雄与谭永益的离婚，[⑫]赵正平与周文洁的离婚，[⑬]褚松雪与前后两任丈夫张传经和张竞生的离婚，[⑭]这些都是见诸报刊的典型事例。五四时期“离婚的增加，就是向着新社会那条路上快跑”。[⑮]五四时期有些进步青年主张解除父母包办的婚约，“已有婚约的，解除婚约。没有婚约的，实行不要婚约”。[⑯]

---

① 香苏：《李欣淑女子出走后所发生的影响》，长沙《大公报》1920年2月29日。

② 李毅韬：《我的婚姻观念的变迁》，《天津女星社》，中共党史资料出版社1985年版，第207—210页。

③ 上海《民国日报》1924年11月28日刊载了瞿秋白与杨之华自由结婚的启事。

④ 杨步伟著：《一个女人的自传》，岳麓书社2017年版，第185—188页。

⑤ 小岑：《改造途上的婚姻——徐姚结婚记》，《天津女星社》，中共党史资料出版社1985年版，第211页。

⑥ 《两起新人物的新式结婚》，《晨报》1921年7月9日。

⑦ “向蔡同盟”指向警予与蔡和森经自由恋爱而缔结的婚姻；“五四夫妻”指上海几对青年男女在学生运动中自由结为夫妻。

⑧ 浪漫：《结婚是否必需相当的仪式》三，《妇女杂志》第10卷第12号，1924年12月。

⑨ 震寰：《结婚是否必需相当的仪式》七，《妇女杂志》第10卷第12号，1924年12月。

⑩ 转引自余华林《女性的“重塑”——民国城市妇女婚姻问题研究》，商务印书馆2009年版，第67页。

⑪ 《一封宣布离婚的信》，《觉悟》1922年10月9日。

⑫ 傅冠雄：《我和谭永益君离婚的宣言》，《觉悟》1924年2月10日。

⑬ 力子：《赵正平周文洁两君底离婚》，《觉悟》1924年2月21日。

⑭ 褚松雪：《我的离婚略史》，《妇女评论》第100期，1923年7月18日。

⑮ 易家钺编译：《家庭问题》，商务印书馆1920年版，第110页。

⑯ 《致罗学瓒信》，《毛泽东早期文稿》，第567页。

可见当时一部分青年已经“冲破了封建道德的束缚，解除了家庭包办婚约，实现了婚姻自主”①。其五，五四时期还出现了背离传统婚仪的自由婚礼仪式，其中李怀薪的婚礼、② 徐颖溪和姚作宾的婚礼、③ 杨步伟和赵元任的婚礼，④ 均为人们所称道。当时有人决定打破常规，选择空闲的星期日结婚，希望嘉宾“赐下训词，或寄些嘉言，用资警勉”，⑤“对于什么礼物，恕不收受，亦不设筵”⑥，实行了婚姻礼仪的改革。

五四时期，有一大批人在思想观念上深刻认识到自由婚姻与传统婚姻的利弊得失，所以他们在行动上才勇于践行自由的婚姻，这从另一个侧面说明了当年这股婚姻自由思潮的影响之大，强烈地撞击着人们的精神世界，并直接影响和改变了人们现实的婚姻生活。

二、五四时期婚姻自由思潮形成的重要因素

五四婚姻自由思潮的形成并不是偶然的，影响它的因素很多，而其中有两个思想文化因素尤显重要，其一是五四开放时代以来的思想文化新气象，其二是晚清以来出现的婚姻自由思想。

① 隋灵璧等：《五四时期济南女师学生运动片断》，《五四运动回忆录》（下），中国社会科学出版社 1979 年版，第 690 页。

② 方珍奇：《观婚记》，《电友》第 3 卷第 1 期，1927 年。

③ 小岑：《改造途上的婚姻——徐姚结婚记》，《星火》1923 年 4 月 3、4、7 日。

④ 杨步伟：《一个女人的自传》，岳麓书社 2017 年版，第 185—188 页；黄培云、赵新那：《杂忆赵家》，《书屋》2011 年第 5 期；《胡适的日记》，中华书局 1985 年版，第 73 页；《新人物的新式结婚》，《晨报》1921 年 6 月 6 日。

⑤ 蒯希圣、莫一飞：《一个结婚的通告》，《觉悟》1922 年 11 月 20 日。

⑥ 蒯希圣、莫一飞：《一个结婚的通告》，《觉悟》1922 年 11 月 20 日。

（一）五四开放时代思想文化的新气象

所谓五四时期的开放主要是指思想文化领域的开放。这种开放主要体现在两个方面，其一是中国知识人可以凭借自己的见识自由地引进和宣传西方先进的思想和文化；其二是中国知识人可以凭借自己的学识自由地表白和发表个人思想文化的观点和主张。

1. 关注和引进西方先进的思想和文化。

晚清以来，中国知识人就逐渐关注和引进西方的思想和文化，到了五四时期形成了一次新高潮。这一时期，无论对西方的哲学、宗教、文学艺术、历史、教育、科学、政治、经济、法律、文化、军事、社会等学说都有大量的报道、介绍、翻译和出版，对西方重要的历史人物也有特别的关注和介绍。我们仅以《新青年》杂志为例，可以大致了解当时的一般情况。[①] 比如译介西方哲学的文章就有《叔本华自我意志说》、[②]《伯格森之哲学》、[③]《马克思学说》、[④]《实验主义》、[⑤]《罗素的逻辑和宇宙观之概说》[⑥] 等；比如译介西方宗教的文章就有《科学与基督教》、[⑦]《德意志哲学家尼采的宗教》[⑧] 等；比如译介西方文学艺术的文章就有《十九世纪文学之主要潮流》（丹麦白兰兑著）、[⑨]《现代欧洲文艺史谭》、[⑩]《文学与现在的俄罗斯》（哥尔基著）、[⑪]《易卜生主义》、[⑫]《日本人之文学兴

① 参见《五四时期期刊介绍》第一集下册，生活·读书·新知三联书店1978年版，第424—450页。

② 刘淑雅，《新青年》第1卷第4号，1915年12月15日。

③ 刘淑雅，《新青年》第4卷第2号，1918年2月15日。

④ 顾照熊，《新青年》第6卷第5号，1919年5月。

⑤ 胡适，《新青年》第6卷第4号，1919年4月15日。

⑥ 王星拱，《新青年》第8卷第3号，1920年11月1日。

⑦ 作者陈独秀，《新青年》第3卷第6号，1917年8月1日。

⑧ 凌霜，《新青年》第4卷第5号，1918年5月15日。

⑨《新青年》第3卷第5号，1917年7月1日。

⑩ 陈独秀，《新青年》第1卷第3号、第4号，1915年11月15日、1915年12月15日。

⑪ 郑振铎译，《新青年》第8卷第2号，1920年10月1日。

⑫ 胡适，《新青年》第4卷第6号，1918年6月15日。

趣》、[①]《日本近三十年小说之发达》、[②]《近代戏剧论》(美国高曼女士著)、[③]《文艺的进化》(日本厨川白村著)、[④]《十九世纪及其后的匈牙利文学》等[⑤]；比如译介西方历史的文章就有《现代文明史》(法国薛纽伯著)、[⑥]《唯物史观在现代历史学上的价值》[⑦]等；比如译介西方教育的文章就有《近代西洋教育》、[⑧]《苏维埃的教育》(巴黎《人道报》)、[⑨]《旅欧教育运动》(华法教育会鉴定)、[⑩]《英国游学指南》[⑪]等；比如译介西方科学的文章就有《近世思想中之科学精神》(英国赫胥黎著)[⑫]等；比如译介西方政治的文章就有《欧洲政体辑要》(美国欧哥著)、[⑬]《德国政潮之萌动》、[⑭]《社会政治学报》、[⑮]《协约国与普鲁士政治理想之对抗》(美国韦罗贝之演说)、[⑯]《最近德国政治变迁》、[⑰]《选举权理论上的根据》(日本吉野作造著)、[⑱]《斯宾塞尔的政治哲学》[⑲]《美国人之自由精神》、[⑳]《戴雪英国言论之

---

① T. F. C. 生，《新青年》第4卷第4号，1918年4月15日。
② 周作人，《新青年》第5卷第1号，1918年7月15日。
③ 震瀛译，《新青年》第6卷第2号，1919年2月15日。
④ 朱希祖译，《新青年》第6卷第6号，1919年11月1日。
⑤ 沈雁冰，《新青年》第9卷第2号、第3号，1921年6月1日、1921年7月1日。
⑥ 陈独秀译，《新青年》第1卷第1号，1915年9月15日。
⑦ 李大钊，《新青年》第8卷第4号，1920年12月1日。
⑧ 陈独秀，《新青年》第3卷第5号，1917年7月1日。
⑨ 震瀛译，《新青年》第8卷第4号，1920年12月1日。
⑩ 《新青年》第3卷第3号，1917年5月1日。
⑪ 程振基，《新青年》第3卷第6号，1917年8月1日。
⑫ 刘淑雅译，《新青年》第1卷第3号，1915年11月15日。
⑬ 《新青年》第3卷第4号，1917年6月1日。
⑭ 记者，《新青年》第3卷第3号，1917年5月1日。
⑮ 《新青年》第3卷第4号，1917年6月1日。
⑯ 陈达材译，《新青年》第5卷第5号，1918年11月15日。
⑰ 张慰慈，《新青年》第8卷第4号、第6号，1920年12月1日、1921年4月1日。
⑱ 高一涵译，《新青年》第6卷第4号，1919年4月15日。
⑲ 高一涵，《新青年》第6卷第3号，1919年3月15日。
⑳ 刘淑雅译，《新青年》第1卷第6号，1916年2月15日。

权利论》[1] 等；比如译介西方经济的文章就有《苏维埃政府的经济政策》（纽约 Soviet Russia 周报）、[2]《过渡时代的经济》（列宁著）（纽约 Soviet Russia 周报）[3]、《废止工钱制度》（英国柯尔著）[4] 等；比如译介西方法律的文章就有《俄罗斯苏维埃联邦共和国劳动法典》、[5]《美国城市自治的约章制度》[6] 等；比如译介西方文化的文章就有《俄国精神》、[7]《柏林之公园及娱乐场》、[8]《伦敦之交际社会》、[9]《比利时之森林》、[10]《游丹麦杂记》、[11]《游欧之感想》[12] 等；比如译介西方军事的文章就有《欧战与哲学》[13]、《欧洲战争与青年之觉悟》、[14]《罗斯福国防演说》、[15]《美国之征兵案与军事行动》[16] 等；比如译介西方社会的文章就有《社会学及社会问题》（爱尔乌德著）、[17]《罗素与人口问题》、[18]《欧美劳动问题》、[19]《美国底社会近况》（任鸿隽致适之信）、[20]《结婚与恋爱》（美国高曼女士）、[21]《结婚论》（芬兰威

① 高一涵译，《新青年》第 1 卷第 6 号，1916 年 2 月 15 日。
② 震瀛译，《新青年》第 8 卷第 4 号，1920 年 12 月 1 日。
③ 震瀛译，《新青年》第 8 卷第 4 号，1920 年 12 月 1 日。
④ 高一涵译，《新青年》第 8 卷第 6 号，1921 年 4 月 1 日。
⑤ 李泽彰，《新青年》第 7 卷第 6 号，1920 年 5 月 1 日。
⑥ 张慰慈，《新青年》第 7 卷第 2 号，1920 年 1 月 1 日。
⑦ 独秀，《新青年》第 8 卷第 1 号，1920 年 9 月 1 日。
⑧ 李亦民，《新青年》第 1 卷第 1 号，1915 年 9 月 15 日。
⑨ 李亦民，《新青年》第 2 卷第 3 号，1916 年 11 月 1 日。
⑩ 李寅恭，《新青年》第 3 卷第 5 号，1917 年 7 月 1 日。
⑪ 国药，《新青年》第 6 卷第 1 号，1919 年 1 月 15 日。
⑫ 陶履恭，《新青年》第 7 卷第 1 号，1919 年 12 月 1 日。
⑬ 蔡元培，《新青年》第 5 卷第 5 号，1918 年 11 月 15 日。
⑭ 刘淑雅，《新青年》第 2 卷第 2 号，1916 年 10 月 1 日。
⑮ 李权时，《新青年》第 3 卷第 4 号，1917 年 6 月 1 日。
⑯ 记者，《新青年》第 3 卷第 4 号，1917 年 6 月 1 日。
⑰ 《新青年》第 3 卷第 2 号，1917 年 4 月 1 日。
⑱ 张崧年，《新青年》第 7 卷第 4 号，1920 年 3 月 1 日。
⑲ 陶履恭，《新青年》第 7 卷第 2 号，1920 年 1 月 1 日。
⑳ 《新青年》第 7 卷第 5 号，1920 年 4 月 1 日。
㉑ 震瀛译，《新青年》第 3 卷第 5 号，1917 年 7 月 1 日。

斯达马克著)、[①]《美国的妇人》、[②]《列宁的妇人解放论》[③] 等。

《新青年》对西方重要的历史人物也有特别的介绍。比如介绍相关人物的文章就有《佛兰克林自传》、[④]《马克思传略》、[⑤]《巴枯宁传略》、[⑥]《卡内基传》、[⑦]《托尔斯泰之平生及其著作》、[⑧]《易卜生传》、[⑨]《罗素》、[⑩]《罗丹》[⑪] 等。

以上仅以《新青年》杂志为例，介绍了一些相关的文章，这里还只是要举，并非《新青年》杂志有关内容的全部文章。五四时期报纸杂志的数量非常之多，仅《五四时期期刊介绍》就搜集了157种，[⑫]《中国近代期刊篇目汇录》所搜集的1915年至1918年的期刊就有128种，[⑬] 其中还不包括1919年至1925年出版的期刊，这就足以说明这个时期出版期刊的数量之大。可以想见，五四时期大量的报刊所介绍的西方哲学、宗教、文学艺术、历史、教育、科学、政治、经济、法律、文化、军事、社会的文章，其数量的庞大和内容的广泛恰恰是思想文化开放时代的一种反映，这就充分印证了五四时期确实是一个思想文化的开放时代。这个时代的西方思想文化给国人无论在观念上还是行为上必将带来

---

① 杨昌济译，《新青年》第5卷第3号，1918年9月15日。

② 胡适，《新青年》第5卷第3号，1918年9月15日。

③ 李达译，《新青年》第9卷第2号，1921年6月1日。

④ 刘淑雅译，《新青年》第1卷第5号，1916年1月15日。

⑤ 刘秉麟，《新青年》第6卷第5号，1919年5月。

⑥ 克水，《新青年》第6卷第5号，1919年5月。

⑦ 彭德尊，《新青年》第1卷第1号，1915年9月15日。

⑧ 凌霜，《新青年》第3卷第4号，1917年6月1日。

⑨ 袁振英，《新青年》第4卷第6号，1918年6月15日。

⑩ 张崧年，《新青年》第8卷第2号，1920年10月1日。

⑪ 张崧年，《新青年》第7卷第2号，1920年1月1日。

⑫ 参见《五四时期期刊介绍》第一集上册“说明”、第二集上册“说明”、第三集上册“说明”，生活·读书·新知三联书店1978、1959、1959年版。

⑬ 参见上海图书馆编《中国近代期刊篇目汇录》(6) 第三卷（下），上海人民出版社1984年版。

巨大和深远的影响。

2. 自由发表自己的思想文化观点。

五四时期中国知识人可以自由表达自己的思想文化观念，这也是思想文化开放时代的一个重要反映。当时宽松的社会条件、西方思想文化观念的影响以及国人对中国现实问题的深入思考，这些促使五四中国知识人在这一时期能够自觉发表关于评述中国传统文化、揭露中国社会问题、改革中国政治、经济、法律、科学、教育、社会的文章。这类大量的无以计数的文章比译介西方各种学说的文章要多出十几倍或几十倍。我们还是以《新青年》杂志为例，来大致了解一下当时的情况。[①] 比如阐述政治变革的文章就有《国家、政治、法律》（郑贤宗致独秀信）、[②]《今日中国之政治问题》、[③]《我们政治的生命》、[④]《实行民治的基础》、[⑤]《平民政治与工人政治》、[⑥]《谈政治》、[⑦]《政治改造与政党改造》、[⑧]《开明专制》（朱谦之致独秀信）、[⑨]《民约与邦本》、[⑩]《自治与自由》、[⑪]《少年共和国》、[⑫]《驳康有为共和平议》、[⑬]《复辟与尊孔》[⑭] 等；比如评述或批判传统文化和学术的文章就有《再论孔教问题》、[⑮]《孔子评

① 参见《五四时期期刊介绍》第一集下册，生活·读书·新知三联书店1978年版，第424—450页。

② 《新青年》第8卷第3号，1920年11月1日。

③ 陈独秀，《新青年》第5卷第1号，1918年7月15日。

④ 陶履恭，《新青年》第5卷第6号，1918年12月15日。

⑤ 陈独秀，《新青年》第7卷第1号，1919年12月1日。

⑥ 李守常，《新青年》第9卷第6号，1922年7月1日。

⑦ 陈独秀，《新青年》第8卷第1号，1920年9月1日。

⑧ 陈独秀，《新青年》第9卷第3号，1921年7月1日。

⑨ 《新青年》第9卷第3号，1921年7月1日。

⑩ 高一涵，《新青年》第1卷第3号，1915年11月15日。

⑪ 高一涵，《新青年》第1卷第5号，1916年1月15日。

⑫ 李次山，《新青年》第3卷第1号，1917年3月1日。

⑬ 陈独秀，《新青年》第4卷第3号，1918年3月15日。

⑭ 陈独秀，《新青年》第3卷第6号，1917年8月1日。

⑮ 陈独秀，《新青年》第2卷第5号，1917年1月1日。

议》、[①]《中国学术思想界之基本误谬》、[②]《调和论与旧道德》、[③]《老子的政治哲学》、[④]《吃人与礼教》[⑤]等；比如批判国民性的文章与小说就有《中国国民性及其弱点》、[⑥]《摆脱奴隶性》（王禽雪致陈独秀信）、[⑦]《野蛮民族的礼法》、[⑧]《暴君与臣民》、[⑨]《中国狗和中国人》、[⑩]《狂人日记》、[⑪]《孔乙己》、[⑫]《药》[⑬]等；比如改革文学艺术的文章就有《文学改良刍议》、[⑭]《文学革命论》、[⑮]《我之文学改良观》、[⑯]《我之改良文学观》、[⑰]《对于革新文学之意见》[⑱]等；比如阐述经济变革的文章就有《经济学之总原则》、[⑲]《实行社会主义与发展实业》、[⑳]《组织农民银行驱逐"重利盘剥者"》、[㉑]《经济界之危险预防法》、[㉒]《工作时间与工资》（章积和致独秀信）[㉓]等；比如阐述法

① 易白沙，《新青年》第1卷第6号，1916年2月15日。
② 傅斯年，《新青年》第4卷第4号，1918年4月15日。
③ 独秀，《新青年》第7卷第1号，1919年12月1日。
④ 高一涵，《新青年》第6卷第5号，1919年5月。
⑤ 吴虞，《新青年》第6卷第6号，1919年11月1日。
⑥ 光升，《新青年》第2卷第6号，1917年2月1日。
⑦ 《新青年》第6卷第1号，1919年1月15日。
⑧ 仲密，《新青年》第8卷第5号，1921年1月1日。
⑨ 唐俟，《新青年》第6卷第6号，1919年11月1日。
⑩ 孟真，《新青年》第6卷第6号，1919年11月1日。
⑪ 鲁迅，《新青年》第4卷第5号，1918年5月15日。
⑫ 鲁迅，《新青年》第6卷第4号，1919年4月15日。
⑬ 鲁迅，《新青年》第6卷第5号，1919年5月。
⑭ 胡适，《新青年》第2卷第5号，1917年1月1日。
⑮ 陈独秀，《新青年》第2卷第6号，1917年2月1日。
⑯ 刘半农，《新青年》第3卷第3号，1917年5月1日。
⑰ 方孝岳，《新青年》第3卷第2号，1917年4月1日。
⑱ 张寿镛，《新青年》第6卷第1号，1919年1月15日。
⑲ 章士钊，《新青年》第3卷第2号，1917年4月1日。
⑳ 周佛海，《新青年》第8卷第5号，1921年1月1日。
㉑ 李四杰，《新青年》第7卷第3号，1920年2月1日。
㉒ 马寅初，《新青年》第7卷第3号，1920年2月1日。
㉓ 《新青年》第8卷第1号，1920年9月1日。

律变革的文章就有《法律与言论自由》、[①]《我所起草的三法案》、[②]《省宪法中的民权问题》[③]等；比如阐述科学变革的文章就有《科学的起源和效果》、[④]《何为科学家》、[⑤]《生物之起源》、[⑥]《性之生物学》[⑦]等；比如阐述教育问题的文章就有《新教育与旧教育之歧点》、[⑧]《新教育是什么》、[⑨]《工人教育问题》（知耻致独秀信）[⑩]等；比如阐述社会问题的文章就有《今日中国社会究竟怎样的改造》、[⑪]《近代文明底下的一种怪现象》、[⑫]《贫穷与人口问题》、[⑬]《山东一部分的农民状况大略记》、[⑭]《汉口苦力状况》、[⑮]《妇女、青年、劳动三个问题》（费哲民致独秀信）、[⑯]《论中国卫生之近况及促进改良方法》、[⑰]《儿童公育》、[⑱]《论自杀》[⑲]等。

同样，以上所举不过是《新青年》杂志中相关评述中国传统文化、揭露中国社会问题、改革中国政治、经济、法律、科学、教育、社会文章的一部分，还不涉及其他刊物，更没有涉及当时出版的专著和译著。

---

① 独秀，《新青年》第7卷第1号，1919年12月1日。
② 戴季陶，《新青年》第9卷第1号，1921年5月1日。
③ 高一涵，《新青年》第9卷第5号，1921年9月1日。
④ 王星拱，《新青年》第7卷第1号，1919年12月1日。
⑤ 任鸿隽，《新青年》第6卷第3号，1919年3月15日。
⑥ 周建人，《新青年》第6卷第4号，1919年4月15日。
⑦ 高铦，《新青年》第8卷第6号，1921年4月1日。
⑧ 蔡元培，《新青年》第5卷第1号，1918年7月15日。
⑨ 独秀，《新青年》第8卷第6号，1921年4月1日。
⑩ 《新青年》第8卷第2号，1920年10月1日。
⑪ 新凯，《新青年》第9卷第6号，1922年7月1日。
⑫ 周佛海，《新青年》第9卷第1号，1921年5月1日。
⑬ 陶孟和，《新青年》第7卷第4号，1920年3月1日。
⑭ 作者孟真，《新青年》第7卷第2号，1920年1月1日。
⑮ 作者刘云生，《新青年》第8卷第1号，1920年9月1日。
⑯ 《新青年》第8卷第1号，1920年9月1日。
⑰ 《新青年》第3卷第5号，1917年7月1日。
⑱ 沈兼士，《新青年》第6卷第6号，1919年11月1日。
⑲ 陶履恭，《新青年》第6卷第1号，1919年1月15日。

可以想见，五四时期所有报刊发表的有关上述内容的反映中国知识人自己观点和主张的文章会是一个怎样的数量，出版的专著和译著又会是一种什么样的状况，所以说五四时代是一个思想文化的开放时代可谓是不言而喻的。而这样一个时代，它会怎样影响中国的知识人，怎样激发中国知识人更为广泛和深刻地观察中国社会现实和社会生活中显而易见的问题和弊端，只要我们翻阅一下当时报刊发表的文章就可以清晰地了解这一点。那么作为人们生活最为重要内容之一的婚姻问题，它在历史上积淀下来那么多的鄙习陋俗，中国知识人怎么能视而不见呢，因此在这样一个思想文化开放的时代，中国知识人集体探讨婚姻问题也就是情理之中的事了。五四时期之所以在中国社会出现了婚姻自由思潮，是与这个思想文化的开放时代有着密切的联系的。

（二）五四之前婚姻自由思想的影响

中国传统文化不把婚姻视为个体行为，在婚姻上一般不体现个人的意志，将婚姻视为“合两姓之好，上以事宗庙，而下以继后世”①，婚姻是两个家庭之间的大事，不是个人的事情，因此采取的方式是“父母之命”和“媒妁之言”，这样一种缔结婚姻的方式基本上沿袭了两千余年。近代国门被打开之后，国人开始观察和了解西方近代文明，此时婚姻问题才开始从少数人中逐渐被视为个体自身的大事，中国进而开始出现婚姻自由的思想。五四之前婚姻自由思想主要有如下反映。

1. 早期出国者对自由婚姻的观察

最早观察西方婚姻文化的是中国近代早期的出国者。这其中有中国的驻外使节，有赴国外考察游历的文人学者，如容闳、王韬、郭嵩焘、斌椿、张德彝、志刚、孙家谷、黄遵宪、严复等就是最早走出国门的中国人的典型代表。这些国人走出国门之后，细心观察和思考欧美民

① 《礼记·昏义》，《十三经注疏》下册，中华书局1980年版，第1680页。

众的日常生活及其文化，并记录在他们所撰写的游记或日记当中。这些记述涉及欧美日常生活的方方面面和诸多领域，其中就包含婚姻嫁娶的内容，诸如介绍男女婚配之俗，包括结婚礼仪、教堂婚礼、婚宴、伴郎伴娘及旅行结婚等婚礼形式。还有对金婚银婚、金刚石婚以及终身不嫁等现象的记述。有些内容的记述还比较详细，如对欧美婚姻自主的记录，“西俗男女婚嫁，皆自主之。未娶未嫁之时，彼此爱慕，相交如友。……然后告之父母，复同往官署声明，官以一纸书，内载某人娶某氏为妻，某女嫁某男为夫，彼此情愿，男不许娶二室，女不许嫁二夫。待迎娶之日，夫妻先入礼拜堂告之牧师，祝于天主。牧师各以金戒指一枚，贯于男女之无名指，以别处女，鳏夫。嫁娶后，众戚属食于男家。女有一饼，名曰嫁饼，众人分而食之。立言数语，以志庆贺。宴毕，次日或越数日，则夫妻偕往外国遨游。富者之游也，其地或千里，或万里，其期或一年，或数年，然后回国。贫者只在本国遨游数日而已。”①这里对恋爱、结婚、婚礼、婚宴以及婚后旅游作了全面细致的介绍。还有对婚礼之前相关事宜的详细记述，“凡伴新娘之女，或新郎或新娘之亲近姊妹。届时新娘之父偕众先入礼拜堂。其父已故，则叔伯与兄或长亲皆可。后则母女同车。其父衣帽纯黑，其母衣色不拘。新娘与女伴皆一色雪白。新娘执白花束，女伴执红花束。新郎衣黑色，插鲜花一朵于胸前右襟钮孔。女父率众到，其他男女戚谊亦陆续到。女父立候于堂门之外。女伴立于门内，分列两行。余皆分立女伴之后。新娘母女到，女携其父之右腕先入。继而女伴随入堂内偏间。女伴偶数，如六、八、十二，自然骈肩而入；若奇数，如五、七、九，必加三名幼童或幼女同行，以成偶数。女伴之列第一对者，必新郎或新娘未嫁之姊妹，女母随众女伴尾之。其伴伊母者，或子或侄或甥皆可。男女在堂中不许携手同行，若老妪可代为扶持。其他男女戚谊，对对行于新娘之母之后。众

① 张德彝：《航海述奇》，钟叔河主编《走向世界丛书》，岳麓书社1985年版，第581页。

入，乃以车往接新郎父子，到乃直入，立于牧师台前之右。待新娘由偏屋至，立于新郎左。新郎与新娘之父，及他各男戚，皆立于新娘之左。新娘之母，及其已嫁之姊妹，皆立于众男之后。众女伴又对对立于新郎之后。凡新郎之亲谊，坐牧师台左，新娘之戚谊，坐牧师台右。此外如有被请者，皆坐于堂中两厦。”[①] 这里对婚礼前整个过程，包括伴娘伴郎、礼服、进入婚姻殿堂的秩序、人数、行走规则、不同人之位置都叙述得详详细细。之所以如此详细地介绍西方的婚姻文化，一方面反映了西方的婚姻文化与中国的迥异使国人倍感新奇，同时也反映了国人对西方婚姻的兴趣，并值得效仿。这里国人特别关注的是外国的婚姻自主、婚配自择的情爱婚姻特征。早期出国者对西方婚姻文化的记述是近代以来西方婚姻文化对国人较早的影响。

2. 传教士对西方婚姻的传介

传教士东来，对西方文化的传介，成为中国人认识了解西方的一个重要渠道。进入近代以后，西方传教士客观上曾充当过殖民者侵华的工具，但为了传教，传教士通过创办报刊、兴办学校来促进西方文化的传播，为国人了解西方、认识西方提供了条件。正如高理文所指出的，当时中国人对西方国家的“光彩规模，查无闻见，竟毫不知海外更有九州”，所以他“不揣固陋，创为汉字地球图及美理哥合省国全图，又以事迹风俗分类略书”，将西方知识“宣而播之”[②]。不仅在传播近代科学知识、传播资产阶级民主、自由、平等思想，给中国知识界输送了反对封建文化专制的武器，而且在传播西方近代婚姻文化习俗方面也做了重要工作。传教士在上海创办的《万国公报》就较多地登载了一些介绍西方国家婚姻制度的文章。诸如，介绍西方“一人不得娶二妻”[③]。“夫妇

① 张德彝：《随使英俄记》，钟叔河主编《走向世界丛书》，岳麓书社 1986 年版，第 519 页。

② 魏源：《海国图志》卷五九，丙申孟秋慎记书庄石印。

③ 《万国公报》光绪二十一年十月。

离异之律”，“以公道处之”。① 传教士的这些传介对国人认识中国婚姻陋俗文化是有帮助的。传教士自身严格实行一夫一妻制，亦为改造中国婚姻陋俗做了表率，使某些国人摒弃纳妾之风以及与之相连带的一些婚姻陋俗。

3. 维新派的婚姻自由观

中国近代对传统婚姻文化进行自觉地批判是从早期维新派开始的。早期维新派批判中国实行的一夫多妻制，“几等妇女为玩好之物，其于天地生人男女并重之说不大相刺谬哉”，② 认为要求中国女子遵从“饿死事小，失节事大”的节欲规范，强逼女子守节，严禁女子再嫁，必然产生“逼死报烈之惨”的后果。早期维新派主张婚姻自主、一夫一妇、男女离异自由、革除童养媳的陋俗。宋恕主张，婚姻除父母做主外，须经男女当事人同意，“于文据上亲填愿结”，“其无亲父母者，悉听本男女自主”，严禁他人“强擅订配”。③ 宋恕还认为婚后男女均有权提出离婚，并承认妻子与丈夫、公婆等家人不和，均可为女方提出离异的正当理由，并“宜定三出、五去礼律”，④ 以为准绳。他建议把不满 16 岁的童养媳送还母家或送养善堂，成年后再行婚配，取原配或改配听便。⑤ 王韬主张，欲齐家治国平天下，“则先自一夫一妇始”，认为“一夫一妇，实天之经也，地之义也。无论贫富悉当如是”。⑥ 早期维新派的婚姻主张零散而不系统，但这些零星的观点却包含了对婚姻自由的渴望。

维新派的变法思想中也有对传统婚姻文化的批判。这种批判涉及如下具体内容：其一，“男女之约，不由自主，由父母定之”⑦。其二，“男

① ［英］布兰飑：《美女可贵说》，［美］林乐知译《万国公报》光绪二十五年五月。
② 王韬：《韬园文录外编·原人》，中华书局 1959 年版，第 4 页。
③ 《宋恕集》上册，中华书局 1993 年版，第 149 页。
④ 《宋恕集》上册，中华书局 1993 年版，第 149 页。
⑤ 《宋恕集》上册，中华书局 1993 年版，第 52 页。
⑥ 王韬：《韬园文录外编·原人》，中华书局 1959 年版，第 5 页。
⑦ 《实理公法全书》，《康有为全集》第 1 集，上海古籍出版社 1987 年版，第 283 页。

为女纲，妇受制于其夫”[①]。其三，批判守寡陋习。其四，批判早婚与童养媳婚。维新派对传统婚姻陋俗文化批判的重点是传统婚姻不能自主的非自由婚姻。

因此维新派提出了变革传统婚姻的具体主张。其一，“夫妇择偶判妻，皆由两情自愿”。[②]“天既生一男一女，则人道便当有男女之事。即两相爱悦，理宜任其有自主之权”。[③]谭嗣同的《湖南不缠足会嫁娶章程》中规定，“同会虽可互通婚姻，然必须年辈相当，两家情愿方可。不得由任指一家，以同会之故，强人为婚”。[④]严复也预言“男女自行择配”，“实为天理之所宜，而又为将来必至之俗”。[⑤]其二，离异自由。“夫妇不合，辄自离异，夫无河东狮吼之患，妻无中庭相哭之忧，得人道自立之宜，无终身相缠之苦”[⑥]，否定了“嫁鸡随鸡，嫁狗随狗”那种“女子所适非人”[⑦]的婚姻陋俗。其三，主张聘礼简省，婚礼简便。“无论家道如何丰富，总以简省为宜，女家不得丝毫需索聘礼”，“女家置备嫁奁，亦应简省，男家尤不得以嫁奁不厚，遽存菲薄之意”；主张婚姻之礼“择其简便者用之”。[⑧]维新派还希望有志之士，“破除不肯远嫁之俗见”，主张“苟平素两家相得，而两家中有一家力能远就者，即可为婚”。[⑨]维新派的婚姻改革主张是近代国人较为具体的婚姻变革思想，达到了19世纪中国进步婚姻观的最高水平。

4. 20世纪初期国人的婚姻自由思想

---

① 《实理公法全书》，《康有为全集》第1集，上海古籍出版社1987年版，第283页。

② 《谭嗣同全集》修订本下册，中华书局1981年版，第351页。

③ 《实理公法全书》《康有为全集》第1集，上海古籍出版社1987年版，第281页。

④ 《谭嗣同全集》修订本下册，中华书局1981年版，第396页。

⑤ 《论沪上创兴女学堂事》，《严复集》第2册，中华书局1986年版，第470页。

⑥ 康有为：《大同书》，中华书局1956年版，第138页。

⑦ 康有为：《大同书》，中华书局1956年版，第139页。

⑧ 《谭嗣同全集》修订本下册，中华书局1981年版，第396—397页。

⑨ 《谭嗣同全集》修订本下册，中华书局1981年版，第396页。

20世纪初特指清末民初时期，这一时期对传统婚姻的批判队伍已经扩展到更为广泛的知识分子群。他们既包括国内的有识之士，也包括大批的出国留学生；既包括名扬遐迩的鸿儒硕学，也包括一批其名不扬的进步青年。其中赫赫声名者既有维新派梁启超，也有资产阶级革命派蔡元培、秋瑾；既有无政府主义者刘师培、何震、李石曾，也有进步学者金天翮、何大谬等。

20世纪初期中国知识分子对传统婚姻做了深刻地理论批判，其中梁启超的《禁早婚议》、陈王的《论婚礼之弊》、履夷的《婚姻改良论》堪称重要文献；另外，《中国婚俗五大弊说》、《自由结婚议》、《文明婚姻》、《婚姻自由论》、《禁早婚以强人种论》、《论婚姻之弊》、《再论婚姻》、《婚姻自由》、《婚姻篇》、《婚嫁改良》、《婚姻问题》、《说中国之婚姻》、《婚姻改进说》、《文明结婚》、《自由结婚》、《婚制改革论》① 等均为专门论述变革婚姻习俗的力著；《女界钟》、《女界泪》、《秋瑾集》中对传统婚姻的批判亦着力非浅。这一时期对传统婚姻的系统批判主要集中在"父母主婚之弊"、"媒妁之弊"、"男女不相见之弊"、"聘仪奁赠之弊"、"早婚之弊"、"繁文缛节之弊"、"迷信术数之弊"、"礼法婚姻之弊"等诸多方面上。

与此同时，提出与之完全相对的婚姻主张，这些新式婚姻主张可以概括为如下几个方面。其一，要婚姻自由。"盖以婚大事，不可不慎重之，而慎重之至，则非自男女自约自结不为功。"② 故"四百兆同胞齐享幸福，则必自婚姻自由始"③。此时还有人主张离婚自由，认为"夫妇

① 分别见《中国新女界杂志》第3期；《女子世界》第11期；《女学报》第2期、第3期；《广益丛报》第188号、第82号；《安徽俗话报》第16期、第18期；《白话》第2期；《竞业旬报》第24期、第14期、第28期、第40期、第20期、第15期、第30期；《新世界学报》第14号。

② 陈王：《论婚礼之弊》，《觉民》第1—5期合本。

③ 金一：《女界钟》，上海大同书局1903年版，第81页。

以情交，以义合，情义未绝，虽死可守，而情义既绝，虽生可离”①。主张“男可再婚，女可再醮”。② 其二，主张晚婚。梁启超根据调查报告得出结论，认为“愈文明之国，其民之结婚也愈迟；愈野蛮之国，其民之结婚也愈早”，“故吾以为今日之中国，欲改良群治，其必自禁早婚始。”③ 其三，革除买卖婚姻。中国以居女为奇货而必索要聘钱的婚姻流俗，无异于“贩卖鹿豕牛羊”。人类婚姻历史要经历掠婚、卖婚、赠婚而进入自由时代，“今世文明各国，其婚姻之制已入于第四期矣。独中国之婚姻尚在卖婚时代”，主张“欲增进国民之品格，则卖婚之制必不可不革除”④。其四，主张商定婚。即父母子女双方互相商榷，取得双方同意的折中方案。认为“婚姻之事，必不能以全权委诸父母；必也，先令子女得自由选择，而复经父母之承认，然后决定，斯最当矣”⑤。20世纪初期的婚姻变革主张，其主旨仍然是要废除专制婚姻而主张自由婚姻。它既是被五四时期婚姻自由思潮直接继承的近代婚姻文化的变革思想，也是五四时期婚姻自由思潮的前奏。

若是没有早期出国者对自由婚姻的观察、没有传教士对西方婚姻的传介、没有维新派的婚姻自由观、没有20世纪初期国人的婚姻自由思想，想要出现五四时期婚姻自由的思潮将是困难的。上述近代婚姻文化因子的积累，为五四时期婚姻自由思潮的形成奠定了基础。

我们看到，五四时期婚姻自由思潮的出现与五四时期思想文化的开放时代密切相关，与晚清以来婚姻自由思想的影响密切相关。

---

① 亢虎：《忠告女同胞》，《民立报》1911年6月8日。

② 《男女平等之原理》，《清议报全篇》卷25，附录1。

③ 《禁早婚议》，《梁启超选集》，上海人民出版社1984年版，第362—363页。

④ 履夷：《婚姻改良论》，《留日女学会杂志》第1期。

⑤ 履夷：《婚姻改良论》，《留日女学会杂志》第1期。

三、五四时期婚姻自由思潮的特征与价值

五四时期的婚姻自由思潮显现出如下几个特征：其一，讨论婚姻问题内容的广泛。这一时期不但探讨了恋爱、婚仪、结婚、离婚、再嫁、同姓结婚以及纳妾、试婚（同居）、独身、废婚、“将来的婚姻”、“征婚问题”、“订婚问题”等等，还对某些既存的丑陋婚俗事象及新生的但又难以令人接受的性爱观进行了批判，其中包括租妻、同性恋、条件婚姻、多妻式恋爱、公妻等。认为“租妻”是“婚姻中一件不正当的”①和极不道德的婚姻方式；“同性恋”不是“性爱的自然发达，是一种变态心理，是精神的病的现象”②；“条件婚姻”抹杀了“爱”的真正价值，与自由婚姻格格不入，是男女双方那种“暂时欺骗的婚姻”③；“多妻式恋爱”，“从恋爱的出发点上说不能成立”④，是一夫多妻制的变种；“公妻”是“剥夺劳动者的一个方法，这不是社会主义，恰恰是社会主义的反面”⑤等等。这里的评述未必都是正确的，但绝大多数是有道理的。其二，不同的婚姻主张相互争辩。在婚姻变革的诸多领域都存在着思想论战，如有主张废除“订婚”、⑥“征婚”⑦形式的，也有赞同采用“订婚”、⑧“征婚”形式的；有主张“自由恋爱”、⑨“自由结

---

① 晓：《“租妻”底风俗》，《觉悟》1922年1月8日。

② 李宗武：《性教育上的一个重大问题——同性爱之讨论》，《觉悟》1922年5月12日。

③ 施逸霖：《条件婚姻》，上海《民国日报》副刊，《妇女周报》第42期。

④ 长青：《〈多妻式恋爱〉的解答》，《妇女周报》第52期。

⑤ 力子：《社会主义与〈公妻〉》，《觉悟》1921年10月21日。

⑥ 企留：《废止“订婚”的提议》，《觉悟》1922年9月3日。

⑦ 卞焕章：《征婚与自由恋爱》，上海《时事新报》副刊《现代妇女》第29期，1923年6月26日。

⑧ CCT：《废止订婚的误解》，《觉悟》1922年9月14日。

⑨ 《我底恋爱观》，《陈望道文集》第1卷，第66页。

婚”[①]的，也有反对“自由恋爱”、[②]“自由结婚”[③]的；有主张“晚婚”的，也有主张“早婚”[④]的；有主张“废除婚姻”的，也有反对“废除婚姻”[⑤]的等等。对于思想文化问题，有争辩是一个非常正常的现象，不是说有争辩就说明新思想有问题、不正确、应否定。立场不同、视角不同，都可能产生不同的观点和认识，况且有些人是要通过一个相当的过程后才能接受新思想的。而且有争辩才能渐次显现出某些主张的真理性，否则难辨真伪，故争辩的意义重大。其三，思想主张与行动实践相结合。我们在上文讨论了婚姻自由的主张和婚姻自由的践行，反映了五四时期婚姻自由的思想主张与行动实践的有机结合。思想观念的变革恰恰是要达到行为方式的变化这样一个目的。其四，婚姻自由思潮的影响力还有局限。五四时期婚姻习俗发生了一定的变化，不少人已经认同没有爱情的婚姻是不道德的。然而在这个婚俗变革过程中，“纯粹恋爱的结合，总还只是少数人敢去尝试。男女双方即使互相了解，有了结婚的程度，他们总还得要求家庭的同意，另外转托人来作媒，行那请庚定亲的各种手续，至于那纯粹由家庭解决的，更不用说了。”[⑥]五四运动以后，在农村，“提倡男女平等，婚姻自主，封建婚姻制度受到一些冲击，但很不彻底，男女双方虽也见见面，说上几句话，而实际上仍是父母包办。男尊女卑的现象，重婚纳妾和童养媳等婚姻陋俗依然存在。”[⑦]直至二三十年代，“有些青年学生争取自由恋爱，婚姻自由，仍受家庭阻挠，成功的甚少，以致抗婚、逃婚、私奔、自杀等婚

① 徐彦之：《男女交际问题杂感》，《晨报》1919年5月4日。

② 刘巧凤：《我的婚制解放谈——自由恋爱》，《解放画报》第6期。

③ 冰村：《两个女子的婚姻问题》，《共进》第23期。

④ 纪裕迪：《对于青年早婚的意见》，上海《时事新报》副刊《学灯》1923年6月15日。

⑤ 1920年春夏之交，上海《民国日报》副刊《觉悟》开辟了“废除婚姻制度”的讨论专栏，进而掀起了一场史无前例的“废婚”大论战。

⑥ 陈东原：《中国妇女生活史》，上海商务印书馆1928年版，第400页。

⑦ 《许昌县志》，南开大学出版社1993年版，第799页。

姻悲剧时有发生”[①]。可见，婚姻自由思潮影响的有限程度。当然，这种有限程度绝不是否定婚姻自由思潮的存在。所谓思潮一般只能是在一部分知识分子中被认同，并通过多种媒介进行传播且影响到某些读者或听者，表现出较强的显示度，这就基本上构成了思潮，当年的思潮还决然不是绝大多数人都能认同的某种思想。

五四时期婚姻自由思潮的价值重大。我曾经宏观地讨论过这一问题，认为五四时期包括婚姻自由在内的社会文化的变革蕴藏着人的解放的深刻主题和体现着中国文化的精神进化。[②]那么从新的视阈还可以继续探索这个问题。

所谓婚姻是人类在漫长的历史时期内，绝大多数人通过被社会认可的方式而结成的配偶关系。[③]人类社会婚姻的出现，是因为婚姻具有人类生活所必要的功能。比如中国传统社会所强调的婚姻所具有的“上以事宗庙”、“下以继后世”、传宗接代、继承遗产、养儿防老等功能。中国传统婚姻观主要是从家庭和家族世代传承的角度来关注婚姻的功能的，事实上若从个人的角度来关注婚姻，婚姻还具有其独特的满足个体情感的功能，而这个功能在中国传统社会强调得不够，或者更多的时候是在隐匿和回避。中国社会走入近代和五四以后，中国文化开始了从人伦文化向个性文化的转变，在这个文化转型的历史进程中，婚姻文化与中国文化一道也迈进了这个具有重大历史意义的转型时期。适应家族的婚姻文化开始向适应个体的婚姻文化发生变化。适应家族文化的传统婚姻文化，在五四开放时代，人们用批判的态度逐次批判和否定它。婚姻自由思潮的全部价值就是在否定传统婚姻文化的同时，为每个个体创造

① 《许昌县志》，南开大学出版社 1993 年版，第 799 页。

② 参见梁景和《五四时期社会文化嬗变研究·代序》，人民出版社 2010 年版，第 17—18 页。

③ 我曾经给婚姻下的定义是“人类两性之间通过被社会认同的方式而结成的一种配偶关系”，参见梁景和《近代中国陋俗文化嬗变研究》，首都师范大学出版社 2009 年版，第 29 页。

主客观条件，改变传统的观念，把婚姻变为满足个体情感的一种生活方式。中国传统文化讲求“食色，性也”，认为食色是人的本能本性，这是对人性的诠释，具有真理性，但并不完善，更为精准的表述应是“食色情，性也”。情感也是人性的本质之一，它是与“食色”并列的人性反映。婚姻的一个独特的功能就是满足情感，由于中国传统婚姻的缔结方式和目的不太容易满足人们的情感，所以中国近代以来，尤其是五四时期，中国传统婚姻文化才被人们否定和批判。五四时期出现的婚姻自由思潮，是与人们关注个体的情感分不开的。所谓婚姻中的情感表现为配偶双方的感情，一般称作为爱情。五四文化人对父母包办的婚姻，觉得夫妻两人“仿佛两个牲口听着主人的命令：‘咄，你们好好的住在一块罢!’”[①] 对如此没有情感的婚姻生活，人们发出了悲鸣，开始了抗争。五四时期人们为什么大谈恋爱，讲求恋爱自由，展开恋爱的大讨论，都是在强调个体人所具有的情感本能，即爱的本能。“鱼不能绝水而生活，犹之乎人不能绝爱情而生存，”[②] 人绝情而不能生存，这就是对人性中情感本能的揭示，“宇宙间除了真诚的恋爱之外，什么都是虚幻的，无意识的，只有真纯的爱情，可以上参天地，下感万物”[③]，真情是宇宙间的唯一，这仍然是对人性中情感本能的揭示。“食色”与“情”比较，情是人更高一个层次的需求，食色是生理需求，情是心理需求；食色是形而下，情是形而上。应当说五四文化人看中了情在人们生活中的重要价值，他们所谈的婚姻自由是把关注点集中到个体情感的本能上，是在强调个体情感本能在人生中所具有的重要意义，对个体的情感本能绝不能视而不见或者忽略不计，否则就是对人性的否定和践踏。

关注个体情感，也是五四文化人强调个体文化和个性解放的一种反映。我们若从个体人的生存、个体人的生活、个体人的生活质量的角

① 鲁迅：随感录《四十》，《鲁迅全集》第一卷，人民文学出版社 1981 年版，第 321 页。

② 冯璘：《两度缔婚的我》，《妇女杂志》第 9 卷第 10—11 号，1923 年 10—11 月。

③ 漱琴：《我之理想的配偶》，《妇女杂志》第 9 卷第 11 号，1923 年 11 月。

度看，人活着的一个重要目的就是要尽可能地有一个较高水平的生活质量，所谓生活质量是指“人们客观生活的实际状况以及对生活的满意程度和幸福感受程度”,[①] 而生活幸福感的一个重要体现就是能否充分满足个体的情感，满足了就产生幸福感，不满足就没有幸福感。正是从这个视阈，我们认为五四时期婚姻自由思潮是从满足个体的情感需要，满足个体生活幸福感出发，进而达到提高个体生活质量的目的，这是人性的真谛，这是人生的主旨，这是五四时期婚姻自由思潮真正的价值所在。

四、结　语

五四时期婚姻自由思潮给我们留下诸多影响。只有在一个思想文化开放的时代，才能最大限度地开动人们思想的机器，从而思绪高度运转，并对自身文化和生活进行深刻的反思，辨其优劣。五四时期婚姻自由思潮就是在文化开放时代出现并形成的，人们在这个思潮的激荡下，认识到中国传统婚姻文化存在诸多陋弊之处，需要变革与改造。改造的目的是要满足个体的情感需要，而情感需要是人性的本质之一。五四时期倡导的婚姻自由思潮具有提高个体生活质量，增强个体生活幸福感的功能，故当肯定之。五四时期这股婚姻自由思潮影响深远，对今天的婚姻文化变革仍然具有诸多的启示和借镜。

“新文化运动与民族复兴：纪念新文化运动一百周年国际学术研讨会”提交论文，2017 年 11 月 25—26 日北京

① 梁景和：《生活质量：社会文化史研究的新维度》，《近代史研究》2014 年第 4 期。

论康有为的大同婚姻思想 *

康有为在19世纪与20世纪之交撰写了《大同书》。《大同书》是对未来社会的整体设计，分为十个部分。其中第五部分是“去形界保独立”，这一部分讲了九个问题，其中第九个问题是“男女听立交好之约，量定限期，不得为夫妇”，这是康有为设计的大同社会的婚姻形态，他用了2300余字阐述了自己的婚姻思想理论。以往对康有为的大同婚姻思想进行全面系统的研究不够全面，仅有的几篇论文涉及此一问题，其中较为重要的论文有徐继东的《从康有为的〈大同书〉看其婚姻家庭观》①和曾亦的《论康有为〈大同书〉中的婚姻、家庭问题》②。徐文主要阐述了家庭的起源、作用、废除家庭以及社会化对家庭功能的取代等问题，而对康有为大同婚姻思想徐文只作了极为简单的叙述。曾文阐述了康有为的婚姻家庭主张与中国传统公羊家思想的继承关系以及与西方思想文化的相同之处，特别强调了其对中国思想界的重要影响及其具有的思想生命力。而本文则是对康有为大同婚姻思想进行的全面梳理，进而深入探索康有为这一婚姻思想的基本内涵和理论依据，以及它在学术上的价值和局限。

---

* 本文以古籍出版社1956年出版的《大同书》为蓝本。

① 载《妇女学苑》1998年第2期。

② 载《社会科学》2015年第6期。

一、大同社会婚姻思想的核心主张

康有为的大同婚姻思想可以包含五个方面的内容：其一，婚姻要自己作主决定，若自己觉得双方在情感志趣方面相投，就可以订立合约，而且双方不再用以往的“夫妇”旧名相称，而是用“交好之约”这一新的称谓。正如康有为所说，“男女婚姻，皆由本人自择，情志相合，乃立合约，名曰交好之约，不得有夫妇旧名”。① 其二，男女婚姻要有期限，不能有终身约定；若两人永远相好，可以不断续约，相守一辈子；有了新欢，可与新欢订约；若与旧欢重新和好，可以再行续约。康有为是这样阐述的，“男女合约当有期限，不得为终身之约”；②“假令果有永远欢合者，愿听其频频续约，相守终身”；③“若有新交，听其更订”；④“旧欢重续，亦可寻盟”。⑤ 康有为特别强调，感情相投者可以续约永远相好，允许志趣不同的夫妻改变初衷并与他人订约，若夫妻产生厌恶之心，想离弃者可马上分开，即“相得者既可续约而永好，异趣者许其别约而改图”，“厌恶之意已生，则去者即去”。⑥ 其三，婚期约定在一个月与一年之间，“婚姻期限，久者不许过一年，短者必满一月。”⑦ 其四，设立媒介官员，男女结婚要到当地的媒介官那里领取结婚证，订立契约，保证婚期内要相互恩爱，即“立媒氏之官。凡男女合婚者，随所在地至媒氏官领收印凭，订约写券，于限期之内誓相

① 康有为：《大同书》，古籍出版社 1956 年版，第 164 页。
② 康有为：《大同书》，古籍出版社 1956 年版，第 164 页。
③ 康有为：《大同书》，古籍出版社 1956 年版，第 165 页。
④ 康有为：《大同书》，古籍出版社 1956 年版，第 165 页。
⑤ 康有为：《大同书》，古籍出版社 1956 年版，第 165 页。
⑥ 康有为：《大同书》，古籍出版社 1956 年版，第 166 页。
⑦ 康有为：《大同书》，古籍出版社 1956 年版，第 167 页。

欢好”①。其五，没有文化以及学业未成不能领取毕业证的女子，而且不能自立还要依靠丈夫扶养的女子，不能享用这些权利，即“女子未入学及学问未成不能领卒业凭照者，不能自立须仰夫养者，不用此权”②。以上五个方面是康有为大同婚姻思想的基本内容。

通过深入研读，我们认为在康有为大同婚姻思想的五个方面中，其核心主张是第二点，即男女婚姻要有期限，一般不能有终身的约定。也只有这一点才真正反映了康有为对大同社会婚姻问题的独特思考，显示其大同婚姻思想的特殊性，而其他四点不能与之相提并论。第一点属于婚姻自主的思想主张，其在戊戌时代前后及其后来的时代，已经有很多人提出并赞同此种婚姻观念，同时渐次有众多的民众把它与自己的婚姻生活联系起来，而不用等到未来的大同时代再去践行。而夫妇的称谓也只是个称呼问题，它也是特指第二点“婚姻要有期限”下的婚姻形态而言，与事实上的婚姻自主与否关系不大，所以可以把它与康有为的第二点主张联系起来看待。第三点所讲的婚姻要有期限实质是对第二点的一个说明和补充，是在具体阐述婚姻期限的时间范围问题。第四点所说的设立官媒，领取凭证以及交好之间相互恩爱，这在康有为所处时代前后的现实社会中，通过多种形式已经有了诸多方面的呈现，并不是到了大同社会才有可能实现的了。第五点讲的更是历史发展过程中的实际问题，也与大同社会关系不大。所以说康有为的大同婚姻思想的核心内容只有“男女合约当有期限”这一点。

① 康有为：《大同书》，古籍出版社 1956 年版，第 167 页。
② 康有为：《大同书》，古籍出版社 1956 年版，第 167 页。

二、大同社会婚姻思想的理论根据

康有为不但提出了五点大同社会婚姻问题的具体主张，而且对其中的一些主张还进行了论证，提出了自己一些基本的理论根据及其实施的某些办法。

1. 康有为为自己的第一点婚姻主张提出了明确的理论依据，他认为，男女是平等独立的，没有轻重高低之分，如果男女双方稍有高低之别，就不能完全做到自主，男女的一方将成为附庸，就不能称之“交好之约”，这就如同两个国家只有平等才能建立和约一样，“盖男女既皆平等独立，则其好约如两国之和约，无轻重高下之殊。若稍有高下，即为半主，即为附庸，不得以合约名矣”。① 康有为还进一步强调，如果违背天赋人权平等独立的天下通理，就会渐次出现尊男抑女的风气，对此政府一定要严加禁止，“既违天赋人权平等独立之义，将渐趋于尊男抑女之风，政府当严禁之”。② 康有为在这里阐述的理论依据非常清晰，是要说明平等独立是天赋人权，所以在婚姻上只有男女平等，自主自择才是符合天伦人道的。

2. 康有为用了大量的篇幅为其大同婚姻思想的第二点即“男女合约当有期限”的主张作了充分地论证，并找到了诸多理论根据，这些理论根据概括起来包括如下六个方面。

其一，是人性各异的特点决定的。人性的一个重要特点就是每个人的性情很难一致，人人都有其个性，感情再好的人也决然没有性情完全同样的道理，两人在一起由于性情不同而出现不快，就要产生不

① 康有为:《大同书》，古籍出版社 1956 年版，第 164 页。
② 康有为:《大同书》，古籍出版社 1956 年版，第 164 页。

和谐，正如康有为所言，“盖凡名曰人，性必不同，金刚水柔，阴阳异毗，仁贪各具，甘辛殊好，智愚殊等，进退异科，即极欢好者断无有全同之理，一有不合，便生乖睽”，① 足见人的性情之不同，长期在一起，将会产生不和的后果。康有为还进一步把这种不协调的后果进行了深入的剖析，认为无论什么人，只能暂时和好，不能持久相处，如果强迫两人永久相处，势必翻脸，“故无论何人，但可暂合，断难久持，若必强之，势必反目。”② 因夫妻反目就会造成多种恶果，比如夫妻见面无话可说，或者夫妻之间终身分居，或者相互憎恨而离婚，或者图谋残害对方等等。故因强制终身相守而导致的痛苦甚或赔上性命的夫妻，古今无数，正如康有为所言，“或相见不语，或终身异居，或相恶离异，或隐谋毒害，盖因强合终身之故而致终身茹苦或丧生命者，天下古今盖无量数”。③ 康有为进一步分析说，这种关系不和的夫妻如果要想断交，必然损害自己的名声，并因彼此的无情而失去人生的欢乐。如果这样的夫妻不能断交，彼此坐视那个疯癫之夫或暴虐之妇，必然容易产生各种偏执古怪之事，一时一刻都得不到安宁，何况还要忍受终身，“欲绝交则伤名害义，无情失欢，欲不绝则坐视此狂夫酷妇乖僻险横，一息难安，况忍终古”。④ 康有为得出结论，慢说一般民众，即便圣贤之人也不可能有相处很久而始终保持和好与快乐的道理，“故虽禀资贤圣，断无久处能相合相乐之理者也。”⑤

其二，是“见异思迁”的人性特点决定的。人的性情容易见异思迁，历久生厌，只愿意喜欢新者和美者。即便已有称心如意的夫妻，但是如果遇见才学更高，长相更美，性情温顺，家产丰厚者，就容易产生

① 康有为：《大同书》，古籍出版社 1956 年版，第 164 页。

② 康有为：《大同书》，古籍出版社 1956 年版，第 164 页。

③ 康有为：《大同书》，古籍出版社 1956 年版，第 164 页。

④ 康有为：《大同书》，古籍出版社 1956 年版，第 164 页。

⑤ 康有为：《大同书》，古籍出版社 1956 年版，第 164 页。

爱慕之心，而寻思换偶。再经过一段时间之后可能又会遇到新人，而且岁月不同，人们喜爱的人的类型也会随之变化，这就得根据自己的情趣舍弃旧人而谋取新人了，正如康有为所说，“凡人之情，见异思迁，历久生厌，惟新是图，惟美是好。如昔时合约，已得佳人，既而见有才学尤高，色相尤美，性情尤和，资业尤富者，则必生爱慕，必思改交。已而又有所见，岁月不同，所好之人更为殊尤，则必徇其情志，舍旧谋新”。①

其三，传统习俗对人们的束缚。康有为从文化的视角分析了为何现实生活中一直存在夫妻长久相守的情况，他认为这是旧俗所致，这些习俗带有诸多弊端，今天不该再按这样的文化习俗生活下去了。康有为认为在旧俗中，无论个体的身份贵贱高下，妻子都要服从丈夫，妻子不能主动离开丈夫，只要丈夫不主动休妻，就会出现夫妻勉强长久相守在一起的情况，这就是传统的文化习俗。在亚洲还有一种旧俗，就是一夫多妻，妻子被丈夫控制着，故妻子再怎么痛苦，也要与丈夫强守在一起。这一切都是与人的自由和天赋人权背道而驰的，这些不能给夫妻生活带来欢愉和快乐，正如康有为所言，“昔时旧俗，以女从夫，贵贱既同，故能勉强久处。其亚洲旧俗，一男得兼数女，而女子被制于男，故虽极苦而勉强守之；然于人道自由、人权天赋之义，已逆背而不乐矣”。② 在康有为看来，旧俗虽然如此，但今天已与过去不同，所以不能再按照过去一样夫妻勉强相守地生活下去，为此康有为还谈到了三点理由，第一，职业变化，久处很难。今天的男女是平等独立的，生活处境也会有不同的变化，有人开始是士卒而后来成为君相，也有人开始是士商而后来成为农工，职业与贵贱决然不同，所以强迫两个人长久相处，实在是一件很困苦的事情，“今男女平等，各得独立，有始为士卒而后

① 康有为：《大同书》，古籍出版社 1956 年版，第 164—165 页。

② 康有为：《大同书》，古籍出版社 1956 年版，第 165 页。

为君相，有始为士商而后为农工，执业迥殊，贵贱迥异，强其久合，其事甚难”。[①] 第二，交往不同，久处很难。男女平等独立，相好合约只是为了心情快乐，但因为双方的财产不能互相欺骗隐瞒，所以如果一方因财产而要前往他地，或因回避此地而要远走他乡，就需要另一方放弃自己的职业随之而去，然而每个人又有自己的交往圈子，同时又很难背离彼此的感情，如果跟着对方迁徙又不愿意抛弃自己的职业，若留恋自己的职业就不可能随迁，那双方就要长久分离，然而这既不人道，又损自由的意志，确实两难，即“男女平等，各自独立，虽复合约，不过为欢。至其财产各不相蒙，或因理财而他迁，或因避地而远去，必令弃其所业，远以相随，而人各有交，或难相负，此时随迁则难于弃业，恋职则不能随迁，而令永久仳离，既非人道之情，又损自由之分”。[②] 第三，子为公民，无须相守终身。在过去的据乱之世，夫妇恪守把家业姓氏传给亲子，这是男子的心愿，所以夫妇既定的身份不能改变，强迫终身相守，可以血脉相传。而今直至到太平之世，男女平等独立，生子有公家养育，他们不再是一家一姓之子，而成为世界的公民。所以男女之间只能依从双方的情感，不需要再顾虑父子亲传之名了，更不应该强制男女终身相守而使人性遭受痛苦，因此强制男女终身相守是毫无意义的，正所谓“旧俗据乱之时，夫妇之义专以传子姓，此为一男子之私意，故不得不强合以终身，夫妇永定，然后父子得亲。今世至太平，男女平等，各自独立，生人既养自公家，不得为一姓之私人而为世界之天民矣。男女之事，但以徇人情之欢好，非以正父子之宗传，又安取强合终身以苦难人性乎！即使强合，亦为无义”。[③]

其四，用中外历史证明“义合则留，不合则去”[④] 的夫妻关系。康

① 康有为：《大同书》，古籍出版社 1956 年版，第 165 页。

② 康有为：《大同书》，古籍出版社 1956 年版，第 165 页。

③ 康有为：《大同书》，古籍出版社 1956 年版，第 165 页。

④ 康有为：《大同书》，古籍出版社 1956 年版，第 165 页。

有为认为中国古代就有弃妇的记载，孔氏三代都曾出妻，[①] 中国古代还有出夫的现象，如韩非子所说，姜太公是被老妇逐出家门的。康有为是要以此说明一个道理，即关乎人性的快乐才符合人道，“夫古者有弃妇之文，孔氏犹三世出妻；又有出夫之义，韩非子称‘太公者老妇之出夫也’。”[②] “不强人情之不乐，甚得人道之宜”。[③] 康有为还特别强调当今欧美有夫妻可以离异的制度，法国每年都有数万起夫妻离婚的案件，“故今欧美之制皆有弃妇出夫之义，法国近者每岁夫妇离异之案万数”。[④]

其五，反证习俗舆论对人们婚姻关系的压制，主张顺乎人情，任其离合。康有为说中国的习俗，主张夫妻白头偕老，如果夫妻离弃，将被舆论鄙视，“大地风俗，夫妇皆定于终身，其有离异，即犯清议”。[⑤] 离异夫妻还要遭到世俗舆论的打压，会说你不是行为冷淡，缺少情谊，就是认为你择偶不当，甚或责备你治家没有规矩，还会作为逸闻趣事用来取笑。于是在家乡人们私下会贬斥你的轻佻行为，官署也会指责你的品行，媒体也加以讽刺，并且朋友也把它传为笑谈，种种责骂，令人承受不了。故夫妻私怨再深，也要勉强维持，克制忍耐，即“不訾其薄行寡恩，即议其择人不慎，否则议其治家无法，否亦以为异事笑谈。于是乡里私贬其轻薄，公府亦訾议其行谊，报纸加以讥诮，知识传为笑言，种种责备，令人不堪，故虽私恨甚深，不得不弥缝隐忍”。[⑥] 康有为认为这种世俗舆论与夫妻之间追求幸福快乐的人性相悖，可是又要忍受，实在苦不堪言，正所谓“夫妇者所以极静好之欢，得乐耽之实，乃人道之宜也。至于强为隐忍，则其苦难有不可言”。[⑦] 而这种压制造成的痛

① 孔氏三代指孔子、孔子之子孔鲤、孔鲤之子孔伋三代人。
② 康有为：《大同书》，古籍出版社 1956 年版，第 165 页。
③ 康有为：《大同书》，古籍出版社 1956 年版，第 165 页。
④ 康有为：《大同书》，古籍出版社 1956 年版，第 165 页。
⑤ 康有为：《大同书》，古籍出版社 1956 年版，第 165 页。
⑥ 康有为：《大同书》，古籍出版社 1956 年版，第 165—166 页。
⑦ 康有为：《大同书》，古籍出版社 1956 年版，第 166 页。

苦，损害了更多的人生自由，还不如据乱世的立夫妇之名与正父子之亲了，最好还是要顺其人情，听任交好欢快，确立婚姻期限，任其和好或离弃，即“若强苦难之，损失自由多矣，既不如乱世之俗立夫妇以正父子之亲，则何不顺乎人情，听其交欢，任立期限，由其离合”。①

其六，避免因淫欲之性的失控而造成诸多恶果，故婚姻要行期限。康有为认为，人类的奸淫案件，普遍存在于古今中外，虽有千百万圣贤官员多方整治，改变人们的行为和习俗，但最终也没有办法消除人类的淫欲案件，这是无法禁锢人性的缘故，“夫奸淫之案，遍于大地，溢于古今，虽有圣王贤吏万百亿千，治道化成，化行俗美，而终无术以弭之者也，盖人情有所不能禁故也”。② 康有为对淫欲可能造成的诸多恶果作了阐述，认为有人若达不到欲奸的目的，就会寻求阴谋和欺诈，就会暴力迭起，或戕害人的生命，或让人倾家荡产，或邻居之间相互侵害，或人们以强凌弱，或兄弟践踏，或父子争夺，甚或因酿成的大祸而牵连甚多，遭受兵祸，涉及国家。可见淫祸猛烈，自古昭著，故以往贤哲为此忧虑，认为需要特别防备，“然因欲奸不得，谋诈并兴，暴力交作，或伤害人命，或破产倾家，或邻里相窃，或强弱相凌，或兄弟相残，或父子相争，甚至酿祸株连，蒙以甲兵，被于邦国。淫祸之烈，自古为昭，故往哲畏之，以为大戒”。③ 康有为认为，面对淫欲之事，一般有两种态度和主张，一是严加防范，二是顺乎人性而设计疏导有效之办法。康有为否定前者而肯定后者。他认为防范无效，筑堤越高而积水越多，蚁穴不堵，最终将被大水冲垮，严防将适得其反，“然筑堤愈高而水涨愈甚，蚁穴不塞，卒于溃决”，④“故防淫愈严而淫风愈盛”。⑤ 康有为认为不如

① 康有为：《大同书》，古籍出版社 1956 年版，第 166 页。

② 康有为：《大同书》，古籍出版社 1956 年版，第 166 页。

③ 康有为：《大同书》，古籍出版社 1956 年版，第 166 页。

④ 康有为：《大同书》，古籍出版社 1956 年版，第 166 页。

⑤ 康有为：《大同书》，古籍出版社 1956 年版，第 166 页。

撤除堤坝排除积水，就不会有涨水决堤的忧虑了，“不若去堤与水，自无涨溃之虞”。[①] 康有为指出，疏导的唯一方法就是相爱双方的婚姻要有期限，婚姻要订合约，这就是大同社会的婚姻特点。这样的婚姻人人可以得到自己如意的情欲需要，还有什么奸淫之事能够发生呢。若不是本人意愿的强奸行为，无论在过去和现在都是刑法所不可饶恕的。而大同时代，人人满足自己的欲望是很容易的事情，那时的人们知书达理，恬适安静，为什么还要冒着触犯刑律而要被诛杀的危险去做强奸的事情呢！所以说，若婚姻有期限，则奸淫之事就不会再发生了，正如康有为所言：“今世既大同，人人各得所欲，苟两相爱恋，即两订约盟，既遂其欲，复何所奸！若非本愿，则为强奸，乱世平世，刑兹无赦。然是时人得所欲，其事至易，人皆之学，其欲易澹，亦何为冒犯刑诛为此强奸之事哉！故曰，行期约之事，则奸淫永绝也”。[②]

康有为的大同婚姻思想中最为注重的就是婚姻要行期限，认为它符合人性，可以避免社会两性关系的诸多恶行，并能够形成适意祥和的社会环境，希望这种婚姻有期限的社会，得到法律上的认同，不被道德轻蔑，人人都可以这样去做，变成时光常见的现象，家乡不会因此讥讽评议你，官署也不会因此非议指责你，媒体没有闲暇谈论你，朋友也不会以此笑话你。男女不再有克制忍耐强求凑合的想法，全世界也不再有男女离异宣告绝交的事情发生，人人都能得到各自的情欲和所求，各自得到自己如意喜欢的人，跟从自己喜爱满意的人，这才是人生真正的夫妻关系，这样的夫妻之间就像弹奏琴瑟那样和谐美好，欢快和睦，正如康有为所言，“法律所许，道德无讥，人人皆同，日月常见，乡里无所用其讥评，公府无所用其论议，报纸无暇以道及，知识不以为笑谈。凡人既无隐忍强合之心，即全世界并无离异告绝之事，人人各得所欲，各

① 康有为：《大同书》，古籍出版社 1956 年版，第 166 页。

② 康有为：《大同书》，古籍出版社 1956 年版，第 166—167 页。

得所求，各遂所欢，各从所好，此乃真‘如鼓瑟琴，和乐且耽’也”。[①]这就同旧俗不同了，旧俗中一旦有夫妻离异出现，就如洒在地上的水难以收回，互为冤家对头！若得到人权自由之道义，就能得到合乎人道的男女欢合，不但不再有未婚男女的感叹，也不再有奸淫强奸之案的发生了，即“旧俗一有离异，以为覆水难收，即若仇雠相视哉！既得人权自由之义，尤得人道私合之宜，不特无怨女旷夫之叹，更可无淫情奸案之事”。[②]

3. 康有为还为自己的第三点婚姻主张提出了理论依据。婚姻为什么“久者不许过一年，短者必满一月，欢好者许其续约”[③]呢？在康有为看来，婚约期限不要过长，这才容易遵守，即便有了新欢，也可以稍作等待；同时婚约期限也不要过短，这样才可保持人种纯正，即便性事频繁，也不会损伤身体，“约限不许过长，则易于遵守，即有新欢，不难少待；约限不得过短，则人种不杂，即使多欲，亦不毒身”。[④]康有为还考虑到几种具体情况，并提出妥善处理的具体办法：一是两人感情如果一直融洽，没有变化，就可以终身相守，“两人永好，故可终身”；[⑤]二是两人中断了感情，后来又重新恢复了感情，可以重温旧梦，“旧欢重续，亦可寻盟”，[⑥]即便暂不续约，以后再找时间签订交好之约，就如老友相逢，如胶似漆，难舍难分，“或今日虽不续约，而可重订后期，异时再为盟约，譬若故友重逢，亦如胶漆”；[⑦]三是有了新欢，可以任其改换签约，“若有新交，听其更订”。[⑧]

① 康有为：《大同书》，古籍出版社 1956 年版，第 166 页。
② 康有为：《大同书》，古籍出版社 1956 年版，第 166 页。
③ 康有为：《大同书》，古籍出版社 1956 年版，第 167 页。
④ 康有为：《大同书》，古籍出版社 1956 年版，第 165 页。
⑤ 康有为：《大同书》，古籍出版社 1956 年版，第 165 页。
⑥ 康有为：《大同书》，古籍出版社 1956 年版，第 165 页。
⑦ 康有为：《大同书》，古籍出版社 1956 年版，第 166 页。
⑧ 康有为：《大同书》，古籍出版社 1956 年版，第 165 页。

4. 康有为对自己的第四点婚姻主张没有进行理论论证。

5. 康有为也为自己的第五点婚姻主张提出了理论依据。在康有为看来，这第五点主张并不是大同时代的自由人权制度，而是目前暂且订立的一种制度，即“此非大同人权自立之制也，以未至大同，姑立此制”。[①] 康有为认为，当今旧俗很多，突然改变诸多旧俗一定会出现多方面的麻烦和问题，如有的女子一辈子受到丈夫的供养而突然被抛弃，这是不公道的；有的男子因猜忌妻子而抛弃她，这样也会导致因如何养育自己子女的事情而坐立不安，即“盖今旧俗尚多，骤改必多不便，或女子终身受夫男之养而忽弃之，则于报礼不公；或男子疑女子而弃之，亦于生育之事未安”。[②] 康有为还对女子两方面的情况进行了分析，认为能自立的女子是因其具备充足的学识和才智而具有了公民的人格，因此就应当允许其享有独立的人权；如果女子还不能具备公民的人格，那么暂时依靠丈夫得以供养，也是人之常情。若让女子得到独立的人权，需要女子更加致力求学，那么人才日多，不也是很好的事吗，所谓：“女子所以能自立者，亦以其学问才识备足公民之人格，故许享有独立之权；若其未能备足公民之人格，则暂依附于夫以得养赡，亦人情也。且使女子欲求得独立之权，益务向学，则人才益增，岂不美哉！”[③]

康有为上述五点婚姻主张是为大同时代设计的，“从上所论，专为将来进化计”。[④] 在康有为看来如今时代女学未兴，女子还不具备公民人格，在这样的历史时期，就荒唐地引导女子盲目独立并且纵容女子背叛丈夫而大行淫欲之情，乃大乱之道。所以说，还是夏季穿单，冬季穿皮，适合时宜为好，若时候不到，就不能错误地援引惯例。康有为还说他自己不愿意败坏风俗，也不想自担罪过，所谓“若今女学未成，人格

① 康有为：《大同书》，古籍出版社 1956 年版，第 167 页。

② 康有为：《大同书》，古籍出版社 1956 年版，第 167 页。

③ 康有为：《大同书》，古籍出版社 1956 年版，第 167 页。

④ 康有为：《大同书》，古籍出版社 1956 年版，第 167 页。

未具，而妄引妇女独立之例以纵其背夫淫欲之情，是大乱之道也。夏葛冬裘，各有时宜，未至其时，不得谬援比例。作者不愿败乱风俗，不欲自任其咎也”。①

康有为提出了自己建构大同社会婚姻模式的主张，并进行了理论论证，以上我们对此进行了讨论。而纵观康有为理论论证的全过程，我们发现康有为无论如何梳理并强调他的多种理论论证，但康有为进行论证的最终的理论基础还是独立、自由、平等、人权学说，即“太平之世，人皆独立，即人得自由，人得平等”。② 康有为在短短 2300 字的全文中共用了 9 次“独立”一词、7 次“自由”一词、6 次“平等”一词、4 次“人权”一词。还多处用了“人性”、“人道”、“天理”等词汇，“一切自由，乃顺人性而合天理”、③“既得人权自由之义，尤得人道私合之宜”。④ 此外还使用了“人情”、“人格”、“自立”等词汇，可见康有为主张大同社会婚姻模式的全部理论基础是人的解放学说，而人的解放学说从根本上就体现在人的自由、平等、独立、人权、人性、人道、人格、人情、自立、天理等诸多方面。

康有为为自己的大同婚姻思想所找到的诸多理论根据哪些具有科学性，哪些科学性不足；其找到的理论根据哪些能够论证自己的婚姻思想，哪些欠缺论证的逻辑和力度，这些问题还需要进一步的专门研讨。

三、大同社会婚姻思想的学术反思

康有为的大同婚姻思想有几个方面应当给予充分的肯定。其一，

① 康有为：《大同书》，古籍出版社 1956 年版，第 167 页。

② 康有为：《大同书》，古籍出版社 1956 年版，第 166 页。

③ 康有为：《大同书》，古籍出版社 1956 年版，第 165 页。

④ 康有为：《大同书》，古籍出版社 1956 年版，第 166 页。

他是对长远的未来婚姻问题所作的思考和规划。他是站在人类大同社会的立场上来思索人类婚姻生活的愿景，是“专为将来进化计”。[①] 这样自然对未来婚姻模式会有一个更为理想的憧憬，而这种向往带有期望美满幸福婚姻生活的一面。他是对现实婚姻存在诸多问题的不满，是要解决这些问题而去设计新的婚姻形态的。这种对远景的期盼，反映了康有为改造现实婚姻制度的弊端和建设新的婚姻模式的内心渴望。其二，他是要从外部和谐的人际关系来建立男女公正的婚姻模式。所谓外部和谐的人际关系指上文提到的自由、平等、独立、人权、人格、自立等诸多理念。他要求人们摆脱传统社会人们之间的那种统治被统治、压制被压制、奴役被奴役、欺辱被欺辱的人际关系和男女关系，而在人格上建立彼此新的自由、平等、独立、自立的权利关系。若人人都有了这样新的权利关系，在婚姻问题上也就更容易摆脱以往约定俗成的那种不平等和不公正的婚姻现象，在这种权利的态势下，人们婚姻的自主性、选择性和创造性就会得到充分的体现。其三，他是要从人的内部即人性的角度来思考未来的婚姻关系。康有为设计大同婚姻形态的一个重要依据就是对人性的思考，这是符合生命哲学意义上的人性理论和人性本质的。所以康有为提出的人存在着“性必不同”[②] 和“见异思迁”[③] 的人的本性，具有这样本性的人就应该生活在具有与其相适合的婚姻形态中，这里不管康有为对人性的解读是否正确、是否科学，但他这种着意思考问题本质的努力当给予肯定，这就能够有效地为设计大同社会的婚姻模式提供一个可以行进的根据。

当然，问题还有另一个方面。我认为康有为大同婚姻思想的文本形式是在以往理论思考的基础上并在头脑意识流状态下表述出来的。这种意识流状态表现在康有为书写自己思想主张的文字是一气呵成的。康

① 康有为：《大同书》，古籍出版社 1956 年版，第 167 页。

② 康有为：《大同书》，古籍出版社 1956 年版，第 164 页。

③ 康有为：《大同书》，古籍出版社 1956 年版，第 164 页。

有为洋洋洒洒的2300余字的大同婚姻思想的表述可谓晓谕畅达、丰富明快、才思充沛，读之令人畅然。但也正是因为表述过程处于意识流状态，康有为的思想流波就显现出想到哪里说到哪里，想到什么说到什么这样一个特点，所以反映出来的问题也是非常明显的。

1. 表述结构与意蕴上的不严谨。

一般而言，文章的论点提出之后，要进行论证，先提出论点再进行论证比较符合文义的表述，康有为的大同婚姻主张的主要论点基本也是按照这样的逻辑进行的。但是由于康有为论述过程中的意识流状态，他在进行文字表述的时候，有时就颠倒了这样一个基本的结构顺序，出现了先进行论证后提出论点的情况。比如，康有为在第四自然段提出了一个论点，即“婚姻限期，久者不许过一年，短者必满一月，欢好者许其续约”，① 但这一论点的论证不是在提出论点之后进行的，而是在这之前的第二自然段就已经阐述了，即“约限不许过长，则易于遵守，即有新欢，不难少待；约限不得过短，则人种不杂，即使多欲，亦不毒身”。② 正是由于对这一论点提前进行了论证，所以在第四自然段提出了这一论点之后也就无法再进行论证了，那么，这在结构逻辑上和文义表达上都会带给读者一些认知不清的感觉。再比如，康有为的第二点婚姻主张，即男女婚姻要有个期限，不能有终身的约定。康有为用了大量的篇幅论证了这一主张，并找到了六个方面的论据。上文我们对这六个方面的论据已经作了全面阐述。其实这六个方面的论据在意蕴理念上可以归纳为三大类型，第一、第二、第六方面应属于一个类型，主要阐述人性的特点；第三、第五方面应属于一个类型，讲述习俗文化的约束；第四方面应属于一个类型，叙述中外历史的事实。那么根据共同的意蕴，在行文结构上应把相同方面的类型放到一起进行论述，才在文字结构上

① 康有为：《大同书》，古籍出版社1956年版，第167页。

② 康有为：《大同书》，古籍出版社1956年版，第165页。

符合文义表述的逻辑，而康有为没有这样做，他把意蕴相同的问题分割开来，这样就容易给人们造成理解和感觉上的困惑。之所以出现这样的问题，就是康有为在意识流状态下造成的，可见这种意识流状态下一气呵成的叙述，在学理的结构上和文义的表述上自然容易出现结构与意蕴上的不严谨。

2. 在对未来和现实问题的区分上有些模糊。

康有为大同婚姻思想论述的是未来社会的婚姻问题，但由于康有为在论述这一问题时的意识流状态，所以没有能够清晰专一地论述大同时代的婚姻主张，而是把大同时代的婚姻问题和现实的婚姻问题甚或与过往的婚姻问题混为一谈，未能严格地进行区分。比如康有为谈到的第一点婚姻主张属于婚姻自主问题，其实这一婚姻观点已经不是大同时代要解决的问题了，它是近代社会以来有识之士就不断反复强调的一个婚姻主张，已被认同并正在得到一步步地改善和解决，这显然不是大同时代的婚姻问题。再比如康有为提出的第五点婚姻主张，即没有文化以及学业未成不能领取毕业证的女子，且不能自立还要依靠丈夫扶养的女子，不能享用这些权利。一般而言，女子的教育和职业问题也不是大同时代的问题，是大同时代之前就应该解决的问题。实际上康有为本人也有这样的认识，认为他谈到的这个问题是未达大同时代之前，暂且订立的一个规则。既然如此，为什么要在大同婚姻思想中谈这一婚姻思想主张呢？可见康有为在意识流状态下的文义表述确实存在概念上的含糊之处和叙述逻辑上的瑕疵之弊。康有为提出的第四点主张，即设立媒介官员，男女结婚要去当地的媒介官那里领取结婚证，订立契约，保证婚期内要相互恩爱等问题，这也不是未来大同时代的问题，在近现代历史上就已经出现了，这同样反映出康有为对未来和现实问题区分上的含混和模糊。

3. 通往实现大同婚姻理想的路径不够明确。

当然怎样才能达到实现大同婚姻理想的路径问题也可能不是康有

为本文的主旨，但不谈这个问题又会给读者留下遗憾。仅靠康有为的如此主张，就能达到他的大同时代的婚姻理想吗？问题不会如此简单，其通往大同婚姻理想的路径仍然需要进行论证和设计，但康有为没有去做这一工作，这不能不说是康有为的一个局限。这个局限反映了康有为所设计的大同社会有多少科学性的问题，这需要对社会发展规律的洞察和把握，否则是很难找到一条通往大同社会的基本路径的。

综上所述，康有为在阐述大同时代婚姻思想的时候，思维活动处于一种意识流状态，这不仅造成了叙述形式上的混乱，同时也影响了逻辑的清晰以及思想的深度，对于应当探索的问题没有深入探索，对于无须阐释的问题又着力太多。当然康有为那个时代的学人，没有受到过系统的逻辑思维和哲学思维的训练，所以他的阐述多有重复，意识流特征明显也很正常，要求他精准、有序地阐述他的思想也显得有些苛求。

四、结　语

康有为的大同婚姻思想为人类未来社会的婚姻设计提供了一个具有参考性的模型，同时康有为对大同社会婚姻形态的论证也为后人探索婚姻问题提供了一个多维的思考空间，即便他的观点和主张带有空想性的特点，但它对人类进一步深入研讨婚姻问题具有借鉴的意义和价值，对此应当给予充分的肯定和赞赏。

康有为对大同社会的婚姻主张在形式上包含五个方面，但是其中第一点中的某些部分以及第四点和第五点并不属于大同社会的婚姻问题，第二点与第三点在本质上属于一个问题。因此我们认为，康有为的大同婚姻思想概括起来只有一点。即婚姻要有期限，不能有终身的约定。具体言之，婚姻长者一年，短者一月，相好者可以不断地续约，有了新欢，可以与新欢订约，与旧欢重新和好，可以再行续约。而“男女听立交好之约”，“不得有夫妇旧名”只是个称呼问题，可以把它与康有为的第二点婚姻主张联系起来看待。康有为阐述大同社会婚姻思想这一节的标题是“男女听立交好之约，量定限期，不得为夫妇”，这个标题集中反映了康有为大同社会婚姻思想的核心内容。

康有为在论证大同社会的婚姻问题时，在思维方式上处于一种意识流状态，这种意识流状态一方面反映康有为本人储备着大量的婚姻知识和素材以及对婚姻问题的多维思考，否则思想意识是难以流动起来的；但另一方面也造成文本的整体论证在结构逻辑上显得不够清晰，在意蕴表述上也显得不够真切，影响了对大同婚姻问题的深入探讨和精准表述。

当今社会在婚姻生活中出现的各种离婚、再婚、复婚、同居等男女关系的多维现象，与康有为的“男女合约当有期限，不得为终身之约”①、“不得有夫妇旧名”②、“旧欢重续，亦可寻盟”③等思想在一定程度上有相关之处。所以从现实的角度理解康有为的婚姻思想，并从中获取感悟，这对有效理解和匡正现实婚姻问题有重要的价值和意义。

康有为对大同时代婚姻主张进行了多方论证，诸如人性中的“见异思迁”“历久生厌”“唯美是好”等人性特点到底具有多大程度的科学性，还需要现代社会心理学、社会学、生物学、哲学、历史学等多重学科的实验和探索。既不可轻信，亦不可轻易否定。

“纪念康有为诞辰160周年暨第七届中国近代思想史国际学术研讨会”提交论文，2018年3月17至18日

① 康有为：《大同书》，古籍出版社1956年版，第164页。

② 康有为：《大同书》，古籍出版社1956年版，第164页。

③ 康有为：《大同书》，古籍出版社1956年版，第165页。

下　卷

辛亥革命 80 周年全国青年学术研讨会关于社会文化史问题的讨论述评

一

由湖南省政协、湖南省社科院、湖南省历史学会、湖南师范大学等 11 个单位联合举办的"辛亥革命 80 周年全国青年学术讨论会"于 1991 年 10 月 9 日至 13 日在长沙举行。来自全国 22 个省市自治区的高等院校、科研机关、文化部门的 94 名代表参加了会议。会议提交论文 81 篇。国内外辛亥革命史专家 6 人应邀到会。并作了富有指导性意义的发言，使青年学者受到多方启示。两代学者切磋学术、各抒己见、有争论、有认同，感情真切。青年学者在讨论中显得蓬勃而富有朝气，思路清晰、言辞伶俐、观点新颖、议论深刻。会议自始至终思想活跃，在热烈的气氛中探索问题，与会代表获益匪浅。

本次会议提交论文的内容具体而又广泛。大部分论文着眼于具体问题的微观领域研究，很少空泛的议论；会议讨论的问题广泛而深入，青年学者根据自己研究所得，阐发了很多重要观点；会议争论的问题集中而又尖锐，焦点集中在辛亥革命的成因和成败以及清末新政改革等问题上。以上均有专文阐述，本文兹不赘述。

本次会议提交的论文是在120多篇论文中评选出来的，质量较高，内容涉及政治经济、思想文化、中外关系、政党团体、军事、区域、人物等诸多方面。尤其是关于辛亥革命时期社会文化史的研究论文占有相当重的分量，显示出辛亥革命史研究内容的深入和领域的拓展，它构成了本次讨论会的一大特色。

二

会议提交的社会文化史论文的内容主要包括：辛亥革命时期的社会心理；清末民初社会习俗的演变；清末人口问题研究；20世纪初城市社会变动；革命派对国情的认识；教育与社会；社会变革与思想启蒙；妇女运动等。这些论文的一个共同特征就是力求通过对辛亥革命时期社会文化的探求来进一步揭示辛亥革命的发生、成功与失败的内在根据，显然这是从新的层次和视角来探索辛亥革命史，从而使人们更深刻更全面更准确地认识和把握辛亥革命这一重大的历史事件。有的论文指出，清末民初政治变化与反满排满和思安厌乱心理有关，反满情绪导致清朝灭亡，思安厌乱心理又使革命半途而废，任何社会变革的深度与广度和社会心理变化的质量成正比。这里提出了思安厌乱心理与革命成败的关系问题，值得深思，在社会大变革的时期，天下大乱也可能利于破坏旧秩序，而之后建立起来的新秩序恰是社会得以长足发展的客观条件。有的文章指出，辛亥革命时期社会心理的变化，是近代以来，尤其是戊戌变法以来西方现代意识不断渗入和资产阶级启蒙教育的结果，铸成一种人心思变的社会环境，产生一种与民主共和相适应的新价值尺度与行为准则，成为辛亥革命爆发的重要社会心理要素。但传统文化作为一种特殊的社会行为调节器，又不断地制约着中国走向现代化的步伐，辛亥革命对传统文化心理触动很少，隐伏了不少失败的因素。关于清末民初社会习俗的演变，有人提出“民初民俗再社会化”的论点，指出民初有意识地强制性的民俗再社会化和无意识地主动的民俗再社会化，既留下了成功的经验，也有失误和未竟之处，为今天提供了参照和借鉴。也有人提出，近代国人为救亡图存而寻求着各自不同的救国方案、其中有人打起了“习俗救国”的大旗，在这杆大旗的感召下，清末社会弊习陋俗发生了一定程度变化，这无疑是有益于国家的文明和进步的，虽然它对救国不起决定性作用，但能起到一个文化意义上的补充作用。这里其实已经涉及政治救国与文化救国的关系问题，它可以使人联想到近代社会诸多的救国主张，并重新思考这些主张，在当时社会历史时期的各自不同的历史地位。有的青年学者研究了辛亥革命前的人口状况，撰文指出，辛亥革命前是近代中国人口发展的一个波峰，从人口与土地面积、人口与粮食生产的关系可以推断，辛亥前“两种生产”比例严重失调，这种失调最终以社会矛盾的形式爆发出来，人口压力对辛亥革命前人民反抗斗争的普遍兴起至少具有一种酵母的作用，并认为辛亥前夕规模宏大的移民浪潮对 20 世纪初年民众运动的普遍高涨和民主革命的勃兴起到了明显的推动作用，促成了辛亥革命的燎原之势。有的文章在论及人口问题时也指出，孙中山虽然没有认识到当时客观上已存在人口压力的不利影响，但他领导的辛亥革命却为清末人口问题的解决找到了新的途径，辛亥革命的失败，近代工业发展的艰难，又意味着清末存在的人口压力所造成的不利影响将持续更长的时间。也有些青年学者试图从社会变动的角度动态地考察辛亥革命的起源或背景，从近代商品经济的勃兴，新式社会群体的组合，政治世俗化趋向的出现，意识形态的民主化倾向，“反满排满”大众心理的形成诸方面考察了 20 世纪初长江流域的城市社会发生的变化，并把它与辛亥革命的发生联系起来，指出辛亥革命就是在此背景下发生的一场城市社会革命。还有人撰文指出，近代中国，救亡作为第一课题使许多问题变得复杂迷乱，也使救亡本身变得令时人无所适从，中国资产阶级要担负起救亡图存和开启民智的双重任务，深感力不从心，在当时的有限条件下，资产阶级不可能处理好社会政治运动与思想运动的关系，结果思想革命因政治斗争的急迫而流于浅尝辄止，政治革命又因思想解放的肤浅而不能真正完成。另外，有人对鲜有研究的士绅阶层进行了探讨，认为士绅是中国传统社会中的精英群体，他们在清朝最后半个世纪的动态，不仅对清末民初的社会变革产生重大影响，而且也是近代中国社会变迁的一个折影。因而，探讨清末士绅的群体动态是我们深刻理解辛亥革命前中国国情的一个不可忽略的内容。并进一步指出，从教育方面考察清末士绅的演变，可以看到，清末的教育变革使相当一部分士绅经历了近代教育，但实际上这些短暂的、应急式的法政和师范速成等简易教育，既不足以改变士绅传统的知识结构，更不足以改变他们传统的价值观念，它只是给许多士绅提供了新的机会，使之成为地方学务和新政的领导人，从而影响清末民初各地文化教育及社会政治的演变。

以上不过是挂一漏万的列举而已，还有些论文要点，在此从略。

三

这次学术讨论会不少青年学者致力于从社会文化史的角度探索辛亥革命的历史，这是辛亥革命史研究将要产生新的突破的先兆，也是近些年来文化史和社会史研究的重新起步给辛亥革命史带来重大影响的结果。19 世纪末，随着西方社会学、人类文化学、民俗学传入中国，中国资产阶级新史学即开始倡导以民众生活为主要内容的社会史的研究，从而开创了中国史学发展的新阶段。1911 年出版的张亮采的专著《中国风俗史》标志着现代学者研究中国社会史的开始。自此开始直到 1949 年，先后出版了王国维的《古胡服考》、杨树达的《汉代婚丧礼俗考》、邓云特的《中国救灾史》、贾伸的《中华妇女缠足考》、陈东原的

《中国妇女生活史》、陈顾远的《中国古代婚姻史》、陶希圣的《婚姻与家族》、平心周的《中国秘密社会史》等专著，这是中国社会史研究的兴起阶段，取得的成果是令人欣慰的。建国后，因为要取缔一切所谓的资产阶级学科，所以社会史与文化史也难免遭此厄运，自此在史学领域一蹶不振。直到80年代中期才被正名，并备受青睐。它开拓了史学研究的新领域，为史学的突破留下了纵横驰骋的广阔天地。受其影响，人们对辛亥革命史的研究也力求在这一领地有一番作为，并已投入艰辛的探索之中。这次讨论会的成果已经证明了这一点。然而更为重要的因素恐怕还是在青年学者身上反映出来的那种科学精神的主导作用。社会历史极其复杂，当仅仅从一两个方面：或政治或经济去探求历史的时候，无论此一方面或彼一方面如何重要，都难免流于片面而对历史产生或多或少的偏差甚或歪曲。研究历史只能获取相对真理，只有通过永恒地探索才可能接近绝对真理。所以从任何角度、层次、方向、现象来研究历史，从任何一个领域包括社会文化史领地来研究历史都是合乎逻辑和非常必要的，都将对历史研究产生新的突破性成果。这是研究历史应采取的科学态度。具体言之，从社会文化史的角度来研究历史，一方面可以真正探讨民众的历史。人民群众是历史的创造者，然而不从社会史的角度去研究民众的群体生活和生活方式，不去探究阶级、阶层、家族、宗族、家庭、人口、婚丧嫁娶、社交、娱乐、时令风俗等民众生活，还像以往只喊几句口号，那么历史上的“人民”在今天的人民眼里不过是黑压压的一片，分不出个儿来，说了等于没说，没有给人民任何实际的历史地位，其实是把人民不自觉地排除在历史学的视野之外，而研究社会文化史正是对这一缺憾的一种弥补。当然研究社会文化史，并非轻视对精英阶层的研究，民众与精英在社会文化史内是处于平等地位的。从社会文化史的角度来研究历史，一方面还可以使历史生动形象化。历史本来就具生动形象的特点，所以一般叫做活生生的历史。曾几何时，我们的历史著作和历史教科书，我们的历史研究和课堂教学变得乏味无趣、枯燥索然。原因虽说是多方面的，然而把最生动最形象最富感染力的社会文化史摒除在史学之外，大概是一个重要原因之一。研究社会文化史的意义相当广泛，上面不过是偶举而已。

正因为如此，本次讨论会，不少青年学者能从社会文化史的角度探索辛亥革命史是要给予肯定的。因为这是一种新势头，自然很不完善，也显得零散，甚至不乏肤浅之处，更缺乏高屋建瓴的宏观透视，它还处在这一领域研究的初级层次上。然而坚冰既然凿开，航船就有希望驶向理想的彼岸，为达此目的，就需要有更多的史界同仁能在社会文化史这块领地上潜心耕耘，付出心血和代价。

原载《辽宁师范大学学报》1992 年第 2 期

中国社会文化史的理论与实践述论

中国大陆于20世纪80年代初期开始复兴文化史研究，80年代中期再次兴起社会史研究，80年代末90年代初开始举起社会史与文化史共生共荣的旗号，并出现社会文化史这一概念。二十年来社会文化史研究也有了明显的发展。本文仅以中国大陆中国近现代社会文化史研究为例作一评述。

一、研究阶段与成果

从刘志琴1988年发表论文到2010年4月《中国社会文化史的理论与实践》① 的出版是中国大陆近现代社会文化史发展的第一阶段。

20世纪80年代末首先提出文化史与社会史相互结合问题的是中国社会科学院近代史研究所刘志琴研究员，她先后发表的两篇文章，②

① 该书标注是2010年5月出版，实际4月中旬已经出版见书。

② 刘志琴（署名史薇）:《复兴社会史三议》，《天津社会科学》1988年第1期；刘志琴:《社会史的复兴与史学变革——兼论社会史和文化史的共生共荣》，《史学理论》1988年第3期。

被学界视为"'社会文化史'这一新学科概念的最初形成"。[①]1990年李长莉发表《社会文化史：历史研究的新角度》[②]一文，明确提出了"社会文化史"的学科概念。梁景和于1991年开始在学术领域运用"社会文化史"[③]的概念，并于1994年在自己博士论文的提要中说明本论文的"社会文化史"的属性，认为自己的博士论文《近代中国陋俗文化嬗变研究》是"社会文化史研究范畴的一个具体领域"。[④]

1992年与2001年，在北京先后召开了"社会文化史研讨会"和"近代中国社会生活与观念变迁"两次学术研讨会，[⑤]会议集中探讨了社会文化史的理论方法问题。2005年、2007年和2009年分别在青岛、乌鲁木齐和贵阳召开了三次中国近代社会史国际学术研讨会，会议有相当数量的社会文化史论文发表，[⑥]也有关于探讨社会文化史的理论文章。[⑦]2009年6月和10月，在北京召开了两次"中国现当代社会文化学术研讨会"，[⑧]这也是首次以社会文化命名的学术会议。

近二十年来，关于社会文化史的研究取得了一些重要成果，发表

① 李长莉：《社会文化史的兴起》，《天津师范大学学报》2003年第4期。

② 参见赵清主编《社会问题的历史考察》，成都出版社1992年版。

③ 梁景和：《辛亥革命80周年全国青年学术研讨会关于社会文化史问题的讨论述评》，《辽宁师范大学学报》1992年第2期。

④ 《〈近代中国陋俗文化嬗变研究〉提要》，1994年5月，未刊稿。

⑤ 参见李长莉《社会文化史：一门新生学科——"社会文化史研讨会"纪要》，《社会学研究》1993年第1期；左日非《"近代中国社会生活与观念变迁"学术研讨会综述》，《近代史研究》2002年第2期。

⑥ 参见吕文浩《"近代中国的城市·乡村·民间文化"学术研讨会综述》，《近代史研究》2006年第3期；朱浒《晚清以降的经济与社会》，《近代史研究》2008年第1期；毕苑《第三届中国近代社会史国际学术研讨会综述》，《近代史研究》2010年第2期。

⑦ 诸如梁景和的《关于社会文化史的几个问题》，李长莉、左玉河主编《近代中国社会与民间文化》，社会科学文献出版社2007年版。

⑧ 参见《中国女性文化》第12期，社会科学文献出版社2010年版。

了很多学术论文，[①] 也出版了一批学术专著。包括刘志琴主编、分别由李长莉、闽杰、罗检秋撰写的三卷本《近代中国社会文化变迁录》（浙江人民出版社1998年版），梁景和的《近代中国陋俗文化嬗变研究》（首都师范大学出版社1998年版，2009年第2版，修订本），李长莉的《晚清上海社会的变迁——生活与伦理的近代化》（天津人民出版社2002年版），严昌洪的《20世纪中国社会生活变迁史》（人民出版社2007年版），李长莉的《中国人的生活方式：从传统到现代》（四川人民出版社2008年版），乐正的《近代上海人社会心态（1860至1910）》（上海人民出版社1991年版），忻平的《从上海发现历史——现代化进程中的上海人及其社会生活1927—1937》（上海人民出版社1996年版，上海大学出版社2009年修订版），孙燕京的《晚清社会风尚研究》（中国人民大学出版社2002年版），王笛的《街头文化：成都公共空间、下层民众与地方政治（1870—1930）》（中国人民大学出版社2006年版）；余华林的《女性的重塑——民国城市妇女婚姻问题研究》（商务印书馆2009年版）。[②] 另外，杨念群、孙江等主编的《新史学》（中华书局版），孙江、黄东兰、王笛等主编的《新社会史》（浙江人民出版社版），有其独特的研究意旨，可专门论述。

---

① 关于社会文化史研究的论文请参见李长莉《社会文化史的兴起》，《天津师范大学学报》2003年第4期，左玉河、李文平《近年来中国近代社会文化史研究评述》，《教学与研究》2005年第3期，苏全有等《近十年来的中国近代风俗史研究综述》，《安阳大学学报》2004年第2期。黄延敏《当代中国社会文化史研究的新进展》，《近代中国与文物》2009年第2期等文的介绍，本文不再专门介绍。

② 重要的社会文化史学术著作还很多，诸如严昌洪的《西俗东渐记——中国近代社会风俗的演变》（湖南出版社1991年版）和《中国近代社会风俗史》（浙江人民出版社1992年版）；李少兵的《民国时期的西式风俗文化》（北京师范大学出版社1994年版）；方平的《晚清上海的公共领域（1895—1911）》（上海人民出版社2007年版）；［德］罗梅君的《北京的生育婚姻和丧葬：十九世纪至当代的民间文化和上层文化》（王燕生等译，中华书局2001年版）；薛君度、刘志琴主编的《近代中国社会生活与观念变迁》（中国社会科学出版社2001年版）；等等，此不赘述。

2010年4月28日召开的《中国近现代社会文化史回顾与走向座谈会》标志着中国大陆社会文化史发展新阶段的开始。近一年来主要发展事项有：2010年9月召开了“首届中国近现代社会文化史国际学术研讨会”；2010年6月首都师范大学出版社出版了《中国现当代社会文化访谈录》，2010年9月人民出版社出版了《五四时期社会文化嬗变研究》。另外，近期还将出版“中国近现代社会文化史论丛”第一本《民国社会教育研究》和《社会·文化与历史的思想交汇——中国现当代社会文化学术沙龙辑录》第一辑等。

二、理论探索

关于社会文化史的理论和方法的讨论，在1992年“社会文化史研讨会”和2002年“近代中国社会生活与观念变迁”学术研讨会上有很多学者展开了讨论，并发表了很多重要的学术见解，请参见有关会议纪要和综述。[①] 下面仅就几篇理论探索的论文作扼要介绍。

刘志琴的《青史有待垦天荒——试论社会文化史研究的崛起》开篇就强调“历史学在当代的发展却亟需要从社会文化的大视野，开拓自己的新领域”，申明了开拓社会文化史的学术意义。同时指出“社会文化史是以大众文化、生活方式和社会风尚的变迁为研究对象”，强调了大众文化是社会文化史研究的主要问题，“因此探讨人民大众在剧烈的社会变迁中，生活方式、风俗习惯、关注热点和价值观念的演变和时尚，必将成为跨世纪的热点问题引起社会的关注，推动这一研究领域的

① 参见李长莉《社会文化史：一门新生学科——“社会文化史研讨会”纪要》，《社会学研究》1993年第1期；左日非《“近代中国社会生活与观念变迁”学术研讨会综述》，《近代史研究》2002年第2期。

兴旺。”① 刘文重点谈了四个问题。其一，传统史学的饥饿，导致社会文化史的兴起。刘文从中国传统史学的成熟，政绩训令、文治武功、礼仪大典、星变灾异、生产经济、征伐边务无所不包谈起，指出中国史学虽然成熟但不完备，中国史学因缺乏民众的生活方式和生活感受等重要内容，而使中国史学形成了“历史饥饿”现象。要扭转这一现象，就要重写中国历史，那么贴近民众生活的社会文化史必将应运而生，这是史学的进步。其二，改革开放引发史学发展的一条新线索。从文化史到社会史再到社会文化史是改革开放以来史学发展多条线索中之一条。80 年代初，文化史开始勃兴。80 年代中期迎来了社会史的复兴。90 年代出现了社会文化史。其三，世俗生活的理性化。以礼化俗即为礼俗，礼俗文化是中国文化的特质之一。精英文化的价值观渗进世俗生活，使世俗生活理性化，这就是世俗理性。精英文化通过以礼化俗的过程推向下层民众，所以又是精英文化社会化的结果。生活伦理意识是中国民众日常生活中稳固的民族文化心理结构。这种民族文化心理是社会变革中最难触动而又必须触动的层次。从世俗理性剖析历史上的社会文化，有助于现代人具体地认识社会生活与思想观念的双向联系，认识深潜在一般行为后面的文化内涵，这是真切地理解传统文化的复杂性和探索民族文化心理的重要途径。其四，贴近社会下层，求索历史真相。生活在下层的民众与上层精英的价值观念不尽相同，下层民众受经济生活的驱动较大，而与伦理价值大相径庭。思想启蒙要收到如期的效果，还要有经济生活发展的推动和社会风尚的变化，这是召唤民众最坚实的力量。没有这个基础，启蒙者迟早会陷入曲高和寡的境地，要根本改变陈陈相因的习惯势力，只有依靠现代化的启动，加速推进小农社会向工业化的转化，这是全方位的、极其深刻的社会转型，是真正推陈出新的动力之

① 刘志琴：《青史有待垦天荒——试论社会文化史研究的崛起》，《史学理论研究》1999 年第 1 期。

源。刘文最后发出了“社会文化史的建树为改变中国通史的面貌，定会作出新的贡献。社会文化史，是有志者自由翱翔的新天地！”① 的感慨。

李长莉的《社会文化史：历史研究的新角度》一文，把“社会文化史”视为新角度和新方法，认为“社会文化史”这一概念“是鉴于历史研究的现状，综合历史学、社会学、文化学及文化人类学的理论和方法，作为历史研究的一个新角度和新方法而提出来的”。② 李文对“社会文化史”的学科概念作了完整的阐述。她认为社会文化史是文化史下面的三个层次之一，即物质文化史、社会文化史和精神文化史中的一个层次。而社会文化史是指“人与人之间、人与社会之间的生活方式及其观念的历史。即一定历史时期的社会组织、制度、道德、风俗习惯、娱乐方式、传播方式、语言文字等与思想观念之间的相互关系”③。并认为社会文化史“是最丰富、最直接地体现人类文化的社会性、复合性的层面，是精神文化的社会体现。它既是抽象的，不是附着于某种物质性实体；又是具体的，是通过诸多具体现象构成和反映的”④。社会文化史是否是文化史下面三层次之一，今天我们还可以进一步讨论，比如它可以换一个思维角度，不在原有的框架内去思考，可以把它视为新时代的新史观等，但无论如何当时李文的论述确有新意，说他人所未说，言他人所未言。

李文对社会文化史的研究对象、研究方法作了集中的论述。认为社会文化史的研究对象是“丰富多彩、繁复庞杂的人类历史上的整体社会生活”，包括“社会组织、制度、教育、法律、风俗习惯、文化传播方式、娱乐消闲方式等等”。关于研究方法，李文认为“主要运用文化

① 刘志琴：《青史有待垦天荒——试论社会文化史研究的崛起》，《史学理论研究》1999 年第 1 期。

② 赵清主编：《社会问题的历史考察》，成都出版社 1992 年版，第 384 页。

③ 赵清主编：《社会问题的历史考察》，成都出版社 1992 年版，第 385 页。

④ 赵清主编：《社会问题的历史考察》，成都出版社 1992 年版，第 385 页。

学及文化人类学的理论和方法，更注重社会现象各元素之间的联系，它们的相互关系，及其各元素所反映的某种具有共性的、隐藏其后的精神因素。它主要运用分析和比较的方法进行综合性研究”①。

李文还对社会文化史研究的意义作出了自己的阐释。认为“社会文化史的宏观研究，可以对某一历史时期社会大众的整体精神面貌进行描述和解释”，“社会文化史研究可以揭示某一时代的思想观念与社会生活之间的相互关系”，“社会文化史研究可以更全面地理解文化冲突、文化融合和文化变异的过程。”所以，“社会文化史作为历史研究的一个新角度，不仅是可以成立的，而且可以大有作为。这一新领域的开拓，将会使文化史和社会史研究进一步深化，也会促进历史的丰富发展。”②

梁景和的《关于社会文化史的几个问题》也是一篇理论探索文章。该文首先论述了社会文化史的概念及研究对象。认为社会文化史是研究社会生活与其内在观念形态之间相互关系的历史。③ 一个社会的人们为什么要这样生活，是什么样的思想观念决定的；一个社会人们的生活变化引起了哪些思想观念的变化；由于新思想观念的影响使一个社会人们的生活发生了哪些变化——这一切都是社会文化史要研究的问题。文章重点谈及精英文化与大众文化的关系问题；社会文化与国家意志的关系问题；社会运动的社会文化意义问题；社会文化史研究的多维层面和多角度问题；社会文化研究的常态和动态问题等等。④ 梁文还谈及社会文化史的理论方法与史料问题。认为社会文化史的理论与方法主要包括三

---

① 赵清主编：《社会问题的历史考察》，成都出版社 1992 年版，第 387 页。

② 赵清主编：《社会问题的历史考察》，成都出版社 1992 年版，第 388—391 页。

③ 梁景和在《我为什么要研究近代陋俗文化》（《首都师范大学学报》2000 年第 6 期）一文曾表述“社会文化史是通过民众外在的社会生活来研究其内在的价值取向及其思想观念”。

④ 梁景和：《关于社会文化史的几个问题》，李长莉、左玉河主编《近代中国社会与民间文化》，社会科学文献出版社 2007 年版。

个方面：一为传统的史学理论与方法；二为借鉴其他学科的理论与方法。三为创新的理论与方法。文中详细介绍和阐述了以田野调查法为重点的文化人类学的理论与方法，认为田野调查法是从事社会文化史研究搜集资料的重要方法之一。关于社会文化史的史料问题，梁文也提出了自己独到的见解。

梁景和的《社会生活：社会文化史研究的一个重要概念》是承接上一篇论文后的另一篇著述。社会文化史是研究社会生活与其内在观念形态之间相互关系的历史，社会生活作为社会文化史研究的一个视角和领域成为社会文化史研究的一个重要概念。梁文首先对社会生活进行概念上的界定，认为"社会生活是指人们在以生产为前提而形成的各种人际关系的基础上，为了维系生命和不断改善提高生存质量而进行的一切活动的总和"①。论文对这一界定作了理论释义。梁文接着对社会生活的理论范畴进行了重点阐释，社会生活的理论范畴是指在宏观层面上的几个重要概念和问题，它是我们关注社会生活和研究社会生活的思考域和切入点。文章指出，社会生活的概念有广义与狭义的区分，广义的社会生活是指人类整体的生活状态，它包括政治生活状态、经济（物质）生活状态、文化（精神）生活状态、社会生活状态。而狭义的社会生活专指社会生活状态。狭义的社会生活有着极其丰富的内容。它在不同的时代所反映的具体内容是不同的，它也随着时代的进化而不断地发展和变化，有的消失，有的生长，但总的趋势是因社会科学技术的进步和生活的多元趋向而使社会生活的内容不断地丰富和发展，生活内容的领域不断地扩大。广义的社会生活里面包含着人类整体的社会生活，也包含群体的社会生活，还包含个体的社会生活。同理，狭义的社会生活也包含人类整体的社会生活，还包含群体的社会生活和个体的社会生活。无论是人类整体的社会生活，还是群体和个体的社会生活，既体现着一种共

① 梁景和：《社会生活：社会文化史研究的一个重要概念》，《河北学刊》2009年第3期。

性，又体现着一种个性，所以这种社会生活是共性和个性的统一体。群体是社会文化史研究的重要对象，我们要善于发现和关注群体。贯穿于人类社会的社会生活，存在着一些最基本的贯穿于人类社会的恒常内容，这些恒常内容在任何时代都要围绕着人类的生活，都要伴随着人类的生活，实际上就是它们呈现着人类社会不同时代的最基本的生活样式，因而它们成为人类社会生活最基本的内容。不同时代人们的生活观念是不同的。不同时代人们生活观念不同，并不否认有着普适的贯穿其中始终不变的生活观念，这种始终不变的生活观念一般是处于宏观层面上的。在同一时代，不同人群的微观生活观念是有差异的。人群的划分是多种多样的，用不同的标准可以划分不同的人群。不同的人群，由于各自特殊的生活环境，造成他们微观生活观念的差异。同一个个体，在不同的年龄段，个体的生活观念是有变化的。中国古语道：三十而立，四十不惑，五十而知天命，六十而耳顺，七十从心所欲不逾矩。这就是讲个体在不同年龄段上不同的生活观念和生活状态。社会生活的目标是要不断地提高人们的生活质量。生活质量的高低既是绝对的，又是相对的。所谓绝对是指在不同的特定时期内，不同的生产水平，给人提供不同的物质条件，人们会感到不同的物质享受，每一次新增的物质享受都能体现着生活质量的提升。所谓相对是指个体的感受是不同的，心境的不同是影响生活质量的重要指标。个体的身心愉悦，特别是心境的愉悦，不完全与物质生活的高低成正比。人们社会生活的质量是要追求物质享受和精神享受的统一。梁文最后还谈及社会生活与社会文化史的关系问题。

三、基本特征

二十年来，在中国社会文化史初步形成和发展的过程中，反映出如下几个特征。

其一，社会文化史萌发的本土性特征。中国社会文化史是中国史学自身发展逻辑的产物，是中国文化史、社会史、社会文化史发展链条上的一环。改革开放的大势，催发了文化史的复兴，改革开放的深入，迎来了社会史的兴盛。文化史研究偏重于精神层面，即关注思想观念、社会意识等问题的研究。社会史研究偏重于社会层面，即关注社会结构、社会生活等问题的研究。而社会文化史研究则关注两者的共生共荣。很多文化观念问题反映在社会生活等社会问题的层面上，很多社会问题与文化观念问题有着千丝万缕的联系，那么把两者结合起来进行研究的社会文化史就应运而生了。20世纪80年代末90年代初，中国社会文化史的萌发是中国史学自身发展逻辑的产物，主要研究者是顺着文化史、社会史的研究而走向社会文化史领域的。刘志琴是在研究文化史和社会史的基础上，首先洞察两者的内在联系，进而率先提倡研究社会文化史。梁景和1984年入北京师大攻读中国近代文化史方向的硕士学位，硕士学位论文《20世纪初年中国社会习俗的变化》开始涉及社会史的研究，而他在1994年博士学位论文《近代中国陋俗文化嬗变研究》提要中明确指出该论文的社会文化史属性。李长莉长期在中国社科院近代史所文化史研究室从事文化史的研究工作，80年代末90年代初提倡并转向社会文化史研究。虽然个别研究论著当时受到过西方史学的影响，[①] 但是总体上说，当时在中国社会文化史的萌发阶段，基本体现了中国史学自身发展逻辑的本土性特征。90年代末西方新文化史（或称社会文化史）渐次传入中国，开始对中国史学界产生影响，使更多的年轻学者投身于社会文化史研究的队伍之中，也促进了中国社会文化史研究的长足进展。

其二，理论探索的自觉。前文谈到，刘志琴等人都先后撰文探讨

① 诸如乐正的《近代上海人社会心态1860—1910》一书，受到了西方心态史学的影响。

了社会文化史的理论问题，而社会文化史研究与社会文化史理论研究几乎同步进行，反映了理论探索的自觉，这无疑有力推动了社会文化史研究的向前发展。在社会文化史的理论研究方面，90 年代初就有很多学者积极参加了社会文化史的理论探讨，诸如对建立社会文化史学科的意义，社会文化史研究的对象和内容，社会文化史的研究方法等问题的讨论。① 新世纪初，仍然有一批学者关注并参与了社会文化史的理论探索，诸如杨念群、赵世瑜、高翔、张鸣、侯旭东、黄兴涛、左玉河、李少兵、蒋大椿、姜涛、葛兆光、张亦工等学者分别就社会文化史研究是价值判断还是事实陈述，如何从社会日常生活中折射出观念的变化，社会文化史是一种独特的研究视角还是一门独立的交叉学科，社会文化史研究的重心在哪里，社会文化史研究能否起到改进思想史的作用，中国学者能否建立自己的解释系统，社会文化史研究的问题和方向何在等理论问题和一些实际问题进行了深入探索和研究。② 这些讨论虽然还只是一般学术观念的陈述和探讨，还不具备完整的理论体系，但这些自觉的理论思考所呈现出来的学术见解对打开社会文化史的视野和规范社会文化史的研究无疑意义重大。

其三，展现出绚丽多彩的研究成果。十年来中国社会文化史研究成果逐渐丰富起来，已经初步改变了十年前研究成果薄弱的现状。前文我们介绍的十余部书，有十部（包括修订本）是近七年出版的，有八部（包括修订本）是近三年出版的。我们在很多近年出版的专著中能够看到对中国社会文化专著的介绍。③ 另外还有几篇文章也可以帮助我们

① 参见李长莉《社会文化史：一门新生学科——“社会文化史研讨会”纪要》，《社会学研究》1993 年第 1 期。

② 参见左日非《“近代中国社会生活与观念变迁”学术研讨会综述》，《近代史研究》2002 年第 2 期。

③ 诸如李长莉在专著《中国人的生活方式：从传统到近代》的引言和参考文献中有很多介绍和载录。余华林在专著《女性的重塑——民国城市妇女婚姻问题研究》的引言和参考文献中也有很多介绍和载录。近年出版的专著都会有这样的介绍，不一一列举。

了解近年来绚丽多彩的中国社会文化史的研究专著和研究论文。[①] 李长莉在《社会文化史的兴起》一文中介绍了中国近代社会文化史的研究论著，她根据内容和形式的不同而归纳为三类：第一类是专史。即本身就兼有社会史和文化史相交叉的性质，反映社会生活和文化观念相交织的一些专史，如风俗史、社会生活史、宗教史、教育史、婚姻家庭史、报刊或传播史等。第二类是综合史，即对历史上某一时段、某一地域、某一群体或某一历史现象，从社会和文化的多个方面进行综合研究，以求比较全面地展现社会文化的整体风貌。如综合史、群体史、地域文化史等。第三类是结合史。即将社会史和文化史相结合进行综合研究的方法，注重探求社会生活、大众文化与思想观念之间的相互关系。这是最能体现社会文化史学科方法创新的研究路向，这方面类别主要有心态史、社会与思想变迁史、社会生活与观念变迁史等。左玉河与李文平在《近年来中国近代社会文化史研究述评》一文中重点介绍了近代社会变迁与社会风俗史研究，近代市民社会与公共空间研究，近代中国诸社会问题研究，文化心态史及观念变迁史研究，国家社会互动关系及话语转化等问题的研究现状。黄延敏在《当代中国社会文化史研究的新进展》一文中着重介绍了当代中国社会文化史的研究成果，主要包括当代中国的婚姻、家庭、女性、性伦、服饰、话语、精神文化生活与社会心理等问题的研究现状。苏全有在《近十五年来的中国近代风俗史研究综述》一文中重点介绍了女性与婚姻，政治人物、事件与风俗，地域风俗等方面的研究成果。

① 如本书收集的李长莉的《社会文化史的兴起》；梁景和的《辛亥革命80周年全国青年学术研讨会关于社会文化史问题的讨论述评》；吕文浩的《“近代中国的城市·乡村·民间文化”学术研讨会综述》；朱浒的《晚清以降的经济与社会》；毕苑的《第三届中国近代社会史国际学术研讨会综述》；左玉河、李文平的《近年来中国近代社会文化史研究述评》；黄延敏的《当代中国社会文化史研究的新进展》；苏全有的《近十五年来的中国近代风俗史研究综述》等。

四、余 论

关于如何推进社会文化史向前发展，李长莉、左玉河、黄延敏等均撰文提出过自己的建议和主张，他们共同的意见是：第一，社会文化史虽资料数量庞大，但非常分散、缺乏整理。搜集出版资料集显得尤其重要，既可方便研究者利用，又可尽量减少重复劳动。同时要关注田野调查，重视访谈资料的发掘整理和应用。第二，社会文化史总体上还处于初创阶段，相当多的研究者尚缺乏运用新视角、新理论、新方法的自觉性和经验积累，缺乏研究范式上的建树，还未形成公认的比较成熟的研究理论和方法，继续深入探索社会文化史的理论和方法亦显重要。第三，缺乏深入专精的高水平著作，尚未形成公认的研究典范。以上意见无疑是正确的，这些现象近年来虽然已经有所改变，但仍然没有根本上的突破，还要攻克难关，尽快完成相关的学术研究任务。

在此我们还想谈谈几点个人浅见：第一，建立社会文化史研究的学术重镇。有条件的学术单位或学术团体可以明确把社会文化史作为自己学术研究的主要领域和主攻方向，集中从事社会文化史的研究工作，出一批有分量的研究成果，其中成果能够成为被认可的学术精品，引领社会文化史研究向纵深发展。第二，抓基本社会生活内容和独特社会生活内容的研究。社会生活的内容极其广泛，既包括基本的社会生活内容，也包括独特的社会生活内容，还包括更多的处于中间地带的社会生活内容。虽然这几类社会生活内容之间有着千丝万缕的联系，彼此不能截然分开，但各自的特点是显而易见的。基本的社会生活内容主要包括人类所共有的衣食住行、婚丧嫁娶、两性伦理、生老病死等基本的生活。这是维持生命和延续生命最基本的条件，也是最基本的生命历程。这是任何时代，任何人都很难回避的生活内容，所以我们说它是基本的社会生活内容。研究一个时代或一个时期，一个地域或一个群体的基本社会生活内容的变化，我们会理解和认识社会政治经济、思想观念、风土人情的缓慢或急速变迁，这有助于我们认识和理解那个时代和那段历史，并从中获得历史的启迪和生活的智慧。独特的社会生活内容主要指一个时期或一个地域，某些群体或一个群体独特的生活及其生活的变化。比如清末民初的剪辫运动，五四时期男女同校的兴起，1957 年的反右倾运动，80 年代初的“文化热”，90 年代大众文化的崛起，新世纪初的“奥运热”等均可视为独特的社会生活内容。独特的社会生活内容是那个时代所独有的，而其他时代所没有的。研究这样的社会生活，无疑也能帮助我们认识和理解那个时代和那段历史，并从中获得历史的启迪和生活的智慧。所以我们强调在社会文化史研究中要注重研究基本社会生活内容和独特社会生活内容。第三，运用多学科的视角研究社会文化史。学科的划分是人为的，学科的划分使知识更加系统化和深化。以学科为本位进行学术研究无疑是一条最基本的路径。但学科的划分不是目的，学科之间不应当存在彼此隔绝的壁垒。只要是能够研究问题和解决问题，学科之间的互动和交融是必要的，这也应当是一条新的路径。研究社会文化史不但可以把多学科的研究成果视为史料，也可以借鉴多学科的理论和方法，还可以体悟历史学与多学科共同的思维方式和思考的共同问题，这是多学科对话的基础，我们将从这种互融的对话中深刻而又全面地认识和理解社会文化问题。第四，注重改革开放时代的社会文化史研究。搞历史，一般有一种惯常的想法，觉得研究的问题应当远一点，这样尘埃落定后，可以看得更清楚，这话有道理。搞政治史、经济史、外交史、军事史都有这样的问题，起码有一些史料还不能马上解密，搞起来有困难。但社会文化史稍有不同，它研究的是社会生活，是大众文化，是生活观念。这些问题存在于社会的各个领域，各个方面，它的史料来源极为宽广，也不需要谁来解密。反而时间越是离得近，感受得越真切，更易有自身的体悟，自身的把握。有些问题可以直接去观察，直接去调查，直接去交流，这种直观的感受带来的感性认识是理性认识的基础，上升后的理性认识会更科学，更接近实际，更靠近真实。改革开放三十年社会生活、社会观念的变迁比上下五千年任何一段时期都更快速、更丰富、更显著、更激荡。研究改革开放时代的社会文化史将会浮现出更多社会与人生的真谛，于此于彼意义重大。

原载《首都师范大学学报》2011 年第 4 期

西方新文化史述略 *

一、称谓与崛起

西方新文化史是史学界 20 世纪 70—80 年代兴起于法国和美国的一场重大的史学理论运动，或曰它是西方史学理论和历史编撰中一个最主要的发展趋势和潮流，这股潮流取代了经济—社会史，是对旧的体制和旧的“新史学”的一种有意识的反动和发展，是一次“语言转向”或“文化转向”，是继 20 世纪 50 年代中叶西方史学“路标转换”后的又一次重要转折。这股热流 70 年代初传入意大利、英国，80—90 年代开始波及德国、西班牙、匈牙利、荷兰、瑞典等欧洲国家。

新文化史的称谓比较复杂，表现出多样性。英国学者彼得·伯克愿意把新文化史称为社会文化史，他在 1997 年出版的《文化史的多样性》中，还有意把新文化史称作人类学史学，法国年鉴学派的第三、四

---

* 本文主要参照的文献有［英］彼得·伯克著，刘华译，李宏图校《西方新社会文化史》，《历史教学问题》2004 年第 4 期；江文君《西方新文化史简析》，《国外社会科学》2008 年第 4 期；周兵《西方新文化史的兴起与走向》，《河北学刊》2004 年第 6 期；周兵《精彩纷呈的新文化史》，《历史教学问题》2007 年第 1 期；李宏图《当代西方新社会文化史述论》，《世界历史》2004 年第 1 期等。

代传人愿意称新文化史为心态史，法国学者卡布瑞更愿意称新文化史为后社会史，还有把新文化史称作新社会文化史和历史人类学的。

二、代表人物与传承

新社会文化史的学者早先一般是研究社会史的，后来对社会史产生了疑问，并逐渐开始对社会史理论框架展开批判和修正。被奉为新文化史思想先驱的英国劳工史家汤普森 1963 年在其代表作《英国工人阶级的形成》中就体现了“向文化的转向”的趋势，他主动超越了社会史并把研究转向文化史方向。60 年代末，年鉴学派的代表人物勒高夫把社会—经济史转向社会—文化史，将研究领域由经济转向心态这一更为深层的结构。美国加利福尼亚大学教授海登·怀特于 1973 年出版了《元史学：19 世纪欧洲历史学的想象》，由于怀特强调情节和语言这些新的历史研究方法的运用，所以他被视为文化转向的“创始人”。新文化史这股潮流，还影响了其他领域的学者，克里福德·吉尔次、马歇尔·萨林斯、理查德·普莱斯等人类学家，爱德华·萨义德、斯蒂芬·格林布拉特等文学批评家也都被卷入到新文化史运动之中。

在学术传承上，新文化史受 60 年代兴起的以汤普森为代表的英国文化马克思主义者和以伯明翰学派为代表的文化理论的影响颇深。但同时对前者的批判也是促进新文化史发展的一个有效的途径。如 1983 年剑桥大学教授加瑞斯·斯蒂德曼·琼斯出版的论文集《阶级的语言：英国工人阶级研究 1832—1982》，书中对汤普森进行了批评，另外，历史学家帕特里克·乔伊斯教授的专著《人民的视界：工业的英国和阶级问题 1848—1914》也对汤普森进行了批评。与此同时，我们看到，年鉴学派的心态史研究，事实上便是新文化史的一个开端，它颠覆了社会经济史独霸的格局，为“文化”平反正名，从而确立了文化作为研究领域和研究对象在新文化史中的中心地位。

三、性质与特征

关于新文化史的性质，亨特对此作过说明，它“探讨方向的焦点是人类的心智，把它看作是社会传统的贮藏地，是认同形成的地方，是以语言处理事实的地方。文化就驻在心智之中，而文化被定义为解释机制与价值系统的社会贮藏地。文化史研究者的任务就是往法律、文学、科学、艺术的底下挖掘，以寻找人们借以传达自己的价值和真理的密码、线索、暗示、手势、姿态。最重要的是，研究者开始明白，文化会使意义具体化，因为文化象征始终不断地在日常的社会接触中被重新塑造”。①

新文化史研究有几个突出的特点：第一，注重文化，注重文化的作用，甚至倒转了经济基础与上层建筑的位置，改变过去文化从属于社会和经济的理解，认为文化可以决定政治和经济，注重从文化的角度和视阈研究历史，强调文化的独立，认为“文化不仅不再依附于社会和经济，同时它还具有能动性，即反过来塑造和生产着社会和经济。这就是说，社会和经济等我们通常所认为的实体也是被文化所创造，并在文化的实践中被不断地再生产”。② 第二，在方法上采取跨学科研究，借助了文化人类学、心理学、文化研究等学科的理论和方法，提高对语言、符号、仪式等文化现象的分析，解释其中的文化内涵与意义。第三，从研究范围和内容看，从“宏大叙事”中转向，更注重普通民众、日常生活、微观历史的研究。第四，新文化史的著作更注重雅俗共赏。所谓

① 乔伊斯·阿普尔比、林恩·亨特、玛格利特·雅各布：《历史的真相》，中央编译出版社1999年版，第198页。

② 李宏图：《当代西方新社会文化史述论》，《世界历史》2004年第1期，第31页。

“雅”是指遵守专业的规范，无论是资料选择和考证、理论方法的运用、学术观点论证都显得十分严谨和专业化。所谓“俗”是指关注过去不登大雅之堂的大众文化，关注被统治阶级的“下里巴人”；所谓“俗”还指新文化史的著作选题新颖，视角独特，语言流畅，可读性强，能够引起普通读者对历史的兴趣。

新文化史的未来发展将是对传统社会史的扬弃和融合，其实质是向人文主义史学传统的逐渐回归和发展。

四、理论和方法的四个来源

新文化史的理论和方法主要来源于四个方面，即后现代主义的文化批评、文化人类学、英国马克思主义史学和法国年鉴学派史学。这四个方面直接影响了新文化史的历史编撰和叙事风格。

海登·怀特 1973 年的著作《元史学：十九世纪欧洲的历史想象》，提出了后现代主义的历史叙事学。怀特借鉴了西方学者六七十年代在文学批评领域就语言、文本和叙述的作用所提出的思考，将之运用到对历史学文本和写作的分析上，并认为语言模式决定了历史学家的研究范式。他强调历史的文本是建构在作者的“诗性行为”之上的，历史可以通过形象思维去想象去发明。历史的资料来源是广泛的，口述、文学、民间故事都是历史研究的资料。要摆脱宏大叙事，回归历史学的叙事传统，从分析转向叙事模式。怀特的后现代主义史学实质是对以福柯为代表的后现代主义思想家们的一个认同和融合。所以新文化史是把后现代主义作为一个重要的理论和方法的来源和基础的。

跨学科研究已经成为国内外史学的一个重要特征。20 世纪 70 年代文化人类学逐渐取代社会学和经济学而成为社会科学中最具有影响力的学科，它是历史学的新盟友。克利福德·吉尔茨 1973 年的著作《文化的解释》，提出了对文化的定义，即“我所采用的文化概念……从本质上讲，是一种符号学的概念。同马克斯·韦伯一样，我认为人是一种悬挂在自己编织的意义网中的动物，我认为文化就是这些网。因此，关于文化的分析，并不是一种寻找规律的实验科学，而是一种寻找意义的解释科学”①。他的文化定义影响很大，新文化史学家们自觉地以一种符号学的方法来研究文化，注重探索历史事物的文化意义和象征意义，进而理解民族和个体的观念特征和性格特征。并要求一种“深度描述”的研究方法，即要关注日常生活，要关注生活细节，要强调微观史研究。由此可见，文化人类学是新文化史理论和方法的重要来源之一，主动运用文化人类学方法进行的研究实践，也就成为新文化史研究的主流。

英国马克思主义史学对新文化史影响至深。1963 年爱德华·汤普森的《英国工人阶级的形成》出版。虽然人们常常把汤普森划归为六七十年代社会史时代的历史学家的行列，但他的这本书一改当时社会史研究的常见方法，诸如计量的方法等，而是关注工人阶级文化的构成，把工人阶级的态度和意识作为对象，善于运用价值、观念、习俗、传统等文化术语。汤普森甚至强调：“除非我们把阶级看作是一种社会和文化的构成，否则就无法理解它。”② 汤普森的表述让人们感受到他充分肯定了文化的因素，强调文化重要的决定性作用。因此汤普森也常常被称为“文化马克思主义”。汤普森对文化的格外关注，引起史学界的警觉，同时打开了史学家的视阈，并得到了积极的响应。

法国年鉴派史学同样深刻地影响了新文化史。法国第三、四代年鉴学派开创了“心态史”，这表明了他们的文化史研究趋向。雅克·勒高夫在评价心态史的作用时说：“‘心态’这一广泛、含糊而又常常令人忧虑的名词，正如其他许多具有广泛含义的词一样，对近年来的史学领

① 转引自周兵《西方新文化史的兴起与走向》，《河北学刊》2004 年第 6 期，第 155 页。

② 转引自周兵《西方新文化史的兴起与走向》，《河北学刊》2004 年第 6 期，第 152 页。

域的变化起了很大的推动作用，尤其对经济史领域起着一种理想的平衡作用，从而给整个史学带来了新鲜空气。”① 心态史的创始人主张恢复年鉴学派第一代人注重精神状态研究的传统，把史学的研究重心转向了社会文化方面，认为心态是史学研究的深层结构。心态史的影响很大，它既是新文化史的一个重要的理论和方法的来源，同时也是新文化史的一个重要的开端。

以上四个方面都强调文化的重要作用，强调文化作为研究领域和研究对象的中心地位，进而构成了新文化史理论和方法的四个重要源泉。1989 年林恩·亨特主编的《新文化史》一书出版，这是对新文化史兴起以来所作的理论总结，正式高举起新文化史的大旗，标志着新文化史理论的初步形成。

五、基本研究类别与代表作

新文化史的研究领域非常地广泛，研究的内容异常地丰富。彼得·伯克曾将新文化史分为七大类别：1. 物质文化史，亦即饮食、服装、居所、家具及其他消费品如书的历史；2. 身体史，它与性态史、性别史相联系；3. 表象史，即对自我、民族及他人等的形象、想象及感知的历史或如法国人所称的“表象社会史”，它正逐渐取代“集体心态史”；4. 记忆社会史或“社会记忆史”；5. 政治文化史；6. 语言社会史；7. 旅行史。② 周兵把新文化史分为四个类型：1. 物质文化史；2. 疾病和医药的文化史；3. 身体和性的文化史；4. 实践与表象的文化史。③

---

① 雅克·勒高夫等：《新史学》，上海译文出版社 1989 年版，第 31 页。

② 彼得·伯克著，刘华译，李宏图校：《西方新社会文化史》，《历史教学问题》2004 年第 4 期，第 25—26 页。

③ 周兵：《精彩纷呈的新文化史》，《历史教学问题》2007 年第 1 期，第 37 页。

新文化史涉及的内容的确丰富多彩，诸如爱情生活、婚姻家庭、夫妻生活、妇女儿童、性别性伦、喜怒哀乐、感官情绪、阅读书籍、身体发肤、衣食住行、生老病死、宗教巫术、时间空间、人口犯罪、上帝大众、自然命运等等。

新文化史的著述可谓广泛繁盛，汗牛充栋，不胜枚举。除上文谈到过的，还有一些代表作，诸如美国历史学家罗伯特·达恩顿的《启蒙运动的生意》和《屠猫记——法国文化史钩沉》、美国历史学家林恩·亨特的《法国大革命中的政治、文化和阶级》、美国历史学家娜塔莉·戴维斯的《马丹·盖赫返乡记》、法国历史学家勒华·拉杜里1975年出版的《蒙塔尤：1294—1324年奥克西坦尼的一个山村》、法国历史学家阿兰·科尔班的《大地的钟声》和《污秽与芳香：气味与法国的社会想象》、英国历史学家彼得·伯克的《欧洲近代早期的大众文化》、英国历史学家西蒙·沙玛的《财富的窘境：黄金时代荷兰文明的一种解释》、意大利历史学家卡洛·金斯伯格的《夜间的战斗：16、17世纪的巫术和农业崇拜》等等。

此外，还有很多有趣味的新文化史著作，诸如《与巫为邻：欧洲巫术的社会和文化语境》、《巴黎1900：历史文化散论》、《鳕鱼》、《盐：生命的食量》、《危险的味道；香料的历史》、《欧洲饮食文化史：从石器时代至今的营养史》、《欧洲宴会史》、《内衣：一部文化史》、《六个瓶子里的历史》、《时装生活史：人类炫耀自我3500年》、《服饰的时尚800年：1200—2000年》、《世界鞋史》、《钻石的历史》、《文身的历史》、《书籍的历史》、《镜子的历史》、《煤的历史》、《人类与垃圾的历史》、《最大的小发明：螺丝与螺丝刀》、《死亡文化史：用插图诠释1300年以来死亡文化的历史》、《瘟疫的故事》、《疾病改变历史》、《枪炮、病菌与钢铁：人类社会的命运》、《天国之花：瘟疫的文化史》、《历史上的药物与毒品》、《尼古丁女郎：烟草的文化史》、《迷药》、《可卡因传奇》、《男根文化史》、《乳房的历史》、《头发的历史：各个时代的风尚和幻想》、《亚当之脐：人体的自然和文化史》、《肉体与石头：西方文明的历史与城市》、《哭泣：眼泪的自然史和文化史》、《尴尬的气味：人类排气的文化史》、《疼痛的历史》、《厕神：厕所的文明史》、《欧洲洗浴文化史》、《沐浴的历史》、《色情史》、《调情的历史：纯真与堕落的游戏》、《西方情爱史》、《欧洲风化史》、《古希腊风化史》、《古罗马风化史》、《阅读史》、《流浪的历史》、《接吻的历史》、《刑罚的历史》、《死亡文化史》、《魔鬼的历史》、《贪婪：本能、成长与历史》、《廉耻观的历史》、《恐怖：起源和演变》、《搞笑：幽默文化史》等等。①

六、与相关学科的关系问题

新文化史是在以往史学发展的基础上出现的，它与某些史学有着紧密的联系，下面我们分别阐述之：

1. 与后现代史学的关系。

目前典型的后现代主义史学著作还颇为鲜见，但一般把海登·怀特 1973 年出版的《元史学：19 世纪欧洲的历史想象》视为带有后现代史学意味的著作，也把它看作是最直接影响新文化史产生的一部著作，因此海登·怀特也被称为文化转向的“创始人”。荷兰历史学家佛兰克·安克尔斯密特称娜塔莉·戴维斯和卡洛·金斯伯格为“后现代主义”的史学家，但他们的著述又被看作是新文化史的代表作，可见，后现代史学与新文化史在一些地方被视为相通的，两者的关系是紧密的。

2. 与文化人类学的关系。

文化人类学不仅是新文化史的理论来源之一，同时也是新文化史借鉴的重要方法之一，它对新文化史的兴起所产生的影响是强有力的。

---

① 参见周兵《精彩纷呈的新文化史》一文的注释部分，《历史教学问题》2007 年第 1 期。

新文化史的很多著作借鉴了人类学家的研究成果，两者之间盟友般的互动，使双方都取得了长足的进步和发展。社会史家小威廉·塞维尔对文化人类学的接纳，并认为文化人类学可以引导史学家去用新的方法了解更多的未知领域。娜塔莉·戴维斯作为美国新文化史的开拓者之一，她在其《近代早期法国的社会与文化》一书中也大量借鉴了文化人类学的研究成果。

3. 与英国马克思主义史学的关系。

前文我们已经谈及英国马克思主义史学对新文化史的影响。正因为爱德华·汤普森的《英国工人阶级的形成》，更强调文化的因素，注重对文化的探索，所以他被同时代的马克思主义者批评为“文化主义”，甚至有人还通常把他的《英国工人阶级的形成》一书看作是西方新文化史的开山之作。

4. 与法国年鉴学派的关系。

可以说法国年鉴学派的第三、四代的心态史学直接带来了新文化史的兴起。法国年鉴学派的心态史学是从以往关注系列、功能和结构向关注观念、心态、价值、情感、思想和文化的方向变化，这种转变被视为“从地窖转向阁楼”。① 所以说，法国年鉴学派的心态史学不但在理论方法上为新文化史作好了准备，而且也可视其为新文化史兴起的第一阶段。②

5. 与古典文化史的关系。

古典文化史（传统文化史）与新文化史在关注文化这一点上是一致的，新文化史也带有向古典文化史方向的回转，但两者还有明显的不同。古典文化史更注重的是功能和结构，注重宏大叙事，注重时代肖像，注重精英，注重思想、文学艺术、精神和习俗等的研究；而新文化

① 彼得·伯克：《法国的历史学革命——年鉴学派 1929—1989》，斯坦福大学出版社 1990 年版，第 67 页。

② 参照李宏图《当代西方新社会文化史述论》，《世界历史》2004 年第 1 期。

史则更注重日常生活、注重微观研究，注重下层民众，注重史学与读者的联系，注重跨学科研究。

七、余 论

1. 反叛与问题。

任何一种新的史学撰写和叙事方法，任何一种新的史学范式，它们可能有一些重要的创新和重大的突破，进而推动史学的向前发展。但同时任何一种新的史学撰写和叙事方法，任何一种新的史学范式，也都必然存在它自身的不足和问题。这也是史学能够不断跃进和持续向前发展的内在因由或内在驱动力。新文化史亦不例外。

新文化史的确为史学的发展做出了重要贡献，它是对以往史学的反叛，特别“是对一种更陈旧的体制和更陈旧的‘新史学’的一种有意识的反叛”①。这种反叛无疑推动了史学的长足进步，当前新文化史的这种反叛精神仍然保存着它旺盛的生命力。但是它自身的问题也将在其兴盛和发展的过程中渐次显露。诸如过分地强调文化的功能和作用，而淡化经济、政治以及其他因素的作用，这样是否就能真正地解释历史的一切；比如脱离和躲避宏大叙事而着力于微观史学的观照，这样是否同时也忽视了多层面和多角度的历史观察；再如特别地关注日常生活而削弱对其他社会生活的注意力，是否就同时远离了社会历史的诸多面相，而只能形成片面的历史观念；还有历史是否就只是一种意义的解释，作为一种社会运动难道不能作科学地研究，不能探索其客观性和其运动的规律吗，如此等等，这就暴露了新文化史的诸多问题。

---

① 彼得·伯克著，刘华译，李宏图校：《西方新社会文化史》，《历史教学问题》2004 年第 4 期，第 27 页。

2. 对中国史学的影响。

最直接把新文化史介绍到中国的是英国历史学家彼得·伯克。彼得·伯克是最早参与和领导新文化史运动的历史学家，1999 年 9 月他应邀到华东师范大学讲学，他到中国后，先后在北京、上海、南京等地进行学术演讲，着重介绍新文化史。他不仅第一次将“新文化史”的概念名称介绍到中国，而且全面介绍了新文化史的诸多情况。在中国期间彼得·伯克接受了南京大学的采访，其形成的《新文化史学的兴起：与剑桥大学彼得·伯克教授座谈侧记》发表在 2000 年的《史学理论研究》上，他撰写的《西方新社会文化史》发表在《历史教学问题》2000 年第 4 期上。这些文章不但进一步传播了新文化史，而且在中国产生了深远的学术影响。目前中国史学界已经有一些学者从史学理论和史学史的角度研究西方新文化史，而且在具体的学术领域也开始了社会文化史的研究和探索，这还需要另著文章再专门探索了。

原载《首都师范大学学报》2010 年第 3 期

炽盛与深化

——中国社会文化史研究的五年历程（2010—2014）

中国社会文化史有广义与狭义两个范畴。广义的社会文化史与国内的历史人类学、新史学、新社会史、医疗卫生史、城市史、新文化史有着紧密的交互和关联。而狭义的社会文化史更多指向那些公开以“社会文化史”为名号的学术研究。本文的旨趣主要在狭义的社会文化史，但也会涉及一些广义的社会文化史。

2010年由社科文献出版社出版了《中国社会文化史的理论与实践》一书。这本书对中国大陆1988年以来社会文化史的发展历程做了系统的总结和梳理。主要是对22年以来中国社会文化史的主要研究成果、理论探索、研究基地、基本特征等问题进行了概括的分析和论述。① 本书全面搜集和整理了22年以来中国社会文化史理论方法的研究论文、主要专著的书评书序、重要会议的纪要综述和研究成果的述评等。学界认为，“社会文化史是一个新生学科，梁景和主编《中国社会文化史的理论与实践》（社会科学文献出版社2010年版）一书，记录了这一新兴学科创生及发展的历程，可以视为中国近代社会文化史学科进入成熟发

① 梁景和主编：《中国社会文化史的理论与实践·代序》，社会科学文献出版社2010年版，第9—26页。

展阶段的一个标志。”① 也有学者指出，“《中国社会文化史的理论与实践》一书，汇集了二十多年来十几位学者有关社会文化史理论方法及学科发展的文章，记录了这一新兴学科从创生、奠基到探索、发展的历程，是对中国社会文化史理论方法与学科发展的总结，可以作为中国近代社会文化史学科已走过初创阶段而进入成熟发展阶段的一个标志。”② 还有学者认为，“本书相当集中地展示了近年来中国社会文化史研究取得的进展以及存在的不足，有助于我们全面、深入地把握中国社会文化史的研究现状，为广大青年学者接触、了解中国社会文化史研究提供了一个入门性的工具。”③

2010 年 5 月《中国社会文化史的理论与实践》的出版、2010 年 4 月 28 日“中国近现代社会文化史回顾与走向”座谈会的召开④、2010 年 8 月 17 日《社会文化史：史学研究的又一新路径》在《光明日报》的发表，2010 年这一系列社会文化史重要事象的出现，标志着中国社会文化史研究已经从创生奠基阶段进入到了新的成熟发展阶段。这一阶段又走过了五年，回顾五年的学术历程，可谓是社会文化史的一个炽盛和深化的大发展时期。

① 王建朗：《2009—2011 年中国近代史研究综述》，《近代史研究》2013 年第 3 期，第 151—152 页。

② 李长莉、毕苑、李俊领：《2009—2011 年的中国近代社会与文化史研究》，《河北学刊》2012 年第 4 期。

③ 余华林：《一本中国社会文化史研究的入门书》，《中华读书报》2010 年 8 月 11 日，第十版。

④ 毕苑：《“中国近现代社会文化史回顾与走向”座谈会综述》，梁景和主编《社会生活探索》第二辑，首都师范大学出版社 2010 年版，第 443 页。

一、高频度的学术活动

这一时期的一个重要特点就是学术交流的频繁，即社会文化史学术研讨会的频频召开。

1. 2010 年 9 月、2012 年 9 月、2014 年 9 月在首都师范大学召开了首届、第二届、第三届“中国近现代社会文化史国际学术研讨会”，来自日本、韩国、美国、中国的学者共襄盛举，推动了中国近现代社会文化史研究的进展，并促进有志于社会文化史研究的学者在这一领域不断努力，辛勤耕耘，创造佳绩。首届中国近现代社会文化史国际学术研讨会重点探讨了清末民国的妇女、婚姻、家庭和家族问题；共和国的妇女、婚姻问题等。第二届中国近现代社会文化史国际学术研讨会重点探讨了社会文化史的理论；女性再认识；文化史反思；区域社会生活等问题。有关前两届的会议信息可参见会议综述，① 并已经出版了前两届的会议论文集。② 第三届中国近现代社会文化史国际学术研讨会重点探讨了社会文化史研究的新理念和新方法以及婚姻、恋爱、性别、性伦、礼俗、医疗、卫生、教育与司法等问题。③ 三次会议对中国近现代社会文化史研究的发展有重要的推动作用。

2. 2011 年 9 月在首都师范大学召开了首届“‘西方新文化史与中国

---

① 吕文浩：《〈首届中国近现代社会文化史国际学术研讨会〉综述》，《近代史研究》2011 年第 3 期；王栋亮：《〈第二届中国近现代社会文化史国际学术研讨会〉综述》，《第二届中国近现代社会文化史国际学术研讨会论文集》，社会科学文献出版社 2013 年版，第 294—301 页。

② 梁景和主编：《首届中国近现代社会文化史国际学术研讨会论文集》，社会科学文献出版社 2012 年版；梁景和主编：《第二届中国近现代社会文化史国际学术研讨会论文集》，社会科学文献出版社 2013 年版。

③ 参见武婵《第三届中国近现代社会文化史国际学术研讨会综述》，未刊稿。

社会文化史的理论与实践’学术研讨会”，“来自北京、天津、上海、太原等地的30余位专家学者，围绕西方新文化史与中国社会文化史的理论与实践问题，展开了全面而深入的讨论。”① 会议重点讨论了社会文化史的理论与方法、多视角下的近现代社会生活、社会文化史新领域的拓展等重要问题。②

3. 2013年8月在湖北襄阳举办了由中国社科院近代史所和湖北大学主办的“第五届中国近代社会史国际学术研讨会”，这个会议的主题是“社会文化与中国社会转型”问题，大会提交论文70余篇，提交的论文大部分是以社会文化作为研究视点的，“本届大会不仅为中外学者提供了增进学术交流的高端平台，而且为社会文化史的学科建设拓展了更广阔的学术发展空间”。③

4. 2013年9月在首都师范大学召开了“首届全国青年学者社会文化史理论与方法学术研讨会”，来自全国各地的80余位青年学者参加了会议。会议就社会文化史理论与方法的深入和反思、文化史研究的再认识、女性研究的新视野等问题展开了进一步的讨论与交流。④

5. 2011年3月、2012年3月、2013年3月、2014年3月在首都师范大学分别召开了第一届、第二届、第三届、第四届“中国二十世纪婚姻·家庭·性别·性伦文化学术研讨会”。会议就社会文化史的具体领域即婚姻、家庭、性别、性伦领域展开了广泛的交流和研讨，促进了这

---

① 杜涛：《社会文化史研究的再出发——“西方新文化史与中国社会文化史的理论与实践”学术研讨会综述》，梁景和主编《社会生活探索——以婚恋文化等为中心》第四辑，首都师范大学出版社2013年版，第338页。

② 参见梁景和主编《西方新文化史与中国社会文化史的理论与实践——首届学术研讨会论文集》，社会科学文献出版社2014年版。

③ 参见李俊领《第五届中国近代社会史国际学术研讨会隆重开幕》，《社会史研究通讯》2014年6月，第17期，第71页。

④ 参见徐晨光《首届“全国青年学者社会文化史理论与方法学术研讨会”在北京召开》，《文史学刊》2014年第一辑，第254—258页。

一领域的深入探索。

二、多维度的研究成果

近年的研究成果，可谓研究维度宽广多样，科研成果精湛丰厚。有一些专门文章对近年社会文化史的研究作了全方位的评介，其中的两篇文章分量较重。其一是李长莉、毕苑、李俊领撰写的《2009—2011年的中国近代社会与文化史研究》，[①] 这篇文章从五个方面介绍了2009年至2011年中国近代社会与文化史的研究状况，包括社会与文化史理论探索；社会阶层、社会生活与社会转型；文化制度、文化传播与文化观念；宗教与民众信仰；历史记忆与建构等。其二是李长莉、唐仕春、李俊领撰写的《2011—2012年中国近代社会与文化史研究》，[②] 这篇文章从五个方面介绍了2011年至2012年中国近代社会与文化史的研究状况，包括社会与文化史研究的理论探索；社会结构、社会生活与社会转型；社会生活、女性与法律；教育与宗教信仰；文化传播与文化观念等。这两篇文章对几年来出版和发表的重要著作和论文作了全面的评述，有助于读者对学术现状的把握、认识、理解和思考。下面对一部分研究成果再作进一步的介绍。

1. 梁景和著《五四时期社会文化嬗变研究》（人民出版社2010年版）。该书探讨了五四时期的婚姻、家庭、女性、性伦问题，并专门对五四时期"个性主义文化观"予以重点考察，在此作者不仅仅在作单纯的文献解读，而是把论题引向深入，既明确了"个性主义"在人类精神进化中的核心意义，又对它在近代中国的源流演变予以揭示，归纳总

① 发表于《河北学刊》2012年第4期。

② 发表于《河北学刊》2013年第2期。

结了五项基本内涵：⑴“个性主义”的自由平等和自主之权。⑵“个性主义”的个人独立思想。⑶“个性主义”的享受幸福，满足欲望的人生观。⑷“个性主义”的社会责任感。⑸“个性主义”并非一些人眼中的绝对自由，自私自利、利己主义和为我主义。① 有人撰文指出：“作者采用重构历史现场的方法，引用胡适、梁启超、蒋梦麟等人的言论，提出了健全的个人主义 = 个性主义 = 个人命运和家国盛衰相互依存这个等式。这样就有力地驳斥了某些固有的偏见，从而还原了历史真实。最后，作者给出了自己对‘个性主义’的定义：‘就是主张和强调个人具有自由、平等、独立、自主、自信、自立、自强、自尊、自我、奉献、义务、奋斗、享受的权利。一方面每个人对自身要有上述权利的要求，另一方面要尊重他人所具有的上述权利’，并在此基础上辩证地指出了个性主义与社会进步的紧密关系。”②

2. 刘永华主编的《社会文化史读本》。该书“编后记”指出：“社会文化史不同于社会史、文化史的地方，就在于这种方法强调在具体的研究实践中应结合社会史分析和文化史诠释。也就是说，在分析社会现象时，不能忽视相关人群对这些现象的理解或这些现象之于当事人的意义，唯有如此，社会史分析才不致死板、僵硬；在诠释文化现象时，不能忽视这些现象背后的社会关系和权力关系，唯有如此，文化史诠释才不致空泛、玄虚。本书按主题分成五编：一、认同，二、神明信仰，三、宗教仪式，四、历史记忆，五、感知、空间及其他。这些主题远远没有囊括社会文化史触及的所有课题，但应该说眼下比较重要的论题，差不多都已经涵盖在这些主题之下。当然，社会文化史还应拓宽自身的“领地”，因此，对其他各种主题的探讨（详见第五编引言），亦应纳入社会文化史的研究日程。为便于读者深入、全面地了解中国社会文化史

① 梁景和：《五四时期社会文化嬗变研究》，人民出版社 2010 年版，第 158—161 页。

② 张弛：《社会生活与观念意识互动的新视野——评〈五四时期社会文化嬗变研究〉》，《山西师大学报》2011 年第 2 期。

的研究领域与研究进展，编者特地编辑了“延伸阅读”论著目录，并作了简要的批注。……在选编论文过程中，编者考虑到论文触及的区域和时段，注意反映当前中国社会文化史领域触及的区域、时段和广度。不过，不难看出，就区域而言，本书所收论文，对南中国的讨论多于对华北的讨论；就时段而言，对明清的讨论多于对其他时段的讨论，这种不平衡并非出自编者的研究偏好，也不意味着这些区域和时段才是社会文化史分析的有效研究范围，而是大体反映了目前研究界的现状。同时，笔者也试图兼顾这一研究领域的代表人物及代表作。不过，不少从事社会史、文化史或统称为新史学研究的学者的成果，都没能选入本书。这并不是说他们的研究是不可取的——事实上若干论著在推动中国史学的进展上正在发挥重要的影响，而是说他们的研究路数与本书提出的选编标准不甚相符。要是选入他们的论著，一方面不尽符合本书的主题，另一方面，编者也担心这样多少有扭曲他们的研究意趣之嫌疑。”①

3. 王笛著《茶馆：成都的公共生活和微观世界，1900—1950》（社会科学文献出版社 2010 年版）。王笛对于茶馆的兴趣始于 20 世纪 80 年代，他在撰写《街头文化：成都公共空间、下层民众与地方政治，1870—1930》的过程中，萌生了就茶馆写一本专著的念头。《茶馆》是以新文化史和微观史取向在中国史研究的一个实践。研究茶馆，可以引导读者进入城市的内部，它提供了研究下层民众活动的一个重要空间。把茶馆视为城市社会的一个“细胞”，那么在“显微镜”下对这个细胞进行分析，无疑会使我们对城市社会的认识更加具体深入。“当我们将微观视野放在民众、日常、街头、茶馆等问题时，精英、国家、政治运动等也不可避免地会纳入我们的讨论之中”，所以《茶馆》不仅仅是一般意义上的对茶馆的关注和研究，它更关注的是国家与社会的互动，其

① 刘永华主编：《中国社会文化史读本 · 编后记》，北京大学出版社 2011 年版，第 527—528 页。

主旨是要探索国家是怎样逐步深入和干涉人们的日常生活的，正如作者所说："我希望通过对20世纪上半叶成都茶馆的考察，揭示民众与公共空间、街头生活与公共生活的关系，探索国家（state）在公共空间的政治话语是怎样建立起来的。"《茶馆》是一部微观史、是一部叙事史，也是一部大众文化史。《茶馆》所反映的学术取向和价值，我们要给予充分的肯定。

4.梁景和主编的"中国近现代社会文化史论丛"。这套论丛出版的宗旨就是要把热心研究中国近现代社会文化史的部分学者的研究论著发表出来，以促进中国近现代社会文化史研究的深入开展，并希望其中能有高水平的研究成果问世。这套论丛从2011年以来已经由社会科学文献出版社先后出版了4本专著。一是杨才林的《民国社会教育研究》(2011)，该书认为，社会教育是与家庭教育、学校教育相对应的教育形式，对个体实现社会化，对促进人的全面发展和推动社会进步有重要的作用和价值。民国时期（1912—1949），80%以上的中国人是文盲，"愚、穷、弱、私"是通病，外国人耻笑为"东亚病夫"、"一盘散沙"。当时的新式学校教育又存在四大弊病：制度照搬西方；受教育者大多只为做官；内容不实用，毕业即失业；对乡村增益少。为了培养"新民"，为了"唤起民众"，为了弥补学校教育的不足，政府和社会团体推进社会教育三十多年。其间开创了哪些事业？经历了怎样的曲折？成效如何？该书一一做了解答。二是黄东的《塑造顺民——华北日伪的"国家认同"建构》(2013)，该书对抗战时期汉奸及其政权所致力的统治"正当性"建构、对治下民众的"国家认同"建构进行了探索。该书从建构的旨趣、内容、方法等方面对华北伪政权的"国家认同"建构进行了客观的分析，促使人们谨慎地重新审视现代民族国家形成过程中的"敌人的价值"。三是梁景和等的《现代中国社会文化嬗变研究（1919—1949）——以婚姻·家庭·妇女·性伦·娱乐为中心》(2013)，该书选取1919至1949年间，中国婚姻、家庭、女性、性伦、娱乐为社会生活领域的基本切入点，通过对人人平等、个性解放、生活幸福感等价值的关怀和探究，从而深入认识、理解这段历史时期的社会风貌和生活状态，也有助于今天人们从理性上感悟那个时代。四是李慧波的《北京市婚姻文化嬗变研究（1949—1966）》(2014)，该书通过对共和国成立后十七年间北京市不同职业群体择偶模式、婚姻确立方式、婚礼仪式等方面的分析，认为该地区婚姻文化的嬗变主要体现在如下四个方面：民众从服从家庭权威向服从国家权威过渡；家庭内部权力从家长向个体成员过渡；男女两性的社会权益和婚姻权益从不平等逐渐趋向平等；人们婚姻文化观念的变迁反映了人性的自我完善过程等等。

5. 罗检秋著《文化新潮中的人伦礼俗（1895—1923）》(中国社会科学出版社 2013 年版)。清末民初政治鼎革，文化剧变，人伦礼俗也随之发生了深刻变化。该书系统地梳理了近代精英思想与礼俗变迁的辩证关系。一方面，从孝道、贞节观念和社会礼俗等层面，多角度地研究了五四新观念的确立、社会传播及其局限；另一方面，以此时期主要文化娱乐为个案，从社会文化史视角考察了清末民初的京剧繁荣、商业化和坤角走红现象，并分析了“剧以载道”的思想转变。该书使用了大量的历史报刊材料，关注当时的新闻报道、舆论热点和社会调查，并结合时人文集、笔记、日记、回忆录、游记等文献，多角度、多层面地研究了精英思想与大众文化的交替和互动，认为文化与文化的创造者不能完全等同，精英文化的创造者并非都属社会精英，历代下层民众直接或间接地为精英文化的形成添砖加瓦；精英文化与大众文化的内容同异互见，两者既有差异性，有些内容又不能决然两分，精英文化蕴含了大众文化，反之亦然；不同文化的转化和互缘，精英文化和大众文化在某一时期畛域分明，但经过漫长的历史演变，其属性可能发生转换；两种文化与正统、异端的关系并非固定的、一成不变的，文化一旦与政治发生关系，其地位便有正统与异端之分。该书条分缕析地揭示了人伦观念转化为社会礼俗的过程。①

6. 韩晓莉著《被改造的民间戏曲——以 20 世纪山西秧歌小戏为中心的社会史考察》（北京大学出版社 2012 年版）。该书以山西乡村社会影响广泛的秧歌小戏为对象，从社会文化史的角度对百年来民间戏曲的变迁过程进行考察。秧歌小戏作为生发于民间的草根文化，从兴起之初就得到了来自民众的广泛支持，与乡村社会的良性互动成为秧歌小戏发展繁荣的动因。20 世纪以来，以秧歌小戏为代表的民间戏曲经历了一次次的改造过程，从世纪初开启民智需要的戏曲改良运动，到根据地时期作为政治动员手段的新秧歌运动；从建国后“推陈出新”口号下的戏曲改革，到“文革”时遭受的严厉打压。戏曲改造的背后是政权力量以文化为中介开展的社会动员。通过这样的文化改造，国家权力进一步渗透到乡村社会，乡村社会的公共文化空间表现出不断被政治化的趋势。在梳理时代变革下秧歌小戏变迁轨迹的同时，作者尤其注重揭示文化背后各种“关系”的调整，如民间戏曲与乡村社会的关系变化，政权力量以文化为中介向基层社会的渗透过程，以及在这一过程中国家与乡村社会的博弈融合等。这样的研究思路恰恰体现了社会文化史所强调的从社会的层面考察文化，从文化的角度理解社会的学术追求。突出文化的能动性，重视文化与社会的互动，不仅会为社会事象赋予文化意义和内涵，避免研究的“碎化”，也为社会史所关注的国家与社会关系的探讨提供了新的思考空间。可以说，该书正是社会文化史视角下，从文化整合出发理解国家与社会关系，进而探寻政治在地方社会发展路径的研究尝试。

7. 梁其姿著《从疠风到麻风：一种疾病的社会文化史》。梁其姿教授的新著《从疠风到麻风：一种疾病的社会文化史》向人们呈现了麻风病在中国长时段的历史进程，将麻风病在中国的历史置于全球史的

---

① 参见罗检秋《文化新潮中的人伦礼俗》一书的“内容简介”与“导论”。

背景下，用麻风病在中国的历史给一直以来为欧洲经验所左右的现代化叙事提供有益的替代，从而实现中西学术的对话。“梁著出版后，迅速引起学界的关注，凯博文（Arthur Kleeinman）、艾尔曼（Benjamin A. Elman）、班凯乐（Carol Benedict）、伯恩斯（Susan Burns）、许小丽（Elisabeth Hsu）等著名学者纷纷为其撰写书评，并刊登在不同领域的权威杂志上。一本疾病社会史著作在短时间内就有十余篇来自不同领域的书评是很罕见的，令人不禁将其与十多年前何伟亚《怀柔远人》出版时所引起的轰动相比。但与何著所引起的巨大争议不同的是，梁著却获得了评论人的一致好评，即使个别评论人在某些地方持不同看法，也都基本认同，认为其具有重要价值，是医疗疾病史研究的必读书。……这些在西方学术语境下作出的评论显示，梁著是一部值得关注的疾病医疗史和社会文化史方面的力作。”① 杨璐玮和余新忠结合已有评论，“将该书置于中国的学术背景下，对其中一些内容予以重点介绍和评论，藉此彰显该书的价值、意义以及可能存在的问题，并进而就如何书写中国的疾病史问题作一探讨。”②

8. 梁景和主编的《婚姻·家庭·性别研究》。2012 年以来已经由社会科学文献出版社先后出版了 4 辑。这套书有如下两个突出特征：一是录用研究性学术论文的篇幅长短不限，可以发表长篇论文，比如第二辑收录的《十七年“家务劳动”话语研究》一文，大约有 15 万字的篇幅；二是以发表 20 世纪婚姻、家庭、性别问题的学术论文为主，兼及其他历史时期。在已经出版的 4 辑当中，共收集了 20 篇学术论文，其中 18 篇是研究 1949 年共和国成立以后的社会生活的，其中一篇是研究 21 世纪最初 12 年（2000 年至 2012 年）的婚姻问题。这样的研究具有基础性与开拓性，是为未来的深入研究所作的前期铺垫。用历史学眼光、运

---

① 杨璐玮、余新忠：《评梁其姿〈从疠风到麻风：一种疾病的社会文化史〉》。

② 杨璐玮、余新忠：《评梁其姿〈从疠风到麻风：一种疾病的社会文化史〉》。

用历史学的方法对共和国成立以来特别是改革开放以来的社会生活进行探索，无疑具有重要的学术价值。该书的主旨在于推进中国社会文化史研究，特别是在中国婚姻、家庭、性别研究方面做些有益的工作，也可为今天和未来的生活提供借鉴和启发，鼓励人们去创造新的生活方式，因而也具有较强的现实意义。①

9. 肖永明著《儒学·书院·社会——社会文化史视野中的书院》（商务印书馆 2012 年版）。张天杰曾撰文指出："一百多年来，关于书院的研究层出不穷，将千年书院在历史上的重要意义加以总结研究，为书院精神在现代的传承与发展提供借鉴。肖永明教授的《儒学·书院·社会——社会文化史视野中的书院》，则是书院研究领域中的一部重要著作。……中国的书院与儒学有着密切的关系，如果说寺庙、道观是佛、道两家的文化符号，那么书院就是儒家的文化符号。研究唐宋以来儒学的发展演变，特别是研究理学绝对离不开书院。……将书院这一特殊的文化教育组织，放入社会大系统之中才能真正认识书院。了解书院制度的特色、地位、功能，不能局限于书院制度本身，而要将书院放入社会大背景之中。……能做到对千年以来书院的历史进行立体、宏观的研究，与肖教授在研究过程中广泛吸收社会学、文化学、传播学等多种相关学科的研究方法与理论长处是分不开的。……肖教授的大作将儒学、书院、社会三者结合，以社会文化史的视野来全方位、立体地透视千年书院，有助于我们在具体的历史脉络之中把握书院与当时社会、文化之间的关系，从而更好地了解书院的功能、作用与历史地位，对书院的认识得以更加完整和准确。该书是近年来书院研究中最为重要的理论创获之一，也是人们认识书院文化最佳读物之一。"②

---

① 参见梁景和主编《婚姻·家庭·性别研究》第一辑、第二辑、第三辑、第四辑，社会科学文献出版社 2012、2012、2013、2014 年版。

② 张天杰：《千年书院历史的立体透视——读〈儒学·书院·社会——社会文化史视野中的书院〉》。

10. 梁景和主编的《社会生活探索》。这套辑刊从 2009 年以来已经由首都师范大学出版社先后出版了 5 辑。这里所谓的社会生活是指人们在以生产为前提而形成的各种人际关系的基础上，为了维系生命和不断改善生存质量而进行的一切活动的总和。社会生活有广义和狭义之分。即便是狭义的社会生活也包括相当丰富的内容，同时亦存在其最基本的内容，诸如衣食住行、婚姻家庭、两性伦理、休闲娱乐、生老病死等。该书主要是以研究狭义的社会生活为基本内容的学术辑刊。这套书的基本特点是从多学科的视角来探索社会生活的基本问题。诸如很多社会生活问题是伦理问题，需要从伦理学的哲学高度去诠释；社会生活的具体样态又是经济的一种反映，需要从经济学的角度去研究；社会生活又是社会学的研究对象，社会学的理论和方法可以直接用以进行社会生活的探索；文学作品是从文学的视阈解释社会生活的本质，从这一点看，它与历史学是相通的；社会生活又反映着社会政治、政治影响着社会生活，社会生活与教育和心理也存在着互动的关系，所以政治学、教育学和心理学的理论方法也同样可以用来探讨社会生活问题。社会生活是运用多学科的理论方法综合探讨历史与现实问题的领域。所以该辑刊正是基于这样的理念，是从多学科的角度来探索社会生活问题的。①

11. 姜进等著《娱悦大众——民国上海女性文化解读》（上海辞书出版社 2010 年版）。姜进在该书的序言中指出："女性与演艺是 20 世纪上海城市文化空间中两个最为活跃和显眼的部分。上海的演艺市场是一个充满活力的场所，数以百计的大小剧场影院里，日夜上演着形形色色的人间悲喜剧，吸引着成千上万的观众，营造着大都市的文化信息。女性在其中扮演着至关重要的角色。之所以如此，却是因了女性走出家庭、走向社会这个也许是 20 世纪世界范围内最重大的历史性变化，一个改

① 参见梁景和主编《社会生活探索》第一辑、第二辑、第三辑、第四辑、第五辑，首都师范大学出版社 2009、2010、2012、2013、2014 年版。

变了20世纪中国社会、影响了中国人生活的重大历史性变化。”

该书写作的意图在于要“深入展开对上海都市大众文化的研究，在由女性主义史学、大众文化史和文化的社会史这三种视角和方法交叉构成的总体框架下，对20世纪上海都市文化和现代城市公众空间的性别和阶层问题作深入的探讨，着重考察女性对上海通俗演艺市场的介入是如何影响了这一市场的形成和发展，而女性又是如何通过参与营造这一都市的公众空间而提升了自身的社会地位和身份的。……本书的研究明确揭示出上海都市文化的现代性带有浓厚的移民性、大众性和女性化特征”。通过该书的研究发现，“上海大众文化的女性化特征十分明显。从民国初的女子文明戏，到旦角和女演员先后在越、沪、淮等剧种中成为台柱，再到全女班越剧的兴盛，这些都是中国女子社会地位和角色变化的一个突出体现。”总之，上海“女子越剧与摩登女郎的出现、女子文明戏、少女歌舞团，以及抗战时期女性文化的兴盛共同昭示了20世纪中国女性之兴起这一普遍社会现象及其深远的文化意义”①。

12. 梁景和主编的《中国现当代社会文化访谈录》。这套辑刊从2010年以来已经由首都师范大学出版社先后出版了4辑。这套辑刊访谈的内容主要是共和国成立后中国普通百姓与基层知识分子的日常生活。该辑刊名曰“访谈录”而不称“口述史”反映了编者对近些年来学界对“访谈录”和“口述史”不加区分现象的一个谨慎的态度。编者曾撰文指出：“访谈录和口述史不是一个概念，不能把两者混为一谈，要严格区分两者的异同。访谈录是对被访者的一个记录，它可以是围绕一个主题进行采访，也可以围绕几个主题进行采访；它可以是围绕被访者的经历进行采访，也可以围绕现实问题对被访者进行采访。可见访谈录不同于口述史。因为口述史是在对相当数量的访谈录进行研究的基础

① 姜进等：《娱悦大众——民国上海女性文化解读·序》，上海辞书出版社2010年版，第1—7页。

上，对一定的历史问题给予实事求是的阐述，并给予本质上的解释和对其规律的揭示。这不是访谈录所能解决的，而要靠史学工作者的研究来完成。口述历史是历史研究过程后的成果，一般的采访而形成的访谈录是采访后的记录，它只是口述历史研究的资料而已。访谈录的确是生动的，口语特点突出，容易理解，形象感强，给人留下的印象鲜明。而口述历史虽说也可以在一定程度上具备上述特点，但并不要求必须如此，甚至相反，有时由于思辨和论证的需要和对深层问题的探究，可能会显得抽象和深长。”① 该书第一辑包括三个部分，第一部分是围绕农业合作化运动在山西省保德县进行的采访；第二部分是围绕集体化时期农村医疗卫生制度在河北省深泽县进行的采访；第三部分是围绕“文革”时期家庭政治化问题进行的采访。第二辑是一本生命史访谈录，是访谈者对十名“文革”前农村大学生所做的个人生活史的访谈。第三辑是围绕1949年至1966年北京地区婚姻文化变革这一主题对各类人群（包括工人、农民、知识分子、教师、医生、军人等）进行的采访。第四辑是围绕共和国成立至改革开放前的婚姻、家庭、女性、性伦、娱乐文化变革这一主题对各类人群进行的采访。这套访谈辑刊将随着时间的推移，会越发凸显它的史料价值。②

三、新层面的理论探索

五年来学者们对社会文化史的理论进行了进一步的探索，下面仅就几篇重要论文作大略介绍。

近年来《近代史研究》发表了几篇重要的理论文章。《近代史研

① 梁景和、王胜：《关于口述史的思考》，《首都师范大学学报》2007年第5期。

② 参见梁景和主编《中国现当代社会文化访谈录》第一辑、第二辑、第三辑、第四辑，首都师范大学出版社 2010、2012、2013、2014 年版。

究》2014 年第 4 期发表了刘志琴的《从本土资源建树社会文化史理论》以及梁景和的《生活质量：社会文化史研究的新维度》；《近代史研究》2012 年第 5 期发表了李长莉的《“碎片化”：新兴史学与方法论困境》。刘志琴的文章是一篇重要的理论探索论文。文章指出，社会文化本身融通物质生活、社会习俗和精神气象，从上层和下层、观念与生活的互动中，揭示社会和文化的特质。生活是人类生存的基本需求，从生活日用中提升概念，是中国人思维的特征。传统中国为礼俗社会，礼俗整合的后果，使得礼中有俗，俗中有礼，礼和俗相互依存，双向地增强了精英文化与民间文化的渗透。礼俗互动是中国社会文化史的特色。刘文的主旨是要从本土资源中来建构社会文化史的理论。梁景和文章作为理论的思考提出要把生活质量作为社会文化史研究的一个新维度，它既是拓展社会文化史研究的新视角，也是史学发展的一个客观要求。文章对生活质量的概念以及研究生活质量的价值、内容和问题等作了全面的论述和讨论。文章特别强调研究生活质量有着诸多的研究方法，这些方法之间存在着内在的辩证关系，即你中有我，我中有你，在运用上是多维交叉同步进行的。研究生活质量的旨意是要从一个新的视域思考社会文化的综合性问题。李长莉的文章在对微观研究、“碎片化”与新兴史学的伴生关系论述之后，进一步阐述了“碎片化”症结与新兴史学方法论困境的问题。文章最后重点论述了矫正“碎片化”的方法论路径：“实证”与“建构”这一主题，并从四个方面阐述了实践这一主旨的学术路径，指出“我们需要不断探索适于新兴史学的研究方法，以推进社会史与社会文化史的深入发展”。

2012 年《晋阳学刊》第 3 期左玉河主持了《突破瓶颈：中国社会文化史的理论与方法》的一组笔谈。其中包括刘志琴的《走上人文学科前沿的社会文化史》、梁景和的《关于社会文化史的几对概念》、左玉河的《着力揭示社会现象背后的文化内涵》等文章。刘志琴的文章从中国最古老、最神圣、最受尊崇的史学的发展脉络谈起，认为从中国最早的史书《尚书》到改革开放以来的史学发展经历了自身的四大转向，这个转向反映了中国史学自身功能和特征的变迁，即历史学从以神谕为纲到以资政为纲，再到以阶级斗争为纲，直至今天的以生活为纲。刘文认为，“生活是人类的第一个历史活动，也是人类永不停息的创造业绩”，“生活处于目的性的终端，这是生产力发展的动力和目的”。而社会文化史以生活为中心，“要发掘另一个中国形形色色的民众生活，还原历史的本来面目，并以它的特色走向人文学科的前沿”。梁景和的文章是针对中国社会文化史研究进入一个新的阶段之后，社会文化史研究存在的主要问题以及在这样的一些问题意识下对社会文化史发展的一些理论思考，文章是通过对社会文化史研究的几对概念的辨析进行论述的。通过这样的论述希望社会文化史研究要有一个辩证的眼光（如对常态与动态、碎片与整合、一元与多元的辩证理解），要认识社会文化史研究的重点与主旨（如对生活与观念的研究），要了解社会文化史研究的目的和方法（如对真实与建构的研究），要抓住当今社会文化史研究的一个重要侧面（如对常态与动态的研究）等等。文章通过概念辨析力图厘清一些模糊认识，以对社会文化史研究产生一些共识。左玉河的文章认为“凡是从文化史的视角来研究历史上的社会问题，用社会学的方法来研究文化问题者，都可称为社会文化史。概括就是，对社会生活的文化学提炼和抽象；对文化现象的社会学考察和探究”。社会文化史的最基本的研究方法“就是把日常生活中衣食住行、婚丧嫁娶这些社会生活变化的情况给描绘出来，呈现出来”，然而“社会文化史研究一定要从‘生活’层面上升到‘文化’层面，而不能仅仅局限描述社会‘生活’现象的低浅层面。社会文化史研究的重点，是关注于这些生活现象背后所孕育的‘文化’含义，就是既要研究社会生活，还要研究背后隐藏的社会观念，特别关注社会生活与观念之间的互动”。

李长莉在《学术月刊》2010 年 4 月号发表《交叉视角与史学范式——中国“社会文化史”的反思与展望》一文，文章对中国社会文化史的兴起与发展、中国社会文化史与西方“社会文化史”的异同、中国社会文化史的趋向与存在的问题等几个方面进行了提炼和概括，进而作了全面深透的回顾与反思。文章最后对中国社会文化史的前景与进路作了展望，提出社会文化史的几点趋势：其一，时代的挑战，将促进社会文化史的发展；其二，史料数据化与网络化将为社会文化史学者利用大量民间史料提供便利；其三，“社会文化史”的发展，昭示了“社会文化交叉视角”新史学范式的优势，文章对这三个问题作了论证。

常建华在《史学理论研究》2012年第1期发表《日常生活与社会文化史——“新文化史”观照下的中国社会文化史研究》一文，文章阐述了西方新文化史中的日常生活研究，也论述了日常生活应当成为文化史、社会史、历史人类学研究的基础，文章同时认为中国社会文化史在日常生活史方面已经取得一定成绩，但在西方新文化史观照下反思中国社会文化史研究，也应把日常生活史作为社会文化史研究的基础。

罗检秋在《史学史研究》2011年第4期发表《从“新史学”到社会文化史》一文，文章对中国社会文化史和欧美“新文化史”的研究现状和问题进行剖析，提出20世纪初年中国“新史学”的研究取向和方法对社会文化史的研究可资借鉴。文章认为社会文化史可以作为一种研究视角，但尤其要强调其特定的研究领域和论题，他强调要在“不同群体的精神生活”、“社会视野中的精英文化”、“士庶文化的交融与歧异”、“精神生活的正负面关系”等方面展开深入的探索，这不但可以拓展和深化社会文化史的研究，还有待于理论的提升和思辨。

近年来，还有部分青年学者也在社会文化史的理论和方法等方面作了积极的探索。如黄东的《社会文化史研究须重视转型时代的现代性问题》，李慧波的《社会文化史研究方法之我见》，董怀良的《关于社会文化史研究视角“下移”的思考》，王栋亮的《试论人文史观在近代婚姻变革研究中的运用》，张弛的《电影如何成为社会文化史的研究素材》等。①

四、余 论

以上从近五年来的学术活动、学术著作和理论探索等几个方面进行了阐述，反映了五年来中国社会文化史研究的现状，透视出这几年社会文化史炽盛与深入的发展态势。当然在深入发展的情状下，我们清醒地意识到，目前的研究仍然存在着一些显而易见的学术局限：其一，理论研究和实践的对接不够。在实际的社会文化史研究中，怎样把理论探索与专题研究有机地结合起来，还要做进一步艰辛的努力。其二，学术研究的重镇寥寥无几。在国内应当有更多的学术团队来从事社会文化史的学术研究，现在看来，这样的学术团队数量还显过少，这与社会文化史研究蓬勃快速的发展不成正比。其三，以往谈及的资料搜集整理工作以及典范的研究专著等问题还未出现根本性的改变，需要进一步下功夫而有所建树。总之，五年来，中国社会文化史研究的成绩与问题并存，我们只是希望在未来的若干时间内，中国社会文化史研究能够出现更为令人兴奋和欣慰的新气象。

原载《中国社会文化史的理论与实践续编》，
社会科学文献出版社 2015 年版

① 参见梁景和主编《社会文化史的理论与方法——首届全国青年学者学术研讨会论文集》，社会科学文献出版社 2014 年版。

生活方式：历史研究的深处*

——评李长莉著《中国人的生活方式：从传统到现代》

马克思指出："现代历史著述方面的一切真正进步，都是当历史学家从政治形式的外表深入到社会生活深处时才取得的。"① 马克思的这句话，让我们想到几个问题。其一，在马克思讲这番话之前，历史研究基本是在政治史范式下进行的，历史为政治服务，是政治的附庸和工具，历史体现着一种资政的功能。其二，政治与社会生活之间有着一种紧密而又深刻的联系。政治的明暗直接影响着社会生活的品质和质量，归根到底政治应当是服务于社会生活的，社会生活是政治的反映，社会生活是评价政治的一把标尺。其三，社会生活与生活方式是一个问题的两个方面，是形式和内容的关系，是表象与本质的关系。所以，生活方式是社会生活的外在表现形式，是社会生活的直接反映。从这个意义上说，研究生活方式是从一个视阈研究社会生活，通过对生活方式的研究，可以深查我们社会生活本身。可见，研究历史，如果仅仅从政治层面去切入，容易忽视人类社会的本体——社会生活，而研究社会生活却往往要把政治纳入历史的研究视野和范围，因此，社会生活是历史的深处，就

---

* 本文发表在《近代史研究》2009 年第 2 期时有删减，兹按原稿补充。

① 《马克思恩格斯全集》第 47 卷，第 501 页。

可以理解了，而研究社会生活的表现形式——生活方式，是研究历史深处之一种，也就有了一定道理。李长莉著《中国人的生活方式：从传统到现代》(下文简称为《生活方式》，四川人民出版社2008年4月第1版)一书是继她的《晚清上海社会的变迁——生活与伦理的近代化》(下文简称为《生活与伦理》，天津人民出版社 2002 年 8 月第 1 版）之后的又一部新作，值得一读、一品、一评。

一、视角与方法

李长莉著《生活方式》一书是耿云志先生主持的中国社会科学院重大课题“近代中国文化转型研究”九卷本中的一卷。《“近代中国文化转型研究”课题结项报告》在介绍该卷时指出：“‘中国人的生活方式：从传统到现代’卷，是以社会文化史的研究方法，对晚清至民国初期的社会生态变动过程中，中国人的生活方式，包括生活空间、生活日用、衣食住行以及休闲娱乐等等方面的演变的考察”，这里特别肯定地指出该卷的研究方法，即“社会文化史”的研究方法。李长莉在《生活方式》的“引言”中指出：生活方式的研究，是一种新的研究视角，“即近年国内外学界兴起的‘社会文化史’视角”①；她在“引言”中还表示，《生活方式》是“在充分吸收以往研究成果的基础上，确立自己的研究视角，即以社会文化史的研究方法”，对生活方式的演变进行考察的。② 李长莉对该书的“社会文化史的研究方法”和“社会文化史视角”的特点作了说明。因此我们说，《生活方式》是一本社会文化史范式的学术专著。

---

① 李长莉：《中国人的生活方式：从传统到现代》，四川人民出版社 2008 年版，第 10 页。
② 李长莉：《中国人的生活方式：从传统到现代》，四川人民出版社 2008 年版，第 12 页。

国内社会文化史是20世纪90年代前后继文化史和社会史复兴之后而被学者关注并渐次兴起的，已经走了近二十年的历程。中国近现代社会文化史的研究有如下几方面的特点：第一，社会文化史的兴起晚于文化史和社会史，但关注的学者日趋增多，特别是有相当的中青年学者把社会文化史作为自己的学术志趣和追求，它是一块有广阔发展前景的学术领地，也有一支潜在的能渐次发展壮大的学术队伍。第二，愿意使用社会文化史概念的学者日渐增多，但对社会文化史自觉进行理论探索和研究的学者相对少些。相对于社会史的理论探索要显得薄弱，显然不如社会史理论探究得那么热烈，那么具有影响力。第三，社会文化史的理论研究虽然没有强大的声势，但还是有部分学者在默默地做些工作，并做出一定的贡献。诸如在刘志琴提出社会史和文化史相结合的“社会文化”①概念之后，李长莉提出社会文化史是“社会史和文化史的结合形式”，是“人与人之间、人与社会之间的生活方式及其观念的历史”。②后来李长莉又提出，社会文化史作为一种研究视角，可以定义为：“凡是从文化视角来研究历史上的社会问题，或用社会学的方法来研究文化史问题，把社会生活现象与思想观念结合起来进行研究，都可称为社会文化史”。③梁景和提出社会文化史“是通过民众外在的社会生活来研究其内在的价值取向及其思想观念”，④后来又提出“社会文化史是研究社会生活与其内在观念形态之间相互关系的历史”。⑤这里有趣的问题

① 参见刘志琴《复兴社会史三议》（署名史薇），《天津社会科学》1988年第1期；刘志琴《社会史的复兴与史学变革——兼论社会史和文化史的共生共荣》，《史学理论》1988年第3期。

② 李长莉：《社会文化史：历史研究的新角度》，赵清主编《社会问题的历史考察》，成都出版社1992年版，第384—385页。

③ 李长莉：《社会文化史的兴起》，《天津师范大学学报》2003年第4期。

④ 史克组：《我为什么要研究近代陋俗文化——访青年学者梁景和》，《首都师范大学学报》2000年第6期。

⑤ 梁景和：《关于社会文化史的几个问题》，李长莉、左玉河主编《近代中国社会与民间文化》，社会科学文献出版社2007年版，第4页。

是，李长莉的界定提到了一个关键词是“生活方式”，所以后来她就撰写了《生活方式》一书，而梁景和界定的关键词是“社会生活”。这是李长莉与梁景和界定的异同之处。李长莉也用“社会生活”的概念，上面的引文中就出现过，她还表示社会文化史是“研究社会生活、大众文化与思想观念相互关系变迁的史学分支学科”①，但总体感觉，她对“生活方式”，更情有独钟。左日非则强调社会文化史的独特视角，即“从社会史的角度考察中国文化，从思想史的角度对社会史的内容进行阐释，强调贴近社会下层看历史”。② 后来左玉河提出“‘社会文化史’是一门社会史和文化史交叉的新学科”，社会文化史研究的基本路向是“关注下层社会，打通文化史、思想史与社会史，注重思想、观念与社会的互动”。③ 此外，还有些学者对社会文化史的概念进行过一些探讨，④此不赘述。第四，目前国内真正典型意义上的社会文化史的专著还极为有限，接近的社会文化史的专著也仅有可数的几本。刘志琴主编，李长莉、闵杰、罗检秋分别执笔编写的三卷本《近代中国社会文化变迁录》（浙江人民出版社 1998 年版），运用编年系事的体裁，对 1840 至 1921 年间的社会生活、风俗习尚、大众文化、社会思潮、世态民情、生活方式等进行了系统的梳理，描绘了这一时期社会文化全景面貌的变迁轨迹。严昌洪著《西俗东渐记——中国近代社会风俗的演变》（湖南出版社 1991 年版）、《中国近代社会风俗史》（浙江人民出版社 1992 年版），宏观论述了中国近代社会风俗的演变、阶段和特征，是中国近代风俗史

① 李长莉：《社会文化史的兴起》，《天津师范大学学报》2003 年第 4 期。

② 左日非：《“近代中国社会生活与观念变迁”学术研讨会综述》，《近代史研究》2002 年第 2 期。

③ 左玉河、李文平：《近年来中国近代社会文化史研究述评》，《教学与研究》2005 年第 3 期。

④ 参见李长莉《社会文化史：一门新生学科——“社会文化史研讨会”纪要》，《社会学研究》1993 年第 1 期；左日非《“近代中国社会生活与观念变迁”学术研讨会综述》，《近代史研究》2002 年第 2 期。

的开拓之作。乐正著《近代上海人社会心态（1860—1910）》（上海人民出版社1991年版）、忻平著《从上海发现历史——现代化进程中的上海人及其社会生活》（上海人民出版社1996年版）、李长莉著《晚清上海社会的变迁——生活与伦理的近代化》（天津人民出版社2002年版），以上三本书以上海为个案，探索了上海社会文化的演变历程。乐著是较早研究上海民众生活与社会心态互动关系的专著，忻著是研究上海人社会生活与价值观念相互关系的专著，李著是研究上海社会生活方式与伦理观念变迁互动关系的专著。梁景和著《近代中国陋俗文化嬗变研究》（首都师范大学出版社1998年版）是研究近代陋俗文化演变与社会价值观念变迁及人类精神进化轨迹的专著。孙燕京著《晚清社会风尚研究》（中国人民大学出版社2002年版）是研究社会风尚演变的地域差异、群体差异及其基本特征的专著。以上提及的专著均为或多或少运用社会文化史的理念进行历史研究的学术著作。我们看到在《生活方式》之前，李长莉还运用社会文化史的理念编撰和著述了两本学术著作，这对我们阅读和理解《生活方式》，是要特别关注和有意义的。

国内社会文化史的兴起既与中国史学自身深入发展的结果有关，又与西方史学思潮和史学流派的影响有关，是两方面共同影响的结果。近些年来西方新文化史、新社会史、心理史、心态史、思想史、心智史、观念史先后传入中国，在中国史学界产生了广泛的影响，尤其对中国社会史、文化史、社会文化史影响更大。从某种意义上说，上述西方史学与中国社会文化史有着千丝万缕的联系。上述西方史学虽然也有各自不同的流派，不同流派的学术观点也有着明显的差异，但是其基本特征还是可以把握的。新文化史是20世纪七八十年代以来，西方史学出现的新方法和新领域，是史学研究的一次“语言转向”或“文化转向”。是对“新史学”和社会史的反动。从喜怒哀乐、身体发肤，到衣食住行、生老病死，无不吸纳和囊括其中。新社会史是“二战”以后兴起的，把历史和历史过程作为一种结构整体来研究，是对传统史学的一种反动和修正，是历史研究的重大转向。心理史是19世纪末、20世纪初出现的，是以自觉地运用心理学的理论和方法进行历史研究的史学流派。它以弗洛伊德精神分析学说为理论基础，用精神分析学和历史学相结合的方法来研究个体和群体的生活。心态史是60年代心理历史学的一次转变，它是研究过去民众的集体意识或集体精神状态演变的史学流派。思想史出现在19世纪末，它是指对过去的思想家、哲学家、政治家和神学家以著作和作品的形式明确表达的宗教思想、哲学思想和政治思想等进行的研究，它的研究对象是精英的思想活动及其成果。心智史兴起于20世纪30年代，是以民众文化、信仰和潜意识（包括感情、集体精神）为研究对象。观念史出现于19世纪末，是对人们的观念、思想的内在世界的研究。上述西方史学流派，关注的史学问题主要包括：普通民众的生活，大众文化，日常生活，“底层的历史”，运用跨学科的研究方法，微观史学，民众思想和观念等等，这些新的领域增加了史学研究的门类，扩展了史学研究的范围，扩大了史学研究的对象，无疑对中国史学研究或多或少会产生一定的影响。我们也发现社会文化史研究的路数很多是与其相类似的。

社会文化史的“视角”与“方法”，这样两个概念在研究社会文化史的初始阶段，似乎可以不加严格区分地混用。一方面，仅凭大致的感觉，视角和方法两者之间有相通之处，也有紧密的联系，正像李长莉所言，“社会文化史研究的独特角度主要还是要靠研究方法来体现”，① 从这个意义上，我们可以只求其两者的相似点。另一方面，社会文化史作为人文科学的新领域，人们处于探索之中，在这一阶段，稚嫩多，成熟少，概念相对模糊也在情理之中。但是随着科学研究的不断深入，随着问题意识的逐渐清晰，要求概念的科学性就会越来越高。进入这个阶段

① 李长莉：《社会文化史：一门新生学科——“社会文化史研讨会”纪要》，《社会学研究》1993年第1期。

以后，我们再回头品味“视角”和“方法”，两者的异点会逐渐凸显，所以分辨两者的不同就会产生重要的意义。事实上“视角”和“方法”还是两个不同的概念。我猜测，李长莉在使用社会文化史视角和方法这两个概念的时候，她是有其各自的侧重点和自己的区分的，她曾说：“凡是从文化史的视角来研究历史上的社会问题，用社会学的方法来研究文化问题，都可称为社会文化史。”① 可见，她这里使用的“视角”和“方法”完全是两个不同的概念，只是她没有特别地界定“方法”具体指的是什么，“视角”又具体指的是什么而已。此外我认为目前还是应当把社会文化史看作一种研究视角比较实际，视为新学科还不成熟，我赞赏刘志琴先生的意见，她说：“一门学科的建立，需要一代人，或几代人的努力。现在说它已经成为一门独立的交叉学科，看来还为时尚早，因为一些基本的理论和方法问题并未解决”。② 但是现在是要区分“视角”和“方法”两个不同概念的时候了。视角是要寻找对象和问题，视角不同寻找的对象和问题是不同的，说社会文化史是个视角，就是说，我们要对站在这个视角寻找到的问题和对象进行阐释和说明，进行社会文化史的解读，所以视角是要解决理论问题。我们平时说的社会文化史的理论问题云云，实际上是要通过视角的途径来解决的。方法主要指研究社会文化史所要采取的具体手段，包括某些史学的方法，也包括某些其他人文社会科学的方法，应当还包括新创造的某些方法等等。社会文化史的研究成果，实际上是要通过方法的途径来完成的。

《生活方式》在运用社会文化史的视角和方法上做了探索和尝试，这种探索和尝试有很多成功之处，给学界留下了诸多启示。

① 左日非：《“近代中国社会生活与观念变迁”学术研讨会综述》，《近代史研究》2002 年第 2 期。

② 左日非：《“近代中国社会生活与观念变迁”学术研讨会综述》，《近代史研究》2002 年第 2 期。

二、概念与理论

《生活方式》一书的重要概念是“生活方式”，说起生活方式不能不提及李长莉的另一本著作《生活与伦理》，它可以视为《生活方式》的姊妹篇。之所以把两本书看作姊妹篇，不但是《生活与伦理》虽然以上海为个案，但与《生活方式》一样，讲述了服饰变迁、洋货流行、享乐崇奢、交通照明工具进步等社会生活的内容，同时两本书还都把“生活方式”作为自己研究历史的一个重要视角。可以说李长莉的历史研究与“生活方式”这个主题概念息息相关。在《生活与伦理》引言的第一部分，就频频出现“生活方式”这个概念，而且它还成为引言第二部分标题和结语第一部分标题的关键词。但是我们注意到，《生活与伦理》并没有给“生活方式”作严谨的科学界定，还只是从外围来描述它。《生活与伦理》一书最近的距离是谈生活方式的形成问题，书中说：“一个社会的人们，在一定的自然与社会环境与生活状态下，由生活经验的积累，知识和智慧的凝结，形成一定的生活方式”。① 书中还阐述了生活方式的三个层面，即物质的、社会的、文化的三个层面，并对这三个层面做了具体地描述。② 作者在这里并非单纯地关注生活方式，而是把生活方式与社会伦理联系起来，作为一种探索历史的新视角，进而来探索中国社会近代化变革的一系列中介、机制等关键性问题，这是一种深层的探索，是一种根源的追究，正如作者所言：“中国社会近代化的变革，其最广泛、最深刻、影响最为深远的体现，以及促使中国走

① 李长莉：《晚清上海社会的变迁——生活与伦理的近代化》，天津人民出版社 2002 年版，第 7 页。

② 李长莉：《晚清上海社会的变迁——生活与伦理的近代化》，天津人民出版社 2002 年版，第 7 页。

上自己独特的近代化道路的内在根源，应当是在民间社会，是存在于民众普遍的生活方式和社会伦理从传统向近代的转变之中”①。我认为运用这样的视角研究历史的确是一种新的尝试，“在以往史学家给我们描绘的中国近代化图景中，我们很少看到普通中国人的活动，很少看到人们日常生活及生活方式的变化，更很少看到影响这些生活变化背后的伦理观念的变化，以及这些普通人在当时生活变动中的所见所闻，所言所行，以及所感所思。”② 这种尝试实质是探索生活方式和社会伦理这互为表里、相互契合的历史事象在中国社会近代化变革中的一种特殊意义、价值和作用，这种研究的独到之处在于它可以从历史的一个重要层面来反映历史变迁的本质。刘志琴在评介《生活与伦理》一书时也充分肯定了这一点，“作者把生活方式的变化，对传统观念形成的冲击和潜移默化的影响，归结为社会伦理的演变。……是我读这本书的一得”。③

《生活方式》与《生活与伦理》比较，研究可谓又进了一步，这在科学概念上就有明显的体现。前者对“生活方式”的概念从学理上作了明确的界定，《生活方式》指出：“生活方式就是一个社会的人们，在一定的历史时期和社会环境中，利用和摄取生活资源以维持并寻求改善生活的方式，是依一定的社会条件所形成的具有一定稳定性、普遍性和典型性的日常生活及度过闲暇的方式”。④ 这个界定有两个基本的含义，其一，生活方式是维持和改善生活的方式，其二，生活方式是日常生活和闲暇的方式。我们还注意到，这个定义里还有“社会环境”和“生活资

① 李长莉：《晚清上海社会的变迁——生活与伦理的近代化》，天津人民出版社 2002 年版，第 4 页。

② 李长莉：《晚清上海社会的变迁——生活与伦理的近代化》，天津人民出版社 2002 年版，第 3 页。

③ 刘志琴：《序：观念源于生活》，见李长莉《晚清上海社会的变迁——生活与伦理的近代化》，天津人民出版社 2002 年版，第 5 页。

④ 李长莉：《中国人的生活方式：从传统到现代》，四川人民出版社 2008 年版，第 2 页。

源”这样两个重要概念。作者对“社会环境”没有界定，但阅览全书，我体会作者所说的“社会环境”包括“政治环境”、“经济环境”和“文化环境”等等方面，而环境的本质是“人”。那么“社会环境”就包括政治人、经济人、文化人等等。如果我的这种理解并不准确或完全发生了错误，那么读者就非常希望作者能在书稿中对“社会环境”作出一个明确的指向，以免读者对“生活方式”的理解产生歧义。作者对“生活资源”的概念有这样的表述：“人都生活在一定的社会环境里，这个社会的物质条件、生产方式、社会制度及文化习俗等构成了人们的生活资源”。① 从广义的角度来理解生活资源，这样的表述是全面的，也有助于我们对生活方式的认识。

《生活方式》对“生活方式”还有另一种表述，指出“生活方式是人们的物质生产、社会建构和文化创造等文明成果，最终落实到人们的日常生活而被人们享用的具体样式”②。乍看起来，在前后不到五百字的范围内，论著里就出现了两个“生活方式”的定义，这好像容易产生认识理解上的混乱。在我仔细品读了之后，并没有因前后表述有异而产生概念含糊不清或前后矛盾的感觉。认真品味，我认为第一个界定是指在具体历史时期内对“生活方式”的含义所作的表述，第二个界定是指在整体历史时期内对“生活方式”的含义所作的表述。一个从具体的时段着眼，一个从整体的时段着眼，而两者的统一之处就在于：前者具体的时段可以指任何的一个社会时段，后者的整体时段也可以指任何的一个社会时段。如果我们看到了这样的统一，也就可以理解前后两个定义的不同表述了。

《生活方式》在有些命题的推演过程中，还是有些值得商榷的地方。比如作者指出：“生活方式是人作用于客观世界的创造物，属于文

① 李长莉：《中国人的生活方式：从传统到现代》，四川人民出版社 2008 年版，第 1 页。

② 李长莉：《中国人的生活方式：从传统到现代》，四川人民出版社 2008 年版，第 2 页。

化的范畴”，“一个社会中人们的生活方式，是决定其社会制度与价值观念的基础”。[①] 生活方式作为文化的范畴，或曰作为文化的一种表现形式，生活方式不能成为社会制度的基础，生活方式与社会制度是互动关系，而不是基础关系。生活方式也不能成为价值观念的基础，生活方式与价值观念亦是互动关系，也不是基础关系，因为文化决定文化，从哲学上是不能作这样的表述的。这也可能是我与李长莉在学术见解上的差异，当然作者可能另有深意，所以作者还可以作进一步的回应和讨论。在命题的推演过程中，还有一处值得商榷。作者在谈到生活方式是文化传统民众化、大众化的表现形式以及生活方式是文化传统价值思想理念的外化体现时，又进一步指出：“一般而言，文化传统可以区分为以文字传承为代表的精英文化和以生活方式为代表的世俗文化。书本文字是精英文化的主要载体，生活方式则是世俗文化的主要载体”。[②] 作者讲的是“一般而言”，一般的这样认识也是可以的。我之所以提出商榷，与我对“社会文化史”的理解有关。我认为“社会文化史是研究社会生活与其内在观念形态之间相互关系的历史”，[③] 与一些学者不同，我不认为社会文化史仅仅是研究社会下层或大众生活的历史。社会生活与观念形态既包含着精英阶层，也包含着大众阶层，所以社会文化史不是仅仅研究大众生活的历史。由于时间与空间的差异，“大众”和“精英”的含义也在转化，我们注意到，“大众”和“精英”两者之间并不能独立存在，它们互相衬托、互相依存、互相体认、互相启示、互相观照、互相包含。所以研究社会文化史既不能脱离大众，也不能忽视精英。从这个意义上讲，李长莉所说的与精英文化相对应的世俗文化应该指的是大众文化。那么生活方式仅仅代表世俗文化而不代表精英文

① 李长莉：《中国人的生活方式：从传统到现代》，四川人民出版社 2008 年版，第 2 页。

② 李长莉：《中国人的生活方式：从传统到现代》，四川人民出版社 2008 年版，第 2 页。

③ 梁景和：《关于社会文化史的几个问题》，李长莉等主编《近代中国社会与民间文化》，社会科学文献出版社 2007 年版，第 4 页。

化吗？生活方式仅仅是世俗文化的主要载体而不是精英文化的载体吗？我认为不是。在特定时期、地域和人群中，具有共性的生活方式既反映大众生活也反映精英生活，而具有个性的细微生活方式不但大众与精英之间可能不同，大众之间、精英之间可能也会不同，个体与个体之间都可能有差异。同理，生活方式既是大众文化的载体，也是精英文化的载体。

《生活方式》一书最基本的理论概念是“公共生活领域”。看到这个概念自然会联想到这些年来国内外学术界倡扬的“公共领域”理论。“公共领域”是由德裔政治哲学家汉娜·阿伦特始创，20 世纪 60 年代初哈贝马斯在汉娜·阿伦特研究的基础上又做了系统的阐述。20 世纪 80 年代，哈贝马斯的理论开始风靡全球，显示出日益强劲的学术影响力，并成为一种有效的分析工具和一种独特的理论派别。关于中国“公共领域”的研究是从美国的中国问题研究专家开始的。① 还有一些外国学者在学术研究中运用了“公共领域”的理论。② 中国学术界对本国“公共领域”的研究大约始于 20 世纪 90 年代以后，它涉及历史学、政治学、社会学、法学等多个领域，一批学者为将这一理论资源予以本土化而做出了积极的努力。③ 而李长莉“公共生活领域”的理论旨趣和理论内涵如何，这是我们的兴趣所在。

李长莉的“公共生活领域”理论与国内外学术界倡扬的“公共领

---

① 美国学者罗威廉80年代初出版的学术专著《汉口：一个中国城市的商业和社会（1796—1889)》和《汉口：一个中国城市的冲突与社区（1798—1895)》，两书均以汉口为例，试图证明中国近代“公共领域”的雏形已经出现。

② 例如冉玫铄在《精英行动主义与中国政治变革：1865—1911 年的浙江省》一书中使用了“公共领域”的理论；大卫·斯特拉德在《北京人力车夫：20 世纪 20 年代的城市人和政治》一书中也自觉在谈城市中的各种公共活动。

③ 诸如马敏著《官商之间：社会巨变中的近代绅商》，天津人民出版社 1995 年版；朱英著《转型时期的社会与国家——以近代中国商会为主体的历史透视》，华中师范大学出版社 1997 年版；邓正来著《国家与社会——中国市民社会研究的研究》，中国政法大学出版社 1997 年版；王日根著《明清民间社会的秩序》，岳麓书社 2003 年版等。

域”理论，在表述形式上多添加了一个词语“生活”，这可能就是其理论的特色所在。在我看来，“公共领域”理论的本质是政治文化理论。无论是汉娜·阿伦特、还是哈贝马斯，他们谈论“公共领域”的旨归是政治现象、政治领域、政治理论和政治哲学。这种理论的提出与他们提出这种理论之前所经历的时代有关，更与纳粹的极权统治和法西斯的极权政治息息相关。汉娜·阿伦特之所以要思考和建立“公共领域”理论，是要把极权主义破坏和摧毁的人类公共生活和公共领域重新建立起来，使孤独的人不再孤独，重新与公共世界联系起来，恢复人的生存、自由、民主、人权和人性。哈贝马斯建构“公共领域”政治哲学思想的旨归也同样是要以此作为批判的武器，向晚期资本主义和一切不合理的人类政治秩序发起攻击。所以说，“公共领域”理论的核心价值是政治、是权力、是人的权力、是人的生存状态。而李长莉的“公共生活领域”理论的本质是社会文化理论，是与“公共领域”不同的理论概括。

李长莉的理论旨趣是对“公共生活领域”这一概念的提炼以及这一概念在《生活方式》一书中的基本意义。《生活方式》一书最能体现理论色彩的是“引言”和“结语”，一方面作者在“引言”拟定了这样的标题：“近代社会转型与生活方式变迁——‘公共生活领域’的形成”，她直接抛出了“公共生活领域”的理论概念，另一方面在“结语”中进一步阐述了“公共生活领域”的理论特征。“公共生活领域”这一概念作为该书的理论核心必将引起读者的特别关注。那么这一概念在《生活方式》一书中的基本意义是什么呢，其实作者通过多方面和多角度的阐述，已经给了我们一个明确的回答。李长莉是用“现象”、“标志”、“形态”、“主线”、“阶段”、“标示”等词义来强调“公共生活领域”在该书中的基本意义的。作者用“现象”阐释“公共生活领域”的基本表述是：人类社会经历着从农业社会向工业化社会的转型，从而使人们的生活方式出现新趋向，由此产生的一个重要“现象”是：“人们的日常生活由以往地域性、自足性、家庭村社式的分散型生活领域，日益扩展形成市场化、社会化、大众化的‘公共生活领域’”。[①] 这个“现象”讲的是生活领域的形成变化，突出的是形成变化的过程和结果。作者用“标志”阐释“公共生活领域”的基本表述是：近代中国人生活方式发生变化，由传统小农生活方式向近代工商业为主导的生活方式演变，其主要“标志”就是“市场化、社会化、大众化的‘公共生活领域’逐步生长形成”,[②] 这个“标志”还是讲生活方式变化的结果，突出的是这个结果就是新生活方式的标志。作者用“形态”阐释“公共生活领域”的基本表述是：从晚清到民国，人们的生活方式和社会面貌与传统相比已经有了根本性与趋向性的改观，初步形成了市场化、社会化、大众化的“公共生活领域”，“形成了城乡二元化的生活方式结构，这就是中国人近代生活方式的基本形态”。[③] 这个“形态”还是讲生活方式变化的新结果，突出的是这个结果具有“城乡二元”的新特征。作者用“主线”阐释“公共生活领域”的基本表述是：考察近代生活方式变迁的诸多内容，是“以市场化、社会化、大众化‘公共生活领域’的形成为内在主线，以求揭示社会生态、生活方式、社会观念之间的互动关系”。[④] 这个“主线”还是讲生活方式变化的过程和结果，突出的是社会文化视角下诸多因素的互动及其互动的结果。作者用“阶段”阐释“公共生活领域”的基本表述是：中国人生活方式由传统向近代的转变，大致经历了两个阶段，第一阶段由 19 世纪 40 年代，直至 1900 年庚子之变，为生活方式的初变、渐变与局部变化阶段，“开始萌生局部性、畸形化的‘公共生活领域’”；第二阶段自 1901 年清廷开始实施新政，到民国初的 20 世纪 20 年代，是生活方式剧变与全面性转变阶段，“初步形成了市场化、社

① 李长莉：《中国人的生活方式：从传统到现代》，四川人民出版社 2008 年版，第 3—4 页。

② 李长莉：《中国人的生活方式：从传统到现代》，四川人民出版社 2008 年版，第 5 页。

③ 李长莉：《中国人的生活方式：从传统到现代》，四川人民出版社 2008 年版，第 7 页。

④ 李长莉：《中国人的生活方式：从传统到现代》，四川人民出版社 2008 年版，第 12 页。

会化的‘公共生活领域’”。[①]这个“阶段”还是讲生活方式变化的过程和结果，突出的是变化过程中不同阶段的不同特征。作者用“标示”阐释“公共生活领域”的基本表述是：“一个传统社会向现代社会转型过程中，人们的日常生活形态和生活方式，是否形成了市场化、社会化、大众化的‘公共生活领域’，其成长状况及程度如何，是反映这个社会生活方式近代化转变及公民社会发展程度的一个标示”。[②]这个“标示”还是讲生活方式变化的过程和结果，突出的是这个结果的价值与意义。当我们通过大量的引文来理解《生活方式》一书中“公共生活领域”这一理论概念的基本意义的时候，我们已经明显感觉到，“公共生活领域”这一概念是对近代中国人生活方式变化过程和结果的高度概括。正是这样的认识让我们体会到，《生活方式》一书所揭示的“公共生活领域”这一理论概念恰好是对本书主题（书的标题）的回应——“中国人的生活方式：从传统到近代”。“从传统到近代”讲的就是生活方式的变化过程和结果，那么生活方式变化的过程和结果是什么呢？就是作者提炼出来的理论概念——“公共生活领域”。其实作为读者非常希望作者能够非常集中和明确地给“公共生活领域”以一个一目了然的科学界定，这对读者来说更便于阅读和理解。当然作者并没有这样做，作者是按自己的叙述方式进行论述的，作者对于“公共生活领域”的基本意义是通过通篇的论述进行阐释的。这样做，有其正面意义，诸如读者阅读起来不乏味，可以有独自思考的余地，也许能带来创造性的思索或新见。但是反过来也存在问题，这在下文我们会有所涉及。

李长莉“公共生活领域”理论内涵的一个基本内容就是上文我们谈到的“公共生活领域”理论的基本意义，即“公共生活领域”是近代中国人生活方式变化的一个过程和结果。但这个过程不是一条线，这个

---

① 李长莉：《中国人的生活方式：从传统到现代》，四川人民出版社2008年版，第5—6页。

② 李长莉：《中国人的生活方式：从传统到现代》，四川人民出版社2008年版，第4页。

结果也不是一个具体的实心物，它们是一个“场域”，这与我们平时理解的过程和结果是不同的。我们强调生活方式变化过程和结果的“场域”形态，就是要突出近代中国人生活方式变化的过程和结果所具有的独特性。而这个独特性就在于它的“场域”——空间三维性上，即变化的内容多，形式多、状态多、维度多。诸如这种变化包括生活日用、交通通信、服饰服制、休闲娱乐、文化生活等内容，包括消费方式、休闲方式、通信方式、交通方式、服饰样式等形式，包括城乡一体到二元结构、市场化、社会化、大众化的生活等状态，包括社会结构、社会环境、文化观念等维度。这些综合性、立体性的社会变化只能在“场域”里进行，在“公共生活领域”的空间中进行。

“公共生活领域”理论内涵也包括对中国人生活方式近代化变迁轨迹的廓清。作者认为，中国人的生活方式“经过19世纪后半叶以通商城市为中心的初变、渐变和局部变化，到20世纪初清末民初时期以全国城市为中心的制度化、系列化、急剧化、普遍性的变化，中国人的生活方式由传统城乡一体化的小农家庭村社形态，演变为近代城市市场化、社会化、大众化‘公共生活领域’为主导、以乡村传统生活为主体的城乡二元结构形态，标志着中国人的生活方式从传统农业生活方式向早期近代工商业化生活方式的转变”①。这种转变“虽然发展程度不一，往往新旧交织，但它们相互连结而共同构成了结构层次不均的初步市场化、社会化和大众化的‘公共生活领域’，并且成为社会生活的主导和趋向，标志着中国人主导生活方式的近代转型”。② 这就把中国人生活方式近代化变迁的轨迹厘清了。

“公共生活领域”理论内涵还包括对中国人生活方式近代变迁机制的认识。这个机制主要包括四个方面，即启动原因、诱导因素、关键动

① 李长莉：《中国人的生活方式：从传统到现代》，四川人民出版社2008年版，第694页。
② 李长莉：《中国人的生活方式：从传统到现代》，四川人民出版社2008年版，第694—695页。

力和内在文化依据。启动原因是指社会生态的变化；诱导因素是指生活资源优势的转移；关键动力是指社会制度的变革；内在文化依据是指传统实用生活伦理。其中决定生活方式全面转型的关键是制度变革。①

“公共生活领域”理论内涵同时包括对中国人生活方式近代变迁所产生的文化效应的总结。主要体现三个方面：其一，形成了社会心理阴影。中国人生活方式的近代化演变，带有比较明显的“西方化”、“西洋化”，或仿效西方的色彩，从而滋生了或显或隐的崇洋心理和民族虚无主义，使人们的社会心理摇摆于崇洋心理和民族主义之间，成为影响所有社会文化变革的社会心理阴影。其二，新式与传统的生活方式并立，新进与守旧的文化观念并存。近代社会生活方式的变化极不平衡，造成城乡、上下、贫富、新旧之间的“极差”很大，显现的是新式与传统生活方式的并立共存。这样的两元生活方式作为一种社会存在，成为多种文化观念生存的温床，进而造成新进与守旧文化观念的并存共立。其三，形成近代价值观念体系。“公共生活领域”的形成，成为近代价值观念产生的土壤和催生器。在近代“公共生活领域”的土壤里，产生了发展工商和科技的重商观念，这是近代社会的基本观念；产生了自由、平等、自主、权利、民主的观念，这是近代社会的核心观念；产生了集体意识和规则意识，这是近代社会公民的基本素质；产生了公共舆论和公共意志，这是公民社会民主制度的基础。②

“公共生活领域”理论内涵的基本内容除上述之外，它还有一个基本特征，那就是它的“社会文化理论”的本质特征。前文我们有过交代，指出“公共领域”理论的本质是政治文化理论，而“公共生活领域”理论的本质是社会文化理论。之所以强调“公共生活领域”理论的本质是社会文化理论，是因为它所涵盖的主题主要是社会生活和生活方

① 李长莉：《中国人的生活方式：从传统到现代》，四川人民出版社 2008 年版，第 695 页。

② 李长莉：《中国人的生活方式：从传统到现代》，四川人民出版社 2008 年版，第 696—698 页。

式。而中国近代新生活方式即“公共生活领域”的形成与扩展，改变了人们的相互关系，形成了现代公民社会的生活基础，“使人们作为相对独立自由的个人，共享一定的跨时空的公共空间，享有共同的生活和休闲方式，参与一定的公共生活并相互交流，形成相近的生活意愿和公共意志，并可以通过一定的途径予以公开表达，从而对公共生活的管理产生影响”。[①] 这其中陈述的意义均是社会文化的主旨，所以“公共生活领域”理论的本质特征是“社会文化理论”。但是它与具有政治文化理论本质特征的“公共领域”理论还是有相通之处的，即“公共生活领域”理论追求自由、平等、民主的现代价值观的本质也是追求人的权利。只不过它不是直接的要求，而是间接的效用。政治文化是零距离融入政治，社会文化是远距离透视政治，如此而已。

以上是我对《生活方式》一书理论概念的粗浅理解，可能与《生活方式》论证的实际情况不完全符合，也许有认识理解的相左之处。“公共生活领域”作为贯穿《生活方式》一书中的理论概念，它有自己基本的理论框架（特指“公共生活领域”理论的基本意义），其理论阐述也比较完整（特指“公共生活领域”理论内涵的主要内容），使我们在认识和理解近代中国人生活方式变迁的过程中，能够抓住要领，透视本质，把握规律。然而《生活方式》一书的理论阐述还存在一个不大的缺憾，就是对“公共生活领域”的理论及其内涵还缺少一个鲜明的直接的合乎理论阐述规范的理论概括。当然我们说作为历史学著作与纯粹的理论著作不同，纯理论著作就是要直接提出基本概念、再进行界定，然后还要逻辑的推理和论证。而历史学著作可以把理论渗透到历史的叙述当中，我们再通过阅读后的品味，从而体悟其中的理论魅力。但是这不意味着历史叙述过程中就不要画龙点睛，也不意味着涉及理论论述时就不要逻辑分析。鲜明的直接的合乎理论阐述规范的理论概括还是必要

① 李长莉：《中国人的生活方式：从传统到现代》，四川人民出版社 2008 年版，第 4 页。

的，只有这样，我们在把握理论概念时才会产生一种畅然和淋漓尽致的感觉。否则会感到阻塞，感到疲惫。设想《生活方式》如果鲜明地进行一些必要的阐述，可能“公共生活领域”的理论概念与社会文化转型、社会公共文化空间、生活方式变迁等概念的内在逻辑关系就会显得更加清晰、更好把握、更好理解。《生活方式》如果鲜明地进行一些必要的阐述，也会避免一些论述上的分散与重复。

三、结构与逻辑

《生活方式》一书的核心概念是“生活方式”，这本论著也是以这一核心概念来设计结构的。在继续论述之前，我想重提社会生活与生活方式两者之间的关系问题。两者是否一个概念？两者是否有一定的联系？对这样的问题进行判断并不困难，显然两者不是一个概念，两者之间有紧密的内在关系。关于这两个问题，李长莉没有作为问题提出过，她主要谈生活方式问题，并以此为中心展开论述。个别学者曾粗略地谈过两个概念之间的关系，但没有做深入的讨论。比如有学者认为社会生活包括若干层次，而生活方式是其中的一个层次。① 这样的解释作为一种学术观点是可以讨论的。我前文初步提出，社会生活与生活方式是一个事物的两种形态或称作两种表现方式，两者是内容与形式的关系，即社会生活是生活方式的具体内容，生活方式是社会生活的表现形式。社会生活的内容随着社会的变化而有所变化，随着社会的发展而有所发展，而这些变化和发展是通过生活方式的变化和发展来体现的。从这个意义上讲，从“生活方式”这个层面和视角来研究社会文化史是合乎历史本身的逻辑的。

① 兰久富：《价值观念的社会生活根据》，《北京师范大学学报》1993 年第 5 期。

关于“生活方式”的界定，李长莉作了深入地探索工作，我认同她对“生活方式”概念的提炼和概括。根据生活方式这一核心概念，该书设计了自己的篇章结构，除引言和结语部分外，主要建构了六大篇章，即生活空间、生活日用、交通通信、衣服装饰、休闲方式、文化生活等。阅读全书可以理解这样的设计反映了研究近代生活方式本身的一种内在逻辑：

其一，抓近代生活方式变化的主要方面。生活方式所涉及的范围极为广泛，它与社会生活的内容相对应，并随着社会生活内容的发展变化而发展变化。历史有两条最基本的形态，一种是常态，一种是动态。而研究历史，既要研究常态的历史，也要研究动态的历史。常态的历史是指相对地长时期基本不变的历史状态，动态的历史是指相对地不同时期变化着的历史状态。历史研究更多的是在研究动态的历史，目的是用以把握不同历史时期的时代特征及其历史变迁的基本规律。《生活方式》也是在研究动态的历史，它选择的不是一般形态的生活方式，而是在近代社会发生凸显变化的六大方面的生活方式，这些方面变化之大，对社会变迁影响之大都是显而易见的，其研究的学术价值可想而知，为什么《生活方式》把对生活方式的研究作为该书的主旨上升到近代中国社会文化转型的高度来认识，也就可以理解了。

其二，抓近代生活方式变化的主要特征。通过全书的论证，可以看到近代中国生活方式变化所表现出来的是市场化、社会化、大众化、商业化、城市化以及某些畸形化等诸多特征。认识这些特征有助于理解近代新生的生活方式所内存的正面价值及其负面价值。本书为何多处用大量的文字阐述社会文化效应，就是旨在探索近代生活方式所内存的正面价值及其负面价值，即探索近代社会文化发展的深层运动。

以上是从该书的结构来认识该书的逻辑的。该书的逻辑还体现在其他两个方面。

1. 语言叙述的逻辑。语言叙述的功能不仅在于要把内容阐述清楚，而且能让读者体会到语言叙述的一种逻辑魅力。《生活方式》一书在语言叙述方面体现着一种内在的逻辑，主要表现在如下两个方面。其一，语言叙述的高度概括性。洋洋五十余万字的专著，能在高度概括的层面上进行阐述，集叙述、论述和概述于一体，并能达到有机结合的程度，这是研究进入深层的反映。这与一般社会文化史的专著或论文往往采用扩展叙述的语言风格是不同的。高度的概括浓缩了大量的历史内容，内含着大量的学术研究信息，反映着极强的专业性，这是站在学术前沿位置的体现。之所以把语言叙述的高度概括性视为一种逻辑，是这种进入深处的学术专著正应该具备的表述特征。这种语言叙述的高度概括处处体现着，诸如对传统乡村和城市生活特点的叙述，① 对华洋杂处空间环境的叙述，② 对城市生态与市民生存方式变化的叙述，③ 对日用消费与市场的叙述，④ 等等。语言叙述的高度概括在该书随处可见，上述仅举几例而已。其二，语言叙述的承前贯通性。这是指该书在阐述近代生活方式演变的过程中，把相关传统生活方式的来龙去脉作了认真的梳理并作了必要的交代，使读者真正体会到传统生活方式与近代生活方式的迥然不同，进而感悟近代社会文化转型的表象、载体和内涵所在。语言叙述的承前贯通性在该书表现得非常充分，诸如传统的生活日用，⑤ 传统的照明方式，⑥

---

① 李长莉：《中国人的生活方式：从传统到现代》，四川人民出版社 2008 年版，第 14—23 页。

② 李长莉：《中国人的生活方式：从传统到现代》，四川人民出版社 2008 年版，第 28—36 页。

③ 李长莉：《中国人的生活方式：从传统到现代》，四川人民出版社 2008 年版，第 55—65 页。

④ 李长莉：《中国人的生活方式：从传统到现代》，四川人民出版社 2008 年版，第 139—142 页。

⑤ 李长莉：《中国人的生活方式：从传统到现代》，四川人民出版社 2008 年版，第 83—84 页。

⑥ 李长莉：《中国人的生活方式：从传统到现代》，四川人民出版社 2008 年版，第 123—125 页。

传统的交通与出行方式，[①] 传统的等级服制与习俗，[②] 传统的家庭村社式休闲方式，[③] 传统的戏曲娱乐形式，[④] 等等。语言叙述的承前贯通性作为一种叙述逻辑，表现了该书前后内容的完整性。

语言叙述的逻辑是为内容服务的。在《生活方式》中，有两处的叙述内容还是要讨论一下。第一，废缠足问题。身体发肤作为人体的外表体貌，具有一定的外观装饰意义，作者把留辫、剪辫和缠足、废缠足放在衣服装饰一章中进行阐述是可以的。近年来研究缠足和废缠足的学术专著和论文不少，在此基础上要有所突破困难较大。《生活方式》用了两万字的篇幅探索了这个问题，[⑤] 在叙述的完整性和突出重点等方面作出了贡献，然而研究的突破之处却不明显，作为对研究内容的一种叙述逻辑而言，这是需要进一步创新的。第二，文明新戏问题。从艺术史、戏剧史、文化史和思想史的角度看，近年来研究文明新戏的成果很多，不但涉及文明新戏的引进和发展状况，也包括它与开启民智关系的研究。[⑥]《生活方式》也专门开设“文明新戏开民智”一节来阐述文明新戏与开民智的关系问题，[⑦] 但是本节深层次的挖掘还显得不够，诸如

① 李长莉：《中国人的生活方式：从传统到现代》，四川人民出版社 2008 年版，第 164—171 页。

② 李长莉：《中国人的生活方式：从传统到现代》，四川人民出版社 2008 年版，第 244—259 页。

③ 李长莉：《中国人的生活方式：从传统到现代》，四川人民出版社 2008 年版，第 390—398 页。

④ 李长莉：《中国人的生活方式：从传统到现代》，四川人民出版社 2008 年版，第 531—535 页。

⑤ 李长莉：《中国人的生活方式：从传统到现代》，四川人民出版社 2008 年版，第 357—388 页。

⑥ 参见陈白尘等主编《中国现代戏剧史稿》，中国戏剧出版社 1989 年版；葛一虹主编《中国话剧通史》，文化艺术出版社 1990 年 5 月版；梁景和《清末国民意识与参政意识研究》，湖南教育出版社 1999 年版等。

⑦ 李长莉：《中国人的生活方式：从传统到现代》，四川人民出版社 2008 年版，第 558—565 页。

对文明新戏这样一种新生活方式人们如何看待它，对它有何诸多的特殊和深层感受，特别是对文明新戏和传统戏剧有哪些不同的看法和价值判断，如何影响着人们的休闲生活等等。只有对问题进行诸如此类的深入探讨，创新研究的叙述逻辑就会进一步彰显了。

这里还有一个问题，即第五章与第六章的关系问题。第五章谈休闲方式，第六章谈文化生活。第五章是从家庭村社休闲与公共商业休闲的视角谈休闲方式，第六章是从大众文化的兴起谈文化生活。就是说《生活方式》第五章和第六章的叙述角度和侧重点是明确的。但是进一步叩问，休闲方式是否包括相关的文化生活，文化生活是否也涵盖相关的休闲方式？两者是分离关系还是交叉关系？显然是交叉关系。如果这样，就要对休闲方式和文化生活有一个明确的界定或说明，以便读者对休闲方式和文化生活有一个学理的把握，而不至于混淆两者的本质差异，使读者陷入叙述逻辑以外的怪圈当中。

2. 三个中心概念之间的逻辑。李长莉把《生活方式》看作是运用社会文化史的方法和视角来考察历史的一部专著。按照她以往的学术观念，社会文化史的方法或视角的重心就在于考察探索和研究社会、生活与观念之间的相互作用和相互影响，即它们之间的互动关系。在《生活方式》的“引言”中还有几处表述，诸如该书是“力图从社会变动、民众生活方式、社会文化观念三者互动的视角，对民众生活方式变迁的机制与意义作文化的观照，因而这是一种新的研究视角”[①]；该书以求“揭示社会生态、生活方式、社会观念之间的互动关系，生活方式变化所产生的社会文化效应，给广大民众的生活和观念带来的深远影响等”[②]。以上表述在用词上个别地方有些许差异，但就整体意义上并没有本质的差别。还是要强调说明该书要探索社会生态、生活方式、社会观念三个中

① 李长莉：《中国人的生活方式：从传统到现代》，四川人民出版社 2008 年版，第 10 页。

② 李长莉：《中国人的生活方式：从传统到现代》，四川人民出版社 2008 年版，第 12 页。

心概念之间的逻辑互动关系。这样的探究在国内以往的学术研究中并不多见，或者说还没有像李长莉这样的自觉，所以说这是一次学术前沿的探究，是向学术处女地的开拓。

我们看到作者正是按照她既定的逻辑去展开学术探索的。作者明确指出："社会生态、生活方式、价值观念之间，形成一种相互作用、相互协调的关系，规范着人们过着相对稳定的物质生活、社会生活和精神生活。然而，当社会生态发生了某种结构性变动，与生活方式和价值观念之间的关系就会失调，往往会出现人们生活方式混乱，并进而引起社会矛盾、道德失范、观念冲突等种种失调现象，人们就要或主动或被动地适应社会生态的变化，原有的生活方式会发生某种调适与改变，以适应新情况下的生存需要。这种生活方式的变化，往往会改变人们的生活状态，并进而引起人们行为规范和价值观念的变化，从而使人们的物质生活、社会生活和精神生活的面貌大为改观。所以，生活方式实在是一个社会群体文明状态的集中体现，是连系着社会生态和人们精神世界的中介。而一个社会中，人们形成怎样的生活方式，不仅决定着人们的生活质量，而且也决定着这个社会的价值取向，并进而决定着这个社会的未来。"① 社会生态、生活方式、价值观念三个中心概念的变化以及它们之间的逻辑关系和相互作用影响也就成为《生活方式》需要探索的重要问题了。

《生活方式》注重探索社会生态的变化。在第一章中，作者就着重论述了城市社会生态的变化。清道光二十（1840）年，远从欧洲航海而来的英国发动鸦片战争，以坚船利炮打败了中国，迫使中国开口通商。此后，由大机器生产带动近代工商业蓬勃发展的西方列强接踵而来，竞相进入中国，开辟商埠，倾销商品，一批由进出口贸易带动起来的新型商业贸易城市兴起。这些通商城市具有新结构与新功能，打破了中国延

① 李长莉：《中国人的生活方式：从传统到现代》，四川人民出版社 2008 年版，第 3 页。

续千百年的以农业为基础、农村为主导的城乡一体传统格局，出现了与传统城市迥然不同的城市面貌和生活空间。在这些通商城市，中外商船穿梭往来，华洋商人汇合聚散，洋行商号并列街衢，中外商品运输集散。商业贸易的兴盛是这些城市的突出特征，商贸经济是带动通商城市繁荣发展的龙头，也是城市生活的重心。在这些新兴的通商城市里，华洋商人云集，各类洋行、商号、货栈、店铺、银行、钱庄、运输等商贸机构遍布街衢，形成繁华的商业中心区。通商城市的发展，也带来了人口的聚集和流动。使城市生态发生了变化，经济、政治和文化诸领域形成了资源优势。其一，城市的经济生态发生了明显变化，工商业发展形成强大的经济资源优势，使城市工商阶层和从业群体不断扩大。其二，城市的政治生态发生了明显变化，产生了新的政治和社会资源，吸引社会精英和各种人才聚集，形成了主导城市及整个社会政治生活的政、军、绅等社会精英阶层。其三，城市的文化生态发生了变化，产生了新的社会文化资源，知识阶层在城市里的生存方式也发生了变化。按作者的学术理念，社会生态发生了变动，生活方式就要发生某种调适与变化，所以进一步探索生活方式的演变不仅是该书的一个重要主旨和逻辑归宿，也是社会文化史视角的应有之义。

《生活方式》中通篇都在展现着生活方式的深刻变化。洋货的输入与流行，洋货之多涉及日用、衣物、食物、玩好、器物多种类别；机制日用品的增多，使贫富、上下阶层普遍购用，并由城市扩至乡村；钟表的使用提供了城市的近代工商活动和公共生活，增强了人们的生活效率；照明工具的进步，使人们能够更有效地利用夜晚时间，提高了时间利用率，同时为城市夜晚的公共生活提供了便利条件；交通方式的变化，人们出行更加快捷，舒适和方便，使大规模的工商业活动、跨地域的大市场及大范围的人口流动成为可能；电报、电话的应用，使中国人自古以来的信息封闭状态被打破，开始了异地信息共享、信息即时交流的新时代，中国人开始尝试近代社会大量快速信息交流的新生活；洋布的普及使城镇一般市民的日常衣着消费方式更趋市场化和大众化，使一般市民衣着习俗更具时尚化；女子放足，行走活动不再受小足的束缚和限制，行走活动能力大大提高，能够走出家门，走上社会，甚至不怵长途远行；妇女可以入戏园看戏，开始享受这种文化娱乐的权利，妇女看戏使戏曲观众增多，促进了戏园业更加兴旺；休闲娱乐活动日益大众化，促进了城市休闲娱乐业的发展；星期休息制度使人们的休息娱乐时间得到了保证，促进了社会交往与公共活动，有利于人们日常活动的计划性；游览公园，成为新式公共休闲活动，人们进入公园游览，或免费，或只收取低廉的入门费，一般市民都能承受。从此，公园不再只是有钱人才能入内享受的高档消费娱乐场所，而成为平民化、大众化的公共休闲之地，各个阶层的市民公众，都可以自由、方便地到公园游览娱乐；体育也成为休闲，近代以后，西方一些体育运动类休闲形式陆续传入，人们也开始有所接受，民国以后，无论城乡各级学校，举办运动会成为常态，一些机关也会举办，开运动会时往往邀请各界人士前往观看，成为当地的盛事。以上只言其大略，我们就已经感受到近代中国生活方式变化的范围之广、影响之大，而生活方式变化的意义在于它产生了社会文化的效应。这种效应实际是社会转型的体现，是近代文化转型的反映，也是社会进步的象征。

正是按照历史发展的内在逻辑，《生活方式》自然对社会文化效应的论述用心最力。作者在阐述生活方式的变革之后，都要对其社会文化的意义进行分析和剖示。诸如作者在叙述了新式交通工具的使用、洋布的普及、服饰僭越之风、服饰洋化和多样化、男子剪辫、女子放足、茶馆休闲文化的兴旺、戏剧娱乐市场化、晚清上海新文化空间等等之后，对其社会文化的意义和社会文化效应均进行了深入地阐释。作者有些阐释可谓鞭辟入里，一语中的。诸如，洋布衣成为中等阶层的主流衣着，在原来服制礼俗上下等级之间出现了一个庞大的中等阶层，从而使服制礼俗上下等级的悬殊差别有所减弱；服饰崇洋风是崇尚西方文化的一种反映。将传统服式赋予负面意义，而将西式服式赋予正面意义，进而将废弃旧服而改易西式服式，作为弃野蛮而趋文明、变法求强、强国强种的一种标志，服式的改易被赋予了强烈的政治色彩；男子辫发成了反清的符号、革命的标志，剪辫成为弃清朝拥民国、弃旧向新的政治标志。而西式短发成为文明、进步、健康、活泼等近代文明价值的象征；把女子放足上升到中西强弱对比，批判旧制度和强种强国的高度。作者阐释分析严谨，层层深入，语到义出。诸如，通商以后，随着商业贸易及通商城市的发展，西洋饰物开始流行，作者认为洋式装饰风气的兴起体现了新的社会文化意义，她分析道："自开口通商以后至19世纪末，以洋式装饰为时尚的风气基本上只限于通商城市，以买办、商贾及其子弟为主要流行人群。他们热衷于西洋饰品以装饰外观。他们追求这种西洋装饰的心理，是为了显示与西洋、洋人的密切关系及商务能力，为了显示对西洋和洋货的认同以求时尚新潮，或为了标新立异、炫人耳目以引人注意，为了显示在商业贸易上贯通中西的机会等等。总之，是以这种西洋装饰的'洋派'、'洋气'来显示与西洋、洋人、西洋文化的密切关系，西洋、洋人即是商务贸易的优势资源，是赚钱、发财的机会，人们由此显示自已在这种新出现的经济社会资源中的优越位置，以增加在中外商务活动中的优势因素。而且通商城市是移民组成的陌生人社会，社交圈子大而杂，特别是商务交易场中，交往的许多是陌生人，甚至只会打一两次打交道，需要彼此了解底细，如财力、能力、机会及可信度等，因而人们更需要运用外在装饰来向他人传达自己的财力、能力、信任度等信息。这时期首先从通商城市的买办、商人阶层中兴起的西洋装饰之风，主要就是这种商业发展及新的社会需求的产物，是作为新生存资源的意义符号而发展起来的。"① 对民国服饰趋于平等化、自由化、自

① 李长莉：《中国人的生活方式：从传统到现代》，四川人民出版社2008年版，第292—293页。

主化的特点，作者分析道："民国政府虽然制定了服式制度，以作为国家礼制，对国民的着装方式作了一定的规范，但只规定了公共典礼场合礼服的样式以及质料，范围已经大大缩小，对于人们其他的服饰方式已经不再作制度性的规定和政府的干预，不再像皇权时代服制那样对于官民人等服饰的质料、颜色、样式等等作细密严格的限制规定，而将此大部分权利归于个人。表明政府对人们生活领域的控制已大为减弱，人们的服饰方式更多地成为个人有权利自主的领域，人们自主的私人生活空间扩大，自由度和自主性增强，体现了民国政府崇尚民权、尊重个人权利和个人自由的新价值观念。"① 作者在上述分析后，又进一步指出："民国以后人们的服饰方式虽然趋于多样化、自由化、平等化，人们可以更为自由自主地选择自己的衣着样式，但人们在现实生活中的服饰方式仍然有所区别。主要是体现人们职业、财力、所属群体、地域风习等客观差异，表现为城乡差别、职业差别、体力劳动者与非体力劳动者差别、贫富差别等社会阶层的差别。如政、军、学界人多穿着西装、中山装、制服等新式服装，教师、文职人员等一般文化人多着长衫，商界人士及乡下地主士绅多着长袍马褂及长衫，而一般农民、工人等下层体力劳动者则多着短衣长裤；城里人多着新式服装，而且服式趋时，乡下人则多着旧式服装，式样陈旧等等。在这些阶层差别中贫富差别最为明显，富者无论何种服装样式往往都是质料上乘、做工精致、式样时尚，而且备有多套，可以经常更换。而农、工、城市贫民等下层贫穷之人的衣着则往往质料低劣、做工粗放、样式陈旧、补丁叠缀、甚少更换。民国时期无论城乡，贫穷的下层人都占多数，最底层的极贫之人甚至无力置衣，只能捡拾别人丢弃的旧衣服穿用，城市街头衣衫褴褛、衣不蔽体的穷人随处可见。贫富差别成为人们服饰方式中最为明显的差别，也成为区分人们社会阶层的一个重要指标。这种服饰方式的差别，与传统固定化的

① 李长莉：《中国人的生活方式：从传统到现代》，四川人民出版社 2008 年版，第 326 页。

社会身份等级差别相比，更具个体化、能力化、经济实力的客观差别色彩，体现了近代社会职业化、能力化的社会价值观念。”① 作者这种运用社会文化视角分析问题的方法，对于我们认识和理解社会文化的深层意义，启发颇多。

作者的分析，是在揭示：近代国人在追求一种新的生活方式的同时，也在追求一种新的生活观念，即追求舒适、方便、物美、价廉、时尚、金钱、崇洋、标新、多样、健康、活泼的生活理念。作者的分析，是在揭示：近代国人随着生活方式的变化，也在树立一种现代意识，即自由、平等、文明、进步、独立、富强、自主、个性、开放、多元的近代文明意识。作者的分析，是在揭示：近代国人随着生活方式的变化，开始摆脱传统落后的野蛮生活，即摆脱愚昧、奴性、封闭、保守、不求效率的野蛮生活。作者的分析，是在揭示：近代国人随着生活方式的变化，政治生活和政治意识也开始发生了变化，即出现清廷统治减弱、旧制松弛的变化，社会发生了等级淡化、变法求强、强国强种、崇尚民权、尊重个人、弃旧向新的新风尚。通过作者这样的论述和阐释，我们看到在近代生活方式变迁的过程中，蕴藏着近代社会转型的真谛，也蕴藏着近代文化转型的真谛。把中国近代社会文化转型的内在逻辑揭示出来。

四、余　论

还有几个问题，在最后的余论里说明一下。

首先，社会生活是人类社会和人类生存的一个最重要和最基本的

① 李长莉：《中国人的生活方式：从传统到现代》，四川人民出版社 2008 年版，第 327—328 页。

概念。从广义的视阈看，人类社会的一切活动都属于社会生活的一部分，广义的社会生活包括政治生活、物质生活（经济生活）、精神生活（文化生活）和社会生活诸多方面。社会生活是研究思考问题的起点，也是研究思考问题的归宿。与政治生活、经济生活和文化生活并列的社会生活属于狭义的社会生活，狭义的社会生活所包含的具体内容也极其广泛，但它有着最为基本的一些内容，诸如衣食住行、婚丧嫁娶、生老病死等。社会文化史首先要把狭义的社会生活领域作为研究对象，并在此基础上逐渐扩展，可能会向广义的社会生活领域开拓。生活方式是社会生活的载体，是衡量社会生活发展水平的标志。从生活方式的视角来研究社会文化史是一条重要途径，尤其在社会文化史研究的初起阶段，生活方式研究视角的意义尤显重要。这就是《生活方式》一书学术价值之所在。

其次，《生活方式》提出了一个重要的现实问题。《生活方式》全书的结尾用"如今"、"当今"开头的两个自然段，提出了一个重要的现实问题，即当今世界科技、信息化及社会福利的发展使人们的生活变得前所未有地便利与舒适，但同时也滋长了一些过度消费、功利短视、颓废消极等负面情绪；当今处于工业化、市场化、信息化、全球化并行的急剧转型时期的中国，一方面给我们带来了物质生活的丰富、便利、满足和愉悦，另一方面也引起生活节奏加快、环境变化加速、社会矛盾增多、人际关系紧张、心理压力增大、观念冲突、价值多元、道德失范等等现象。作者提出了如何调适生活方式以适应社会的变革与发展的重要理论问题。虽然作者没有给出具体的答案，但问题的提出反映了作者关注和服务现实社会的一种意识自觉，这是难能可贵的。我们主张史学工作者要重视今天和明天，进而充分发挥史学的独特功能而为现实和未来服务。[①] 但

① 参见梁景和《史学家不可忽视今天》，《光明日报》1986 年 9 月 24 日；梁景和《史学工作者不可忽视今天与明天》，《史学月刊》1986 年第 5 期。

是把现实关怀变为实践并不容易。实际上史学工作者应当与哲学、经济学、社会学、法学、教育学、文学等工作者联手，共同为当今社会和未来社会的发展创造模型，提供具体的社会发展参考架构，以真正体现学术的实用价值。

最后，真正理解和读懂一本书是不容易的。本文虽然是我对李长莉新著《生活方式》的一个评述，但我深深知道，我对这本书的理解还是很肤浅的，很多地方是按自己的想象和思维方式去解读的，所以误读之处在所难免。这不仅仅是我对《生活方式》的阅读，其实这是读者阅读他人著作一个普遍存在的现象，我断定很多书评都存在曲解原著的问题，包括李长莉在《生活方式》中对拙著的一句评述亦如此。李长莉说："梁景和的《近代中国陋俗文化嬗变研究》（首都师范大学出版社1998年版），对近代婚姻和女性生活陋俗的演变作了考察"。① 这句话里的"陋俗"和拙著中的"陋俗文化"是两个含义不同的概念，完全不能混用，一旦混用，就曲解了原著的基本含义。所以说，我因误读而对《生活方式》的曲解，希望能够得到李长莉的批评和纠正，也希望对某些学术问题展开进一步的讨论。

原载《近代史研究》2009年第2期

① 李长莉：《中国人的生活方式：从传统到现代》，四川人民出版社2008年版，第9页。

《21世纪中国女性文化本土化建构研究报告集成（2001—2012）》序

“中国女性文化”是一个非常重要的历史文化问题，“中国女性文化本土化”是一个非常具有特色的学术问题，“中国女性文化本土化建构”又是一个深刻的理论问题，所以要研究“中国女性文化本土化建构”着实是困难的。这本书力图探讨这样一个大问题，其敢为的勇气令人叹服。

上面几个概念和命题的主旨博大精深，说心里话我还未能透彻地理解到位。以我个人的浅见，如果非常浅显和简单地说，“中国女性文化”就是国家、哲人、王者和男性对中国女性言谈举止、衣食住行、两性伦理、为人处世等生活方式的规训和教化，这个概念有一定的历史性和时代性，有着历史的脉络走向和曲线变幻；“中国女性文化本土化”本质上就是“中国女性文化”，但我想该书中的这个命题却含有他意，即研究中国女性文化要立足中国本位，从中国的立场出发，不受外人的干扰，说中国人自己的话，反映中国人自己的思想主张和意志观念等诸如此类的含义。至于说到“中国女性文化本土化建构”似乎讲的是研究中国女性文化要有自己独特的一套理论和方法，并以此为分析工具，进而形成自己的一套研究体系和话语体系。借此机会，我愿意谈谈自己另外的几个感想。

一、男权社会、女权社会、个性社会

谈中国女性文化是与讨论中国女性主义和中国女权主义相联系的。之所以很长时间以来，人们津津乐道地讨论这些历史文化问题，是因为这些问题的确是重要的历史问题、文化问题和现实问题，是一半人口的解放问题。就是说在人类社会的发展过程中，由于长时间处于男权社会的历史阶段，所以女性被压抑了、被奴役了，成了受压迫者，成了男性的玩偶与工具。这就提出了女性解放的问题，提出了男女平等的问题。很久以来，人们为此孜孜不倦地努力和奋斗着。经过这样艰难的奋战，应当说已经取得了一定的战绩，但是问题并没有真正得到解决。问题在哪呢？可能是我们观察的视角和关注的问题所致。我们运用的是女性视角，我们关注的是女性问题，这当然没有错。特别是站在历史的这个特定的阶段上，这也是历史的必然。如果我们总是用性别视角看问题，那么男女将永远是一对矛盾，或者说将永远是一个对立。这样一对矛盾和对立，靠什么去真正解放女性呢，靠人们高喊着男女平等吗，不行，男性不会这么轻易地让女性做到跟男性平等；靠伦理道德吗，不行，伦理道德有很多时候是软弱无力的；靠法律制度吗，不行，法律制度很多是男性制定的。如果靠，只能靠建立女权社会。在男权社会，男性是主人，男性是解放者；在女权社会，女性是主人，女性是解放者。但是果真如此，那么非常棘手的问题就来了。先不说是否能建立女权社会，如果真的建立了，女性成了主人，女性解放了，而另一半的男性又将成为新的被压迫者，新的被奴役者。那么这个社会的性别解放和性别平等问题就仍然未能解决。就是说只是两性的位置交换了，社会问题未解决，这能是我们的理想社会吗，当然不是。所以今天人们高呼着女性主义或女权主义，似乎是在为女性的解放或男女平等而奋斗，孰不知这样做要达到男女平等只能是画饼充饥，事实上是达不到理想目的的。当然，在这漫漫的历史长河中，我不反对在这相当长的历史阶段中，为了与男权社会对峙，我们用女性视角，运用女性主义和女权主义的利器来为女性服务，不失为一个权宜之计。而未来社会，在我看来，既不能是男权社会，也不当是女权社会，建立其中任何一类社会，都将有半数之人遭受奴役和苦难。

那么未来我们要建设的理想社会是什么社会呢，答曰：是“个性社会”。个性社会的视角不再是性别，而是个体。见一个人，不看他是男人或女人，而看他是一个生动具体的个体，作为一个生动的个体与自己处于平等的位置，彼此相互尊重、相互包容、相互理解。性别、形象、职位、家庭等因素在个性社会中将退出传统社会的中心舞台，而多元、个性被人们接纳和认同。这样的社会还很遥远，但它才是人类追求的理想社会。

二、生殖、爱情、快乐

谈到个性社会，那么在个性社会，“性”的目的是不同的。在个性社会，性是两个人之间的事情，所以它只需要当事的两个人有共同的目的即可。个性社会性的目的大约主要有三种，一是以生殖为目的的性；一是以爱情为目的的性；一是以快乐为目的的性。三者最好是统一的，当然也可能是分离的。但无论统一还是分离，都要遵守一个原则，这个原则就是有益于生命个体的心理与生理的阳光和健康。

三、性、性伦理、性伦文化

谈到性又要涉及几个概念，即性、性伦理、性伦文化。性主要是生理学、生物学、医学上的概念，主要指生理结构、生殖繁衍、性生理健康的问题；性伦理主要是伦理学上的概念，它要规制人们的性观念和性行为，要求人们按照特定的伦理规范去看待性，树立性观念，控制性行为；性伦文化是历史学上的概念，它涉及历史上存在的一切性理念和性行为，包括符合历史时代性伦理的，也包括不符合历史时代性伦理的，同时它还要参与未来社会性伦文化的建设和新模型的设计。性伦文化是要站在历史主义立场、现实主义立场、未来主义立场全方位理解、思索和评价性观念和性行为。以上三个概念都有重要的学术价值、理论价值与实践价值。

以上的这些话，是我粗浅的一己之见，不像在学术话语之中，从该书作序的角度而言，或许是跑题了，还是言归正传。该书共收集了十九篇文章，导论一文探讨了中国女性文化本土化建构的三次浪潮；其他篇章的内容包括女性学的学科发展、中国女性主义的国际关系、女性主义的认识论、新世纪的性别文化研究、当代中国女性史研究的本土特色、新世纪以来中国本土的近代妇女史研究、受虐妇女庇护问题、澳门特区的妇女政策与法律、21 世纪中国妇女的政治参与、中共主导的婚姻立法、女性双重人格的历史文化研究、女性文化图书的出版、中国当代女性文学研究、海外华文女性文学研究、新世纪多样化的女性生态写作、大陆学界的台湾女性文学研究、中国传统建筑对女性的规训与教化、21 世纪女性主义艺术的人文特征等诸多内容。这的确是中国女性文化本土化建构研究的一部集成，内容丰富，立意高远，值得一读。

原载《21 世纪中国女性文化本土化建构研究报告集成（2001—2012）》一书的序言，现代出版社 2013 年版

中国“性伦文化”研究述评

中国改革开放以来，一些学科诸如社会学、伦理学、心理学、法学、文学、医学等开始关注并研究“性”的问题，史学虽然对此相对涉及较晚，但也逐渐了解和关注这一领域，认识到研究这一问题对于民生的重要意义。本文仅以首都师范大学历史学院“中国近现代社会文化史研究中心”的学术实践即学术活动为例，来扼要介绍和评述二十多年来国内有关“性伦文化”的研究状态，这可以从某个侧面反映国内性伦文化的研究片段。

一、概念的提出与初始研究

1991 年梁景和在关注社会文化史并重点研究社会生活这一新视域的同时，开始设计与撰写博士学位论文《近代中国陋俗文化嬗变研究》，论文第五部分为“性伦卷”，是探讨陋俗文化中的“性伦文化”问题，所以从历史学科的视角提出了“性伦文化”这一概念，认为“性伦文化是指反映异性间诸多联系的某种功能性模式”。[1] 后来作

① 梁景和：《近代中国陋俗文化嬗变研究》，首都师范大学出版社 1998 年版，第 263 页。

者对这一概念作了一个字的修改，指出“所谓性伦文化是反映两性间诸多关系的某种功能性模式”，① 并进而解释说，“两性间诸多关系即以两性为核心，或者由两性引发的，或者涉及两性的一系列相关的问题；模式即关于两性关系在价值观、道德观、行为方式、心理趋向等方面于广大的人群中流行的标准或样式；功能性即这种标准或样式对社会和人生发挥着怎样的作用与效能”。② 根据这样一个界定，梁景和开始初步涉足“性伦文化”的讨论，其博士论文的“性伦卷”主要探讨了近代中国特别是五四时期“男女社交公开思潮”、“贞操观批判”和“性教育论”等三个方面的问题。在“男女社交公开思潮”中重点讨论了“男女之大防”、“新时代的男女社交观”、“关于‘男女社交公开’的大论战”和“迈出社交自由的第一步”几个问题；在“贞操观批判”中重点讨论了“贞操观的历史演变”、“五四思想界对贞操观的批判”、“贞操习俗的变革及其局限”几个问题；在“性教育论”中重点讨论了“传统中国社会与西方社会的性教育”、“五四时期的性教育思潮”等问题。③ 2010年出版的梁景和的《五四时期的社会文化嬗变研究》一书，有五个专题涉及了性伦文化，主要包括“生育节制思潮”、“男女社交公开思潮”、“思想界对贞操观的批判”、“性教育思潮”、“关于性伦文化”等。④ 2013年出版的梁景和等人合著的《现代中国社会文化嬗变研究（1919—1949）》一书，其中第五部分为“性伦卷”，主要探讨了性教育问题，包括“20世纪上半叶中国性教育的兴起”、“20世纪上半叶教育界对性教育的讨论与实践”、“进步知识分子的性教育文化观”、“现代性教育兴起的二重归因和性话语的三重解

① 梁景和：《重视研究五四时期的性伦文化》，《光明日报》1999年8月20日。

② 梁景和：《重视研究五四时期的性伦文化》，《光明日报》1999年8月20日。

③ 参见梁景和《近代中国陋俗文化嬗变研究》，首都师范大学出版社1998年版，第263—319页。

④ 参见梁景和《五四时期社会文化嬗变研究》，人民出版社2010年版。

析”。[①] 在上述几本专著出版的前后，梁景和还公开发表了几篇“性伦文化”的论文，包括《五四时期“生育节制”思潮述略》，[②]《论五四时期的“男女社交公开”思潮》，[③]《五四时期思想界对“贞操观”的批判》，[④]《二十年代关于“废婚”的论战》，[⑤]《五四时期的“废婚主义”》，[⑥]《重视研究五四时期的性伦文化》，[⑦]《五四时期的“性教育”思潮》，[⑧]《五四时期的“性伦”文化观》，[⑨]《论五四时期的“性伦”文化》，[⑩]《新中国三十年的性教育（1949—1979）》，[⑪]《1949—1979：三十年性伦文化的误区》，[⑫]《1949—1979：三十年性伦文化的政治批判与文化围剿》，[⑬]《1949—1979：男女社交与贞操文化的演变及历史局限》[⑭] 等。

以上论著是在“性论文化”概念下的一个初步的研讨，问题意识与传统史学关系密切，还是关注一般观念的变化以及带来的某些生活的变化，缺乏从更加独特的角度研究问题，对深刻的历史文化缘由虽有思考，但对“性伦文化”与政治和权力的关系问题还缺乏研讨。这些研究只是为后来深入探索作了一个前期的铺垫。

---

① 参见梁景和等《现代中国社会文化嬗变研究（1919—1949）》，社会科学文献出版社 2013 年版，第 373—450 页。

② 《史学月刊》1996 年第 3 期。

③ 《史学月刊》1998 年第 1 期。

④ 《首都师范大学学报》1998 年第 2 期。

⑤ 《光明日报》1998 年 8 月 14 日。

⑥ （香港）《二十一世纪》1999 年 6 月。

⑦ 《光明日报》1999 年 8 月 20 日。

⑧ 《山西师范大学学报》2000 年第 3 期。

⑨ 《首都师范大学史学研究》第 2 辑，中国文史出版社 2004 年版。

⑩ 《文史哲》2005 年第 1 期。

⑪ 《晚清以降的经济与社会》，社会科学文献出版社 2008 年版。

⑫ 《中国女性文化》第 9 期，首都师范大学出版社 2008 年版。

⑬ 《中国女性文化》第 10 期，首都师范大学出版社 2009 年版。

⑭ 《中国女性文化》第 11 期，社会科学文献出版社 2009 年版。

二、学位论文与《婚姻·家庭·性别》辑刊

首都师范大学历史学院“中国近现代社会文化史研究中心”培养的研究生，先后有几名学生是以“性伦文化”和“性伦理”为主题进行学术研究并撰写硕士学位论文的。主要有2001级硕士生李巧玲、2008级硕士生廖熹晨、2009级硕士生王唯、2012级硕士生李琳等人的学位论文。

李巧玲的硕士论文《新中国三十年的性论文化（1949—1979）》一文，认为共和国成立的30年间，有很多观念与行为方面的误区。当年如果男女两性热情交往、紧密接触、甚至正常谈恋爱、女性被恶人骚扰等，都会被视为“流氓”、“破鞋”、“作风问题”、“乱搞两性关系”“贱货”、“不正经”等等。一些民众会用警告、跟踪、监视、汇报、揭发等方式来关注人们的两性交往和两性关系。这种观念与行为的误区，导致一些恶劣的后果发生，诸如断送当事人的前程、当事人遭受处分或判刑、性压抑导致性放纵和性犯罪。论文认为当年对“性伦文化”的政治批判主要集中在批判“破鞋”、批判“资产阶级思想和作风”、批判“男女交往过密”等方面，而文化围剿主要是对描写爱情的小说、剧本、电影、歌曲进行的批判。如对小说《苦菜花》、《新儿女英雄传》、《洼地上的“战役”》、《在悬崖上》、《红豆》、《第二次握手》的批判，认为这些作品描写的爱情，是在散步消极、动摇、绝望的思想感情，散步抽象的人性伦；如对电影歌曲《上甘岭》插曲的批判，认为“姑娘好像花儿一样”是“资产阶级黄色歌曲”，而被禁唱。论文还对共和国30年的性教育问题进行了讨论，强调了性的“人格”与人的“中性”教育。同时论文还研讨了共和国30年男女社交与贞操文化的演变及历史局限。论文最后讨论了这一时期性伦文化变革的特征及其历史的经验教训。这是一

篇较早探讨“性伦文化”的学术论文，当时没有太多参考的学术成果，也很少可资借鉴的研究方法和路径，在资料的搜集方面也有较大困难，所以作者为了寻求更有分量的史料，开始进行访谈工作，这在新世纪之初要采访“性”的话题，而且面对的受访者主要是20世纪30年代至50年代出生的人群，所以采访也是有一定困难的。这篇论文虽然只是一般性的宏观叙述，但开创之功不应小觑。

廖熹晨的硕士论文《新中国初期北京地区性伦文化研究（1949—1966)》一文重点研讨了三个方面的问题，第一个问题是“新中国的国家环境与性伦文化的变革”，这里作者从“执政党与性伦文化的变革”、“性伦文化与社会稳定”、“苏联性伦文化对新中国的影响”等几个问题，说明了新中国国家内部、外部环境的变化，对新中国初期性伦文化的变革产生的深刻影响。国家执政党阶级性质的变化、社会安定本身的需要以及苏联性伦文化的外部辐射，共同决定了新中国初期性伦文化的变革和发展方向。第二个问题是“新中国成立初期北京地区性伦文化观念的变革”，作者重点探讨了从男尊女卑到男女平等这一作为传统社会两性关系基石的变化；“以阶级斗争为纲”这一性伦文化价值观的变化以及贞操观的变化。第三个问题是“新中国成立初期北京地区性伦文化的‘新气象’”，作者是从妇女解放、婚姻关系中的性论文化、非婚性关系的性伦文化、色情淫秽文化和性禁忌、性教育等方面来讨论北京性伦文化“新气象”的。作者最后从社会主义性伦文化的建立、性伦文化观念变革的意义与局限、性伦文化变化的历史规律、性伦文化建构的启示等方面来提升该文论证的主旨的。这篇论文是一篇较为典型的历史学“性伦文化”的研究，论文在问题意识和理论探索方面也下了一定的功夫，虽然论文也是一篇初步的探讨。

王唯的硕士论文《北京地区性伦理探索（1966—1976)》是研讨北京“文革”时期性伦理问题的论文。论文首先界定和探索了一些学术定义和理论概念，认为性伦理是社会规约与“性”有关的一系列功能性模式；认为性伦理具有“阶级性与历史性的统一”、“社会性与私人性的统一”、“他律性与自律性的统一”、“感性与理性的统一”；认为性伦理的功用体现在“社会功用”与“个体功用”上。论文还讨论了“文革”时期性伦理的特征，即性伦理的政治化、性伦理的身份化、性伦理的禁欲化、性伦理的“去私化”等，进而说明“文革”时期，性伦理是规训和惩罚的载体以及实施政治策略的手段。论文进一步讨论了“文革”时期性伦理特征的形成因素，主要是从政治因素、传统文化因素、当代思想文化因素等方面进行讨论的。论文最后论述了“文革”性伦理的当代启示，重点论述了当代对性权力的合理诉求以及性伦理与性教育的关系问题。这篇学位论文是早期运用跨学科的方法来进行“性伦理”问题的研究的，一方面该文是以伦理学为本位进行性伦理研究，所以论文的理论性较强；一方面该文借鉴历史学的方法来研究“文革”这一历史时期的性伦理问题，所以论文查阅了相关的史料作为史实的佐证；一方面该文也同时借鉴社会学的访谈法来搜集并运用相关的资料，使论文生动有趣、逼真形象。该文为伦理学与史学的交叉互动研究做了一个有意义的尝试。

李琳的硕士论文《20世纪90年代中国性伦理嬗变研究》一文是以20世纪90年代性伦理的相关史实为背景，讨论我国社会转型时期性伦理的趋势化演变。论文运用伦理学和历史学、社会学以及心理学等学科的研究方法，试图对90年代性伦理演变的特征予以整体的把握，追寻社会变革时期经济、历史、思想文化对性伦理观的深刻影响。论文第一部分分别从不同学科的视角对“性”与“性伦理”进行了界定，归纳出性伦理的基本特征。论文第二部分结合个案及相关调查数据，以微观和宏观两个角度切入，分别从性教育、性观念、性关系以及性交往模式等四个方面对20世纪90年代的性伦理的嬗变特征进行了概括分析。其中性教育的嬗变主要呈现在内容上渐趋完善，性教育体系初步形成、范围更加广泛以及性教育方法的多渠道、多样化特点；性观念的嬗变则具体表现为传统与开放并存、泛自由化的倾向以及女性性观念的觉醒；性关系的嬗变主要表现为婚外性关系的扩大化、商业化以及性对象的多元化；性交往模式的嬗变体现为由现实到虚拟的演变趋势。论文第三部分针对上述得出的性伦理特征，结合20世纪90年代的社会发展状况，分别从经济因素、历史因素和社会文化因素三方面来分析其嬗变的成因。论文第四部分针对当前性现状，从20世纪90年代性伦理的演变中汲取经验和教训，得出性观念的转变具有长期性，性伦理的构建具有复杂性，现行的性教育模式有待转型的结论，力图为构建社会主义新时期性伦理规范提供借鉴意义。

以上硕士学位论文主要探讨性伦文化的时期，是共和国最初的五十年间，所以能够反映出中国特定历史时期性伦文化的独特历史特征，这种研讨虽然还是宏观视角一般意义上的探索，但具有一定的学术前沿性，故值得肯定和关注。

首都师范大学历史学院"中国近现代社会文化史研究中心"从2012年开始陆续编辑出版《婚姻·家庭·性别》辑刊，至今已经出版了四辑。[①] 该刊是以婚姻、家庭、性别问题为重点研究的学术辑刊，平均每年出版一辑。它的编辑出版有如下特征：一是录用研究性学术论文；二是论文篇幅长短不限，可以收录长篇幅的学术论文，亦不弃短篇幅的学术论文；三是以发表20世纪婚姻、家庭、女性、男性、性伦问题的学术论文为主，兼及其他历史时期。该辑刊既可推进中国社会文化史的研究，特别是要在中国婚姻、家庭、女性、男性、性伦研究方面做一些有益的工作，同时也可以为今天和未来的生活提供借鉴和启发，鼓励人们去创造新的生活方式，因而也具有较强的现实意义。以上李巧玲的论文已在《婚姻·家庭·性别》第一辑中发表，廖熹晨的论文已在第二辑中发表，王唯的论文已在第三辑中发表，李琳的论文将在明年出

① 社会科学文献出版社2012年1月、2012年5月、2013年3月、2014年9月版。

版的第五辑中发表。该辑刊将继续发表有关“性伦文化”内容的学术论文。

三、学术会议与《社会生活探索》辑刊

首都师范大学历史学院“中国近现代社会文化史研究中心”自2009年开始连续编辑出版《社会生活探索》辑刊，至今已经出版了五辑，[①] 平均每年出版一辑。该刊的主要栏目有：理论卷、婚姻卷、家庭卷、性别卷、性伦卷、综合卷等，其中“性伦卷”是该辑刊的一个重要的学术栏目。“研究中心”从2011年以来连续五年组织召开了五届“20世纪婚姻·家庭·性别·性伦学术研讨会”[②]，每次会议都有一部分研究“性伦文化”的学术论文在会议上发表，其中绝大部分“性伦文化”的论文均在《社会生活探索》辑刊中发表。《社会生活探索》第一辑中发表“性伦文化”的论文有九篇，第二辑中发表“性伦文化”的论文有十篇，第三辑中有四篇，第四辑中有五篇，第五辑中有五篇，一共已经发表了三十三篇，很多篇论文都是很有分量的学术论文。这些论文可以大致分为五大类别，下面按类别作以简要的介绍。

其一，关于“性伦文化”的理论探讨。王小平的《叙事自我视角："性"的解释功能》一文，是对一个个案的剖析，然后得出一个理论的认同，即认为“性”不单单是生理问题，更多的是能够从个体或群体的性经验中解读当时社会政治、经济及文化背景。作者指出，我们可以通过现在的“我”的“性”的叙述，即日常生活实践中的具体“经验事实”折射叙述者所在那个时期社会的文化及文化背后的经济、政治背

① 首都师范大学出版社2009年7月、2010年6月、2012年9月、2013年7月、2014年12月版。

② 分别于2011年3月、2012年3月、2013年3月、2014年3月、2015年3月召开。

景。作者进而认为，性取向及我们对性的态度整体上出现了高速流动性的特点，即非固定化、漂移不定性。观念的变化实际上源于实践与体验，但那要回到“性快感”这个个体内心的渴望，然其也需要建立在“爱”的基础之上。① 安云凤的论文《论性道德教育的基本理念》是对性伦理的理论探讨。论文指出，经济全球化背景下的性道德教育，要求教育工作者确立与现代社会发展以及人的全面发展相适应的现代教育理念，即道德调控的理念、以人为本的理念和终身教育的理念。所谓道德控制是指通过宣传教育，确立关于性关系、性行为的是非善恶标准，明确社会性道德的原则规范，用以指导规约人们思想行为的调控方式。以人为本的理念源于性与人类社会、性与人性以及人的全面发展的密切关系之中。以人为本的理念要求性道德教育必须体现人文主义的伦理关怀，促进人的全面自由发展。以人为本的理念要求性道德教育与性生理、性心理、性安全教育密切结合，促进人的性生理、性心理健康，实现性别人格的健全与发展。终身教育的理念是现代性道德教育的新理念，它是性生长发育规律的客观要求，是性道德动态发展的客观要求。② 高永平的两篇论文《人的身体能出租吗》和《母亲们开始罢工了》表现了对新理论领域的一种探索。第一篇文章指出，所谓人体出租，就是一个人将自己的身体出租给他人，用自己身体的全部或者一部分来实现承租人的某种目的。与此同时，身体的出租者从承租人那里获得经济报偿。目前最常见的身体出租行为有三种，一是卖淫，一是代孕，还有一个是奶妈。作者首先对这三种身体出租现象的负面、恶果和阴暗面做了分析，然后又论及了它们的合理性与积极性。作者没有给出最后的结论，只是说明对于人类身体的出租行为，争论还在继续，即便是政府最终立法或者禁止这种行为，争论都不会停息，因为这是一个聚集了如此

① 《社会生活探索》第四辑，首都师范大学出版社 2013 年版，第 277—282 页。

② 《社会生活探索》第一辑，首都师范大学出版社 2009 年版，第 235—244 页。

之多的人类情感的领域。[①] 第二篇文章是作者在分析了不同国家的一些女性为何选择了罢工而不愿意再去生育，这将给社会的健康发展带来灾难性的影响之后，提出了作者的建议，即政府必须出资“购买孩子”，也就是购买未来的社会成员。虽然购买孩子的钱仍然是公民的税负，虽然羊毛出在羊身上，但是，只有政府有权力这样做，因为人口越来越将成为一种社会的“公共品”。[②]

其二，研究近代文化精英们的性伦文化观。文化精英鲁迅、潘光旦、张竞生等是十九世纪上半叶中国文化界“性伦文化”先驱者中的杰出代表，对他们的“性伦文化”观进行研究，会使我们深刻地认识和理解中国“性伦文化”在近代的变革。王家平撰写了《鲁迅的情爱思想与性学思想研究》[③]，吕文浩撰写了《潘光旦的“贞节”新解与五四后性道德的探讨趋势》[④]，王雪峰撰写了《张竞生与20世纪上半叶的性教育》[⑤]、《潘光旦与张竞生：道德之辩还是知识之争?》[⑥]、《鲁迅的性观念与性教育思想——近代性伦理思想解放的一个个案》[⑦]。这几篇论文对鲁迅、潘光旦和张竞生等人的一系列性伦主张和实践进行了阐述，包括对传统贞节观的批判、对虚伪性道德的批判、对性隔离习俗的批判、对国民性幻想、性变态心理的揭示、对“贞”与“节”的重新解释、倡导新的性道德、强调性教育的重要性、重视性审美、躬行性教育实践等。从中可以看到文化精英对中国近代性伦文化的变革所做的积极努力和特殊贡献。

其三，探讨传统性道德及其在近代的变革。余华林的论文《现代

① 《社会生活探索》第一辑，首都师范大学出版社2009年版，第302—307页。
② 《社会生活探索》第一辑，首都师范大学出版社2009年版，第227—232页。
③ 《社会生活探索》第一辑，首都师范大学出版社2009年版，第269—288页。
④ 《社会生活探索》第二辑，首都师范大学出版社2010年版，第339—345页。
⑤ 《社会生活探索》第二辑，首都师范大学出版社2010年版，第376—386页。
⑥ 《社会生活探索》第五辑，首都师范大学出版社2009年版，第229—239页。
⑦ 《社会生活探索》第二辑，首都师范大学出版社2010年版，第387—395页。

性爱观念与民国时期的非婚同居问题》①，重点讨论了现代性爱观念的具体内涵、前后变迁及其对当时婚姻生活的实际影响。论文是从“友谊与性欲”、“‘新性道德’与‘性交自由’”、“废除婚制与非婚同居”、“性解放与社会解放”等四个方面进行阐述，指出当时社会出现了悲剧性问题，认为这是新旧性道德过渡时期不可避免的阵痛，它提醒人们应该对近代中国的现代性追求进行多角度的反思，注意反观其多元性和复杂性。王雪峰的论文《西学东渐与中国近代性教育的兴起》②指出，古代的性知识、性观念和性技巧教育并非科学意义上的性教育，科学的性教育出现在近代，完成于西学东渐的过程之中。从西学东渐的视角研究和解释近代的性教育和性文化，显得尤其重要。作者在文中重点探索了西学东渐与性教育的兴起，近代性教育的特点及原因，指出性教育的兴起反映的是时人思想与心态的更动，亦折射出知识与教育观念的变化。

其四，探讨“性”与社会变革的相互关系。张弛的论文《民国医药广告中的性——以〈益世报〉（1915—1925）为例》③一文既是如此。作者首先介绍了民国四大报之一《益世报》的基本情况，指出1925年《益世报》的广告篇幅比例已经占到62%，作者统计其中医药广告占到了一半，而性的广告又占医药广告的一半。作者在大量介绍性广告形式、语言、功效、个案分析之后，重点阐述了半殖民主义与性的焦虑，认为性的毛病成为百病之源，性病成为一种社会病，而这正与当时的殖民主义的社会大环境有关。西方男性总是以一种伟岸高大、强健有力的姿态出现，而中国男性的形象总是和病人相似，不是佝偻脊背便是头晕眼花，或是瘦小枯干、猥琐不堪。殖民主义与“现存西方的性原型”正好相符，这一原型所带来的文化共识是：政治和社会经济的占领象征着男性和男性气质对女性和女性气质的支配。所以，殖民占领浸透着

① 《社会生活探索》第二辑，首都师范大学出版社2010年版，第346—365页。

② 《社会生活探索》第二辑，首都师范大学出版社2010年版，第366—375页。

③ 《社会生活探索》第二辑，首都师范大学出版社2010年版，第320—338页。

“性”的含义，由是，作为政治权力暗喻的男性气质和作为性权力的男性气质被混合在了一起。作者最后得出结论：“后五四”时代已被广泛接受的“化我”[①]趋势，使得中国男性在性实现方面受挫之后，无法跳出西方的话语逻辑，仍然沿着西方预设的殖民语境加速了东方男性气质向西方转化的进程。而“性”作为两种男性气质的最根本之不同，也被视为这一转变的关键所在，性能力强弱也决定了性实现的可能与否，更能进一步反映民族国家在“性”甚至肌体方面的健康与否。因此，作为一种“欲望的想象”的商业广告，其反映的“性”的焦虑正是在半殖民主义的影响下，中国社会在对西方文化的向往和对自身文化的彻底否定之后，催生的最为剧烈敏感的焦虑。

其五，关于“女性性犯罪”与“地下性文学”的研究。艾晶的论文《民国初年女性的教育问题与女性性犯罪探悉》[②]一文从“良好教育的缺失”和“教育缺失促发女性性犯罪”两个方面探究了女性教育与女性性犯罪问题。文章认为，民国初年虽然在一定程度上赋予了女性一定的受教育权利，但很显然这种权利只是上层社会的部分女性所享有。因为缺乏教育尤其是职业教育，减低了女性在社会上生存的能力，而对法律知识的缺乏，便使得很多女性即使犯罪也不知道自己的行为触犯了法律。缺乏教育，尤其是职业教育，既不能适应社会供给的需要，必不能有相当职业，于是又会因贫穷而增加犯罪的危险。而王唯的《抑不住的悸动：“文革”时期“性伦”文化探微——以“文革”时期“手抄本”现象为例》[③]一文指出，“文革”时期主流的“性伦”文化是禁止“性”

① 文学批评家张宇红提出了晚清和“五四”之间的明显区别：晚清用西方文化来“我化”（我转变，适应西方文化），而“五四”则用西方文化来“化我”（西方文化来改变我）。这种区分不仅指出了中国遭遇西方过程中能动性的减少，同时也强调了“五四”在全新基础上（西方）重塑自我的渴望。参见［美］史书美《现代的诱惑：书写半殖民地中国的现代主义（1917—1937）》，江苏人民出版社2007年版，第146—147页。

② 《社会生活探索》第四辑，首都师范大学出版社2013年版，第212—221页。

③ 《社会生活探索》第三辑，首都师范大学出版社2012年版，第277—282页。

的，禁止与性有关的任何形式的表达。“手抄本”是“文革”中产生的一个新的文学类别，用以填补那一段书籍遭禁毁、作家被歧视和匪夷所思的文化生活需求的一种新类型的文学作品，其中就有性文学的“手抄本”，诸如《少女之心》、《曼娜回忆录》等。“文革”时期的“手抄本”现象反映了“文革”时期人们内心的真实渴望，表达了“文革”时期“性伦”文化两极化倾向和人们面对“性”的迷惘与矛盾。

《社会生活探索》所刊载的有关“性伦文化”的论文，反映了研究“性伦文化”的角度和问题域的新颖和多元化，从一定程度上也反映了前一阶段国内“性伦文化”研究的某种状态和研究水平。

四、学术讲座与《社会·文化与历史的思想交汇》辑刊

首都师范大学历史学院“中国近现代社会文化史研究中心”自2008年6月以来为了开拓学术视野和丰富学术滋养，每月举办一次学术讲座与沙龙活动，① 邀请国内外历史学、文学、哲学、经济学、法学、教育学、伦理学、社会学、政治学、艺术学、管理学的专家学者作为主讲，至今已经举办了82次。我们把主讲的内容编辑成书，以《社会·文化与历史的思想交汇》的辑刊形式出版发行，至今已经出版了两辑，第三辑将于今年9月出版。在讲演中也有探究性伦文化问题的讲座，诸如李银河的《女性主义性政治》、余华林的《新思想旧道德：民国时期女性形象塑造之反思》、艾尤的《当代台湾女性小说的身体书写与女性欲望表达》、俞莲实的《民国时期城市知识妇女与生育节制》、方刚的《性人权与性多元》、蔡鑫的《我国已经进入婚姻困境集中出现

① 这是学术讲座与学术沙龙互动的学术活动，在讲座的基础上，展开广泛和自由的议论。

期》、夏吟兰的《婚姻家庭法的伦理性及其立法延展》、佟玉洁的《中国女性主义视觉经验史》、王栋亮的《五四时期关于“爱情定则”的讨论》等。

李银河的讲演《女性主义性政治》表明，一个社会的女性的权力与男性的权力越接近，女性就享有越多的性自由；一个社会中女性权力越小，她的性行为越受到禁制。因此，女性的性自由是女性权力的一个重要标志；女性主义性政治的一个基本目标就是扩大女性的性自由权力。女性主义的性政治经历了一个从反性到性自由的过程，其中的一个过渡阶段是以女同性恋作为取代异性恋的政治实践阶段。也可以这样说，在女性主义性政治中，存在着这样几种政治力量，一种是反性派女性主义，另一种是性自由派女性主义，女同性恋女性主义是一个特例，是介于二者之间的一个特殊政治群体。① 这个讲演从女性的性、女性的自由、女性的权力分析了彼此的关联，把女性的性状态视为女性权力大小的一个标志，展现了理论的深度。

余华林《新思想旧道德：民国时期女性形象塑造之反思》的演讲，讲述了1928年发生在上海的马振华和汪世昌事件。从马振华和汪世昌公开交往、自由恋爱、婚前性行为来看，马振华身上无疑具有新女性的某些特征，但是马振华之所以自杀是因为所谓“天字第一号”的处女问题，是汪世昌事后怀疑马振华不是处女，马振华由此认为自己贞操既已被其破坏，清白又受到侮辱，决意自杀。马振华之死是死于自己的“新思想旧道德”，是死于“新文化新得不彻底，旧道德旧得不彻底，是死于新旧相混中”。② 这个讲演意在揭示在性伦文化变革的过程中，人们的观念和行为往往具有新旧兼具的特性，这也是历史变革过程中一种过

① 《社会·文化与历史的思想交汇》第一辑，社会科学文献出版社2011年版，第134—143页。

② 《社会·文化与历史的思想交汇》第一辑，社会科学文献出版社2011年版，第156—169页。

渡时期的一般性特征。

艾尤《当代台湾女性小说的身体书写与女性欲望表达》的讲演是从女性身体的“物化”与“反物化”、女性服饰的“取悦”与“自娱”两个角度，探讨了身体之于女性欲望表达和女性身体建构的独特意义。所谓“女性欲望”，就是指女性的自然欲望和社会欲望，是女性作为人的一种欲望，包含了女性自我对生存、安全、爱、自我实现等的一种本能以及文化的需要，是女性特有的不同于男性欲望的欲望。然而，在男权社会中，女性欲望总是被压抑而无以表达。男性总是想当然地认为女性没有欲望，或排除心理与情感的因素而以利益来定义女性的需要，只强调女性的妻性、母性等社会性的一面，却忽视了其作为人的自然本性、生命本真的一面。作者认为，女性身体虽说不是男权社会中性别歧视运作的唯一场域，但却是极具代表性的一个场域。从女性写作的角度来看，对女性身体的书写本身就已经包含着对男权性禁忌的彻底解构，是对女性欲望的一种张扬。① 这个演讲虽说是对台湾女性小说的一种解读，但所揭示的主旨则是对男权压抑女性自然欲望的一种反抗和抨击。

方刚《性人权与性多元》的演讲强调人权是与生俱来的人人平等的权利，性是人权，应该充分全面地发展，只要不侵害他人既可。你在做事的时候，不能侵害别人的权益，你维持人权的时候也不能侵犯他人的人权。性人权的核心是性自由权、性平等权和追求性福的权利。性自由权就是我有自由做我想做的性，按我喜欢的方式去做爱；性平等权是指这样做或那样做，无论选择怎么做，人人都是平等的，异性恋的、一夫一妻制的、非婚性行为的、婚前性交的、同性恋的、双性恋的、其他各种各样的你能想到的和你想不到的，都是平等的；性福权是指每个人

① 《社会·文化与历史的思想交汇》第一辑，社会科学文献出版社 2011 年版，第 201—214 页。

都有追求性的享受、性的高潮、性的幸福的权利。性革命不是淫荡、不是混乱、不是艾滋病、不等于性的传播疾病、不等于伦理道德的败坏，性革命仅仅是要革掉那些反人权势力的命，性自由仅仅是要找回自己身体决定权的自由。性革命最明显的标志是：性的公开表达；婚前性行为大量增加；同性恋浮出水面；女性性自主权的伸张；传统性法律的改良。最后方刚表示：第一，在性的领域没有一个普世的性道德。用多数人的性道德作为标准压制少数人是最不道德的。第二，性人权应该成为我们判断一个人的性行为选择是好还是坏的标准，只要没有侵犯到别人的性人权，就是他自己的性人权，就应该支持，侵犯了别人的性人权，就要反对，就要打击。第三，性革命、性自由不是坏事，它们是人类思想史上一次重要的革命，它总是和进步的势力结合在一起，它是让我们找到自己身体的自主权的革命，不是所谓性淫乱，不是所谓艾滋病泛滥的罪魁祸首。[①] 这个演讲告诫人们，性人权作为人权的内容之一，它是每个个体的自由权、平等权，也是每个个体追求享乐的权利。

以上这些演讲反映了多学科，包括社会学、历史学、文学等学科领域都在从各自学科的领域和视角关注着“性伦文化”的问题，并在“性伦文化”的学术领域，从事探索和研究，且有着各自的学术成果和学术贡献。这些学术观点，可以进一步讨论和争辩，文化总是应该处于不断发展和变化的过程当中，只有不断地探索，解放思想，生活方式才能摆脱愚昧而更加文明。也只有不断地探索，才能让真理放射出自己独特的光芒。

① 《社会·文化与历史的思想交汇》第二辑，社会科学文献出版社 2013 年版，第 238—257 页。

五、结 语

本文仅从一支学术队伍多年来从事学术活动所涉及的有关“性伦文化”的问题，作了一个简单的介绍和评述，它的确只是一个侧面，而且只是侧面中的一个片段，但是从我们的学术实践活动中仍然有一些自己的学术体会：

其一，百年来中国性伦文化的演变有一条大致的发展线索。近百年来中国性伦文化演变呈现出一条基本的发展脉络，即从批判传统的性伦文化观，到主张与传统相悖逆的性伦文化观，再从谈性色变到开放前卫的性伦文化观这样一个基本的发展脉络。批判传统的性伦文化观主要指一部分文化精英对传统性伦文化观的批判，是文化精英最早意识到中国性伦文化的诸多问题，进而开始批判中国传统的性伦文化，诸如鲁迅对中国节烈观的批判、胡适对贞操观的批判、沈雁冰对“男女之大防”的批判、周建人对传统性禁忌的批判等等，不一而足。主张与传统相悖逆的性伦文化观主要指一部分文化精英提出的与传统的性伦文化观相悖相反的性伦文化的主张，这是中国历史上具有革命意义的性伦文化主张，诸如以上文化精英在批判中国传统性伦文化的同时所主张的新式贞操观、主张男女社交公开、主张科学的性教育、主张科学的节制生育等等。而开放前卫的性伦文化观主要指一部分文化精英彻底砸碎以往人们固有的传统封闭的性伦文化观，这是中国当今社会最具革命意义的性伦文化主张，提出了具有人权意义的性伦文化观。中国百年来之所以出现这么一条性伦文化的演变脉络，与中国经济的发展、科技的进步、西方文化的影响等诸多因素紧密相连。这种发展变化脉络的本质是对传统正统的性伦文化的否定，是一种文化某领域的颠覆和否定，或曰是一种文化的再造。否定和再造的意义都很重大、难度亦大。

其二，研究性伦文化的意义和价值。在一些学科，尤其在史学界，研究性伦文化还是一个较新的领域，被重视的程度并不大，当然学术研究呈现的这种状态实属自然与正常，它有一个对于这一问题逐渐认识的过程，同时对于任何一个重要的学术领域来说，也不必大帮哄式地扎堆搞研究。不过，人们还是要认识从事性伦文化研究的意义和价值，它绝不是猎奇，不是要吸引读者的眼球。“饮食男女，人之大欲存焉”。对于食，人们并不讳言，可以大谈食什么、怎么食、以往我们有哪些误区、应当怎样去纠正、今天我们增加了哪些新知识、怎样运用新知识。性亦如此，怎样进行性活动、如何从事性活动、与谁进行性活动、以往有哪些文化方面的误区、怎样去纠正、今天我们有了哪些新知识、如何改变我们的行为方式。从传统看，食色相比，食是外显的、公开的、较少回避的，性是内隐的、秘密的、是要尽量回避的。之所以如此，是因为这与生理结构有关、与文化有关。食色之于人，目的是要生活、生活得更好、要享受生活、提高生活质量。所以建立新的知识系统、改变影响人们生活质量的文化观念，就显得尤为重要，正是从这个意义上说，研究性伦文化与研究饮食文化有着同等的价值和意义。两者之于人，犹如车之两轮、鸟之双翼，缺一不可。

其三，史学应当进一步加强开展性伦文化的研究。从史学的视域来研究性伦文化尤显重要，它会给人以透彻的认识和理解：我们为何会有这样的性伦文化观念，它的价值和误区是什么，有什么需要继承，有什么需要改变，怎样去改变等等。史学研究性伦文化要注意它与政治统治的关系问题，传统社会的政治统治与性伦文化有着密切的联系，从传统统治者的角度看，统治的稳固与禁锢型的性伦文化是相辅相成的，能把人性最活跃的性欲望控制在最低水平上，再控制其他也就不会是非常棘手而令人犯难的事了。所以控制“性”的本身可视为一种传统的统治术，社会愈传统，“性”的控制愈严厉。史学研究性伦文化也要注意它与社会治理的关系问题。社会需要稳定与和谐，这涉及的相关因素自然很多，同时也包括性伦文化的因素，性资源的分配和性伦文化的导向将在社会稳定与和谐方面发挥重要的作用，所以要着重研讨社会治理与性伦文化的问题。史学研究性伦文化还要注意它与婚姻家庭的关系问题，性与婚姻家庭在何种条件下是统一的，在何种条件下是非统一的，婚姻的本质与性伦文化的关系如何，历史的经验和教训是什么，这也是性伦文化需要探讨的重要问题。可见，性伦文化的问题既是政治问题、社会问题，也是婚姻家庭问题，万不可小觑，所以史学显得更有责任和义务来认真从事性伦文化的研究工作。

原载《西方新文化史与中国社会文化史的理论与实践：第二届学术研讨会论文集》，社会科学出版社 2016 年版

附录　社会文化史：史学研究的又一新路径

编者按：改革开放以来，我国的人文社会科学取得了长足发展，历史学亦不例外。在史学百花园中，新成果、新方法、新理论等层出不穷；文化史、社会史、口述史、社会文化史等高潮迭起，一派欣欣向荣之象。作为史学新兴学科的一支，国内社会文化史的发展已走过20年的风雨历程，虽然还未成长为参天大树，但在史学界搞得泥动水响、有声有色，亦是有目共睹。为了让更多的人了解国内社会文化史研究取得的进展，本刊特邀刘志琴、梁景和、李长莉等在这一领域辛勤开拓、颇有实绩的专家介绍有关情况，向读者朋友释疑解惑。

特邀嘉宾：

刘志琴（中国社科院近代史所研究员）

梁景和（首都师范大学历史学院教授）

李长莉（中国社科院近代史所研究员）

主持人：

危兆盖（本报记者）

一、在文化史、社会史的大潮中社会文化史破土而出

主持人：社会文化史是什么？它与通史、专史、文化史、社会史是什么关系？它是要开辟一个新的研究领域、还是要发展成一个新学科抑或只是增加一种解读历史的新方法？

梁景和：在国外，社会文化史更多地被称作新文化史，它是当代西方史学理论和历史编纂中一个最主要的史学流派。但在国内，我们习惯于用“社会文化史”这一称谓。美国史学家林恩·亨特1989年在其主编的《新文化史》一书中首次举起“新文化史”的大旗，标志着新文化史的崛起。亨特指出，新文化史“探讨方向的焦点是人类的心智，把它看作是社会传统的贮藏地，是认同形成的地方，是以语言处理事实的地方。文化就驻在心智之中，而文化被定义为解释机制与价值系统的社会贮藏地。文化史研究者的任务就是往法律、文学、科学、艺术的底下挖掘，以寻找人们借以传达自己的价值和真理的密码、线索、暗示、手势、姿态。最重要的是，研究者开始明白，文化会使意义具体化，因为文化象征始终不断地在日常的社会接触中被重新塑造”。

我以为，社会文化史是研究社会生活与其内在观念形态之间相互关系的历史，是观察和诠释历史的一个重要视角和层面。平时一些常用的概念，诸如研究历史的新领域、新方法、新层面、新角度、新范式、甚至新学科等等，这些概念各自具有独特的意义，但有人却在含混地使用着这些概念，甚至在这些概念相互取代之时，并未察觉已经错用。当我们在新领域、新层面、新角度、新范式的视阈下研究历史的时候，其不断成长、丰富、深入和成熟，都有发展为新学科的趋向。社会文化史可以补充通史和专史的内容，社会文化史与文化史、社会史具有交叉关

系，亦可发展为并列关系。社会文化是客观存在，运用社会文化史的视角和层面会发现更为丰富多彩的历史现象和内容，因此开展社会文化史研究，具有推动史学发展的实际价值和意义。

李长莉：历史学是以实证为基础的综合性学科，面对的是丰富纷繁的以往人类社会现象及人们的所有活动，要予以认知，就需要一定的概括与分解。因此近代以来的历史学学科体系形成了综合性通史与分领域专史两条学术路径，这也成为迄今史学研究的基本范式。然而，随着人类面临日益复杂而多样的时代问题，要求历史提供的知识已不只是还原历史真相与判断是非，而要向历史现象的纵深处，多层面地探究其内在根源与演变机制。如此则只限于某一专史领域、单一视角的知识难以解答，而如果从跨学科、跨领域的交叉视角进行认知，则可弥补单一视角的某些缺陷。“社会文化史”二十年来的发展历程，就是这样一种以跨学科交叉视角研究历史的探索与尝试。

“社会文化史”在我国兴起于20世纪80年代末，针对当时相继兴起的文化史和社会史各有偏重、难以反映社会文化的一些纵深领域、留有诸多相互重合又模糊不清的空间等问题，开始有学者尝试打通社会史与文化史，探索将两者结合起来进行交叉研究，于是提出了“社会文化史”的新概念。我以为这并不是一种严格的学科范畴，而主要是指一种交叉学科的研究视角和研究方法。大致而言，即以文化理论分析历史上的社会现象或用社会学方法研究历史上的文化问题。它与通史和专史不是替代关系，而是予以补充，使历史学的血肉更为丰满鲜活。

刘志琴：48年前一篇《〈急就篇〉研究》在学术界引起轰动。《急就篇》是汉代儿童的启蒙读物，引起轰动的是这篇论文所展现的汉代社会生活、宗族乡党、村邑闾里、社会风尚的形形色色，具体、翔实地再现了汉代人的衣食日用、物态人情、雅好时尚。周予同、黎澍等老一辈学者对此赞誉有加，中国科学院院长郭沫若感慨地说：“这样的文章我也写不出！”

这是史学大家的自谦吗？不是，老一代学者并非没有学富五车的知识和才情，但在那个以阶级斗争为纲的年代，人们耳熟能详的是阶级压迫、农民起义、王朝盛衰，在众口一词的学术氛围中，突然冒出一个另类眼光，从社会和文化的视角，对二千年前的启蒙读物展开全新的解读，从一句“奴婢私隶枕床杠”，对照敦煌文本、居延汉简、宗族家谱，得出汉代奴婢不入户籍，而入财产籍，类似床杠等生活用具，这与古罗马把奴隶视为生产工具是不同的社会结构。从去年出版的沈元遗著《汉书批注》来看，他写这篇文章时精读了《汉书》，文章中还运用音韵学、版本学、地理学等多种学科知识，进行综合考察，厚积薄发，尺幅千里，小问题做出大文章。

这样的研究对象和方法，为史学界敞开一个新视野，即社会文化史的视野。当时不可能由此提升到学科意义，建国后社会学和文化学都被取消，由此相应的是社会史的研究缩小到有限的一隅，文化研究则被思想史取代，全国没有一个院校开设社会史和文化史的课程，更没有一个专业的研究机构。要说这篇文章在半个世纪以前踏入社会文化史的领域，那也只是个别的自发趋向，这一成果获得学术界的高度赞扬，不仅是作者令人信服的才识，也是史学研究迫切要求扩大眼界的期盼。

20 世纪 80 年代初，文化研究如狂飙突起，推动了社会学和社会史的复兴。文化史本是历史学和文化学交叉的综合性学科，它是在近代中国形成的新兴的学术领域，兼有与社会史共生、共荣的特点。它们各有专业的研究对象和知识系统，伴随现代学术的积累和开发，各门专业之间经常交叉，到一定程度发展出边缘学科乃是现代科学发展常有的现象。在法学与哲学之间兴起的法哲学，对法学是有革命意义的建构；从语言学与哲学交叉中产生的语言哲学，被认为是对思维和存在关系的突破性建树。尽管这些新兴学科还很稚嫩，有的也存在学术分歧，毫无疑义的是，它以跨学科的长处、焕然出新的见解，愈来愈得到学术界的重视。近年来在国外兴起大文化史的概念，国内有社会文化史的兴旺，国外有相似的学科出现，说明社会文化本身乃是人类社会共有的现象。它融通物质生活、社会习俗和精神气象，从上层和下层、观念与生活的互动中，揭示社会和文化的特质，这对历史悠久、积累深厚的中国文化传统来说，更具有本土特色和发展的优势。

二、社会文化史在理论上的开拓与创新

主持人：一个学科门类的产生离不开理论上的开拓与创新，在史学界已成某种声势的社会文化史，其理论依据及理论建树又是什么？

梁景和：社会文化史的理论与方法主要包括三个方面：一为传统的史学理论与方法，二为借鉴其他学科的理论与方法，三为创新的理论与方法。

李长莉：由于过去常用的一些比较单一和平面化的史学概念不足以准确地表达社会文化史研究对象的丰富意义，因而研究者越来越多地采用一些表达复合意义或新生意义的新概念作为分析工具。例如：公共空间、公共领域、建构、想象、社会记忆、话语、失语、合法性、正当性、权力、语境、场景、宏大叙事、个案、微观研究、深描、地方性知识—普遍性知识、大传统—小传统、民间社会等等。这些概念词语大多是从其他社会科学的方法库中借用，引入史学研究中的，它为社会文化史研究提供了有效的分析工具，因而在史学研究的队伍中，研究社会文化史的学者运用这些新概念最为广泛。这些概念的提出与运用，为社会文化史的研究提供了理论和方法上的支撑。

刘志琴：中国有丰富而深厚的历史文化资源，足以创生不同于西方文化的中国社会文化史理论。社会学家费孝通曾提出，中国基层社会本于礼治秩序，乡土中国是礼俗社会。“礼”在中国有礼制、礼治和礼教之称谓，礼制是王朝钦定的器物享用制度。历代王朝都以“会典”、“典

章”、“律例”或“车服制”、“舆服制”等各式条文，管制人们的物质生活。礼在中国，实际上是日用消费品分配的准则和教化民众的规范。所以礼不仅是思想观念、道德准则，也是制度的实体，这样一种涵盖物质、精神和制度的概念，在西方古典哲学中从未出现过，因此找不到对应的词汇来翻译“礼”，这是中国古代思想史特有的理念形态。中国古代史中的“俗”，也与西方有别，西方民俗学在日本直译为《土俗学》，是指下层自然生成的习惯势力，而在中国略有不同，虽然俗在中国也指民间习俗，但自古以来就受到统治者的重视。最高统治者不仅要亲自过问风俗民情，还委派官吏考察民风，作为制定国策的重要参照。从商周的天子、诸侯，到明清的君主、士大夫，都把以礼化俗作为治理天下的大事，主导习俗的发展，致使礼中有俗，俗中有礼，两者的价值走向愈益趋同，致使礼俗之界难以划分。

在中国人心目中，大至天道运行，小如日用器物，深到修身养性，无不以教化为先。孔子的“移风易俗”，管子的“教训正俗”，荀子的“习俗移志”，吕不韦的“观其俗而知其政”等，各家各派都具有把国运盛衰、名教兴亡的审视点下移到社会生活考察的传统，有力地推动了伦理观念渗入生活方式、社会风尚和民间文化的各个领域。在中国，一部社会文化史实际上也是一部物化的社会思潮史，这是思想史和社会史不能取代的内容。如此厚重的生活方式和文化模式，在世界上独一无二，最能创生中国的社会文化史理论。当今中国社会文化史研究处于全球化的浪潮中，不能不受外来文化的启迪，但鉴于中国文化的特质，我以为研究者与其接受外来文化的影响，倒不如深入到本土资源中谋求新发现。因为充分认识中国文化模式的独特个性，就足以使这一领域活色生香，甚至改写中国思想史的风貌。这应是开展社会文化史研究的价值所在，我希望研究社会文化史的同行们在这方面大胆探索，定能有所贡献。

三、如何评估二十年来社会文化史研究的成绩?

主持人：国内社会文化史研究开展已二十年了，成绩何在？代表作又如何?

刘志琴：记得三十年前文化史刚刚复兴时，人们也有这一提问，周谷城的回答是："草鞋没样，边打边像。"今天已无人再对文化史研究提出这样的疑问了，我想社会文化史的前景也一样。一门学科从发生到成熟要有几代人的努力，所以即使今天还没有产生有影响的代表作，也不能轻易否定新探索对学科发展带来的新鲜活力。何况任何时代人们的认识都有它的局限性，也许今天看起来不起眼的作品经过几十数百年的历史沉淀，就经受住了历史的检验也说不定。

李长莉：二十余年来，越来越多的研究者运用社会文化史视角进行历史研究，论题和领域在不断扩展，研究论著逐年增多，"社会文化史"已经形成了一个以社会与文化交叉视角为特点，有较为集中的研究领域，稳步发展、不断深入开拓的史学分支领域，从研究路径和撰述形式上也形成了诸多趋向。

梁景和：二十年来，关于社会文化史的研究还很难说已经出现典范之作，但还是要承认取得了一些重要成果，发表了很多学术论文，也出版了一批学术专著，诸如刘志琴主编的三卷本《近代中国社会文化变迁录》、李长莉的《晚清上海社会的变迁——生活与伦理的近代化》和《中国人的生活方式：从传统到现代》、严昌洪的《20世纪中国社会生活变迁史》，乐正的《近代上海人社会心态（1860至1910)》、忻平的《从上海发现历史——现代化进程中的上海人及其社会生活1927—1937》、孙燕京的《晚清社会风尚研究》、王笛的《街头文化：成都公共空间、下层民众与地方政治（1870—1930)》、余华林的《女性的重塑——民国城市妇女婚姻问题研究》等，我自己也出过两本《近代中国陋俗文化嬗变研究》和《五四时期社会文化嬗变研究》。此外，杨念群、孙江等主编的《新史学》论丛，孙江、黄东兰、王笛等主编的《新社会史》论丛，也都有其独特的研究意旨。

四、他山之石：国外新文化史研究的现状

主持人：大家知道，改革开放以来，西方的史学理论与史学研究对国内史学界产生了很大影响，那么二十年来的社会文化史研究是否也受到这种影响？从你们了解的情况看，国外同行在这一领域的研究状况如何？

梁景和：国内的社会文化史基本上是从20世纪80年代末独立发展起来的，但在发展过程中也受到了国外新文化史的影响。20世纪七八十年代兴起于法国和美国的西方新文化史研究是一场重大的史学理论运动，如今已成为西方史学理论和历史编撰中一个最主要的发展趋势和潮流。这股潮流取代了经济—社会史，是对旧的“新史学”的一种有意识的反动和发展，是一次“语言转向”或“文化转向”，是继20世纪50年代中叶西方史学“路标转换”后的又一次重要转折。这股热流70年代初传入意大利、英国，八九十年代开始波及德国、西班牙、匈牙利、荷兰、瑞典等欧洲国家。新文化史的称谓比较复杂，表现出多样性。英国学者彼得·伯克喜欢把新文化史称为社会文化史，他在1997年出版的《文化史的多样性》中，还有意把新文化史称作人类学史学；法国年鉴学派的第三、四代传人喜欢称新文化史为心态史，法国学者卡布瑞则称新文化史为后社会史，还有把新文化史称作新社会文化史和历史人类学的。新文化史的理论和方法主要来源于四个方面，即后现代主义的文化批评、文化人类学、英国马克思主义史学和法国年鉴学派史

学。这四个方面直接影响了新文化史的历史编撰和叙事风格。

李长莉：新文化史的学者早先一般是研究社会史的，后来对社会史产生了疑问，并逐渐开始对社会史理论框架展开批判和修正。被奉为新文化史思想先驱的英国劳工史家汤普森 1963 年在其代表作《英国工人阶级的形成》中就体现了“向文化的转向”的趋势，他主动超越了社会史并把研究转向文化史方向。60 年代末，年鉴学派的代表人物勒高夫从社会—经济史转向社会—文化史，将研究领域由经济转向心态这一更为深层的结构。美国加利福尼亚大学教授海登·怀特于 1973 年出版了《元史学：19 世纪欧洲历史学的想象》，由于怀特强调情节和语言这些新的历史研究方法的运用，所以他被视为文化转向的“创始人”。新文化史这股潮流，还影响了其他领域的学者，克里福德·吉尔次、马歇尔·萨林斯、理查德·普莱斯等人类学家，爱德华·萨义德、斯蒂芬·格林布拉特等文学批评家也都被卷入到新文化史运动之中。

刘志琴：国外新文化史研究的领域非常广泛，涉及的内容异常丰富。诸如爱情生活、婚姻家庭、夫妻生活、妇女儿童、性别性伦、喜怒哀乐、感官情绪、阅读书籍、身体发肤、衣食住行、生老病死、宗教巫术、时间空间、人口犯罪、上帝大众、自然命运等等。新文化史的著述可谓广泛繁盛，不胜枚举。诸如美国历史学家罗伯特·达恩顿的《启蒙运动的生意》和《屠猫记——法国文化史钩沉》、美国历史学家林恩·亨特的《法国大革命中的政治、文化和阶级》、美国历史学家娜塔莉·戴维斯的《马丹·盖赫返乡记》、法国历史学家勒华·拉杜里 1975 年出版的《蒙塔尤：1294—1324 年奥克西坦尼的一个山村》、法国历史学家阿兰·科尔班的《大地的钟声》和《污秽与芳香：气味与法国的社会想象》、英国历史学家彼得·伯克的《欧洲近代早期的大众文化》、英国历史学家西蒙·沙玛的《财富的窘境：黄金时代荷兰文明的一种解释》、意大利历史学家卡洛·金斯伯格的《夜间的战斗：16、17 世纪的巫术和农业崇拜》等等。此外，还有很多有趣的新文化史著作。

五、社会文化史研究的特色何在

主持人：社会文化史兴起二十年来，是否已形成自己的学科特色？表现在哪里？

李长莉：特色主要表现在两个方面：一是微观史与深度描述的趋向。在联系观点的观照下，就某一微观事象从多维联系中深入分析其各种因素的关联性、互动关系及多层意涵，以求见微知著，揭示此一事象所反映的社会文化丰富意涵。二是以记述叙事为主要表现形式的趋向。社会文化史研究的对象以人的活动为重心，因而要对人的活动进行具体、生动的描述，故主要采用叙事形式。文化分析的视角又要求意义的阐释，因而在叙事中有理论分析及意义阐释隐含或穿插其间，使得生动的叙事中有一定的意义内涵。这两个趋向使得社会文化史形成了一些学科优势，积聚了较强的生命力，有利于其进一步发展。

梁景和：社会文化史有自己的特色是没有疑问的，问题是它具体表现在哪些方面，恐怕就见仁见智了。我认为以下两点是很明显的：其一，社会文化史萌发的本土性特征。中国社会文化史是中国史学自身发展逻辑的产物，是中国文化史、社会史、社会文化史发展链条上的一环。改革开放的大势，催发了文化史的复兴；改革开放的深入，迎来了社会史的兴盛。文化史研究偏重于精神层面，即关注思想观念、社会意识等问题；社会史研究偏重于社会层面，即关注社会结构、社会生活等问题；而社会文化史研究则关注两者的共生共荣。很多文化观念问题反映在社会生活等社会问题的层面上，很多社会问题与文化观念问题又有着千丝万缕的联系，那么把两者结合起来进行研究的社会文化史就应运而生了。因此，中国社会文化史在20世纪80年代末的萌生就是中国史学自身发展逻辑的产物，很多研究者都是顺着文化史、社会史的研究而走向社会文化史领域的，体现了中国史学自身发展逻辑的本土性特征。其二，理论探索的自觉。中国学者先后撰文探讨了社会文化史的理论问题，90年代初就有很多学者积极参加了社会文化史的理论探讨，如对建立社会文化史学科的意义、社会文化史研究的对象和内容、社会文化史的研究方法等问题都在探讨之列。新世纪初，仍然有一批学者关注并参与了社会文化史的理论探索，分别就社会文化史研究是价值判断还是事实陈述、如何从社会日常生活中折射出观念的变化、社会文化史是一种独特的研究视角还是一门独立的交叉学科、社会文化史研究的重心在哪里、社会文化史研究能否起到改进思想史的作用、中国学者能否建立自己的解释系统、社会文化史研究的问题和方向何在等理论问题和一些实际问题进行了深入探索和研究。这些讨论虽然还只是一般学术观念的陈述和探讨，还不具备完整的理论体系，但这些自觉的理论思考所呈现出来的学术见解对打开社会文化史的视野和规范社会文化史的研究无疑意义重大。

六、社会文化史的发展前景

主持人：从学科发展的前景看，目前的社会文化史研究还存在哪些问题？能否预瞻社会文化史研究的近期趋向或远景目标？

李长莉：社会文化史是一门正在生成的学科，的确存在着一些缺陷和有待改进的问题。一是碎片化。在具体而微的研究取向中，一些论题过于细小琐碎，同时又缺乏多维联系观点及深层意义阐释，由此造成论题成为缺乏联系、意义微弱的零星碎片，因而矮化了史学研究的意义与价值。二是平面化。一些研究在采用具体描述的叙事形式时，只停留在平面化记述，而缺乏理论分析和深层意义的阐释，成为浅薄、表面化的单纯叙事，使史学研究失去了深度和灵魂。三是理论与内容“两张皮”

现象。一些研究者在借鉴社会科学理论和概念工具时，对外来理论与本土经验的隔阂、不同学科之间的差异性缺乏足够的自觉与警惕，未能根据研究内容进行选择、改造、活用、伸展，使之融会贯通而生成自己的理论解释，而只是停留在简单地移植、套用，理论与内容相脱节，因而不能得出令人信服的结论。四是片面价值论。传统史学研究范式是价值一元论，只承认主流价值的合理性，不承认少数人或其他立场所持价值的相对合理性。社会文化史则眼睛向下，从多维度、多层面的视角，在主流价值之外注意其他价值的相对合理性，因而倾向于承认主流价值主导下的价值多元立场。从社会文化史的观点看，正是由于多元价值的存在，才导致了社会不同利益集团之间的矛盾与博弈，也因而保持着社会变革的内在张力。但是，也有一些研究者由此滑向“价值相对主义”或“去价值论”的立场，或认为一切价值意义均等，或认为无须作任何价值判断；有的则走向“片面价值论”，对一些只是代表少数边缘人群的边缘性、片面性的价值取向加以抬高或夸大，甚至用以替代主流价值，以偏概全。

刘志琴：展望社会文化史未来的发展，我以为会有以下一些研究趋势或进路：第一，时代课题将促进社会文化史研究领域的扩展、深化与多样化。当今中国社会转型面临“社会治理”与“文化重建”两大课题，正是社会文化史研究的中心问题，社会文化史研究应当为此提供更多的本土经验与历史启迪。这种时代课题的挑战与相关性，会促进社会文化史研究的扩展与深化，特别是与这两大课题相关的论题会受到更多学者的关注。同时，史料数据化与网络化将为社会文化史学者利用海量史料，特别是民间史料、图文史料等提供便利。社会文化史贴近时代、贴近民众、贴近社会、贴近生活的内容特点，生动叙事、多样化的表达方式，将使其成果更受知识大众欢迎。因而，社会文化史研究会有更大的发展空间。第二，社会文化史研究的目标，是基于本土经验建构社会文化发展的本土理论。社会文化史的研究重心在民间社会，关注民间社会与上层建筑的互动关系，由于立足于本土深厚的民间社会文化历史土壤之中，因而更有条件深入探索本土经验，建立适于研究本土社会文化的理论概念与学术谱系，以寻求本土历史的理论阐释，进而提出针对本土社会文化发展的一般理论，参与时代的知识进步与理论创新。第三，社会文化交叉视角与综合研究的趋向。社会文化史二十余年的研究实践表明，这种新的学科交叉视角使我们对所研究的问题能够从多层面、多维度审视，其研究成果使得我们对历史的认识推向了一些更纵深、更多面、更精细的领域，这一趋向还会进一步扩展。同时，研究者还会更加注重用总体性、联系性、多层面、网络化的观点进行研究，以避免“碎片化”的偏颇。

梁景和：我想谈一下与此相关的问题。第一，要建立社会文化史研究的学术重镇。有条件的学术单位或学术团体可以明确把社会文化史作为自己学术研究的主要领域和主攻方向，集中从事社会文化史的研究工作。第二，抓基本社会生活内容和独特社会生活内容的研究。社会生活的内容极其广泛，既包括基本的社会生活内容，也包括独特的社会生活内容，还包括更多的处于中间地带的社会生活内容。虽然这几类社会生活内容之间有着千丝万缕的联系，彼此不能截然分开，但各自的特点是显而易见的。基本的社会生活内容主要包括人类所共有的衣食住行、婚丧嫁娶、两性伦理、生老病死等基本的生活。这是维持生命和延续生命最基本的条件，也是最基本的生命历程，是任何时代、任何个人都很难回避的生活内容，所以我们说它是基本的社会生活内容。研究一个时代或一个时期，一个地域或一个群体的基本社会生活内容的变化，我们会理解和认识社会政治经济、思想观念、风土人情的缓慢或急速变迁，这有助于我们认识和理解那个时代和那段历史，并从中获得历史的启迪和生活的智慧。独特的社会生活内容主要指一个时期或一个地域，某些群体或一个群体独特的生活及其生活的变化。独特的社会生活内容是那个时代所独有的，而其他时代所没有的。研究这样的社会生活，无疑也能帮助我们认识和理解那个时代和那段历史，并从中获得历史的启迪和生活的智慧。所以我们强调在社会文化史研究中要注重研究基本社会生活内容和独特社会生活内容。第三，运用多学科的视角研究社会文化史。学科的划分是人为的，它有助于使知识更加系统和深化，但学科的划分不是目的，学科之间不应当存在彼此隔绝的壁垒。只要能够研究问题和解决问题，学科之间的互动和交融是必要的。研究社会文化史可以把多学科的研究成果视为史料，可以借鉴多学科的理论和方法，可以体悟历史学与多学科共同的思维方式和思考的共同问题，这是多学科对话的基础，我们将从这种互融的对话中深刻、全面地认识和理解社会文化问题。第四，注重改革开放时代以来的社会文化史研究。搞历史，一般有一种惯常想法，觉得研究的问题应当远一点，这样尘埃落定后，可以看得更清楚，这话有道理。搞政治史、经济史、外交史、军事史都有这样的问题，若档案不能解密，搞起来有困难。社会文化史稍有不同，它研究的是社会生活，是大众文化，是生活观念。这些问题存在于社会的各个领域，各个方面，它的史料来源极为宽广。时间离得近，感受得真切，更易有自身的体悟、自身的把握。有些问题可以直接观察、调查和交流，这种直观的感受带来的感性认识是理性认识的基础，上升后的理性认识更科学、实际和靠近真实。改革开放三十年社会生活、社会观念的变迁比上下五千年任何一段时期都更快速更显著。研究改革开放时代的社会文化史将会浮现出更多社会与人生的真谛，故可为之。

主持人：谢谢各位。

原载《光明日报》2010 年 8 月 17 日

责任编辑：宫　共
封面设计：源　源
责任校对：吕　飞

图书在版编目（CIP）数据

生活·观念与多维的社会文化史：梁景和学术论文集/梁景和 著. —北京：人民出版社，2018.12（2022.1 重印）
ISBN 978-7-01-020160-3

Ⅰ.①生…　Ⅱ.①梁…　Ⅲ.①社会生活-文化史-中国-近现代-文集
Ⅳ.①D693.9-53②D669-53

中国版本图书馆 CIP 数据核字（2018）第 276403 号

生活·观念与多维的社会文化史
SHENGHUO GUANNIAN YU DUOWEI DE SHEHUI WENHUA SHI
——梁景和学术论文集

梁景和　著

人民出版社 出版发行
（100706　北京市东城区隆福寺街 99 号）

北京兴星伟业印刷有限公司印刷　新华书店经销

2018 年 12 月第 1 版　2022 年 1 月第 2 次印刷
开本：710 毫米×1000 毫米 1/16　印张：30　字数：417 千字

ISBN 978-7-01-020160-3　定价：81.00 元

邮购地址 100706　北京市东城区隆福寺街 99 号
人民东方图书销售中心　电话（010）65250042　65289539